KARL MANNHEIM / IDEOLOGIE UND UTOPIE

JULIE MANNHEIM-LÁNG
ZU EIGEN

KARL MANNHEIM

IDEOLOGIE UND UTOPIE

VITTORIO KLOSTERMANN · FRANKFURT/MAIN

Das Werk erschien in 1. und 2. Auflage 1929 im Verlag Friedrich Cohen in Bonn, seit dem Jahr 1933 im Verlag G. Schulte-Bulmke, Frankfurt/Main.

Die Seiten IX - XXVII und 3 - 47 wurden für die 3., vermehrte Auflage 1952 aus der englischen Ausgabe *Ideology and Utopia* (Routledge & Kegan Paul Ltd., London) in der Übersetzung von Heinz Maus übernommen.

Die 4. Auflage 1965 wurde um ein Verzeichnis der Schriften Karl Mannheims und eine Bibliographie der Jahre 1952 - 1965 erweitert.

Die 5. und 6. Auflage waren unveränderte Nachdrucke der 4. Auflage, ebenfalls im Verlag G. Schulte-Bulmke, Frankfurt/Main.

CIP-Kurztitelaufnahme der Deutschen Bibliothek

Mannheim, Karl: Ideologie und Utopie / Karl Mannheim.
– 7. Aufl. – Frankfurt/Main : Klostermann, 1985.
Einheitssacht.: Ideology and utopia <dt.>
Bis 6. Aufl. im Verl. Schulte-Bulmke, Frankfurt/Main
ISBN 3-465-01934-2

Siebte Auflage 1985

Druck: Hain-Druck GmbH, Meisenheim/Glan
Printed in Germany

Vorwort zur dritten Auflage

Das Buch von Karl Mannheim „Ideologie und Utopie“ war ein Jahrzehnt vergriffen. Die zweite Auflage erschien im Jahre 1929. Ein Drittel ihrer Bestände erlebte noch den Anbruch des „Dritten Reiches“, dessen Machthaber vergaßen, das Buch expressis verbis zu verbieten, so daß es noch verkauft werden konnte, bis 1943 ein Bombenangriff den Rest der Auflage vernichtete. Dieses Vergessen ist um so erstaunlicher, als Karl Mannheim mit geradezu prophetischer Gabe Sinn und Unsinn der faschistischen Ideologie enthüllt hatte — jenes Konglomerats von im Irrationalen wurzelnder Philosophie und mythologisierender Geschichtsauffassung — obwohl er damals nur die Mussolinische Version dieser Ideologie in der Praxis analysieren konnte. Was aber Karl Mannheim nicht zu ahnen vermochte, war der Abgrund, in den der Verzicht auf rationale Durchdringung politischer Probleme Deutschland führen sollte.

Im Jahre 1933 mußte Karl Mannheim seinen Lehrstuhl in Frankfurt am Main aufgeben. Bis zu seinem 1947 erfolgten Tode lehrte er Soziologie an der London School of Economics and Political Science. Sein Buch „Ideologie und Utopie“ wurde 1937 in enger Zusammenarbeit mit dem amerikanischen Soziologen Louis Wirth ins Englische übersetzt. Fünf Auflagen, die seither erschienen sind, demonstrieren einen eindrucksvollen Bucherfolg, aber auch die schmerzliche Erfahrung, daß eine große wissenschaftliche Tradition, die von Kant über Karl Marx und Max Weber zu Karl Mannheim führte, in Deutschland jäh unterbrochen wurde, während sie von 1933 ab in der angelsächsischen Welt ihre Fortsetzung fand.

Die Wissenssoziologie, d. h. jene Wissenschaft, die lehrt, daß Denken nicht abstraktes Ergebnis der Beziehung zwischen Subjekt und Objekt ist, sondern im „sozialen Raum“ erfolgt und daher situationsgebunden ist, hatte allerdings in USA. in Louis Wirth schon einen bedeutenden Vertreter gefunden. Präsident der American Sociological Society, der Society for Social Research und Mitherausgeber des American Journal of Sociology, lehrte Professor Louis Wirth, der 1952 unerwartet einem Herzschlag erlag, über drei Jahrzehnte Soziologie an der Universität Chicago. Seine kongeniale Einführung in Mannheims Buch, ursprünglich für englische Leser bestimmt, wurde auch der jetzigen deutschen Neuauflage vorangestellt, da sie bei aller Kürze eine vorzügliche erste Einführung in die Problematik der Wissenssoziologie und der Begriffe Ideologie und Utopie bietet, zugleich aber auch eine instruktive Skizze der Zusammenhänge, die zwischen der Wissenssoziologie und dem amerikanischen Pragmatismus bestehen. Sie dürfte für deutsche Leser von besonderem Interesse sein.

Die Kapitel II bis IV des Buches wurden unverändert abgedruckt, wie sie 1929 zuletzt erschienen sind. Ergänzungsbedürftig waren die Literaturangaben, doch es schien mir sinnvoller, ein zur klassischen soziologischen Literatur gehörendes Buch im Kern nicht anzutasten und die neuere Literatur in der am Schluß des Buches befindlichen ausführlichen Bibliographie zu bringen.

Für die Übersetzung des Vorworts von Louis Wirth, des ersten einführenden Kapitels von Karl Mannheim, die Zusammenstellung des Registers und der Bibliographie habe ich Herrn Dr. Heinz Maus zu danken, der mir auch bei der Korrektur des Buches und in vielen technischen Fragen ein stets hilfsbereiter Berater war.

Der Abdruck des Kapitels V „Wissenssoziologie", früher erschienen im „Handwörterbuch der Soziologie", erfolgt mit freundlicher Genehmigung des Verlages Ferd. Enke, Stuttgart, dem ich auch an dieser Stelle danken möchte.

Gerhard Schulte-Bulmke

Vorwort zur vierten Auflage

Die neue, vierte Auflage erscheint im Textteil als unveränderter Nachdruck der dritten Auflage von 1952. Erweitert wurde sie im Anhang um ein Verzeichnis der Schriften Karl Mannheims, das freundlicher Weise von den Herausgebern und der Redaktion der im Verlag H. Luchterhand, Berlin/Neuwied, erscheinenden „Soziologischen Texte" zur Verfügung gestellt wurde. Die nach Sachgruppen geordnete Bibliographie der 3. Auflage wurde aus technischen Gründen unverändert abgedruckt. Eine ergänzende Bibliographie für die Jahre 1952—1965 nennt die wichtigste in diesem Zeitraum erschienene Literatur zur Wissenssoziologie und zur Ideologiekritik. Im übrigen kann für die weiterführende Literatur auf die bereits vorliegenden Bibliographien von Bernard Barber, Norman Birnbaum, Kurt Lenk und K. H. Wolff verwiesen werden.

G. Sch.-B.

INHALT

Seite

Vorwort zur englischen Ausgabe

Die deutsche Erstausgabe von „Ideologie und Utopie" erschien in einer Atmosphäre geistiger Hochspannung, die sich in ausgedehnten Diskussionen äußerte und erst im Exil oder in dem erzwungenen Schweigen jener Denker nachließ, die sich um eine ehrliche und fundierte Lösung der aufgeworfenen Probleme bemühten. Seitdem hat man allenthalben und in den verschiedensten Ländern, zumal in Westeuropa und den Vereinigten Staaten von Nordamerika, die gleichen Konflikte verspürt, die in Deutschland zur Zerstörung der Weimarer Republik führten. Die geistigen Probleme, mit denen sich zu befassen einst als die besondere Eigenart deutscher Schriftsteller galt, haben eigentlich die ganze Welt erfaßt. Was einst für die esoterische Beschäftigung einiger Intellektueller in einem einzelnen Lande gehalten wurde, ist zur allgemeinen Situation des modernen Menschen geworden.

Um dieser Situation zu begegnen, ist eine ausgebreitete Literatur entstanden, die vom „Ende", vom „Verfall", von der „Krise" und vom „Untergang" oder dem „Tod" der abendländischen Kultur redet. Vergebens sucht man jedoch in der Mehrzahl dieser Bücher, so alarmierend ihre Titel auch lauten, nach einer Analyse der Faktoren und Prozesse, auf die unser gesellschaftliches und geistiges Chaos zurückgeht. Demgegenüber erweist sich das Werk *Karl Mannheims* als eine nüchterne, kritische, wissenschaftliche Analyse der gesellschaftlichen Strömungen und Situationen unserer Zeit, wie sie auf Denken, Glauben und Handeln einwirken.

Es scheint ein Kennzeichen der Gegenwart zu sein, daß Normen und Wahrheiten, die einst für absolut, allgemein und ewig galten oder in beneidenswerter Ahnungslosigkeit über ihre Folgen hingenommen wurden, in Frage gestellt werden. Was einst für erwiesen galt, bedarf im Licht des modernen Denkens und Forschens des Beweises und der Bestätigung. Die Wahrheitskriterien selbst sind strittig geworden. Mißtrauen herrscht nicht bloß gegenüber der Gültigkeit von Ideen, sondern auch gegenüber den Motiven derer, die sie behaupten. Die Situation hat sich noch durch den Kampf aller gegen alle in der geistigen Arena verschlimmert, in der an Stelle der Wahrheit der persönliche Prestigegewinn zur begehrten Prämie geworden ist. Gebiete, die man einst völlig von uneigennütziger und objektiver Wahrheitsforschung beherrscht glaubte, sind von der zunehmenden

Säkularisierung des Lebens, der Verschärfung der Antagonismen in der Gesellschaft und dem allseitigen Konkurrenzkampf der Individuen durchsetzt worden.

Dieser Wandel übt jedoch, so beunruhigend er auch erscheinen mag, auch einen heilsamen Einfluß aus. Es wäre etwa die Tendenz zu einer gründlicheren Selbstkritik und zu einer Beachtung der Zusammenhänge von Ideen und Situation zu nennen, wie sie in diesem Ausmaß früher nie vermutet worden sind. Es scheint freilich von Galgenhumor zu zeugen, wenn man von den wohltätigen Einflüssen spricht, die einer die Grundlagen unserer gesellschaftlichen und geistigen Ordnung erschütternden Umwälzung verdankt seien. Gleichwohl ist die Behauptung aufrecht zu erhalten, daß der Anblick von Veränderung und Verwirrung, der sich der Sozialwissenschaft bietet, ihr gleichzeitig wie nie zuvor die Chancen einer fruchtbaren, neuen Entwicklung vermittelt. Diese neue Entwicklung hängt jedoch davon ab, daß wir uns der Erkenntnis der Hindernisse stellen, die die Soziologie bedrängen. Das heißt nicht, daß Selbstklärung die einzige Bedingung einer Weiterentwicklung der Sozialwissenschaft sei, wie das im folgenden angezeigt wird, sondern bloß, daß sie eine notwendige Vorbedingung für ihre fernere Entwicklung ist.

I.

Der Fortschritt des gesellschaftlichen Wissens wird gegenwärtig von zwei fundamentalen Faktoren behindert wenn nicht gelähmt, von denen der eine auf das Wissen von außen einwirkt, während der andere im Bereich der Wissenschaft selbst wirksam ist. Einerseits sind die Mächte, die in der Vergangenheit den Fortschritt des Wissens gesperrt und verzögert haben, noch immer nicht davon überzeugt, daß der Fortschritt des gesellschaftlichen Wissens mit ihren Interessen verträglich ist; anderseits endete der Versuch, die Tradition und den ganzen Apparat wissenschaftlicher Arbeit von der Physik auf die Gesellschaft zu übertragen, nur zu häufig in Verwirrung, Mißverständnis und Sterilität. Bis heute hat wissenschaftliches Denken über gesellschaftliches Geschehen vor allem gegen überlieferte Intoleranz und institutionalisierte Unterdrückung anzukämpfen. Immer schon hat es darum kämpfen müssen, sich gegen seine äußeren Feinde, das autoritäre Interesse von Kirche, Staat und Nation, durchzusetzen. Im Verlauf der letzten Jahrhunderte ist jedoch gegen diese äußeren Kräfte ein wenigstens teilweiser Sieg errungen worden, der in einem gewissen Maß die Duldung ungehinderter Forschung, ja, die Ermutigung freien Denkens ermöglichte. In dem kurzen Zwischenspiel zwischen den Jahrhunderten des vergeistigten Dunkels im Mittelalter und der Entstehung der modernen weltlichen Diktaturen versprach das Abendland die Hoffnung der aufgeklärten Geister aller Zeiten zu erfüllen, daß die Menschen durch den vollen Gebrauch ihres Verstandes über die Widrigkeiten der Natur und die Verkehrtheiten der Kultur triumphieren würden. Diese Hoffnung scheint indes, wie so oft schon, heute gemäßigt werden zu müssen. Ganze Nationen haben offiziell und stolz sich dem Kult der Irrationalität ergeben; selbst die angelsächsische Welt, die lange Zeiten hindurch der Freiheit und Vernunft eine Zuflucht bot, hat unlängst für das Wiederaufleben geistiger Hexenjagden gesorgt.

Im Verlauf der Entwicklung des abendländischen Geistes hat das Bemühen um ein Wissen über die natürliche Welt den hartnäckigen theologischen Verfolgungen das Zugeständnis an die Naturwissenschaft abgerungen, ein autonomes Reich ihrer selbst zu errichten. Seit dem 16. Jahrhundert hat trotz einiger Aufsehen erregenden Ausnahmen die theologische Dogmatik ein Gebiet der Forschung nach dem andern preisgegeben, bis schließlich die Autorität der Naturwissenschaft allgemein anerkannt wurde. Die Kirche hat dem Ansturm der Wissenschaft nachgegeben und immer wieder ihre Lehrmeinungen neu angepaßt, so daß die Unvereinbarkeit mit den Entdeckungen der Wissenschaft nicht gar zu offenkundig werden brauchte.

Schließlich wurde die Stimme der Wissenschaft mit einem Respekt vernommen, der der Ehrfurcht nahekam, die früher nur den autoritären Aussagen der Religion zugebilligt worden war. Das Prestige der wissenschaftlichen Bemühung um Wahrheit wurde von den Umwälzungen, denen die Theorie der Wissenschaft in den letzten Jahrzehnten unterworfen wurde, nicht berührt. Wenn es in den letzten Jahren gelegentlich auch hieß, daß die Wissenschaft die Organisation der Wirtschaft zersetze und ihre Produktion deshalb eingeschränkt werden müsse, so ist die Verlangsamung naturwissenschaftlicher Forschung heute wahrscheinlich eher das Ergebnis der sich vermindernden wirtschaftlichen Nachfrage nach den Produkten der Wissenschaft, als daß es sich um den vorsätzlichen Versuch handelte, den wissenschaftlichen Fortschritt zum Zweck der Stabilisierung der bestehenden Ordnung zu hemmen.

Der Triumph der Naturwissenschaft über die Dogmen der Theologie und Metaphysik steht in scharfem Gegensatz zur Entwicklung der Erforschung des gesellschaftlichen Lebens. Während die empirischen Verfahrensweisen tiefe Breschen in die Vorstellungen der Alten über die Natur schlugen, erwiesen sich die klassischen Gesellschaftslehren dem Angriff des weltlichen und empirischen Geistes gegenüber als widerstandsfähiger. Das mag zum Teil der Tatsache geschuldet sein, daß bei den Alten die wissenschaftliche Verarbeitung gesellschaftlicher Tatbestände ihren Vorstellungen von Physik und Biologie weit voraus war. Es gab noch keine Gelegenheit, den praktischen Nutzen der neuen Naturwissenschaft zu zeigen und die bestehenden Soziallehren ihrer Nutzlosigkeit zu überführen. Als die Ansichten des Aristoteles über Astronomie, Physik und Biologie bereits zum Gerümpel alten Aberglaubens geworfen waren, wurden seine Logik, Ethik, Ästhetik, Politik und Psychologie noch als autoritativ anerkannt.

Bis ins 18. Jahrhundert stand die Theorie der Politik und Gesellschaft unter der Herrschaft von Denkkategorien, wie sie von der Philosophie der Antike und des Mittelalters erarbeitet worden waren; sie hielt sich also in einem weiten Maße an ein theologisches Bezugssystem. Soweit die Sozialwissenschaft sich praktisch nützlich machte, befaßte sie sich mit Dingen der Verwaltung. Kameralismus und politische Arithmetik, die hier zu nennen wären, beschränkten sich jedoch auf die schlichten Tatsachen des Alltags und verirrten sich höchst selten in die Theorie. Daher konnte jener Teil der Sozialwissenschaft, der sich mit Fragen befaßte, die der Kontroverse besonders unterworfen sind, kaum den praktischen Wert beanspruchen, den die Naturwissenschaft schließlich erlangt hatte. Die Sozialphilosophen ferner, denen ein Fortschritt allein verdankt werden konnte, durften kaum erwarten, von Kirche und Staat unterstützt zu werden, denen just der orthodoxere Flügel seinen finanziellen und moralischen Unterhalt verdankte. Je mehr sich die gesellschaftliche und politische Theorie säkularisierte und je gründlicher sie die geheiligten Mythen auflöste, die die bestehende politische Ordnung legitimierten, desto prekärer wurde die Stellung der aufkeimenden Sozialwissenschaft.

Ein dramatisches Beispiel für den Unterschied zwischen der Haltung gegenüber der Technik und ihren Wirkungen im Gegensatz zur Sozialwissenschaft bietet das moderne Japan. Als dieses Land einst dem abendländischen Einfluß geöffnet wurde, wurden die Produkte und die Methoden der Technik leicht akzeptiert, die sozialen, wirtschaftlichen und politischen Einflüsse des Auslands dagegen werden selbst heute noch mit Argwohn betrachtet und ihnen ein zäher Widerstand geboten.

Der Enthusiasmus, mit dem die Ergebnisse der Physik und der Biologie in Japan aufgenommen wurde, kontrastiert auffallend mit der vorsichtigen und zögernden Pflege der Sozialwissenschaft; Ökonomie, Politik und Soziologie werden zu großem Teil immer noch unter dem befaßt, was die Japaner *kikenshiso* nennen: es sind „gefährliche Gedanken". Die Autoritäten betrachten die Diskussion über Demokratie, Konstitutionalismus, den Kaiser, Sozialismus und eine Menge anderer Gebiete als gefährlich, weil das Wissen hierüber die geheiligten Glaubensvorstellungen umstürzen und die bestehende Ordnung untergraben könnte.

Dies gilt nicht bloß für Japan. Vielmehr ist mit Nachdruck darauf hinzuweisen, daß viele der dort als „gefährliches Gedankengut" rubrizierten Themen auch im Bereich der abendländischen Kultur noch bis vor kurzem als tabu galten. Selbst heute noch erfährt die offene, freie und objektive Untersuchung der besonders geheiligten und verehrten Einrichtungen und Glaubensvorstellungen auf der ganzen Welt eine mehr oder minder ernsthafte Einschränkung. Sogar in England oder gar Amerika ist es beinahe unmöglich, etwa die wirklichen Tatsachen, die den Kommunismus betreffen, zu untersuchen, wie objektiv dies auch geschehen mag, will man nicht Gefahr laufen, als „Kommunist" abgestempelt zu werden.

Daß es einen Bezirk „gefährlicher Gedanken" in jeder Gesellschaft gibt, ist daher kaum zu erörtern. Während wir einerseits zugeben, daß das, was zu denken gefährlich ist, von Land zu Land und von Epoche zu Epoche verschieden sein mag, werden anderseits gerade die Gegenstände, denen das Mal des Gefährlichen anhaftet, von der Gesellschaft oder deren Kontrollorganen für so lebenswichtig und daher für so heilig gehalten, daß ihre Profanierung durch wissenschaftliche Überprüfung nicht geduldet wird. Weniger leicht zu erkennen ist jedoch, daß das Denken selbst dann, wenn eine offizielle Zensur fehlen würde, beunruhigend und u. U. gefährlich und subversiv ist. Denn Denken ist ein Ferment, das das Eingefahrene aus seinem Gleis wirft, Gewohnheiten und alte Sitten auflöst, den Glauben untergräbt und Skepsis erzeugt.

Eine sozialwissenschaftliche Abhandlung kennzeichnet sich vor allem dadurch, daß jede Aussage, so objektiv sie immer sein mag, Implikationen enthält, die über die Grenzen der Wissenschaft selber hinausreichen. Da jede Aussage über eine „Tatsache" der gesellschaftlichen Wirklichkeit die Interessen von Individuen und Gruppen berührt, kann man nicht auf das Vorhandensein bestimmter „Fakten" aufmerksam machen, ohne dadurch zugleich die Einwände jener hervorzurufen, die ihre gesellschaftliche Funktion nur durch den Rekurs auf eine andere Deutung der „faktischen" Situation rechtfertigen können.

II.

Damit ist eine Streitfrage angeschnitten, die herkömmlich als das Problem der Objektivität in der Wissenschaft bekannt ist. In der Sprache der angelsächsischen Welt hat „objektiv sein" geheißen: unparteiisch zu sein, keine Vorlieben, Vorurteile, besonderen Neigungen zu haben, nicht einseitig sein, keine vorgefaßten Wertungen oder Meinungen gegenüber den Tatsachen zu haben. Hierin wirkte ein schon älterer Naturrechtsbegriff nach, wonach die Betrachtung der natürlichen Tatsachen, statt von den Verhaltensnormen des Betrachters gefärbt zu sein, diese vielmehr automatisch bestimme[1]). Nachdem der naturrechtliche Ansatz des Objektivitätsproblems fallen gelassen war, wurde die unpersönliche Art, Tatsachen anzuschauen, eine Zeitlang durch den Positivismus nochmals unterstützt. Die Sozialwissenschaft des 19. Jahrhunderts ist überreich an Warnungen vor den verzerrenden Einflüssen von Leidenschaft, politischem Interesse, Nationalismus und Klassenbewußtsein, und hat gleichzeitig zur Selbstkritik aufgerufen.

In der Tat kann die Geschichte der modernen Philosophie und Wissenschaft zu einem guten Teil als ein Trend, ja, als das einstimmige Streben nach diesem Typus von Objektivität angesehen werden. Es wurde angenommen, daß dieser Typus von Objektivität das Bemühen um gültiges Wissen einschließt, indem — negativ — die verzerrte Wahrnehmung und das fehlerhafte Urteil eliminiert werden, während er — positiv — die Formulierung eines kritisch-selbstbewußten Standpunkts sowie die Entwicklung zuverlässiger Methoden für die Beobachtung und Analyse bedeutet. Nun mag es auf den ersten Blick scheinen, als ob die englischen und amerikanischen Philosophen sich weniger um Logik und Methodologie bemüht hätten als es die Denker anderer Nationen taten. Diese Vorstellung bedarf der Korrektur; es muß hier genügen, auf die zahlreichen Denker in der englisch sprechenden Welt hinzuweisen, die sich mit eben diesen Problemen befaßt haben, ohne sie eigens methodologische zu nennen. Die Beschäftigung mit den Problemen und Fallstricken, die dem Bemühen um gültiges Wissen eigentümlich sind, hat einen durchaus nicht geringen Teil im Werk einer ganzen Reihe ausgezeichneter Denker von Locke über Hume, Bentham, Mill und Spencer bis zur Gegenwart gebildet. Die Untersuchungen der Denkprozesse, die hier vorliegen, hat man indes kaum ernsthaft daraufhin betrachtet, inwieweit sie die erkenntnistheoretischen, logischen und psychologischen Voraussetzungen einer Wissenssoziologie formulieren, weil sie nicht deren ausdrückliches Etikett tragen und jedenfalls nicht vorsätzlich als eine solche gedacht waren. Dennoch haben diese Probleme stets eine beträchtliche Aufmerksamkeit auf sich gezogen, wann immer Wissenschaft in einer organisierten und selbstbewußten Form aus-

[1]) Dieser Denkrichtung, die sich später zur Wissenssoziologie, dem Hauptthema dieses Buches, entfaltete, verdanken wir die Einsicht, daß politisch-ethische Normen nicht nur nicht aus dem unmittelbaren Nachsinnen über die Tatsachen abgeleitet werden können, vielmehr selbst einen formenden Einfluß auf die Wahrnehmung der Tatsachen ausüben. Vgl. u. a. die Arbeiten von Thorstein *Veblen*, John *Dewey*, Otto *Bauer* und Maurice *Halbwachs*.

geübt wurde. Das Problem einer objektiven Sozialwissenschaft hat in Werken wie John Stuart Mills „System der Logik“ und Herbert Spencers glänzender und sehr vernachlässigter „Study of Sociology“ tatsächlich eine zielbewußte, umfassende Behandlung erfahren. In der Periode, die Spencer folgte, ist dieses Interesse an der Objektivität der Sozialwissenschaft durch das Aufkommen statistischer Techniken, wie es durch Namen wie Francis Galton und Karl Pearson gekennzeichnet ist, etwas in den Hintergrund getreten. Die Arbeiten von Graham Wallas und John A. Hobson zeigen heute jedoch eine Rückkehr dieses Interesses an.

Amerika, dessen geistige Landschaft in der europäischen Literatur häufig als recht unfruchtbar geschildert worden ist, hat gleichfalls eine ganze Reihe von Denkern hervorgebracht, die sich mit diesen Problemen befaßt haben. Vor allem ist hier das Werk von William Graham Sumner zu nennen, der das Problem der Objektivität in einen besonders konkreten soziologischen Zusammenhang gerückt hat. Zwar näherte er sich dem Problem nicht direkt, durch erkenntnistheoretische Kritik, sondern mehr vom Rande her, nämlich durch die Analyse des Einflusses, den Bräuche und Sitten auf die sozialen Normen ausüben. Dadurch lenkte er jedoch unnachgiebig die Aufmerksamkeit auf den verzerrenden Einfluß des Ethnozentrismus, dem das Wissen unterliegt. Leider haben seine Schüler die reichen Möglichkeiten, die dieser Ansatz bot, nicht genutzt und ihr Interesse statt dessen anderen Phasen seines Denkens zugewandt. Ähnlich verfuhr auch Thorstein Veblen, der in glänzenden und tiefdringenden Arbeiten den verwickelten Beziehungen zwischen Kulturwerten und geistiger Tätigkeit nachging. Im Sinne des Realismus hat James Harvey Robinson die Frage in seinem Buche „The Mind in the Making“ erörtert, worin dieser hervorragende Historiker an viele Punkte rührt, die Karl Mannheims Buch im Detail analysiert. Schließlich hat sich in jüngster Zeit Charles A. Beard in „The Nature of the Social Sciences“ in einer Weise, die den Einfluß des Mannheim'schen Werkes verrät, mit den Möglichkeiten einer objektiven Sozialwissenschaft didaktisch auseinandergesetzt.

War es daher ebenso notwendig wie heilsam, daß nachdrücklich gezeigt wurde, welchen verzerrenden Einfluß Kulturwerte und Interessen aufs Wissen ausüben, so ist darüber nicht zu vergessen, daß die wertenden Elemente im Denken endlich in ihrer positiven und konstruktiven Bedeutung erkannt werden müssen. Wenn die frühere Objektivitätsdiskussion die Eliminierung persönlicher und kollektiver Voreingenommenheit betonte, so macht die moderne auf deren positive Erkenntnisfunktion aufmerksam. Während die Bemühung um Objektivität früher dazu neigte, ein „Objekt“ zu setzen, das vom „Subjekt“ unterschieden war, beachtet man heute die intime Beziehung, die zwischen dem Gegenstand und dem wahrnehmenden Subjekt besteht. Die jüngste Ansicht behauptet in der Tat, daß der Gegenstand für das Subjekt erst auftaucht, wenn sich dessen Interesse im Gang der Erfahrung auf jenen partikularen Aspekt der Welt einstellt. Die Objektivität erscheint so in zwiefacher Sicht: in dem einen Falle sind Objekt und Subjekt diskrete und getrennte Wesen, in dem andern liegt der Nachdruck auf dem Widerspiel zwischen ihnen. Während Objektivität im ersten Fall sich auf die Zuverlässigkeit unserer Daten und die Gültigkeit unserer Schlüsse bezieht, befaßt sie sich im zweiten Falle mit dem, was für unsere Interessen erheblich ist. Besonders im sozialen Raum ist Wahrheit nicht bloß eine Art einfacher Übereinstimmung zwischen Denken und Sein, sondern vom Interesse des Forschers an seinem Gegenstand, von seinem Standort, seinen Wertungen, kurz davon gefärbt, wie der Gegenstand seiner Aufmerksamkeit abgegrenzt wird. Dieser Begriff von Objektivität impliziert jedoch nicht, daß künftig keine Unterscheidung von Wahrheit und Irrtum mehr zu ermitteln wäre. Er meint nicht, daß was immer die Menschen für ihre Vorstellungen, Verhaltensweisen, Ideen halten oder was sie wünschen, daß andere von ihnen glauben sollen, mit den Tatsachen übereinstimme. Selbst bei diesem Begriff der Objektivität müssen wir mit der Verzerrung rechnen, die nicht bloß von inadäquater Wahrnehmung oder unrichtigem Wissen seiner selbst produziert wird, sondern auch von der Unfähigkeit oder der Abneigung, unter bestimmten Umständen über Vorstellungen und Ideen aufrichtig zu berichten.

Diese Vorstellung des Problems der Objektivität, die dem Werke Karl Mannheims zugrunde liegt, wird denjenigen nicht gar so fremd sein, die mit der von James, Peirce, Mead und Dewey verkörperten Richtung der amerikanischen Philosophie vertraut sind. Obgleich Mannheims Problemansatz das Produkt eines geistigen Erbes ist, in dem Kant, Marx und Max Weber die führenden Rollen innehaben, ist seine Beurteilung vieler wichtiger Probleme im Grund identisch mit der des amerikanischen Pragmatismus. Diese Übereinstimmung geht jedoch nur bis an die Grenzen der Sozialpsychologie. Das ist von dem verstorbenen Charles H. Cooley und von R. M. MacIver ausdrücklich hervorgehoben worden und implizit auch von W. I. Thomas und Robert E. Park. Wir haben die Arbeiten dieser Autoren nicht unmittelbar mit dem Problemkomplex des vorliegenden Buches verknüpft, weil das, worum es der Wissenssoziologie systematisch und ausdrücklich zu tun ist, in Amerika nur gelegentlich im Rahmen der Sozialpsychologie oder als ein unausgenutztes Nebenergebnis der empirischen Forschung berührt wurde.

Die Frage der Objektivität ruft besonders dort schwierige Probleme hervor, wo versucht wird, eine streng wissenschaftliche Methode der Sozialforschung zu entwickeln. Während der Wissenschaftler, der sich mit Gegenständen der physikalischen Welt befaßt, sich recht wohl auf die äußeren Gleichförmigkeiten und Regelmäßigkeiten beschränken kann, die sich hier bieten, also nicht in den inneren Sinn dieser Phänomene einzudringen trachten muß, ist in der gesellschaftlichen Welt die Forschung primär auf das Verstehen eben dieses inneren Sinns und Zusammenhangs gerichtet.

Es mag wahr sein, daß es einige soziale Erscheinungen und, vielleicht, auch bestimmte Aspekte aller sozialen Ereignisse gibt, die von außen, als wären sie Dinge, betrachtet werden können. Aber das sollte nicht zu dem Schluß führen, daß nur solche Manifestationen des gesellschaftlichen Lebens real sind, die ihren Ausdruck in materiellen Dingen finden. Es wäre eine äußerst beschränkte Vorstellung von Sozialwissenschaft, die sie auf jene konkreten Dinge begrenzen würde, die äußerlich wahrnehmbar und meßbar sind.

Die Literatur der Sozialwissenschaft zeigt zur Genüge, daß es breite und recht bestimmte Sphären gesellschaftlicher Existenz gibt, in denen es möglich ist, eine wissenschaftliche Kenntnis zu erlangen, die nicht bloß zuverlässig, sondern auch für gesellschaftliches Planen und Handeln bedeutsam ist. Aus der Tatsache, daß die Menschen von den anderen Gegenständen in der Natur sich unterscheiden, folgt nicht, daß über sie nichts Bestimmtes auszumachen wäre. Wenngleich die Menschen in ihren Handlungen eine Art der Verursachung zeigen, die auf andere Naturobjekte nicht anwendbar ist, nämlich die Motivierung, hat man sich dessen bewußt zu sein, daß angenommen werden muß, daß ebensowohl im Bereich des Sozialen bestimmte Kausalzusammenhänge gültig sind wie solche im Physikalischen gelten. Es kann natürlich eingewandt werden, das präzise Wissen, das wir von Kausalzusammenhängen in anderen Bereichen haben, sei im Sozialen noch nicht erreicht worden. Aber wenn es überhaupt ein Wissen geben soll, das über die Empfindung einzigartiger und vorübergehender Augenblicksereignisse hinausgeht, dann muß auch für die gesellschaftliche Welt die Möglichkeit angenommen werden, wonach sich allgemeine Tendenzen und voraussagbare Ereignisreihen entdecken ließen, die denen in der physikalischen Welt analog sind. Der Determinismus, den die Sozialwissenschaft voraussetzt und der von Karl Mannheim in seinem Buche so verständnisvoll behandelt wird, ist allerdings anderen Wesens als der in der Himmlischen Mechanik Newtons.

Gewiß gibt es einige Sozialwissenschaftler, die verlangen, daß die

Wissenschaft sich mit der Erkenntnis der Verursachung aktueller Phänomene zufrieden gebe, daß sie sich nicht mit dem, was zu tun ist, zu befassen habe, nicht mit dem was getan werden solle, sondern mit dem, was getan werden könne und wie es zu tun sei. Danach müßte die Sozialwissenschaft ausschließlich ein Hilfsmittel, ein Instrument sein, statt Ziele zu setzen. Aber indem wir untersuchen, was ist, können wir nicht völlig ausschalten, was sein sollte. Im menschlichen Leben sind die Motive und Handlungsziele ein Teil des Prozesses, durch den die Handlung ausgeführt wird; sie sind wesentlich, um das Verhältnis der Teile zum Ganzen zu sehen. Ohne Ziel würden die meisten Handlungen weder Sinn noch Interesse für uns haben. Es ist freilich ein Unterschied, ob man sich Rechenschaft über die Ziele gibt oder ob man Ziele setzt. Was immer es mit der Möglichkeit auf sich haben mag, sich bei der Beschäftigung mit physikalischen Dingen völlig von diesen abzulösen —, im gesellschaftlichen Leben können wir die Werte und Ziele der Handlungen nicht außer acht lassen, ohne die Bedeutung der mit ihnen verbundenen Tatsachen zu verkennen. In unserer Wahl der Forschungsgebiete, der Auswahl der Daten, der Untersuchungsmethoden, der Anordnung des Materials, um nicht von der Formulierung unserer Hypothesen und Schlußfolgerungen zu sprechen, zeigen sich stets bestimmte Voraussetzungen und Interpretationsschemata, seien sie nun mehr oder minder klar, explizit oder implizit.

Demgemäß gibt es eine wohlgegründete Unterscheidung zwischen objektiven und subjektiven Tatsachen. Sie ergibt sich aus der Verschiedenheit von innerer und äußerer Beobachtung oder, um die Worte William James' zu gebrauchen, von „Wissen über" und „Bekanntsein mit". Wenn es einen Unterschied zwischen physikalischen und geistigen Prozessen gibt — und es scheint wenig Anlaß zu bestehen, diesen nicht unwichtigen Unterschied für nicht vorhanden zu halten —, so deutet dies auf eine entsprechende Unterschiedlichkeit in der Weise hin, wie wir diese beiden Arten von Erscheinungen wissen. Physikalische Objekte (und die Naturwissenschaft hat mit ihnen ausschließlich so zu tun, als ob sie gewußt werden könnten) können rein von außen gewußt werden, während geistige und soziale Prozesse nur von innen gewußt werden können, es sei denn, daß sie sich selbst durch physikalische Indizes, in denen wir wiederum eine Bedeutung lesen, als äußerlich darstellen. Daher kann Einsicht als das Herzstück der Sozialwissenschaft betrachtet werden. Sie wird gewonnen, indem man sich innerhalb des Phänomens, das zu beobachten ist, bewegt oder, wie Charles A. Cooley formulierte, durch „sympathetische Introspektion". Es ist die Partizipation an einer Tätigkeit, die Interesse, Zweck, Standpunkt, Wert, Sinn, Einsichtigkeit so gut wie Vorurteil erzeugt.

Wenn also die Sozialwissenschaft sich mit Gegenständen befaßt, die einen Sinn und einen Wert besitzen, dann muß der Beobachter, der sie zu verstehen strebt, dies notwendig mittels Kategorien tun, die ihrerseits von seinen eigenen Werten und Sinngebungen abhängen. Seit Jahren geht gerade hierum die Auseinandersetzung zwischen den Behavioristen unter den Sozialwissenschaftlern einerseits, die mit dem gesellschaftlichen Leben ausschließlich so verfahren wollen, wie es der Naturwissenschaftler mit der physikalischen Welt tut, und denjenigen anderseits, die die Stellung der sympathetischen Introspektion oder des Verstehens einnehmen, wie sie von einem Autor wie Max Weber vorgezeichnet worden ist.

Während das Wertelement in der Sozialwissenschaft formal anerkannt worden ist, hat sich die Aufmerksamkeit im großen und ganzen, zumal unter englischen und amerikanischen Soziologen, noch kaum der konkreten Analyse derjenigen Rolle zugewandt, die die wirklichen Interessen und Wertungen in spezifischen historischen Lehren und Bewegungen eingenommen haben. Eine Ausnahme bildet hier der Marxismus, der diesem Thema eine zentrale Stelle einräumte; er hat indes keine irgend befriedigende systematische Darstellung des Problems gegeben.

Mannheims Beitrag bildet daher einen entscheidenden Fortschritt über die bisher in Europa und Amerika geleistete Arbeit. Anstatt sich damit zufrieden zu geben, daß er die Aufmerksamkeit auf den Umstand hinlenkte, daß unweigerlich sich in allem Denken, also auch in der Wissenschaft, das Interesse widerspiegelt, hat Mannheim gesucht, den spezifischen Zusammenhang zwischen den wirklichen sozialen Interessengruppen und ihren Ideen und Denkweisen aufzuspüren. Er vermochte zu zeigen, daß Ideologien, d. h. jene Ideenkomplexe, die sich um die Aufrechterhaltung der bestehenden Ordnung bemühen, und Utopien, d. h. Ideenkomplexe, die auf eine diese Ordnung ändernde Aktion zielen, nicht bloß das Denken vom Gegenstand der Beobachtung ablenken, sondern auch dazu dienen, die Aufmerksamkeit an Aspekte der Situation zu heften, die sonst verdunkelt würden oder unbemerkt durchschlüpften. Aus einer allgemeinen theoretischen Formel hat er daher ein wirksames Instrument für. eine fruchtbare empirische Forschung geschaffen.

Der Bedeutungscharakter des Verhaltens rechtfertigt indes nicht die Folgerung, daß dieses Verhalten unveränderlich das Produkt aus bewußter Reflexion und vernünftiger Überlegung sei. Unser Bemühen um ein Verstehen erwächst aus der Handlung selbst und kann sogar die bewußte Vorbereitung weiterer Handlungen sein; wir müssen jedoch zugeben, daß das Denken, also die bewußte Reflexion bzw. die vorgestellte Wiederholung einer Situation, keineswegs ein unerläßlicher Teil eines Aktes ist.

Die Sozialpsychologie scheint sogar allgemein anzunehmen, daß Ideen nicht spontan entstehen, daß vielmehr, entgegen den Behauptungen einer veralteten Psychologie, der Akt vor dem Denken kommt. Vernunft, Bewußtsein und Gewissen treten charakteristischerweise erst in Konfliktsituationen auf. Karl Mannheim stimmt deshalb mit den modernen Denkern, deren Zahl wächst, überein, die statt einen reinen Geist zu setzen, sich mit den wirklichen gesellschaftlichen Bedingungen befassen, aus denen Intelligenz und Denken hervorgehen. Wenn es wahr ist, daß wir nicht bloß durch die Ereignisse, die in unserer Welt vor sich gehen, bedingt sind, sondern gleichzeitig diese Ereignisse selbst schaffen, dann folgt, daß Handlungsziele niemals voll darstellbar und bestimmbar sind, bis der Akt beendet oder so vollständig zur Routine automatisiert ist, daß er nicht länger mehr Bewußtsein und Aufmerksamkeit verlangt.

Die Tatsache, daß im Bereich des Sozialen der Beobachter ein Teil des Beobachteten ist und daher persönlich am Gegenstand der Beobachtung beteiligt ist, gehört zu den Hauptfaktoren, die die Schärfe des Objektivitätsproblems in der Sozialwissenschaft ausmachen. Es muß außerdem die andere Tatsache beachtet werden, daß sich das Leben der Gesellschaft und daher auch die Sozialwissenschaft in einem überwältigenden Maß mit den Vorstellungen über die Handlungsziele befaßt. Wer etwas verteidigt, steht dem, was ist oder sein könnte, nicht gänzlich fremd gegenüber. Es wäre naiv, anzunehmen, daß unsere Ideen einzig von den außer uns liegenden Gegenständen unserer Kontemplation geformt würden oder daß unsere Wünsche und unsere Befürchtungen nichts mit dem zu tun hätten, was wir wahrnehmen, oder dem, was sich vermutlich zutragen wird. Es würde der Wahrheit mehr entsprechen, wenn man zugibt, daß die Impulse, die gemeinhin als „Interessen" bezeichnet zu werden pflegen, in Wirklichkeit die Kräfte sind, die zu gleicher Zeit die Ziele unserer praktischen Tätigkeit hervorrufen, wie sie die Aufmerksamkeit unseres Geistes auf sich ziehen. Während in bestimmten Lebenssphären, vor allem in der Wirtschaft und, zu einem geringeren Grade, in der Politik, diese „Interessen" in expliziter und artikulierter Weise zu Tage liegen, schlummern sie in anderen Sphären unter der Oberfläche und verkleiden sich in derart konventionellen Formen, daß wir sie nicht immer als solche erkennen, selbst wenn wir eigens darauf hingewiesen werden. Das wichtigste, was wir daher von einem Menschen wissen können, ist das, was für ihn ein Axiom ist, und die elementarsten und wichtigsten Tatsachen einer Gesellschaft sind jene, die selten erörtert und allgemein als geregelt betrachtet werden.

Vergebens blicken wir uns jedoch nach der heiteren Ruhe um, die für die Atmosphäre kennzeichnend zu sein scheint, in der manche Denker vergangener Zeitläufte lebten. Die Welt hat keinen gemeinsamen Glauben mehr und die vielberufene „Gemeinschaft der Interessen“ ist kaum etwas anderes als eine Redefigur. Mit dem Verlust eines gemeinsamen Zwecks und Interesses sind wir auch der gemeinsamen Normen und Denkweisen, der gemeinsamen Weltanschauung beraubt worden. Selbst die öffentliche Meinung hat sich in eine Reihe von Schein-Öffentlichkeiten verkehrt. Die Menschen der Vergangenheit mögen in kleineren und provinzielleren Welten gelebt haben, aber diese waren augenscheinlich für alle Glieder der Gemeinschaft stabiler und integrierter als unser erweitertes Denk-, Handlungs- und Glaubensuniversum.

In letzter Analyse gibt es eine Gesellschaft, weil die Individuen in ihr in ihren Köpfen eine Art Bild dieser Gesellschaft tragen. Unsere Gesellschaft jedoch ist in dieser Zeit genauester Arbeitsteilung, äußerster Heterogeneität, tiefster Interessenkonflikte in einen Zustand geraten, in dem ihr Bild undeutlich, ja unangemessen ist. Wir nehmen deshalb nicht länger die gleichen Dinge als wirklich wahr und mit dem schwindenden Sinn für eine gemeinsame Wirklichkeit verlieren wir zugleich das gemeinsame Medium, um unsere Erfahrungen auszudrücken und mitzuteilen. Die Welt ist aufgesplittert in zahllose Bruchstücke atomisierter Individuen und Gruppen. Dem Bruch in der individuellen Erfahrung korrespondiert die Auflösung der Solidarität in Kultur und Gesellschaft. Beginnen die Grundlagen einheitlichen kollektiven Handelns schwach zu werden, dann tendiert die Struktur der Gesellschaft auseinanderzubrechen und einen Zustand zu bilden, den Émile Durkheim anomie genannt hat, eine Situation, die als eine Art gesellschaftlicher Leere beschrieben werden kann. Unter solchen Umständen müssen Selbstmord, Verbrechen, die Auflösung aller Ordnung erwartet werden, da die Existenz der Individuen nicht länger mehr in einer stabilen und integrierten Gesellschaft verwurzelt ist und ihr Lebensgefühl viel an Sinn und Bedeutung einbüßt.

Daß auch die geistige Tätigkeit von solchen Einflüssen nicht verschont bleibt, wird in diesem Buche wirksam dokumentiert. Abgesehen von der Zusammenstellung und Ordnung neuer Einsichten in die Vorbedingungen, Prozesse und Probleme des Geisteslebens, zielt Mannheims Buch, sofern es eine praktische Absicht verfolgt, auf eine Untersuchung der Aussichten ab, die der Rationalität in einer Zeit gleich der unseren noch zukommen mag, in der die Irrationalität gepriesen wird und die Möglichkeit gegenseitigen Verstehens zu verschwinden droht. Während die geistige Welt in früheren Perioden zumindest ein gemeinsames Bezugssystem besaß, das den Teilnehmern an dieser Welt eine gewisse Sicherheit bot und ihnen einen Sinn für gegenseitigen Respekt und Vertrauen gab, ist die der Gegenwart kein Kosmos mehr, sondern stellt sich als das Schlachtfeld sich bekämpfender Parteien dar. Nicht nur besitzt jede dieser feindlichen Gruppen ihre eigene Garnitur an Interessen und Zwecken, sondern auch ihr eigenes Weltbild, in dem die für alle gleichen Gegenstände mit völlig verschiedenen Werten und Sinngebungen verknüpft sind. In einer solchen Welt sind die Möglichkeiten intelligibler Mitteilung und erst recht der Verständigung auf ein Mindestmaß zurückgedrängt. Da es an gemeinsamer Erfahrung fehlt, ist es auch nicht möglich, an die gleichen Kriterien von Sinn und Wahrheit zu appellieren; da die Welt in weitem Ausmaß durch Worte zusammengehalten wird, folgt ferner, daß, sobald die Worte aufhören, für alle, die sie benutzen, die gleiche Bedeutung zu haben, auch die Menschen notwendig einander mißverstehen und aneinander vorbeireden.

Neben dieser Unfähigkeit, einander zu verstehen, besteht ein weiteres Hindernis für die Herstellung eines Consensus darin, daß die Parteigänger sich geradezu obstinat weigern, die Theorien ihrer Gegner zu beachten oder ernst zu nehmen, bloß weil diese zu einem anderen geistigen oder politischen Lager gehören. Dieser entmutigende Zustand der Dinge wird noch ärger dadurch, daß die Welt des Geistes keineswegs frei vom Kampf um persönlichen Rang und Macht ist. Elende Krämertricks sind auf diese Weise in das Reich der Ideen hineingeraten und haben zu der Lage geführt, daß selbst Wissenschaftler lieber recht behalten als recht haben wollen.

III.

Wenn wir uns durch den drohenden Verlust unseres geistigen Erbes weit gründlicher erschreckt fühlen, als dies in früheren Kulturkrisen der Fall war, so rührt das daher, daß wir das Opfer weit größerer Erwartungen geworden sind. Denn nie zuvor wurden so viele Menschen dazu verführt, so sublimen Träumen über die Wohltaten sich hinzugeben, die die Wissenschaft dem Menschengeschlecht erweisen könne. Das Wanken der vermeintlich festen Grundlagen des Wissens und die Desillusionierung, die dem folgte, hat einige „empfindsame Seelen“ dazu getrieben, romantisch nach der Rückkehr einer vergangenen Zeit, nach einer unwiederbringlich verlorenen Sicherheit zu verlangen. Von Verwirrtheit und Hilflosigkeit bedroht, haben andere die Zweideutigkeiten, die Konflikte und Ungewißheiten der geistigen Welt mittels Humor, Zynismus oder schierer Verleugnung der Tatsachen zu ignorieren oder zu umgehen gesucht.

In einer Zeit gleich der unseren, in der die Menschen sich allenthalben nicht bloß unbehaglich fühlen, sondern die Grundlagen der sozialen Existenz, die Gültigkeit ihrer Wahrheiten, die Haltbarkeit ihrer Normen in Frage stellen, sollte es deutlich genug geworden sein, daß es keinen Wert ohne Interesse und keine Objektivität ohne Zustimmung gibt. Unter solchen Umständen ist es schwer, angesichts der zu erwartenden Ablehnung beharrlich an dem festzuhalten, was man für die Wahrheit hält, und man ist geneigt, schon die Möglichkeit eines geistigen Lebens in Frage zu stellen. Die abendländische Kultur wird von einer geistigen Freiheit und Integrität gespeist, die in einer zweitausendjährigen Tradition mühsam errungen worden sind, aber die Menschen beginnen zu fragen, ob der Kampf, um sie zu erlangen, die Kosten wert war, wenn die drohende Ausrottung alles dessen, was Rationalität und Objektivität einmal den Menschen gewann, heute so leichthin und selbstzufrieden von vielen hingenommen wird. Die Entwertung des Werts von Denken, die sich ausbreitet, und seine Unterdrückung anderseits sind unheilvolle Zeichen der zunehmenden Dämmerung unserer Kultur. Die Katastrophe kann einzig durch die einsichtsvollsten und entschlossensten Maßnahmen abgewendet werden.

„Ideologie und Utopie" ist selbst ein Produkt dieser Periode des Chaos und der Unordnung. Zu seinen Beiträgen für eine Lösung unserer mißlichen Lage gehört eine Analyse der Kräfte, die uns dahin gebracht haben. Es ist zweifelhaft, ob ein solches Buch hätte in einer anderen Zeit geschrieben werden können, denn die Probleme, mit denen es sich befaßt, können, so fundamental sie auch sind, nur in einer Gesellschaft und in einer Epoche aufkommen, für die eine tiefe soziale und geistige Umwälzung charakteristisch ist. Das Buch bietet keine einfache Lösung für die Schwierigkeiten an, mit denen wir es zu tun haben, aber es formuliert die Hauptprobleme derart, daß sie angegangen werden können, und treibt auf diese Weise die Analyse unserer geistigen Krise mehr denn je voran. Da eine gemeinsame Konzeption der Probleme verloren gegangen ist und einstimmig angenommene Wahrheitskriterien fehlen, sucht Mannheim aufzuzeigen, wie eine neue Basis konstruiert werden kann, die eine objektive Untersuchung alles dessen erlaubt, was im Gesellschaftsleben strittig geworden ist.

Bis in die jüngste Zeit fast wurden Wissen und Denken, angeblich der eigenste Gegenstand der Logik und Psychologie, als außerhalb der Sozialwissenschaft betrachtet; sie wurden nicht als soziale Prozesse angesehen. Während einige der Ideen, die Mannheim vorträgt, sich aus der allmählichen Entwicklung der kritischen Analyse von Denkprozessen ergeben und einen integralen Teil des wissenschaftlichen Erbes des Abendlands bilden, dürfte der besondere Beitrag des vorliegenden Buches darin bestehen, daß ausdrücklich anerkannt wird, daß das Denken nicht bloß ein Gegenstand der Logik und Psychologie ist, sondern nur dann voll verständlich ist, wenn es soziologisch gesehen wird. Dies schließt ein, daß die Grundlagen gesellschaftlichen Urteilens bis in ihre spezifischen interessegebundenen Wurzeln in der Gesellschaft zurück verfolgt werden, durch die sich die Partikularität und damit die Begrenzung einer jeden Weltanschauung offenbart. Das heißt nicht, daß die bloße Aufdeckung dieser abweichenden Sichtweisen automatisch die Gegner veranlassen würde, gegenseitig ihre Konzeptionen anzunehmen oder daß sie unmittelbar in allgemeine Harmonie münden würde. Die Gründe dieser Differenzen zu klären könnte jedoch eine Vorbedingung dafür sein, daß jeder Beobachter die Grenzen seiner eigenen Sicht und zumindest die partielle Gültigkeit der Sicht der anderen zu sehen vermöchte. Dies schließt nicht notwendig ein, daß man den eigenen Interessen gleichgültig gegenübertritt, ermöglicht jedoch zumindest eine Arbeitsübereinstimmung über die Fakten und erlaubt eine begrenzte Anzahl allgemeingültiger Schlußfolgerungen. In Versuchen wie dem vorliegenden Buch können die Sozialwissenschaftler heute, mögen sie auch über die letzten Werte nicht übereinstimmen, doch ein Gespräch beginnen, das sie die Gegenstände unter ähnlichen Gesichtspunkten sehen und ihre Ergebnisse einander mit einem Mindestmaß an Zweideutigkeit mitteilen läßt.

IV.

Die Probleme, die in dem Verhältnis von geistiger Tätigkeit und sozialer Existenz einbeschlossen sind, redlich und deutlich aufgeworfen zu haben, ist an sich schon eine große Leistung. Aber Mannheim hat es nicht dabei bewenden lassen. Er hat erkannt, daß die Faktoren, die im Menschengeist die Vernunft ebenso antreiben wie verstören, die gleichen dynamischen Faktoren sind, aus denen alles menschliche Tun entspringt. Anstatt einen hypothetischen reinen Geist zu setzen, der die Wahrheit produziert und verwaltet und sie nicht durch außerlogische Faktoren verunreinigen läßt, ist er wirklich zu einer Analyse der konkreten gesellschaftlichen Situationen fortgeschritten, in denen das Denken und das Leben des Geistes sich vollzieht.

Die ersten vier Teile des vorliegenden Buches zeigen konkret die Fruchtbarkeit des soziologischen Problemansatzes auf und bieten ein Beispiel für die Methoden dieser neuen Disziplin, deren formale Grundlagen im fünften Teil unter dem Titel „Wissenssoziologie“ skizziert werden. Die neue Disziplin gehört historisch und logisch zur allgemeinen Soziologie, insofern diese fundamentale Sozialwissenschaft ist. Wenn die von Karl Mannheim behandelten Themen systematisch entwickelt werden, könnte die Wissenssoziologie zu einem besonderen Ansatzpunkt werden, durch den, von einem einheitsstiftenden Gesichtspunkt aus und mittelst angemessener Techniken, eine Reihe von Gegenständen integral erfaßt werden könnten, die bisher nur beiläufig und gelegentlich berührt worden sind. Es wäre verfrüht, den genauen Umfang abzugrenzen, den diese neue Disziplin möglicherweise einnehmen wird. Die Arbeiten Max Schelers und die Karl Mannheims selbst sind jedoch weit genug gediehen, um den Versuch zu wagen, die Hauptpunkte zu bezeichnen, mit denen sie sich befassen müßte.

Von ihnen ist der erste und grundlegendste die sozialpsychologische Ausarbeitung der Theorie des Wissens selbst, die bisher in Form einer Erkenntnislehre ihren Platz in der Philosophie fand. Während der ganzen bisherigen Geschichte des Denkens hat dieser Gegenstand die großen Denker verfolgt. Trotz des jahrhundertelangen Bemühens, das Verhältnis von Erlebnis und Reflexion, Tatsache und Idee, Glauben und Wahrheit zu klären, fordert das Problem des Zusammenhangs von Sein und Denken auch den modernen Denker noch heraus. Aber es ist nicht länger mehr ein Problem, mit dem sich ausschließlich der professionelle Philosoph befaßt. Es hat nicht bloß in der Wissenschaft, sondern auch in der Erziehung und in der Politik eine zentrale Stelle erhalten. Die Wissenssoziologie hofft das ihre beitragen zu können, um dieses alte Rätsel zu durchschauen. Eine solche Aufgabe verlangt mehr als die Anwendung wohlbekannter logischer Regeln aufs gegebene Material, denn die anerkannten Regeln der Logik selber werden hier in Frage gestellt und, zusammen mit dem übrigen Rest unserer geistigen Ausstattung, als Teile und Produkte des ganzen gesellschaftlichen Lebens gesehen. Damit ist die Erforschung der Motive einbeschlossen, die hinter der geistigen Tätigkeit liegen, ferner die Analyse der Art und des Ausmaßes, wie die Denkprozesse selbst durch die Partizipation des Denkers am Leben der Gesellschaft beeinflußt sind.

Eng damit verbunden ist ein anderes Interessengebiet der Wissenssoziologie. Es handelt sich um die Neubearbeitung der Daten der Geistesgeschichte, um die Denkstile und -methoden zu entdecken, die in bestimmten typischen geschichtlich-gesellschaftlichen Situationen jeweils vorherrschen. Wesentlich ist hier die Frage nach den Veränderungen im geistigen Interesse und der Aufmerksamkeit, die die Veränderungen in anderen Teilen der Gesellschaftsstruktur begleiten. Mannheims Unterscheidung von Ideologien und Utopien bietet in dieser Hinsicht überaus vielversprechende Forschungsdirektiven.

Indem die Wissenssoziologie die Mentalität einer Zeit oder einer Gesellschaftsschicht analysiert, befaßt sie sich nicht bloß mit den Ideen und

Denkweisen, die gerade in Blüte stehen, sondern mit dem gesamten gesellschaftlichen Zustand, in dem dies geschieht, und muß daher notwendig den Faktoren Rechnung tragen, die für die Annahme bzw. die Ablehnung bestimmter Ideen durch bestimmte Gruppen in der Gesellschaft verantwortlich sind. Ebenso muß sie die Motive und Interessen beachten, die bestimmte Gruppen antreiben, diese Ideen bewußt zu fördern und sie unter anderen Gruppen zu verbreiten.

Des weiteren sucht die Wissenssoziologie aufzuhellen, wie die Interessen und Ziele bestimmter gesellschaftlicher Gruppen in bestimmten Theorien, Lehrmeinungen und geistigen Bewegungen ihren Ausdruck finden. Von grundlegender Bedeutung für das Verständnis jeder Gesellschaft ist ferner das Maß der Anerkennung, das sie den verschiedenen Wissenstypen zollt, und der Anteil an gesellschaftlichen Hilfsmitteln, der der Entwicklung eines jeden dieser Typen zugewandt wird. Nicht minder wichtig ist es, auch umgekehrt die sozialen Verschiebungen, die vom Fortschritt in bestimmten Wissenszweigen herrühren, etwa die zunehmende Beherrschung von Natur und Gesellschaft durch technische Anwendung des Wissens, der Analyse zu unterziehen. Gleicherweise ist die Wissenssoziologie, weil sie sich mit der Rolle des Wissens und der Ideen bei der Aufrechterhaltung oder der Veränderung der Gesellschaftsordnung beschäftigt, genötigt, den Kräften und Tätigkeiten, durch die Ideen verbreitet werden, sowie dem bestehenden Grad der Freiheit für Forschung und Ausdruck beträchtliche Aufmerksamkeit zu widmen. In diesem Zusammenhang wird sie auch die Typen der vorhandenen Erziehungssysteme und die Art, auf die ein jedes die Gesellschaft, in der es wirkt, widerspiegelt und formt, zu beachten haben, wobei dem Problem der Unterweisung, das jüngst in der pädagogischen Literatur so heftig diskutiert worden ist, eine ausgezeichnete Stellung zukommt. Ebenso finden hier die Funktionen der Presse, der Popularisierung des Wissens und der Propaganda eine angemessene Behandlung. Ein adäquates Verständnis aller dieser Phänomene wird zu einer genaueren Konzeption von der Rolle der Ideen in politischen und sozialen Bewegungen ebenso wie von der der Tauglichkeit des Wissens als Instrument zur Kontrolle der gesellschaftlichen Wirklichkeit beitragen.

Trotz vieler Spezialdarstellungen gesellschaftlicher Institutionen, die es vor allem mit der geistigen Tätigkeit in der Gesellschaft zu tun haben, gibt es noch keine angemessene theoretische Behandlung der gesellschaftlichen Organisation des geistigen Lebens. Eine der primären Aufgaben der Wissenssoziologie liegt daher in einer systematischen Analyse der institutionellen Organisation, in deren Namen die geistige Tätigkeit vor sich geht. Sie würde u. a. die Untersuchung der Schulen, Universitäten, Akademien, Gelehrtengesellschaften, Museen, Büchereien, Forschungsinstitute und Laboratorien, Stiftungen und des Verlagswesens einschließen. Es ist wichtig zu wissen, wie und durch wen diese Institutionen unterhalten werden, welchem Wissenstypus ihre Tätigkeit angehört, was ihre Politik, ihre innere Organisation, ihre Beziehung zueinander und ihre Stellung in der Gesellschaftsorganisation als ganzer ist.

Schließlich hat sich die Wissenssoziologie, wo immer sie ansetzt, auch mit den Personen zu befassen, die die Träger der geistigen Tätigkeit sind, mit den Intellektuellen. In jeder Gesellschaft gibt es Individuen, deren besondere Funktion die Sammlung, Bewahrung, Neuformulierung und Verbreitung des geistigen Erbes der Gesellschaft ist. Die Zusammensetzung dieser Gruppe, ihre gesellschaftliche Herkunft, die Methode ihrer Rekrutierung, ihre Organisation, ihre Klassenbindung, ferner was ihr an Belohnungen und Prestige zukommt, ihre Partizipation an den anderen Sphären des Lebens der Gesellschaft, all das gehört zu den Kernfragen der Wissenssoziologie. Die Art, in der die genannten Faktoren die Produkte der geistigen Arbeit prägen, bildet das zentrale Thema aller Untersuchungen, die im Namen der Wissenssoziologie erfolgen.

In „Ideologie und Utopie“ stellt Karl Mannheim nicht bloß die Umrisse einer neuen Disziplin dar, die ein neues und tieferes Verständnis des sozialen Lebens zu geben verspricht, sondern bietet auch eine überaus notwendige Klärung einiger Hauptprobleme der politischen Moral in dieser Zeit. In der Hoffnung, daß es zur Lösung von Problemen beitragen möge, mit denen es vernünftige Leute in der englisch sprechenden Welt heute zu tun haben, ist dieses Buch übersetzt worden.

Louis Wirth

KARL MANNHEIM

IDEOLOGIE UND UTOPIE

I. KAPITEL

Erster Ansatz des Problems

1. Der soziologische Begriff des Denkens.

Dieses Buch befaßt sich mit dem Problem, wie Menschen wirklich denken. Es will untersuchen, nicht wie Denken in den Lehrbüchern der Logik erscheint, sondern wie es wirklich im öffentlichen Leben und in der Politik als ein Instrument kollektiven Handelns funktioniert.

Die Philosophen haben sich allzulange bloß mit ihrem eigenen Denken befaßt. Wenn sie über das Denken schrieben, hatten sie vor allem ihre eigene Geschichte, die Geschichte der Philosophie, im Kopf oder doch bestimmte Wissensgebiete wie Mathematik oder Physik. Dieser Typus des Denkens ist jedoch nur unter ganz bestimmten Umständen anwendbar und was durch seine Analyse gelernt werden kann, ist nicht unmittelbar auf andere Lebenssphären übertragbar. Selbst wenn er anwendbar wäre, so bezöge er sich nur auf eine spezifische Dimension der Existenz, genügte aber nicht für lebende Menschen, die ihre Welt zu verstehen und zu bilden trachten.

Inzwischen sind die Menschen, indem sie handeln, zum guten oder zum schlechten dazu gelangt, eine Mannigfaltigkeit von Methoden für die experimentelle und geistige Durchdringung der Welt zu entwickeln, in der sie leben. Diese Methoden sind bisher nie mit der gleichen Präzision wie die Formen des sogenannten exakten Wissens analysiert worden. Wenn menschliches Tun längere Zeit hindurch einsichtiger Kontrolle und Kritik entzogen bleibt, dann tendiert es dahin, den Menschen zu entgleiten.

Daher ist es als eine Anomalie unserer Zeit anzusehen, daß gerade die Denkmethoden, mittelst deren wir zu unseren wichtigsten Entscheidungen gelangen und unser politisches und soziales Schicksal zu erkennen und zu leiten trachten, unerkannt und deshalb für eine einsichtige Kontrolle und Selbstkritik unzugänglich geblieben sind. Diese Anomalie erscheint um so ungeheuerlicher, wenn wir daran erinnern, daß heute weit mehr vom korrekten Durchdenken einer Situation abhängt als dies in früheren Gesellschaftsformen der Fall war. Die Bedeutung der Sozialwissenschaft wächst proportional mit der Notwendigkeit regulierender Eingriffe in den Gesellschaftsprozeß. Die sogenannte vorwissenschaftlich-ungenaue Denkweise jedoch, — die paradoxer Weise von den Logikern und Philosophen ebenfalls benutzt wird, wenn sie praktische Entscheidungen zu treffen haben —, kann nicht mittelst logischer Analyse allein verstanden werden. Sie bildet einen Komplex, der weder von den psychologischen Wurzeln der emotionalen und vitalen Impulse, die ihm zugrunde liegen, noch von der Situation, in der er entsteht und die er zu lösen sucht, leicht abzutrennen ist.

Es ist die Aufgabe dieses Buches, eine geeignete Methode für die Beschreibung und Analyse dieses Denktypus und seine Wandlungen auszuarbeiten und die damit verbundenen Probleme zu formulieren, so daß sie ihrem eigentümlichen Charakter gerecht werden und den Weg für ein kritisches Verständnis vorbereiten. Die Methode, die wir darzulegen suchen, ist die der Wissenssoziologie.

Es ist die Hauptthese der Wissenssoziologie, daß es Denkweisen gibt, die solange nicht adäquat verstanden werden können, als ihr gesellschaftlicher Ursprung im Dunkeln bleibt. Es ist allerdings wahr, daß nur das Individuum des Denkens fähig ist. Es gibt kein solches metaphysisches Wesen wie den Gruppengeist, der über den Köpfen der Individuen und über sie hinweg denkt und dessen Ideen das Individuum bloß reproduziert. Es wäre jedoch falsch, hieraus zu folgern, daß alle Ideen und Gefühle, die ein Individuum bewegen, ihren Ursprung in diesem allein hätten und daß sie einzig auf Grund seiner eigenen Lebenserfahrung adäquat erklärt werden könnten.

Wie es inkorrekt wäre, eine Sprache bloß von der Beobachtung eines einzelnen Individuums abzuleiten, das ja nicht eine eigene Sprache, vielmehr die seiner Zeitgenossen und Vorfahren spricht, die ihm den Weg gebahnt haben, so ungenau wäre es auch, würde man die Totalität einer Persönlichkeit bloß auf Grund ihrer individuellen Genesis erklären. Nur in einem ganz begrenzten Sinne schafft das Individuum aus sich selbst die Sprech- und Denkweise, die wir ihm zuschreiben. Es spricht die Sprache seiner Gruppe; es denkt in der Art, in der seine Gruppe denkt. Es findet bestimmte Worte und deren Sinn zu seiner Verfügung vor, und diese bestimmen nicht bloß in weitem Ausmaß seinen Zugang zur umgebenden Welt, sondern offenbaren gleichzeitig, von welchem Gesichtspunkt aus und in welchem Handlungszusammenhang Gegenstände bisher für die Gruppe oder das Individuum wahrnehmbar und zugänglich waren.

Als ersten Punkt haben wir daher zu betonen, daß der Ansatz der Wissenssoziologie intentional nicht vom einzelnen Individuum und seinem Denken ausgeht, um dann unmittelbar, wie die Philosophen tun, zu den abstraktesten Höhen eines „Denkens an sich" voranzuschreiten. Vielmehr sucht die Wissenssoziologie das Denken in dem konkreten Zusammenhang einer historisch-gesellschaftlichen Situation zu verstehen, aus der ein individuell differenziertes Denken nur sehr allmählich herauszuheben ist. Es sind also nicht die Menschen als solche, die denken, oder isolierte Individuen, die das Denken besorgen, sondern Menschen in bestimmten Gruppen, die einen spezifischen Denkstil in einer endlosen Reihe von Reaktionen auf gewisse typische, für ihre gemeinsame Position charakteristische Situationen entwickelt haben. Streng genommen ist es in der Tat ungenau, wenn man sagt, daß das einzelne Individuum denkt. Korrekter wäre der Hinweis, daß es bloß daran teilnimmt, das weiterzudenken, was andere Menschen vor ihm gedacht haben. Es findet sich in einer ererbten Situation mit Denkmodellen, die dieser Situation angemessen sind, und es versucht, die ererbten Reaktionsweisen weiter auszuarbeiten oder andere an ihre Stelle zu rücken, um mit den neuen Anforderungen, die sich aus den Veränderungen und Wandlungen der Situation ergeben, auf eine adäquate Weise fertig zu werden. Jedes Individuum ist daher durch die Tatsache, daß es in der Gesellschaft aufwächst, in einem zwiefachen Sinne prädeterminiert: es findet eine fertige Situation vor und in dieser Situation findet es vorgeformte Denk- und Verhaltensmodelle vor.

Das zweite für die Methode der Wissenssoziologie kennzeichnende Merkmal ist, daß sie die konkret existierenden Denkweisen nicht aus dem Zusammenhang mit dem kollektiven Handeln löst, durch das wir die Welt erst in einem geistigen Sinn entdecken. Menschen, die in Gruppen leben, existieren nicht einfach physikalisch als einzelne Individuen. Sie fassen die Gegenstände der Welt nicht kontemplativ-abstrakt ins Auge noch tun sie es ausschließlich als Einzelwesen. Im Gegenteil, sie handeln in verschieden organisierten Gruppen mit- und gegeneinander und während sie dies tun, denken sie mit- und gegeneinander. Diese in Gruppen miteinander verbundenen Personen streben gemäß der besonderen Art und Stellung der Gruppen, zu denen sie gehören, die umgebende Natur und Gesellschaft zu verändern bzw. sie in ihrer gegebenen Lage zu bewahren. Die Richtung dieses Willens nach Veränderung bzw. Bewahrung, das kollektive Handeln, produziert, was als Leitfaden für die Entstehung ihrer Probleme, Begriffe und Denkformen betrachtet werden kann. In dem spezifischen Zusammenhang des kollektiven Handelns, an dem sie teilhaben, tendieren die Menschen stets zu einer verschiedenen Sicht der sie umgebenden Welt. Die rein logische Analyse hat nicht bloß das individuelle Denken von der Gruppensituation, sondern auch das Denken vom Handeln abgetrennt. Sie tat es in der stillschweigenden Voraussetzung, daß die zwischen dem Denken einerseits, der Gruppe und dem Handeln anderseits in Wirklichkeit stets vorhandenen Zusammenhänge entweder für „korrektes" Denken unwichtig seien oder von diesen Grundlagen abgelöst werden könnten, ohne daß sich Schwierigkeiten dabei ergäben.

Aber die Tatsache, daß man etwas ignoriert, macht seiner Existenz noch kein Ende. Solange der Reichtum an Formen, in denen die Menschen wirklich denken, nicht ernsthaft und genau beobachtet wurde, ist a priori nicht zu entscheiden, ob dieses Absehen von der gesellschaftlichen Situation und dem Handlungszusammenhang immer realisierbar ist. In der Tat kann aus dem Stegreif kaum bestimmt werden, ob eine solche Dichotomie gerade im Interesse eines objektiven faktischen Wissens wünschbar ist.

Es kann sein, daß in bestimmten Wissenssphären der Impuls zum Handeln erst die Objekte der Welt dem handelnden Subjekt aufschließt, und es kann ferner sein, daß erst dieser Faktor die Auswahl der Wirklichkeitselemente bestimmt, die in das Denken eingehen. Und es ist nicht undenkbar, daß mit der Ausschließung dieses Faktors (sofern es überhaupt möglich wäre) der konkrete Inhalt selbst völlig aus den Begriffen verschwinden würde und das organisierende Prinzip, das erst eine vernünftige Problemstellung möglich macht, verloren ginge.

Aber das heißt nicht, daß in den Gebieten, in denen die Zugehörigkeit zu einer Gruppe und die Orientierung auf das Handeln hin ein wesentliches Element der Situation zu bilden scheint, nun jede Möglichkeit geistiger, kritischer Selbstkontrolle vergebens wäre. Wird die bisher verhehlte Abhängigkeit des Denkens von der Gruppenexistenz und seine Verwurzelung im Handeln sichtbar, dann ist es vielleicht zum ersten Male wirklich möglich, durch die Reflexion hierauf eine neue Art der Kontrolle über bisher unkontrollierbare Faktoren im Denken zu gewinnen.

Wir kommen damit zum Zentralproblem des Buches. Unsere Bemerkungen möchten klarmachen, daß eine Vertiefung in diese Probleme und ihre Lösung den Sozialwissenschaften eine Grundlage geben und die Frage nach der Möglichkeit einer politischen Wissenschaft beantworten kann. Zwar muß auch in den Sozialwissenschaften das letzte Kriterium des Wahren und Falschen in der Erforschung des Gegenstands gefunden werden, und die Wissenssoziologie ist kein Ersatz hierfür. Aber die Untersuchung des Gegenstandes ist kein isolierter Akt; sie findet in einem Zusammenhang statt, der von Werten und kollektiv-unbewußten willensmäßigen Impulsen gefärbt ist. In den Sozialwissenschaften ist es dieses intellektuelle, sich in einem Gewebe kollektiven Handelns orientierende Interesse, das nicht bloß die allgemeinen Fragen, sondern auch die konkreten Forschungshypothesen und die Denkmodelle für die Ordnung der Erfahrung bereitstellt. Nur wenn es uns gelingt, die verschiedenen Ausgangspunkte und Methoden, die in der wissenschaftlichen wie populären Diskussion im Schwange sind, bewußt und ausdrücklich zu beobachten, können wir im Laufe der Zeit hoffen, die unbewußten Motivationen und

Voraussetzungen zu kontrollieren, die in letzter Instanz diese Denkweisen haben entstehen lassen. In den Sozialwissenschaften ist ein neuer Typus der Objektivität nicht dadurch zu gewinnen, daß man die Wertung ausschließt, sondern daß man kritisch um sie weiß und sie kontrolliert.

2. Die moderne Kategorie des Denkens.

Es ist kein Zufall, daß das Problem der sozialen und aktivistischen Verwurzelung des Denkens in unserer Generation entstanden ist. Und es ist ebensowenig zufällig, daß das Unbewußte, das bisher unser Denken und Handeln motiviert hat, allmählich auf die Bewußtseinsebene gehoben wurde und damit der Kontrolle zugänglich geworden ist. In seiner Bedeutung für unsere Lage kann es indes nur erkannt werden, wenn wir gleichzeitig sehen, daß eine spezifische gesellschaftliche Situation uns über die sozialen Wurzeln unseres Wissens zu reflektieren zwingt. Es ist eine der fundamentalsten Einsichten der Wissenssoziologie, daß der Prozeß, in dem kollektiv-unbewußte Motive bewußt werden, nicht in jeder Epoche, sonder nur in einer ganz spezifischen Situation wirksam werden kann. Diese Situation ist soziologisch bestimmbar. Man kann verhältnismäßig genau die Faktoren aufweisen, die unausweichlich immer mehr Menschen zwingen, nicht bloß über die Dinge der Welt, sondern über das Denken selbst zu reflektieren und nicht so sehr über die Wahrheit an sich als über die alarmierende Tatsache, daß die gleiche Welt verschiedenen Beobachtern verschieden erscheinen kann.

Diese Probleme können nur in einem Zeitalter, in dem Nichtübereinstimmung mehr auffällt als Übereinstimmung, allgemein werden. Von der unmittelbaren Betrachtung der Dinge wendet man sich zur Beobachtung der Denkweisen, wenn die Möglichkeit, die Begriffe von Dingen und Situationen unmittelbar und kontinuierlich auszuarbeiten, angesichts einer Vielfalt divergierender Definitionen zusammengebrochen ist. Wir sind heute in der Lage, genauer aufzuzeigen, als eine allgemeine und formale Analyse es vermöchte, in welcher sozialen und geistigen Situation die Aufmerksamkeit sich von den Dingen zu den auseinanderstrebenden Meinungen und von hier zu den unbewußten Denkmotiven notwendig verschieben mußte. Auf einige der wichtigsten sozialen Faktoren, die in dieser Richtung wirken, möchten wir im folgenden hinweisen.

Die Vielfalt der Denkrichtungen kann vor allem in den Perioden nicht zum Problem werden, in denen der inneren Einheit eines Weltbildes eine soziale Stabilität zugrunde liegt und sie garantiert. Solange die gleiche Sinnbedeutung der Worte, die gleiche Art, Ideen abzuleiten, jedem Mitglied der Gruppe von Kindheit an eingeschärft wird, können in dieser Gesellschaft keine auseinanderstrebenden Denkprozesse existieren. Selbst eine graduelle Modifizierung in der Denkweise (falls es überhaupt dazu kommen sollte) wird für die Mitglieder der Gruppe nicht wahrnehmbar sein, solange sie in einer stabilen Situation leben, solange das Tempo der Anpassung des Denkens an neue Probleme so langsam vor sich geht, daß sie mehrere Generationen umfaßt. In einem solchen Fall kann ein und dieselbe Generation im Verlauf ihres eigenen Lebens kaum gewahr werden, daß ein Wandel stattfindet.

Zur allgemeinen Dynamik des Geschichtsprozesses müssen Faktoren ganz anderer Art hinzukommen, bevor die Vielfalt der Denkrichtungen bemerkbar werden und als ein Thema der Reflexion auftauchen kann. Vor allem zerstört die Beschleunigung der sozialen Mobilität die frühere, in einer statischen Gesellschaft vorherrschende Illusion, daß zwar alle Dinge sich verändern können, das Denken aber ewig das gleiche bleibe. Und mehr noch, die beiden Formen sozialer Mobilität, die horizontale und vertikale, wirken in verschiedener Weise, um die Vielfalt der Denkstile zu offenbaren. Die horizontale Mobilität, d. h. die Bewegung von einer Stelle zur anderen oder von einem Land zu einem andern, die den sozialen Status nicht verändert, zeigt zwar, daß verschiedene Völker verschieden denken. Solange jedoch die Traditionen einer nationalen oder lokalen Gruppe ungebrochen bleiben, bleibt man so sehr der gewohnten Denkweise verhaftet, daß die an anderen Gruppen bemerkten Denkweisen als Kuriositäten, Irrtümer, Zweideutigkeiten und Ketzereien empfunden werden. Man zweifelt weder die Korrektheit der eigenen Denktraditionen noch die Einheit und Gleichförmigkeit des Denkens überhaupt an.

Nur wenn die horizontale Mobilität von einer intensiven vertikalen begleitet wird, d. h. von einer schnellen Bewegung zwischen den Schichten im Sinne sozialen Auf- und Abstiegs, wird der Glaube an die allgemeine und ewige Gültigkeit des eigenen Denkens erschüttert. Vertikale Mobilität bildet den entscheidenden Faktor, der die Menschen an ihrem tradierten Weltbild unsicher werden läßt und sie skeptisch macht. Zwar erleben auch in statischen Gesellschaftsformen, die nur eine geringe vertikale Mobilität kennen, die verschiedenen Schichten innerhalb der gleichen Gesellschaft die Welt verschieden. Es ist das Verdienst von Max Weber[1]), in seiner Religionssoziologie deutlich gezeigt zu haben, wie oft die gleiche Religion von Bauern, Handwerkern, Händlern, Adligen und Intellektuellen verschieden erlebt wurde. Wenn eine Gesellschaft in geschlossene Kasten oder

[1]) Max *Weber*, Wirtschaft und Gesellschaft, Bd. 1, Kap. IV. § 7, Religionssoziologie: Stände, Klassen und Religion. Tübingen 1925, S. 267—296.

Stände gegliedert und deshalb ohne nennenswerte vertikale Mobilität ist, so wird ein allen Gruppen gemeinsames Weltbild entweder fehlen oder doch den verschiedenen Lebenszusammenhängen gemäß in verschiedener Weise verstanden werden. Soziologisch gesehen findet der entscheidende Wandel statt, wenn jene Stufe der geschichtlichen Entwicklung erreicht wird, auf der die früher isolierten Schichten miteinander zu verkehren beginnen und eine gewisse soziale Zirkulation einsetzt. Das entscheidendste Stadium dieses Kommunizierens ist dann erreicht, wenn die Denk- und Erlebnisformen, die bisher unabhängig voneinander entwickelt wurden, ineinander übergehen und das gleiche Bewußtsein den Geist zwingt, die Unversöhnbarkeit widerstreitender Weltanschauungen zu entdecken.

In einer wohlstabilisierten Gesellschaft bedeutet das bloße Einsickern der Denkmethoden unterer Schichten in die höheren nicht viel, da die herrschende Gruppe geistig nicht erschüttert wird, wenn sie mögliche Unterschiede im Denken wahrnimmt. Solange eine Gesellschaft auf der Basis der Autorität stabilisiert ist und soziales Prestige nur den Handlungen der Oberschicht gewährt wird, hat diese Klasse wenig Grund, ihre eigene gesellschaftliche Existenz und den Wert ihrer Handlungen in Frage zu stellen. Von einem beträchtlichen sozialen Aufstieg einzelner abgesehen, erlaubt erst die allgemeine Demokratisierung, daß mit dem Aufsteigen der Unterschichten auch ihrem Denken eine öffentliche Beachtung geschenkt wird[2]). Erst dieser Demokratisierungsprozeß ermöglicht es, daß der Denkstil der Unterschichten, der früher keine öffentliche Gültigkeit besaß, Geltung und Prestige gewinnt. Wenn die Stufe der Demokratisierung erreicht worden ist, dann sind die Denktechniken und Ideen der unteren Schichten zum erstenmal in der Lage, den Ideen der herrschenden Schichten mit der gleichen Gültigkeit entgegenzutreten. Und jetzt sind diese Ideen und Denkweisen auch zum erstenmal fähig, den Menschen, der in ihrem Rahmen denkt, dahin zu bringen, die Objekte seiner Welt von Grund auf in Frage zu stellen .Mit dem Zusammenprall von Denkstilen, deren jeder die gleiche repräsentative Gültigkeit beansprucht, wird zum erstenmal möglich, daß die Frage auftaucht, die in der Geschichte des Denkens ebenso verhängnisvoll wie fundamental ist, wie es nämlich möglich ist, daß identische menschliche Denkprozesse, die sich mit der gleichen Welt befassen, verschiedene Vorstellungen von dieser Welt produzieren. Und von hier aus ist es nur ein Schritt zu der weiteren Frage, ob es nicht möglich sei, daß die hierin involvierten Denkprozesse keineswegs identisch sind. Muß

[2]) So bildet zum Beispiel, wie wir später sehen werden, der Pragmatismus, soziologisch gesehen, die Legitimation einer Denktechnik und einer Erkenntnistheorie, die die Kriterien der Alltagserfahrung auf die Ebene „akademischer“ Diskussion hoben.

man nicht, wenn man alle Möglichkeiten menschlichen Denkens untersucht hat, daraus schließen, daß es zahlreiche mögliche Wege gibt, denen man folgen kann?

Hat nicht dieser soziale Aufstiegsprozeß in der Demokratie Athens die erste große Welle des Skeptizismus in der Geschichte des abendländischen Denkens hervorgerufen? Waren die Sophisten der griechischen Aufklärung nicht der Ausdruck einer zweiflerischen Haltung, weil in ihrem Denken über die Dinge zwei Erklärungsweisen kollidierten? Einerseits gab es die Mythologie, den Denkstil eines noch herrschenden, aber bereits zum Untergang verurteilten Adels, anderseits die mehr analytische Denkhaltung einer städtischen handwerklichen Unterschicht, die sich nach oben bewegte. Insofern diese beiden Formen der Weltdeutung im Denken der Sophisten zusammen trafen und es für jede Moralentscheidung zumindest zwei Normen, für jedes kosmische und soziale Geschehen zumindest zwei Erklärungen gab, nimmt es nicht Wunder, daß sie über den Wert des menschlichen Denkens sich skeptisch äußerten. Es ist daher albern, sie schulmeisterlich dafür zu zensieren, daß sie in ihren erkenntnistheoretischen Bemühungen Skeptiker gewesen sind. Sie hatten einfach den Mut, auszusprechen, was jeder fühlte, der für diese Epoche wirklich charakteristisch ist, daß nämlich die frühere Unzweideutigkeit der Normen und Weltdeutungen erschüttert war und eine befriedigende Lösung nur in einem gründlichen Infragestellen und in einem Durchdenken der Widersprüche gefunden werden konnte. Diese allgemeine Ungewißheit war keineswegs symptomatisch für eine zu allgemeinem Untergang verurteilte Welt, sondern eher der Beginn einer zur Genesung führenden Krise.

Macht es nicht die große Tugend des Sokrates aus, daß er den Mut besaß, in die Abgründe dieses Skeptizismus hinabzusteigen? War er nicht ursprünglich gleichfalls ein Sophist, der die Technik, Fragen zu stellen, um weitere Fragen zu stellen, aufnahm und sich zu eigen machte? Und überwand er nicht die Krise, indem er noch radikaler als die Sophisten fragte und geistig so zu einer Lage stabilen Gleichgewichts gelangte, die zumindest für die Denkweise jener Zeit sich als eine zuverlässige Grundlage erwies? Es ist interessant zu beobachten, daß damit die Welt der Normen und des Seins in den Mittelpunkt seines Fragens rückte. Er war ferner ebenso intensiv wie mit den Fakten selbst mit der Frage beschäftigt, wieso die Individuen die gleichen Fakten in verschiedener Weise denken und beurteilen können. Gerade in diesem Stadium der Geschichte des Denkens wird es offensichtlich, daß in verschiedenen Perioden die Probleme des Denkens nicht allein durch die Vertiefung in den Gegenstand, vielmehr nur dadurch gelöst werden können, daß aufgedeckt wird, warum die Meinungen über diese Probleme wirklich differieren.

Außer diesen sozialen Faktoren, die die frühe Einheit und die nachfolgende Mannigfaltigkeit in den herrschenden Denkformen erklären, ist ein anderer wichtiger Faktor zu erwähnen. In jeder Gesellschaft gibt es soziale Gruppen, deren besondere Aufgabe darin liegt, daß sie der Gesellschaft eine Deutung der Welt besorgen. Wir nennen sie die „Intelligenz". Je statischer eine Gesellschaft ist, desto wahrscheinlicher ist es, daß diese Schicht einen bestimmten Status, die Stellung einer Kaste erwerben wird. So können die Magier, die Brahminen, der mittelalterliche Klerus als intellektuelle Schichten betrachtet werden, die sich gesellschaftlich eines Monopols erfreuen, mit dessen Hilfe sie sowohl die Formung des Weltbilds der Gesellschaft wie die Überwindung oder Versöhnung von Differenzen in den naiv gebildeten Weltvorstellungen anderer Schichten kontrollieren. Predigt, Bekenntnis, Lehre bilden hier die Mittel, um in den weniger denkgewandten Stadien der gesellschaftlichen Entwicklung die verschiedenen Weltanschauungen miteinander in Einklang zu bringen.

Diese Intellektuellenschicht, die als Kaste organisiert ist und das Recht der Predigt, Lehre und Weltinterpretation monopolisiert, ist auf Grund zweier sozialer Faktoren bedingt. Je mehr sie sich zum Exponenten einer durchorganisierten Kollektivität z. B. der Kirche macht, desto mehr neigt ihr Denken zur „Scholastik". Es muß eine dogmatisch bindende Macht geben, um die Denkweisen, die früher nur für eine Sekte gültig waren, zu sanktionieren, damit aber auch die dieser Denkweise implizite Ontologie und Erkenntnistheorie. Die Notwendigkeit, Außenseitern gegenüber eine gemeinsame Front darstellen zu müssen, erzwingt diesen Übergang. Das gleiche Ergebnis kann auch infolge ausgesprochener Machtkonzentration in der Gesellschaftsstruktur zustande kommen, so daß die Gleichförmigkeit von Denken und Erlebnis den Mitgliedern zumindest der eigenen Kaste mit größerem Erfolg als bisher aufgenötigt werden kann.

Das zweite Kennzeichen dieses monopolistischen Denktypus ist ein relatives Entferntsein von den offenen Konflikten des alltäglichen Lebens; auch in diesem Sinne ist es also scholastisch, d. h. akademisch und unlebendig. Dieser Denktypus geht primär nicht aus dem Kampf um konkrete Lebensprobleme noch aus den Erfahrungen in der Beherrschung von Natur und Gesellschaft hervor, vielmehr aus seinem eigenen Systematisierungsbedürfnis, das die aus den religiösen und anderen Lebenssphären hervorgehenden Tatsachen auf gegebene traditionell und intellektuell unkontrollierte Voraussetzungen bezieht. Die Widersprüche, die in diesen Auseinandersetzungen sich ergeben, verkörpern nicht so sehr den Konflikt verschiedener Erlebnisweisen, vielmehr verschiedene Machtpositionen in der gleichen Gesellschaftsstruktur, die sich jeweils mit den verschiedenen Interpretationsmöglichkeiten der dogmatisierten traditionellen „Wahrheit“ identifiziert haben. Der dogmatische Inhalt der Prämissen, auf die sich die divergierenden Gruppen stützen und die dieses Denken dann auf verschiedenen Wegen zu rechtfertigen sucht, erweist sich meistens als eine Zufälligkeit, wenn er nach Kriterien wirklicher Evidenz beurteilt wird. Er ist insofern völlig willkürlich, als es davon abhängt, welche Sekte just den historisch-politischen Erfolg hat, ihre eigenen geistigen und Erlebnistraditionen zur Tradition der gesamten Klerikerkaste der Kirche zu machen.

Soziologisch gesehen ist im Gegensatz zur mittelalterlichen Situation für die Moderne entscheidend, daß dieses Monopol der kirchlichen Weltinterpretation, das die Priesterschicht innehatte, gebrochen und daß an Stelle einer geschlossenen und durchorganisierten Intellektuellenschicht eine freie Intelligenz entstanden ist. Ihr hauptsächliches Kennzeichen besteht darin, daß sie sich zunehmend aus sich beständig ändernden sozialen Schichten und Lebenssituationen rekrutiert, und daß ihre Denkweise nicht länger mehr der Regulierung durch eine kastenmäßige Organisation unterworfen ist. Weil ihnen eine eigene soziale Organisation fehlte, vermochten die Intellektuellen denjenigen Denk- und Erlebnisweisen ein Gehör zu verschaffen, die in dem umfassenderen Bereich der anderen Schichten offen miteinander konkurrierten. Beachtet man ferner, daß mit dem Hinfälligwerden monopolistischer kastenmäßiger Privilegien der freie Wettbewerb die geistigen Produktionsweisen zu beherrschen begann, dann versteht man, warum sich die Intellektuellen im Konkurrenzkampf immer ausgesprochener der verschiedensten, in der Gesellschaft vorhandenen Denk- und Erlebnisweisen annahmen und sie gegeneinander ausspielten, und zwar um so mehr, als sie um die Gunst eines Publikums konkurrierten, das, ungleich dem des Klerus, ohne die eigene Bemühung der Intellektuellen nicht mehr anzusprechen war. Die Konkurrenz um die Gunst verschiedener Publikumsgruppen wurde deshalb zu einem beachtlichen Faktor, weil die verschiedenen Denk- und Erlebnisweisen eines jeden zunehmend zu öffentlichem Ausdruck und öffentlicher Gültigkeit gelangten.

In diesem Prozeß vergeht die Illusion des Intellektuellen, daß es nur eine Art des Denkens gibt. Der Intellektuelle ist nun nicht mehr wie früher Mitglied einer Klasse oder eines Standes, dessen scholastische Denkweise ihm das Denken als solches repräsentiert. Dieser relativ einfache Prozeß erklärt es, daß die fundamentale Infragestellung des Denkens in der Neuzeit nicht vor dem Zusammenbruch des geistigen Monopols beginnt, über das der Klerus verfügte. Das fast einmütig akzeptierte, künstlich aufrechterhaltene Weltbild fiel in dem Augenblick auseinander, als das gesellschaftliche Monopol seiner Produzenten vernichtet wurde. Mit der Befreiung der Intellektuellen aus der strengen Organisation der Kirche werden in steigendem Maße auch andere Möglichkeiten der Weltdeutung anerkannt.

Als das Geistesmonopol der Kirche aufhörte, kam es alsbald zu einer unerhörten Blüte des Geistes. Aber gleichzeitig hatte die organisatorische Auflösung der einheitlichen Kirche die Folge, daß der seit der klassischen Antike bestehende Glaube an die Einheit und ewige Natur des Denkens wiederum erschüttert wurde. Die Ursachen der tiefen Unruhe unserer Tage reichen zurück in diese Periode, wenngleich in der jüngsten Zeit noch andere Ursachen ganz anderer Art hinzugekommen sind. Aus dieser ersten Welle moderner Unruhe gingen jene fundamental neuen erkenntnistheoretischen, psychologischen und soziologischen Denk- und Forschungsweisen hervor, ohne die wir heute unser Problem nicht einmal formulieren könnten. Aus diesem Grunde werden wir im nächsten Abschnitt wenigstens in den Hauptzügen zu zeigen versuchen, wie die vielen für uns gültigen Formen des Fragens und Forschens aus dieser einzigartigen sozialen Situation hervorgingen[3]).

3. Der Ursprung der modernen erkenntnistheoretischen, psychologischen und soziologischen Beobachtungsweisen.

Die Erkenntnistheorie war das erste wichtige Ergebnis des Zusammenbruchs des einheitlichen Weltbilds, mit dem die Neuzeit sich ankündigte. Wie in der Antike war sie wiederum die erste Reflexion auf die Beunruhigung, daß diejenigen Denker, die zu den wirklichen Grundlagen des Denkens durchdrangen, nicht bloß zahlreiche Weltbilder, sondern auch zahllose ontologische Ordnungen entdeckten. Die Erkenntnistheorie suchte dieser Ungewißheit dadurch zu entgehen, daß sie nicht mehr mit einer dogmatisch gelehrten Seinstheorie noch mit einer durch einen höheren Wissenstypus für gültig erklärten Weltordnung, sondern mit einer Analyse des denkenden Subjekts begann.

Alle erkenntnistheoretische Spekulation ist an der Polarität von Objekt und Subjekt orientiert[4]). Entweder beginnt sie mit der objektiven Welt,

[3]) Zur Natur monopolistischen Denkens vgl. *K. Mannheim,* Die Bedeutung der Konkurrenz im Gebiete des Geistigen, in: Verhandlungen des Sechsten Deutschen Soziologentages in Zürich (Schriften der Deutschen Gesellschaft für Soziologie, Bd. 6), Tübingen 1929.

[4]) Vgl. *K. Mannheim,* Die Strukturanalyse der Erkenntnistheorie. Ergänzungsband der Kant-Studien, Nr. 57, Berlin 1922.

die sie irgendwie als allen vertraut dogmatisch voraussetzt und erklärt die Stellung des Subjekts in dieser Weltordnung, indem sie seine Erkenntniskräfte aus dieser ableitet; oder sie beginnt mit dem Subjekt als dem unmittelbar und fraglos Gegebenen und sucht von ihm aus die Möglichkeit gültigen Wissens abzuleiten. In Perioden, in denen das objektive Weltbild mehr oder weniger unerschüttert ist und in Epochen, in denen es gelingt, eine unzweideutig wahrnehmbare Weltordnung darzustellen, besteht die Neigung, die Existenz des erkennenden menschlichen Subjekts und seine geistigen Fähigkeiten auf objektive Faktoren zu gründen. Im Mittelalter, das nicht bloß an eine eindeutige Weltordnung glaubte, sondern auch den „Seinswert" zu kennen meinte, der jedem Objekt in der Hierarchie der Dinge zugeschrieben wurde, herrschte daher eine Erklärung des Wertes menschlicher Fähigkeiten und des Denkens vor, die in einer objektiven Welt gründete. Aber nach dem von uns beschriebenen Zusammenbruch wurde der durch die Ordnung der Kirche garantierte Begriff der Ordnung in der objektiven Welt problematisch, und es blieb keine andere Alternative als das Verfahren umzukehren und die Natur und das Vermögen des menschlichen Erkenntnisaktes vom Subjekt aus zu bestimmen, um auf diese Weise die objektive Existenz im denkenden Subjekt zu verankern.

Diese Tendenz hatte ihre Vorläufer bereits im mittelalterlichen Denken, tauchte aber zum ersten Male voll auf in den rationalistischen Strömungen der französischen und deutschen Philosophie von Descartes über Leibniz und Kant einerseits sowie in der mehr psychologisch orientierten Erkenntnistheorie von Hobbes, Locke, Berkeley und Hume anderseits. Das geistige Experiment von Descartes hatte hierin vor allem seinen Sinn, — der paradigmatische Kampf, der alle traditionellen Theorien zu bezweifeln versuchte, um schließlich zu dem nicht länger mehr bezweifelbaren cogito ergo sum zu gelangen. Dies war der einzige Punkt, von dem aus er wieder aufs neue unternehmen konnte, die Grundlagen für ein Weltbild zu legen.

Alle diese Versuche setzen mehr oder minder ausdrücklich voraus, daß das Subjekt für uns unmittelbarer zugänglich sei als das Objekt, das infolge der vielen widerstreitenden Deutungen, denen es unterworfen wurde, allzu zweideutig geworden ist. Wir müssen deshalb wo immer möglich, die Genesis des Denkens im Subjekt rekonstruieren, weil dieses unserer Kontrolle eher erreichbar ist. In der einseitigen Bevorzugung empirischer Beobachtungen und genetischer Kriterien, die allmählich den Vorrang gewannen, zeigte sich der Wille zur Destruktion des Autoritätsprinzips am Werk. Als Opposition zur Kirche, dem offiziellen Dolmetsch des Universums, erwies sich dieser Wille als zentrifugal: Nur das ist gültig, was ich in meiner eigenen Wahrnehmung kontrollieren kann, was durch mein eigenes experimentierendes Tun bestätigt wird oder was ich selbst herstellen oder zumindest als herstellbar konstruieren kann.

Folglich tauchte an Stelle der traditionellen, kirchlich garantierten Schöpfungsgeschichte eine Konzeption der Weltformung auf, deren verschiedene Teile der geistigen Kontrolle unterliegen. Dieses Begriffsmodell der Produzierbarkeit des Weltbilds durch den Erkenntnisakt führte zur Lösung des erkenntnistheoretischen Problems. Man erwartete, durch die Einsicht in die Ursprünge der kognitiven Vorstellung zu einem Verständnis von Rolle und Bedeutung des Subjekts für den Erkenntnisakt und den Wahrheitswert menschlichen Wissens kommen zu können.

Man war sich jedoch dessen wohlbewußt, daß dieser Umweg durch das Subjekt nur eine Verlegenheitslösung war und daß eine völlige Lösung des Problems nur möglich sein würde, wenn ein außermenschlicher und unfehlbarer Geist ein Urteil über den Wert unseres Denkens abgeben könnte. Aber gerade diese Methode hatte in der Vergangenheit versagt, weil, je weiter man in der Kritik früherer Theorien voranschritt, desto klarer wurde, daß gerade die Philosophien, die die absolutesten Ansprüche stellten, in leicht durchschaubare Selbsttäuschungen verfallen konnten. Man bevorzugte deshalb die Methode, die sich in der alltäglichen Weltorientierung und in den Naturwissenschaften am geeignetesten erwiesen hatte, den Empirismus.

Als im Verlauf der Entwicklung die Geisteswissenschaften ausgebildet wurden, wurde es in der Analyse des Denkens möglich, die historisch sich entfaltenden Weltkonzeptionen zu behandeln und im Rahmen des genetischen Prozesses, durch den sie entstanden waren, auch die philosophischen und religiösen Weltbilder in ihrem ganzen Reichtum zu verstehen. So konnte das Denken auf den verschiedenen Stufen seiner Entwicklung und in ganz verschiedenen historischen Situationen untersucht werden. Es wurde evident, daß über die Art, in der die Struktur des Subjekts das Weltbild beeinflußte, mit Hilfe der Tier-, Kinder- und Sprachpsychologie, der Psychologie der Naturvölker und der Geistesgeschichte viel mehr gesagt werden konnte als in einer rein spekulativen Analyse der Akte eines transzendentalen Subjekts.

Der erkenntnistheoretische Rekurs auf das Subjekt machte also eine Psychologie möglich, die eine Denkpsychologie in sich schloß, die sich ihrerseits, wie wir andeuteten, in zahllose Sondergebiete aufteilte. Je genauer jedoch diese empirische Psychologie wurde, je höher die Einschätzung der Tragweite empirischer Beobachtung, desto weniger konnte übersehen werden, daß das Subjekt keineswegs, wie zuerst angenommen wurde, einen sicheren Ausgangspunkt bildete, um eine neue Weltkonzeption zu erlangen. Zwar ist in einem gewissen Sinne die innere Erfahrung unmittelbarer als die äußere gegeben, und der innere Konnex von Erlebnissen kann sicherer begriffen werden, wenn man u. a. zu einem sympathetischen Verstehen der Motivationen, die bestimmte Handlungen produzieren, fähig ist. Aber es war dennoch klar, daß die Risiken einer Ontologie nicht völlig vermieden werden konnten. Auch die Psyche bildet mit allen ihren innerlich unmittelbar wahrnehmbaren „Erlebnissen" nur ein Segment der Wirklichkeit. Und das Wissen um diese Erlebnisse setzt eine Theorie der Wirklichkeit, d. h. eine Ontologie voraus. So zweifelhaft eine solche Ontologie in bezug auf die Außenwelt geworden ist, so auch hinsichtlich der psychischen Wirklichkeit.

Derjenige Typus von Psychologie freilich, der das Mittelalter mit der Neuzeit verbindet und seine Gehalte aus der Selbstbeobachtung des religiösen Menschen gewinnt, wirkt allerdings noch in bestimmten inhaltsreichen Begriffen nach, die den kontinuierlichen Einfluß einer religiösen Ontologie auf die Seele beweisen. Wir denken in diesem Zusammenhang an die Psychologie, die aus dem inneren Streit zwischen gut und böse hervorgewachsen ist, der jetzt als im Subjekt sich ereignend vorgestellt wurde. Diese Psychologie wurde in den Gewissenskonflikten und dem Skeptizismus von Menschen wie Pascal, Montaigne bis hin zu Kierkegaard entwickelt. Bedeutungsschwanger sind hier etwa bestimmte Orientierungsbegriffe ontologischer Art wie Verzweiflung, Sünde, Heil und Einsamkeit, die sich am Erlebnis bereichern, da jedes Erlebnis, das von Beginn an auf ein religiöses Ziel sich richtet, seinen konkreten Inhalt hat. Nichtsdestoweniger wurden auch diese Erlebnisse im Verlauf der Zeit immer inhaltsloser, dünner und formaler, im gleichen Maß, wie in der äußeren Welt ihr ursprüngliches Bezugssystem, ihre religiöse Ontologie, schwächer wurde. Eine Gesellschaft, deren mannigfache Gruppen nicht länger mehr über den Sinn von Gott, Leben und Mensch übereinstimmen können, wird auch nicht mehr übereinstimmend entscheiden können, was unter Sünde, Verzweiflung, Heil und Einsamkeit zu verstehen ist. Der religiöse Rekurs auf das Subjekt bietet keine rechte Hilfe. Nur der, der derart sich in sich selbst versenkt, daß er nicht alle persönlichen Sinn- und Wertelemente zerstört, ist noch in der Lage, eine Antwort auf Sinnfragen zu finden. Auf Grund radikaler Formalisierung nahm jedoch inzwischen die wissenschaftliche introspektive Beobachtung der Seele neue Formen an. Diese seelische Innenschau schließt grundsätzlich den gleichen, für das Experiment und das Durchdenken der physikalischen Erscheinungen charakteristischen Vorgang in sich ein. Sinngebende Interpretationen mit qualitativ reichen Gehalten (wie z. B. Sünde, Verzweiflung, Einsamkeit, christliche Liebe) wurden durch formalisierte Wesenheiten wie Angstgefühl, Wahrnehmung innerer Konflikte, Erlebnis der Isolierung, Libido ersetzt. Es wurde versucht, Interpretationsschemata, die der Mechanik entnommen waren, auf die innere Erfahrung der Menschen anzuwenden. Das Ziel war nicht so sehr, so genau als möglich den Reichtum des inneren Gehalts von Erlebnissen zu begreifen, wie sie im Individuum koexistieren und zusammenwirken, um ein sinnvolles Ziel zu erreichen; es wurde vielmehr versucht, alle bestimmten Elemente des Erlebnisses auszuschließen, um die Konzeption des seelischen Geschehens möglichst an das einfache Schema der Mechanik (Lage, Bewegung, Ursache, Wirkung) anzunähern. Nicht wie eine Person sich auf Grund ihrer eigenen Ideale und Normen selbst versteht und wie sie auf Grund dieser Normen ihren Handlungen und Entsagungen einen Sinn gibt, wurde zum Problem, vielmehr wie eine äußere Situation mit einem ermittelbaren Wahrscheinlichkeitsgrad mechanisch eine innere Reaktion hervorrufen könne. Immer häufiger wurde die Kategorie der äußeren Kausalität zusammen mit der Idee einer regelmäßigen Abfolge zweier formal vereinfachter Ereignisse benutzt. In dem Schema „Furcht entsteht, wenn etwas Ungewöhnliches sich ereignet" wird absichtlich übersehen, daß jeder Typus von Furcht sich mit seinem Inhalt völlig ändert (Furcht angesichts eines Tieres bzw. Furcht vor der Ungewißheit), und daß auch das Ungewöhnliche je nach dem Zusammenhang, in dem die Dinge gewöhnlich sind, sich vollständig ändert. Gerade die formale Abstraktion der gemeinsamen Kennzeichen dieser qualitativ differenzierten Phänomene wurde erstrebt.

Oder es wurde die Kategorie der Funktion benutzt: Einzelphänomene wurden vom Gesichtspunkt der Rolle interpretiert, die sie im formalen Funktionieren des seelischen Gesamtmechanismus spielen; geistige Konflikte wurden z. B. so interpretiert, als ob sie im Grunde das Ergebnis zweier nichtintegrierter widersprüchlicher Tendenzen in der psychischen Sphäre seien, also die Fehlanpassung des Subjektes ausdrückten. Ihre Funktion ist es dann, das Subjekt zu zwingen, seinen Anpassungsprozeß zu reorganisieren und zu einem neuen Gleichgewicht zu kommen.

Im Hinblick auf die fruchtbare Entwicklung der Wissenschaft wäre es ein Rückschritt, wenn man den Erkenntniswert dieser vereinfachenden Verfahren leugnete. Sie sind leicht kontrollierbar und mit einem hohen Wahrscheinlichkeitsgrad auf eine große Menge von Phänomenen anzuwenden. Die Fruchtbarkeit dieser formalisierenden, in Kausal- und Funktionsbegriffen arbeitenden Wissenschaften ist noch längst nicht erschöpft, und es wäre von Schaden, wenn ihre Entwicklung gehemmt würde. Eine Sache ist es, einen fruchtbaren Forschungsentwurf zu prüfen und eine andere, ihn als den einzigen Weg zur wissenschaftlichen Behandlung eines Gegenstands zu betrachten. Jedenfalls ist es heute bereits klar, daß der formale Ansatz allein nicht zu erschöpfen vermag, was von der Welt und insbesondere was vom Seelenleben der Menschen gewußt werden kann.

Der Sinnzusammenhang, der in diesen Verfahrensweisen heuristisch (im Interesse wissenschaftlicher Vereinfachung) ausgeschlossen wurde, so daß formale und leicht definierbare Wesenheiten gewonnen werden konnten, ist nicht im Zuge weiterer Vervollkommnung der Formalisierung (durch Aufdeckung von Korrelationen und Funktionen) zu gewinnen. Zum Zweck präziser Beobachtbarkeit der formalen Sequenzen der Erlebnisse kann es in der Tat notwendig sein, die konkreten Gehalte von Erlebnissen und Werten auszuscheiden. Der Glaube, eine solche methodische Reinigung könne wirklich den ursprünglichen Erlebnisreichtum ersetzen, liefe auf einen wissenschaftlichen Fetischismus hinaus. Noch irriger wäre der Gedanke, daß eine wissenschaftliche Extrapolation und die abstrakte Akzentuierung eines Aspektes, den ein Phänomen bietet, bloß weil es in dieser Form durchdacht worden ist, bereits fähig sei, die ursprüngliche Lebenserfahrung zu bereichern.

Obgleich wir ein gutes Teil über die Bedingungen wissen mögen, unter denen Konflikte entstehen, können wir u. U. doch noch nichts über die innere Situation der sie erlebenden Menschen wissen und wie sie, sind ihre Werte erschüttert, ihre Beziehungen verlieren und danach streben, sich selbst wiederzufinden. So wenig die exakteste Theorie von Ursache und Funktion die Frage beantwortet, wer und was ich wirklich bin oder was es heißt, ein Mensch zu sein, so wenig ergibt sich aus ihr jene Selbstdeutung und Weltinterpretation, die noch von der einfachsten Handlung verlangt wird, die auf irgendeiner wertenden Entscheidung beruht.

Als eine Forschungsrichtung innerhalb der Psychologie sind mechanistische und funktionalistische Theorien überaus wertvoll. Sie sind jedoch fehl am Platz, wo nach dem totalen Zusammenhang der Lebenserfahrung gefragt wird, weil sie nichts über das sinnvolle Ziel des Verhaltens aussagen und deshalb unfähig sind, die sich hierauf beziehenden Elemente des Verhaltens zu interpretieren. Die mechanistische Denkweise ist nur solange eine Hilfe, als das Ziel oder der Wert einer anderen Quelle entstammt und bloß die „Mittel“ betrachtet werden. Die wichtigste Rolle des Denkens im Leben besteht jedoch darin, daß es unser Verhalten leitet, wenn Entscheidungen getroffen werden müssen. Jede wirkliche Entscheidung (z. B. die Bewertung anderer Personen oder wie die Gesellschaft organisiert sein sollte) impliziert ein Urteil über Gut und Böse, über den Sinn von Leben und Geist.

Wir begegnen hier dem Paradox, daß die Extrapolation formalisierter Elemente mittels allgemeiner Mechanik und Funktionstheorie ursprünglich aufkam, um den Menschen zu helfen, ihre Ziele leichter zu erreichen. Die Welt der Dinge und des Geistes wurde mechanistisch und funktionell untersucht, damit man mit Hilfe der vergleichenden Analyse zu ihren letzten konstituierenden Elementen gelangen und sie dann gemäß dem Handlungsziel neu gruppieren könne. Als das analytische Verfahren zuerst angewandt wurde, bestand noch das durch die Handlung vorgeschriebene (oft aus Fragmenten einer früheren, religiös verstandenen Welt zusammengesetzte) Ziel. Die Menschen strebten danach, die Welt zu erkennen, so daß sie sie nach diesem letzten Ziel hin formen könnten; die Gesellschaft wurde analysiert, um zu einer Form des gesellschaftlichen Lebens zu gelangen, die gerechter oder sonst Gott wohlgefälliger wäre. Die Menschen befaßten sich mit der Seele, um den Heilsweg zu kontrollieren. Aber je weiter die Menschen in der Analyse fortschritten, desto mehr schwand das Ziel aus ihrem Gesichtsfeld, so daß ein Forscher heute mit Nietzsche sagen kann „Ich habe meine Gründe vergessen". Fragt man heute nach den Zielen, denen die Analyse zu dienen hätte, dann kann die Frage weder hinsichtlich der Natur noch der Seele oder der Gesellschaft beantwortet werden, es sei denn, wir setzten rein technische, seelische oder soziale Optimalbedingungen, wie z. B. das „reibungsloseste Funktionieren"[5]). Dieses Ziel scheint das einzige zu sein, wenn man etwa, von allen komplizierten Beobachtungen und Hypothesen absehend, einen Psychoanalytiker fragt, zu welchem Ende er seine Patienten heilt. Meistens hat er keine andere Antwort als den Begriff eines Optimums an Anpassung. Was dieses Optimum jedoch sei, vermag er von seiner Wissenschaft her nicht zu sagen, da sie von Anfang an jedes letzlich sinnvolle Ziel eliminiert hat.

Damit wird ein anderer Problemaspekt sichtbar. Wir können ohne wertende Konzeptionen, ohne ein Minimum von sinnvollem Ziel weder in der sozialen noch in der seelischen Sphäre etwas tun. Selbst wenn man einen rein kausalen und funktionalen Gesichtspunkt einnimmt, entdeckt man hinterher nur, welcher Sinn ursprünglich in der Ontologie verborgen

[5]) Hierin dürfte die tiefere Wahrheit der Regel liegen, daß die Leiter der Ministerien in parlamentarischen Staaten nicht aus den Reihen des Verwaltungsstabes, sondern aus den politischen Führern gewählt werden müssen. Der Verwaltungsbürokrat neigt wie jeder Spezialist und Experte dazu, den Zusammenhang zwischen seinen Handlungen und dem Endziel aus der Sicht zu verlieren. Vorausgesetzt wird hier, daß der politische Führer, der die frei gebildete Integration des Kollektivwillens im öffentlichen Leben verkörpert, auch die verfügbaren Mittel, die für die in Frage stehenden Handlungen notwendig sind, organischer integrieren kann als der Verwaltungsexperte, der in Fragen der Politik vorsätzlich neutralisiert worden ist. Vgl. den Abschnitt über die Soziologie des bürokratischen Denkens S. 102 ff.

war, von der man ausging. Sie bewahrte vor der Atomisierung des Erlebens in isolierte Beobachtungen, d. h. vor der Atomisierung des Handelns. Mit der modernen Gestaltspsychologie zu sprechen heißt das, daß die Sinnbedeutungen, die die Ontologie uns gibt, dazu dienen, die Handlungseinheiten zu integrieren, und uns instande setzen, die einzelnen Beobachtungselemente, die sonst die Tendenz hätten, verborgen zu bleiben, in einem Gestaltzusammenhang zu sehen.

Selbst wenn der vom magisch-religiösen Weltbild vermittelte Sinn „falsch" geworden ist, dient er — von einem rein funktionalen Standpunkt aus gesehen — noch dazu, die Fragmente der innerseelischen Wirklichkeit ebenso wie der objektiven äußeren Erfahrung in einen Zusammenhang zu bringen und sie auf einen bestimmten Handlungskomplex hin zu ordnen. Wir sehen immer klarer, daß die Sinnbedeutung, woher sie immer stammt und ob sie wahr oder falsch sein mag, eine bestimmte sozialpsychologische Funktion ausübt: sie hat die Aufmerksamkeit derjenigen zu fixieren, die auf Grund einer bestimmten „Definition der Situation" etwas gemeinsam unternehmen wollen. Eine Situation wird zur Situation, wenn sie für die Mitglieder einer Gruppe in gleicher Weise definiert ist. Es mag wahr oder falsch sein, wenn eine Gruppe eine andere Ketzer nennt und als solche gegen sie kämpft, aber nur durch diese Definition wird der Kampf zu einer sozialen Situation. Es kann wahr oder falsch sein, daß eine Gruppe dafür kämpft, eine faschistische oder eine kommunistische Gesellschaftsordnung zu verwirklichen, aber nur mittelst dieser sinngebenden, wertenden Definition schaffen Ereignisse eine Situation, in der Handeln und Gegenhandeln unterscheidbar, und die Ereignisse insgesamt zu einem Prozeß artikuliert werden. Das Nebeneinanderstellen ex post facto der ihres sinnvollen Inhalts entleerten Elemente erbringt keinerlei Handlungseinheit mehr. Nachdem in so ausgedehntem Maße Sinnelemente aus der theoretischen Psychologie ausgeschlossen worden waren, wird jetzt immer deutlicher, daß seelische Situationen, von der Geschichte des inneren Lebens ganz zu schweigen, auch in der Psychologie ohne einen Sinnzusammenhang nicht begriffen werden können.

Rein funktionalistisch gesehen, spielt ferner die Ableitung unserer, wahren oder falschen, Sinndeutungen eine unentbehrliche Rolle: sie vergesellschaftet nämlich die Ereignisse für eine Gruppe. Wir gehören zu einer Gruppe nicht bloß, weil wir in sie hinein geboren sind, nicht nur, weil wir behaupten, zu ihr zu gehören, noch schließlich weil wir ihr unsere Loyalität und Anhänglichkeit schenken, sondern hauptsächlich weil wir die Welt und bestimmte Dinge in der Welt so wie sie sehen, d. h. durch die

Sinndeutungen der fraglichen Gruppe hindurch. In jedem Begriff, in jeder konkreten Sinngebung haben sich die Erfahrungen einer bestimmten Gruppe kristallisiert. Wenn einer „Königreich“ sagt, kann er das Wort in dem Sinne gebrauchen, in dem es für eine bestimmte Gruppe Bedeutung besitzt. Ein anderer dagegen, für den das Königreich nur eine Organisation ist, z. B. eine Verwaltungsorganisation, wie sie im Postwesen vorliegt, partizipiert nicht an den kollektiven Handlungen der Gruppe, in denen die erstere Bedeutung des Worts zur Geltung kommt. So legt jeder Begriff nicht bloß die Individuen auf eine bestimmt geartete Gruppe und deren Handeln fest, vielmehr wirkt jede Quelle, aus der wir Sinn und Bedeutung schöpfen, als ein stabilisierender Faktor auf die Möglichkeiten ein, Gegenstände in Hinsicht auf das zentrale, uns leitende Handlungsziel zu erleben und zu erkennen.

Die Welt der äußeren Gegenstände und der seelischen Erlebnisse scheint in einem beständigen Fluß zu sein. Verben sind für diese Situation adäquatere Symbole als Substantive. Die Tatsache, daß wir Dingen, die im Fluß sind, Namen geben, impliziert unvermeidlich eine gewisse, dem Schema des kollektiven Handelns gemäße Verfestigung. Die Ableitung unserer Sinnbedeutungen betont und verfestigt den fürs Handeln relevanten Aspekt der Dinge und verhehlt im Interesse des kollektiven Handelns zugleich den ewig fließenden Prozeß, der allen Dingen zugrunde liegt. Sie schließt eine Anordnung der Daten, die nach anderen Richtungen tendieren würde, aus. Jeder Begriff stellt eine Art Tabu gegen andere mögliche Sinnquellen dar und vereinfacht und vereinheitlicht um des Handelns willen die Mannigfaltigkeit des Lebens.

Wahrscheinlich wurde die formalisierende und funktionalisierende Sicht der Dinge in unserer Zeit nur deshalb möglich, weil die Kraft der vordem herrschenden Tabus, die den Menschen Sinndeutungen anderer Herkunft verbaten, nach dem Zusammenbruch des geistigen Monopols der Kirche bereits geschwächt war. Für jede oppositionelle Gruppe wuchs damit die Chance, ihre widersprechenden Sinndeutungen, die ihrem eigenen besonderen Weltverständnis entsprachen, offen zu äußern. Was für den einen ein König, war für den anderen ein Tyrann. Es ist indes bereits darauf hingewiesen worden, daß allzuviele einander widerstreitende Quellpunkte, aus denen in der gleichen Gesellschaft ein Sinn geschöpft werden mag, am Ende jedes Sinnsystem auflösen. In einer solchen, mit Rücksicht auf ein konkretes Sinnsystem in sich zerspaltenen Gesellschaft kann ein Consensus nurmehr durch die formalisierten Elemente der Gegenstände hergestellt werden (z. B. durch die Definition des Monarchen, wonach der Monarch derjenige ist, der in den Augen der

Mehrheit in einem Lande das legale Recht besitzt, absolute Macht auszuüben). In Definitionen solcher Art wird jedes Substantielle, jede Wertung, für die keine Übereinstimmung mehr gefunden werden kann, funktionalistisch neugedeutet.

Kehren wir zu unserer Erörterung über die Ursprünge der modernen Psychologie zurück. Wir gingen vom Subjekt aus. Aber es ist wohl deutlich geworden, daß die anfängliche Schwierigkeit, die durch Rekurs und Konzentration aufs Subjekt gelöst werden mußte, dadurch nicht behoben wurde. Durch die neuen empirischen Methoden ist zwar vieles Neue entdeckt worden. Sie ermöglichten uns, Einsicht in die psychische Genesis vieler Kulturphänomene zu gewinnen, aber ihre Ergebnisse zogen unsere Aufmerksamkeit von der Grundfrage ab, in welcher Weise der Geist in der Realität existiere. Durch die Funktionalisierung und Mechanisierung psychischer Phänomene ging vor allem die Einheit des Geists bzw. der Person verloren. Eine Psychologie ohne Seele kann jedoch nicht die Stelle einer Ontologie einnehmen, sie ist vielmehr selbst das Ergebnis des Umstands, daß man versuchte, in Kategorien zu denken, die jede Bewertung, jeden gemeinsamen Sinn- oder Gestaltzusammenhang zu negieren strebten. Was jedoch als Forschungshypothese für eine Spezialwissenschaft wertvoll sein mag, kann für das Verhalten der Menschen fatal sein. Immer wieder kommt die Unsicherheit zutage, wenn man sich im praktischen Leben auf die wissenschaftliche Psychologie verläßt, sobald etwa ein Pädagoge oder ein Politiker sie um Rat fragt. Er gewinnt dann den Eindruck, daß die Psychologie in einer anderen Welt lebt und daß sie ihre Beobachtungen für Bürger aufzeichnet, die in einer anderen Welt als der unseren leben. Diese Art der Erfahrung, die der moderne Mensch macht, neigt infolge der hochdifferenzierten Arbeitsteilung zur Richtungslosigkeit und findet ihr Gegenstück in der Wurzellosigkeit einer Psychologie, mit deren Kategorien nicht einmal der einfachste Lebensprozeß durchdacht werden kann. Daß diese Psychologie sich in der Tat in der Unfähigkeit übt, sich mit den Problemen des Geistes zu befassen, erklärt, warum sie den Menschen in ihrem täglichen Leben keine Stütze bietet.

Zwei fundamental verschiedene Tendenzen kennzeichnen also die moderne Psychologie. Beide wurden möglich, weil die mittelalterliche Welt sich auflöste, die den Menschen des Abendlandes ein einheitliches Sinngefüge gegeben hatte. Es handelt sich einmal um die Tendenz, hinter jeden Sinn zu kommen und ihn in seiner Genesis im Subjekt zu verstehen (der genetische Gesichtspunkt). Zum andern handelt es sich um den Versuch, eine Art Mechanik aus formalisierten und sinnentleerten Elementen seelischer Erlebnisse zu konstruieren (psychische Mechanik). Hier wird sichtbar, daß das mechanistische Denkmodell nicht, wie anfangs angenommen wurde, auf die Welt mechanischer Objekte beschränkt ist. Dieses Modell stellt ursprünglich eine Art erster Annäherung an Objekte im allgemeinen dar. Es zielte nicht auf das exakte Begreifen qualitativer Besonderheiten und einzigartiger Konstellationen, sondern suchte eher die offensichtlichsten Regelmäßigkeiten und Ordnungsprinzipien zu bestimmen, wie sie zwischen formalisierten vereinfachten Elementen vorhanden sind. Wir haben diese Methode im einzelnen skizziert und gesehen, wie sie trotz aller Ergebnisse, die wir ihr verdanken, in Hinsicht auf Lebensorientierung und Verhaltensweise sehr viel zur allgemeinen Unsicherheit des modernen Menschen beigetragen hat. Der Handelnde muß wissen, wer er ist, und die Ontologie des Seelenlebens erfüllt eine bestimmte Funktion im Handeln. In dem Maß, in dem mechanistische Psychologie und ihr Seitenstück in der Realität, der gesellschaftliche Drang zu allumfassender Mechanisierung, diese ontologischen Werte negierten, zerstörten sie zugleich ein für die Selbstorientierung der Menschen in ihrem Alltag überaus wichtiges Element.

Wenn wir uns jetzt der genetischen Methode zuwenden, so ist zunächst darauf hinzuweisen, daß sie auf manche Weise zu einem tieferen Lebensverständnis beigetragen hat. Die dogmatischen Vertreter der klassischen Philosophie und Logik sind an die Behauptung gewöhnt, daß die Genesis einer Idee nichts über ihre Gültigkeit und ihren Sinn zu besagen habe. Sie beschwören gern das abgenutzte Beispiel, daß es, um den Satz des Pythagoras zu verstehen, nur von geringem Wert sei, was wir über das Leben des Pythagoras, seine inneren Konflikte usw. wissen. Ich glaube jedoch nicht, daß dieser Einwand für alle geistigen Leistungen gilt. Ich glaube, daß wir gerade vom Standpunkt einer strikten Interpretation unendlich bereichert sind, wenn wir den Satz der Bibel „Die Letzten sollen die Ersten sein" als den seelischen Ausdruck der Revolte unterdrückter Schichten zu verstehen suchen. Ich glaube, daß wir ihn besser verstünden, wenn wir, wie Nietzsche und andere es vielfältig gezeigt haben, die Bedeutung des Ressentiment für die Entstehung moralischer Urteile beachten. Im Fall des Christentums kann man z. B. sagen, daß es gerade der Groll war, der den Unterschichten den Mut gab, sich selbst, zumindest seelisch, von der Herrschaft eines ungerechten Wertsystems zu emanzipieren und ein eigenes Wertsystem dagegen aufzurichten. Wir werfen hier gar nicht die Frage auf, inwiefern wir mit Hilfe dieser psychologisch-genetischen Analyse, die es mit der wertstiftenden Funktion des Ressentiment zu tun hätte, entscheiden können, ob die Christen oder die herrschenden Klassen Roms im Recht waren. Wir werden jedenfalls durch diese Analyse tiefer in das

Verständnis jenes Satzes geführt. Es ist für dieses Verständnis keineswegs irrelevant, wenn man weiß, daß jener Satz nicht von irgend jemand ganz allgemein geäußert wurde und daß er nicht an Menschen schlechthin gerichtet war, sondern daß er bloß für diejenigen zu einer realen Triebkraft wurde, die wie die Christen in bestimmter Weise unterdrückt waren und unter dem Impuls der Auflehnung gleichzeitig wünschten, sich selbst von den herrschenden Ungerechtigkeiten zu befreien. Die Beziehung zwischen psychischer Genesis, der Motivation also, die zu einer Sinngebung führt, und dem Sinn selbst ist in diesem Fall durchaus von der, die im Pythagoräischen Satze vorliegt, verschieden. Die eigens zugerichteten Beispiele der Logiker können unter bestimmten Umständen für die tiefen Unterschiede zwischen dem einen Sinn und dem anderen stumpf machen und zu Verallgemeinerungen führen, die wichtige Verhältnisse nur verdunkeln.

Die psychogenetische Methode kann also in einer großen Zahl von Fällen zu einem tieferen Sinnverständnis beitragen, in denen wir es nicht mit den abstraktesten und formalsten Beziehungen zu tun haben, vielmehr mit Sinnbedeutungen, deren Motivation sympathetisch erlebt werden kann, bzw. mit einem sinnvollen Verhalten, das in seiner Motivstruktur und seinem Erlebniszusammenhang verstanden werden kann. Wenn ich z. B. weiß, was einer als Kind war, welche schweren Konflikte er erlebte, in welchen Situationen sie sich ereigneten und wie er sie löste, dann dürfte ich mehr über ihn wissen als wenn ich bloß einige Daten seiner äußeren Lebensgeschichte hätte. Ich werde den Zusammenhang[6]) kennen, in dem Neues in ihm geschaffen wird und in dessen Licht jedes Detail seiner Erlebnisse gedeutet werden muß. Es ist die große Leistung der psychogenetischen Methode, daß sie die mechanistische Konzeption von einst zerstört hat, wonach Normen und Kulturwerte als materielle Dinge behandelt wurden. Wird sie etwa mit einem heiligen Text konfrontiert, dann übt sie an Stelle eines formal beruhigenden Gehorsams gegenüber den Normen eine lebendige Würdigung des Prozesses, in welchem Normen und Kulturwerte zuerst entstehen und mit dem diese in ständigem Kontakt bleiben müssen, damit sie immer neu gedeutet und gemeistert werden können. Daß das Leben eines seelischen Phänomens das Phänomen selber ist, wird hier offenbar. Der Sinn der Geschichte und des Lebens ist in ihrem Werden, in ihrem Fließen enthalten. Auf diese Einsicht sind die Romantiker und Hegel zuerst gestoßen, aber seitdem mußte sie immer wieder aufs neue entdeckt werden.

[6]) Es ist zu beachten, daß der genetische Gesichtspunkt im Gegensatz zur mechanistischen Methode, die sich mit der Atomisierung der Erlebniselemente befaßt, die Interdependenz betont.

Von Anfang an gab es allerdings eine zwiefache Grenze für diesen Begriff der psychischen Genesis, der allmählich entwickelt wurde und in die Kulturwissenschaften (in die Geschichte der Religion, der Literatur, der Kunst usw.) eindrang, und diese Grenze drohte schließlich den Wert dieser Methode endgültig einzuschränken.

Ihre wesentlichste Begrenzung liegt in der wichtigen Beobachtung, daß jeder Sinn im Licht seiner Genesis und im ursprünglichen Zusammenhang der Lebenserfahrung zu verstehen ist, die seinen Hintergrund bildet. Aber das enthält in sich die bedenkliche Einengung, daß diese Methode nur auf Individuen anwendbar ist. In den meisten Fällen ist daher die Sinngenese eher im individuellen Erleben als in ihrem kollektiven Zusammenhang gesucht worden. Wenn man z. B. vor sich eine Idee hat (etwa die obengenannte der Transformation einer Hierarchie moralischer Werte, wie sie sich in dem Satz „Die Letzten sollen die Ersten sein" ausdrückt) und sie genetisch zu erklären sucht, dann hieße das, sich an die individuelle Biographie des Autors halten und die Idee ausschließlich auf Grund der besonderen Ereignisse und Motive in der persönlichen Geschichte dieses Autors zu verstehen suchen. Nun kann zwar mit dieser Methode recht viel erreicht werden, denn genau so wie die Erlebnisse, die mich in Wahrheit motivieren, ihren ursprünglichen Quellpunkt und Ort in meiner Lebensgeschichte haben, so ist auch die Lebensgeschichte des Autors der Ort seiner Erlebnisse. Aber es ist ebenso klar, daß der Rekurs auf die Frühgeschichte eines Individuums zwar für die genetische Erklärung einer ganz bestimmten individuellen Verhaltungsweise genügen mag (wie es z. B. die Psychoanalyse tut, um die Symptome der späteren Charakterbildung aus den Erlebnissen der frühen Kindheit zu erklären), daß aber die Beschäftigung mit der rein individuellen Lebensgeschichte und ihrer Analyse nicht ausreicht, um eine gesellschaftlich relevante Verhaltensweise zu erklären, beispielsweise die Umwertung von Werten, wodurch das ganze Lebenssystem einer Gesellschaft in allen ihren Verzweigungen transformiert wird. Die oben angedeutete Umwertung wurzelt vorab in einer Gruppensituation, in der Hunderte und Tausende von Menschen und jeder auf seine Weise am Umsturz der bestehenden Gesellschaft teilhaben. Jeder bereitet diese Umwertung in dem Sinne vor, daß er in einem ganzen Komplex von Lebenssituationen, die auf ihn einwirken, neuartig handelt. Die genetische Methode kann sich daher nicht, wenn sie tief genug führen will, auf die individuelle Lebensgeschichte beschränken, sondern muß soviel ineinanderfügen, daß sie schließlich an die Interdependenz von individueller Lebensgeschichte und darin einbeschlossener Gruppensituation rührt. Denn die individuelle Lebensgeschichte bildet nur eine Komponente in einer Reihe wechselseitig miteinander verwobener Lebensgeschichten, die in jener Umwälzung ihr gemeinsames Thema haben; die partikulare neue Motivation eines einzelnen Individuums ist Teil eines Motivationskomplexes, an dem viele in verschiedener Weise teilnehmen. Es ist das Verdienst der Soziologie, daß sie neben der individuellen Sinngenese auf die aus dem Zusammenhang des Gruppenlebens entspringende Genese hingewiesen hat.

Die beiden oben behandelten Methoden zum Studium von Kulturphänomenen, die erkenntnistheoretische und die psychologische, haben miteinander gemeinsam, daß sie den Sinn aus der Genesis im Subjekt zu erklären versuchten. Hierbei ist nicht so sehr von Bedeutung, ob sie an das konkrete Individuum oder an einen allgemeinen Geist als solchen dachten, sondern daß in beiden Fällen der individuelle Geist als von der Gruppe getrennt verstanden wurde. Damit führten sie aber, ungewollt, falsche Prämissen in die Grundprobleme der Erkenntnistheorie und Psychologie ein, die die Soziologie zu korrigieren hatte. Diese — und das ist besonders wichtig — machte der Fiktion ein Ende, wonach das Individuum von der Gruppe, in deren Gefüge es denkt und erlebt, abgelöst zu denken wäre.

Die Fiktion des isolierten und sich selbst genügenden Individuums liegt der individualistischen Erkenntnistheorie und der genetischen Psychologie in verschiedener Weise zugrunde. Die Erkenntnistheorie arbeitete mit diesem isolierten und selbstgenügsamen Individuum, als ob es von vornherein alle für den Menschen charakteristischen Fähigkeiten, einschließlich des reinen Denkens, im Wesen besäße und als ob es sein Wissen von der Welt rein in sich selbst, durch bloße Juxtaposition zur äußeren Welt, produziere. In der individualistischen Entwicklungspsychologie passiert das Individuum mit Notwendigkeit bestimmte Entwicklungsstadien, in deren Verlauf die äußere, natürliche und gesellschaftliche Umwelt keine andere Funktion hat, als die vorgeformten Fähigkeiten des Individuums auszulösen. Beide Theorien erwuchsen auf dem Boden eines übertriebenen theoretischen Individualismus (also vorab in der Periode der Renaissance und des individualistischen Liberalismus), und dieser konnte nur in einer gesellschaftlichen Situation entstehen, in der die ursprüngliche Verbindung von Individuum und Gruppe außer Sicht geraten ist. In solchen Situationen gerät dem Beobachter die Rolle, die der Gesellschaft bei der Modellierung des Individuums zukommt, dermaßen außer Sicht, daß er die meisten, ganz offensichtlich nur aus einem gemeinsamen Leben und den Beziehungen zwischen Individuen sich ergebenden Züge aus der ursprünglichen Natur des Individuums oder aus dem Keimplasma ableitet. (Wir greifen diese Fiktion nicht von einem metaphysischen Gesichtspunkt aus an, sondern deshalb, weil sie einfach ungenaue Daten in die Vorstellung von der Genese des Denkens und Erlebens hineinträgt.)

In Wirklichkeit ist die Annahme höchst ungenau, wonach ein Individuum mit mehr oder minder festgelegten absoluten Fähigkeiten der Welt gegenübersteht und in seinem Streben nach Wahrheit aus seinen Erlebensdaten ein Weltbild konstruiert. Wir vermögen auch nicht zu glauben, daß es dann sein Weltbild mit dem anderer Individuen vergleicht, die das ihre in einer ähnlich unabhängigen Weise gewonnen haben und daß dann in einer Art gegenseitiger Besprechung das wahre Weltbild ans Licht komme und akzeptiert werde. Es ist im Gegenteil weit korrekter, zu sagen, daß das Wissen von Anfang an ein kooperativer Gruppenprozeß ist, in dem jeder sein Wissen im Rahmen eines gemeinsamen Schicksals, eines gemeinsamen Handelns und in der Überwindung gemeinsamer Schwierigkeiten entfaltet (woran jedoch jeder in verschiedener Weise teilnimmt). Demgemäß sind die Produkte des Denkprozesses zumindest teilweise bereits differenziert, da nicht jeder mögliche Weltaspekt in den Gesichtskreis der Gruppenmitglieder gelangt, sondern nur jene, aus denen für die Gruppe Schwierigkeiten und Probleme entstehen. Und selbst diese gemeinsame Welt, die von Außenseitergruppen nicht in der gleichen Weise geteilt wird, erscheint den Untergruppen der größeren Gruppe verschieden. Sie erscheint verschieden, weil die Untergruppen und Schichten in einer funktionell differenzierten Gesellschaft die gemeinsamen Gehalte ihrer Welt verschieden erleben. In der geistigen Bemeisterung der Lebensprobleme ist jeder verschiedenen Segmenten zugeteilt, mit denen er, infolge seiner verschiedenen Lebensinteressen, ganz verschieden zu tun hat. Die individualistische Konzeption des Wissensproblems gibt ein ebenso falsches Bild vom kollektiven Denken, als wenn Technik, Arbeitsweise und Produktivität eines in sich höchst spezialisierten Betriebes von 2000 Arbeitern so gedacht würden, daß jeder dieser 2000 Arbeiter in einer separaten Kammer arbeitete, die gleichen Operationen für sich selbst zur gleichen Zeit und jedes einzelne Produkt von Anfang bis zu Ende selber ausführte. Natürlich arbeiten in Wirklichkeit die Arbeiter nicht auf diese Weise, sondern bringen das Produkt kollektiv zustande.

Fragen wir uns für einen Augenblick, was an der alten Theorie, zum Beispiel dieser individualistischen Interpretation eines Prozesses kollektiven Arbeitens und Handelns mangelhaft ist. Erstens ist einfach das Gefüge übersehen worden, das bei wirklicher Arbeitsteilung den Charakter der Arbeit eines jeden Individuums vom Generaldirektor bis zum jüngsten Lehrling bestimmt und die Natur eines jeden Teilprodukts, das vom einzelnen Arbeiter hergestellt wird, integriert. Daß man den gesellschaftlichen Charakter des Denkens und Erlebens nicht sah, ist nicht, wie manche glauben, dem Umstand geschuldet, daß man die Rolle der „Massen“ unbeachtet ließ und die des großen Mannes überschätzte. Dieses Versäumnis ist vielmehr so zu erklären, daß der ursprüngliche gesellschaftliche Zusammenhang, worin jedes individuelle Erlebnis, jede Wahrnehmung sich in einer Gruppe abspielt und entwickelt wird, nie analysiert und gewürdigt wurde[7]). Diese ursprüngliche Interdependenz der Elemente des Lebensprozesses, die der Arbeitsteilung analog, aber nicht mit ihr identisch ist, ist in einer Agrargesellschaft von der in einer städtischen Welt verschieden. In dieser haben überdies die verschiedenen Gruppen, die am Leben der Stadt teilnehmen, zur gleichen Zeit verschiedene Erkenntnisprobleme und sie kommen selbst in Hinsicht auf den gleichen Gegenstand auf verschiedenen Wegen zu ihren Erlebnissen. Nur wenn die genetische Betrachtungsweise im vornhinein darauf achtet, daß eine Gruppe von 2000 Personen das gleiche Ding nicht etwa zweitausendmal wahrnimmt, sondern daß auf Grund der inneren Artikulation des Lebens dieser Gruppe Untergruppen mit verschiedenen Funktionen und Interessen entstehen, die kollektiv mit- und gegeneinander handeln und denken —, nur wenn die Dinge von diesem Gesichtswinkel aus gesehen werden, gewinnen wir ein Verständnis dafür, daß in der gleichen Gesellschaft verschiedene Sinndeutungen entstehen können, die der voneinander abweichenden sozialen Herkunft der verschiedenen Mitglieder eben dieser Gesellschaft geschuldet sind.

Die klassische Erkenntnistheorie nimmt durch ihre Darstellung der Genesis des Erkenntnisprozesses auch insofern eine unbewußte weitere Verzerrung vor, als sie so verfährt, als ob das Wissen aus einem Akt rein theoretischer Betrachtung hervorginge. Sie scheint hier einen Grenzfall zu einem zentralen Prinzip zu erheben. Menschliches Denken ist in der Regel nicht vom Impuls der Kontemplation motiviert, da es eine willentliche und emotionale Unterströmung verlangt, um die kontinuierliche Orientierung des Denkens im Gruppenleben zu sichern. Gerade weil das Wissen fundamental kollektives Wissen ist (der Gedanke des einsamen Individuums ist nur ein Sonderfall und eine späte Entwicklung), setzt es eine

[7]) Nichts ist so verfehlt wie die Annahme, daß der Gegensatz von individualistischem und soziologischem Gesichtspunkt dem zwischen der „großen Persönlichkeit“ und der „Masse“ gleiche. Nichts hindert die Soziologie, die Bedeutung der großen Persönlichkeit im Gesellschaftsprozeß zu beschreiben. Der wirkliche Unterschied liegt darin, daß der individualistische Gesichtspunkt in den meisten Fällen unfähig ist, die Bedeutung zu sehen, die den verschiedenen Formen der Gesellschaft jeweils für die Entwicklung individueller Fähigkeiten zukommt, während die Soziologie von Anfang an individuelles Handeln stets im Zusammenhang mit dem Gruppenleben zu deuten sucht.

Gemeinschaft des Wissens voraus, die primär eine im Unterbewußten vorbereitete Gemeinschaft des Erlebens ist. Hat man jedoch einmal begriffen, daß der größte Teil des Denkens im kollektiven Handeln fundiert ist, dann muß man auch die Kraft des kollektiven Unbewußten anerkennen. Wenn die soziologische Betrachtungsweise des Wissens sich voll entwickelt, dann läßt sich die allmähliche Aufdeckung der irrationalen Grundlagen des rationalen Wissens nicht länger mehr vermeiden.

Daß die erkenntnistheoretische und psychologische Analyse der Ideengenese so spät erst auf den sozialen Faktor im Wissen aufmerksam wurde, erklärt sich aus der Tatsache, daß beide Disziplinen in der Periode der individualistischen Form unserer Gesellschaft entstanden. Sie formulierten ihre Probleme in einer Zeit, die von einem überaus radikalen Individualismus und Subjektivismus beherrscht war: in der Epoche der sich auflösenden mittelalterlichen Gesellschaftsordnung und im liberalen Beginn der bürgerlich-kapitalistischen Ära. Die Intellektuellen und die wohlhabenden Gebildeten der bürgerlichen Gesellschaft, die sich mit diesen Problemen befaßten, fanden sich hier in einer Situation, in der die ursprüngliche Verklammerung der sozialen Ordnung für sie weithin unsichtbar gewesen ist. Sie konnten deshalb in gutem Glauben Wissen und Erlebnis als typisch individualistische Phänomene darstellen. Zumal da sie nur an jenen Teil der Wirklichkeit dachten, mit dem sich die herrschenden Minoritäten befaßten und der durch die Konkurrenz der Individuen charakterisiert war, konnte gesellschaftliches Geschehen ihnen so erscheinen, als ob autonome Individuen aus sich selbst die Initiative für Handeln und Wissen hervorbrächten. Von jenem Ausschnitt aus gesehen erschien die Gesellschaft so, als ob sie bloß eine unberechenbare Mannigfaltigkeit spontaner individueller Handlungs- und Wissensakte sei. Dieser äußerst extreme individualistische Zug stimmt jedoch nicht einmal für die sogenannte liberale Gesellschaftsstruktur als ganzer, insofern als auch die relativ freie Initiative führender Individuen sowohl im Handeln wie im Wissen von den sozialen Situationen und den Aufgaben, die diese stellen, gelenkt und geleitet wird. (Wir finden also auch hier, daß eine verborgene gesellschaftliche Verklammerung der individuellen Initiative zugrunde liegt.) Zwar gibt es anderseits Gesellschaftsstrukturen, in denen es bestimmten Schichten (infolge des größeren Raums, der der freien Konkurrenz eingeräumt wird) möglich ist, in ihrem Denken und Handeln über einen größeren Grad an Individualisierung zu verfügen. Es ist jedoch nicht richtig, die Natur des Denkens allgemein auf Grund dieser besonderen historischen Situation zu definieren, die ausnahmsweise ein relativ individualisiertes Denken zu entwickeln erlaubte. Es hieße den geschichtlichen

Tatsachen Gewalt antun, wenn man diese Ausnahmebedingung als axiomatisch für Denkpsychologie und Erkenntnistheorie ansähe. Solange unsere Erkenntnistheorie nicht im vornhinein den gesellschaftlichen Charakter des Denkens anerkennt und individualisiertes Denken nur als Ausnahme betrachtet, wird es uns nicht gelingen, zu einer adäquaten Denkpsychologie und Theorie des Wissens zu gelangen.

Offenbar ist es auch hier kein Zufall, daß der soziologische Standpunkt erst zu einem verhältnismäßig vorgeschrittenen Zeitpunkt zu den anderen Methoden hinzugefügt werden konnte. Noch ist es zufällig, daß es erst in einer Zeit gelingt, Gesellschaft und Erkenntnis zusammen zu sehen, in der die Menschheit sich aufs äußerste wieder einmal bemühte, der Tendenz einer individualistischen, ungelenkten Gesellschaft, die an Anarchie streifte, durch einen mehr organischen Typus der Gesellschaftsordnung zu begegnen. In einer solchen Situation muß sich eine allgemeine Empfindlichkeit für eine Verklammerung einstellen, die das einzelne Erlebnis mit dem Erlebnisstrom einzelner Individuen und diese wiederum mit dem Gewebe umfassender Gemeinschaft des Erlebens und Handelns verbindet. Auch die Theorie des Wissens, die jetzt entsteht, versucht, der Verwurzelung des Wissens in der sozialen Textur Rechnung zu tragen. In ihr ist eine neue Art der Lebensorientierung am Werk, die die Entfremdung und Auflösung zu hemmen sucht, die aus der Übertreibung der individualistischen und mechanistischen Attitüde hervorgingen. Die erkenntnistheoretische, die psychologische und die soziologische Art der Problemstellung bilden die drei wichtigsten Formen, um die Natur des Erkenntnisprozesses zu erfragen und zu untersuchen. Wir haben sie so darzustellen versucht, daß sie als Teile einer einheitlichen Situation erscheinen, die in einer notwendigen Folge nacheinander und gegenseitig sich durchdringend entwickeln. So gesehen bilden sie die Basis der in diesem Buch vorgebrachten Überlegungen.

4. Kontrolle des kollektiven Unbewußten als ein Problem unserer Zeit.

Daß das Problem der Vielfalt von Denkstilen, wie sie im Entwicklungsgang der Wissenschaft erschienen sind, auftaucht und bisher verborgene kollektiv-unbewußte Motive wahrnehmbar werden, ist nur ein Aspekt der für unsere Zeit charakteristischen geistigen Aufgestörtheit. Trotz aller demokratischen Verbreitung des Wissens blieben die philosophischen, psychologischen und soziologischen Probleme, die wir oben skizzierten, nur auf eine relativ kleine geistige Minorität beschränkt, die diese geistige Rastlosigkeit allmählich als ihr eigenes Berufsprivileg ansah, und sie könnte in der Tat als die private Beschäftigung dieser Gruppe betrachtet werden, wenn nicht mit zunehmender Demokratisierung alle Schichten in die politische und philosophische Diskussion hineingezogen worden wären.

Unsere Darstellung hat jedoch bereits gezeigt, daß die von den Intellektuellen betriebene Diskussion ihre tiefreichenden Wurzeln in der Situation der gesamten Gesellschaft besitzt. Ihre Probleme waren in mancher Hinsicht bloß die sublimierte Verdichtung, die rationale Verfeinerung einer sozialen und geistigen Krise, die im Grund die ganze Gesellschaft umfaßte. Der Zusammenbruch des objektiven Weltbildes, das die Kirche im Mittelalter garantiert hatte, spiegelte sich noch in der einfachsten Seele wieder. Was die Philosophen untereinander in einer rationalen Terminologie ausfochten, erlebten die Massen in der Form religiöser Konflikte.

Wenn viele Kirchen die Stelle des einen, von der Offenbarung garantierten Lehrsystems einnahmen, das in einer agrarisch-statischen Welt alles Wesentliche zu erklären vermocht hatte, wenn viele kleine Sekten sich dort erhoben, wo einst eine Weltreligion bestand, dann wurde die Seele schlichter Menschen Spannungen ausgesetzt, die durchaus den Spannungen glichen, die die Intellektuellen auf philosophischem Gebiet im gleichzeitigen Bestehen zahlreicher Wirklichkeits- und Wissenstheorien erlebten.

Der Protestantismus setzte zu Beginn der Neuzeit an die Stelle des offenbarten Heils, das durch die objektive Institution der Kirche garantiert war, den Begriff der subjektiven Heilsgewißheit. Diese Lehre nahm an, daß jede Person sich nach eigenem subjektiven Gewissen entscheiden könne, ob ihr Verhalten Gott wohlgefällig sei und zum Heile führe. Der Protestantismus subjektivierte so ein bisher objektives Kriterium; dem entsprach, daß die moderne Erkenntnistheorie sich von einer objektiv garantierten Seinsordnung aufs individuelle Subjekt zurückzog. Es war kein großer Schritt von der Lehre von der subjektiven Heilsgewißheit zu einer Psychologie, in der allmählich die sich zu echter Wißbegier entwickelnde Beobachtung seelischer Prozesse wichtiger wurde als das Horchen auf die Heilskriterien, die die Menschen früher in ihrer eigenen Seele zu entdecken suchten.

Den öffentlich einbekannten Glauben an eine objektive Weltordnung förderte es auch nicht gerade, daß die meisten Staaten in der Periode des aufgeklärten Absolutismus versuchten, die Kirche mit Mitteln zu schwächen, die sie von der Kirche selbst übernommen hatten; sie versuchten nämlich, an Stelle einer objektiven von der Kirche garantierten Weltdeutung eine vom Staat garantierte zu setzen. Damit wurde die Aufklärung gefördert, die gleichzeitig eine der Waffen des aufsteigenden Bürgertums war. Moderner Staat und Bürgertum waren in dem Maße erfolgreich, als das rationalistisch-naturalistische Weltbild immer mehr das religiöse verdrängte, ohne daß freilich die dem rationalen Denken notwendige Wissensfülle breitere Schichten zu durchdringen vermochte. Das rationalistische Weltbild konnte sich überdies durchsetzen, ohne daß die an ihm interessierten Kreise eine soziale Position erlangten, die eine Individualisierung der Lebens- und Denkformen erlaubt hätte.

Ohne eine soziale Lebenssituation aber, die auf Individualisierung abzielt und sie erzwingt, ist eine der kollektiven Mythen beraubte Lebensführung kaum zu ertragen. Der Kaufmann, der Unternehmer, der Intellektuelle, jeder nimmt auf seine Weise eine soziale Position ein, die in der Meisterung des Alltags rationale Entscheidungen verlangt. Für das Individuum, das solche Entscheidungen treffen will, ist es jedoch notwendig, sich in seinem Urteil von dem anderer unabhängig zu machen und bestimmte Fragen rational und im eigenen Interesse durchzudenken. Für den Bauern alten Schlags gilt das freilich so wenig wie für die erst jüngst aufgekommene Masse unterer Angestellten; ihre soziale Stellung verlangt wenig Initiative und keinerlei spekulative Voraussicht. Ihr Verhalten wird bis zu einem gewissen Grad von Mythen, Tradition und Führerglauben reguliert. Menschen, die in ihrem Alltagsleben nicht durch ihren Beruf zu einer Individualisierung gezwungen sind, die sie ihre eigenen Entscheidungen treffen und sie über das, was gut und was falsch ist, von ihrem persönlichen Standpunkt aus urteilen läßt, Menschen, die nie Gelegenheit erhalten, Situationen in ihre Elemente zu zerlegen, und denen es nicht gelingt, ein Selbstbewußtsein in sich zu entwickeln, das auch dann standhält, wenn das Individuum von der seiner Gruppe eigentümlichen Art und Weise zu urteilen abgeschnitten ist und für sich selbst denken muß — solche Individuen werden selbst in der religiösen Sphäre nicht in der Lage sein, unter so schweren inneren Krisen, wie etwa der Skeptizismus eine ist, fest zu bleiben. Leben als inneres Gleichgewicht, das immer wieder neu errungen werden muß, ist das wesentliche neue Element, das der moderne Mensch auf der Stufe der Individualisierung sich erarbeiten muß, wenn er auf der Basis der Rationalität der Aufklärung leben will. Eine Gesellschaft, die in ihrer Arbeitsteilung und Funktionsdifferenzierung nicht jedem Individuum Probleme und Wirkfelder anbieten kann, worin es seine Initiative voll zu entfalten und sein individuelles Urteil zu äußern vermag, kann auch keine durchschlagende individualistische und rationalistische Weltanschauung verwirklichen, die hoffen könnte, zu einer wirksamen gesellschaftlichen Realität zu werden.

Intellektuelle neigen leicht zu dem falschen Glauben, daß die Jahrhunderte der Aufklärung wirklich das Volk fundamental geändert hätten (obgleich doch die zwar geschwächte Religion als Ritual und Kult, in der Devotion und in ekstatischen Erlebnisweisen weiterlebte); die Stoßkraft der Aufklärung war indes mächtig genug, um das religiöse Weltbild weithin zu erschüttern. Die für die industrielle Gesellschaft charakteristischen Denkformen drangen allmählich in jene Gebiete ein, die mit der Industrie irgendwie verbunden waren und unterhöhlten im Laufe der Zeit ein Element der religiösen Weltdeutung nach dem anderen.

Indem der absolute Staat als eine seiner Prärogativen beanspruchte, daß er über seine eigene Weltinterpretation zu bestimmen habe, tat er einen Schritt, der dann im Zug der Demokratisierung der Gesellschaft eine bestimmte Tendenz vorwegnahm. Er zeigte, daß die Politik fähig ist, ihr Weltbild als eine Waffe zu benutzen und daß Politik nicht bloß ein Machtkampf ist, sondern ihre fundamentale Bedeutung erst dann erlangt, wenn sie ihre Ziele mit einer politischen Philosophie, mit einer politischen Weltanschauung erfüllt. Wir können darauf verzichten, im Detail zu zeigen, wie sich mit zunehmender Demokratisierung nicht bloß der Staat, sondern auch die politischen Parteien bemühten, ihre Kämpfe philosophisch zu begründen und zu systematisieren. Der Liberalismus, dann, diesem Beispiel zögernd folgend, der Konservatismus und schließlich der Sozialismus machten aus ihren politischen Zielen ein philosophisches Credo, ein Weltbild mit gut begründeten Denkmethoden und vorgeschriebenen Schlüssen. Zur Spaltung des religiösen Weltbilds kam so die Aufsplitterung der politischen Perspektiven hinzu. Aber während die Kirchen und Sekten ihre Kämpfe mit verschiedenen irrationalen Glaubensartikeln ausfochten und das rationale Element letzten Endes bloß für die Mitglieder des Klerus und die schmale Schicht der gebildeten Laien entwickelten, haben die aufkommenden politischen Parteien in weit größerem Ausmaße rationale und nach Möglichkeit wissenschaftliche Argumente ihren Denksystemen einverleibt und ihnen weit mehr Bedeutung zugemessen. Dies ist zum Teil dem Umstand geschuldet, daß sie geschichtlich erst spät und in einer Periode entstanden, in der der Wissenschaft als solcher ein größeres soziales Prestige zugebilligt wurde; zum Teil ist es der Art und Weise verdankt, wie sie ihre Funktionäre rekrutierten, die, zumindest anfangs, aus den Reihen der emanzipierten Intellektuellen genommen wurden. Es entsprach ebenso dem Bedürfnis einer industriellen Gesellschaft wie dem dieser Intellektuellen, daß sie ihre Kollektivhandlungen weniger auf der Offenlegung ihrer Glaubensbekenntnisse als vielmehr auf einem rational ausweisbaren und zu rechtfertigenden Ideensystem basierten.

Diese Verschmelzung von Politik und wissenschaftlichem Denken hatte zum Ergebnis, daß nach und nach alle Politik, wenigstens in den Formen, mit denen sie sich nach außen zu empfehlen suchte, einen wissenschaftlichen Anstrich, und wissenschaftliche Ansichten umgekehrt eine politische Färbung annahmen.

Die Verschmelzung hatte ihre negativen so gut wie positiven Auswirkungen. Sie erleichterte die Verbreitung wissenschaftlicher Ideen, so daß immer breitere Schichten in ihrer ganzen politischen Existenz ihre gesellschaftliche Position theoretisch rechtfertigen mußten. Sie lernten hierdurch — wenn auch oft mehr propagandistisch — über die Gesellschaft und die Politik mit wissenschaftlichen Kategorien zu denken. Der Wissenschaft von der Politik und Gesellschaft half es also, daß sie die Wirklichkeit konkret in Griff bekam und sich dadurch ein Thema gab, dessen Probleme sie beständig mit dem ihr eigenen Wirkfeld, der Gesellschaft, verbanden. Die Krisen und Aufgaben der Gesellschaft boten den empirischen Gegenstand, die politischen und sozialen Interpretationen und die Hypothesen, mit deren Hilfe die Ereignisse analysierbar wurden. Die Theorien von Adam Smith und Marx, um nur diese zu nennen, werden ausgearbeitet und in ihren Versuchen, kollektiv erlebte Ereignisse zu deuten und zu analysieren, erweitert.

Die Verantwortung für diese unmittelbare Verbindung von Theorie und Politik liegt jedoch in der Hauptsache in folgendem: Während das Wissen, das neuen Tatsachen Rechnung tragen will, stets seinen experimentellen Charakter bewahren muß, kann sich das von einer politischen Haltung beherrschte Denken nicht erlauben, ständig an neue Erlebnisse angepaßt zu werden. Aus dem einfachen Grund, daß politische Parteien organisiert sind, können sie weder ihre Denkmethoden elastisch halten noch bereit sein, jedes Ergebnis zu akzeptieren, das sich aus ihren Untersuchungen ergeben mag. Ihrer Struktur nach sind sie Körperschaften öffentlichen Rechts und Kampforganisationen. Das zwingt sie an sich bereits in eine dogmatische Richtung. Je mehr die Intellektuellen zu Parteifunktionären wurden, desto mehr ging ihnen die Rezeptivität und Elastizität verloren, die sie in ihrer früheren labilen Situation besessen hatten.

Aus dieser Verbindung von Wissenschaft und Politik entsteht die weitere Gefahr, daß die Krisen, die das politische Denken affizieren, auch zu Krisen des wissenschaftlichen Denkens werden. Aus dem Problemkomplex, der hier vorliegt, heben wir nur eine Tatsache hervor, die allerdings für die gegenwärtige Situation bezeichnend ist. Politik ist Konflikt, sie tendiert in zunehmendem Maße dazu, ein Kampf auf Tod und Leben zu werden. Je heftiger dieser Kampf wurde, desto stärker wurden auch die emotionalen Unterströmungen von ihm betroffen, die früher unbewußt, aber desto intensiver wirkten und jetzt gezwungen wurden, bewußt zu werden.

Die politische Diskussion besitzt einen von der akademischen fundamental unterschiedenen Charakter. Sie sucht nicht bloß im Recht zu sein, sondern auch die gesellschaftliche und geistige Existenz ihrer Gegner zu vernichten. Die politische Auseinandersetzung dringt daher tiefer in die Seinsgrundlage des Denkens ein als diejenige Art der Diskussion, die nur in ausgewählten „Gesichtspunkten" denkt und nur die „theoretische Bedeutung" eines Arguments betrachtet. Da der politische Konflikt von Anbeginn eine rationalisierte Form des Kampfes um soziale Vorherrschaft ist, greift er den sozialen Rang des Gegners, sein öffentliches Prestige und sein Selbstvertrauen an. Es ist in diesem Falle schwer zu entscheiden, ob die Sublimierung, die Diskussion als Ersatz für die alte Waffe unmittelbarer Gewalt und Unterdrückung wirklich eine grundsätzliche Verbesserung des menschlichen Lebens darstellt. Physische Unterdrückung ist zwar äußerlich schwerer zu ertragen, aber der Wille zur geistigen Vernichtung, der in vielen Fällen an ihre Stelle getreten ist, ist vielleicht noch unerträglicher. Es nimmt daher nicht wunder, daß just in dieser Sphäre die theoretische Widerlegung allmählich in einen weit fundamentaleren Angriff auf die gesamte Lebenssituation des Gegners umgeformt wurde; mit der Destruktion seiner Theorien hoffte man seine soziale Stellung zu untergraben. Es überrascht ferner nicht, daß man in diesem Konflikt, in dem von Anbeginn an nicht bloß dem, was einer sagte, sondern auch der Gruppe, als deren Sprecher er handelte und den praktischen Hintergedanken seiner Argumente Aufmerksamkeit gezollt wurde, das Denken im Zusammenhang mit der Seinsweise sah, an die es gebunden war. Zwar hat das Denken (mit Ausnahme des hoch akademischen Denkens, das sich eine Zeitlang vom aktiven Leben zu isolieren vermochte), stets das Leben und Handeln der Gruppe ausgedrückt, aber es gab doch den Unterschied, daß z. B. in den Religionskriegen theoretische Überlegungen nicht von primärer Bedeutung waren oder daß die Analyse des Gegners nicht zu einer Analyse der Gruppe führte, der die Gegner angehörten, weil, wie wir sahen, die sozialen Elemente geistiger Phänomene den Denkern einer individualistischen Epoche noch nicht sichtbar geworden waren.

Da in den modernen Demokratien die Ideen deutlich bestimmte Gruppen repräsentieren, wurde in der politischen Diskussion die soziale und existentielle Bestimmtheit des Denkens leichter sichtbar. Im Prinzip war es die Politik, die bei der Durchforschung geistiger Phänomene zuerst die soziologische Methode entdeckte. Eigentlich wurden die Menschen in den Kämpfen der Politik zum ersten Male der unbewußten kollektiven Motivationen gewahr, die die Denkrichtung bestimmten. Politische Diskussion ist von Anfang an mehr als theoretische Argumentation; sie reißt Masken ab, sie enthüllt die unbewußten Motive, die die Existenz der Gruppe an deren Kulturziele und theoretische Argumente binden. In dem Maße jedoch, wie die moderne Politik ihre Schlachten mit den Waffen der Theorie schlägt, durchdrang der Prozeß der Enthüllung die sozialen Wurzeln der Theorie.

Die Entdeckung der seinsgebundenen Wurzeln des Denkens hat also zunächst die Form der Enthüllung angenommen. Zur allmählichen Auflösung des einheitlichen objektiven Weltbilds, die für den einfachen Mann auf der Straße die Form einer Pluralität einander widersprechender Weltanschauungen annahm und sich den Intellektuellen als die unversöhnliche Pluralität von Denkstilen darbot, kam im öffentlichen Bewußtsein die Tendenz hinzu, die unbewußten situationsgebundenen Motive im Denken der Gruppe zu enthüllen. Die Zuspitzung der geistigen Krise, zu der es schließlich kam, kann durch die beiden Begriffe Ideologie und Utopie schlagwortartig gekennzeichnet werden, die deshalb auch wegen ihrer symbolischen Bedeutung zum Titel dieses Buches gewählt wurden.

Der Begriff der Ideologie reflektierte die dem politischen Konflikt verdankte Entdeckung, daß herrschende Gruppen in ihrem Denken so intensiv mit ihren Interessen an eine Situation gebunden sein können, daß sie schließlich die Fähigkeit verlieren, bestimmte Tatsachen zu sehen, die sie in ihrem Herrschaftsbewußtsein verstören könnten. In dem Wort „Ideologie" ist implizit die Einsicht enthalten, daß in bestimmten Situationen das kollektive Unbewußte gewisser Gruppen sowohl diesen selbst wie anderen die wirkliche Lage der Gesellschaft verdunkelt und damit stabilisierend wirkt.

Im Begriff des utopischen Denkens spiegelt sich die entgegengesetzte Entdeckung wider, die gleichfalls dem politischen Konflikt verdankt ist, daß nämlich bestimmte unterdrückte Gruppen geistig so stark an der Zerstörung und Umformung einer gegebenen Gesellschaft interessiert sind, daß sie unwissentlich nur jene Elemente der Situation sehen, die diese zu negieren suchen. Ihr Denken ist nicht fähig, einen bestehenden Zustand der Gesellschaft korrekt zu erkennen; sie befassen sich keineswegs mit dem, was wirklich existiert, suchen vielmehr in ihrem Denken bereits die Veränderung des Bestehenden vorwegzunehmen. Ihr Denken zielt nie auf eine Situationsdiagnose ab; es kann nur als eine Anweisung zum Handeln benutzt werden. Im utopischen Bewußtsein verdeckt das von Wunschvorstellungen und dem Willen zum Handeln beherrschte kollektive Unbewußte bestimmte Aspekte der Realität. Es kehrt sich von allem ab, was den Glauben erschüttern oder den Wunsch nach einer Veränderung der Dinge lähmen würde.

Das kollektiv-Unbewußte und das von ihm angetriebene Tun lassen also bestimmte Aspekte der gesellschaftlichen Wirklichkeit von zwei Richtungen her enthüllen. Ferner ist es, wie wir oben sahen, möglich, die Quelle und die Richtung der Verzerrung genau anzugeben. Es ist die Aufgabe dieses Buches, in beiden Richtungen die bezeichnendsten Phasen zu skizzieren, in denen sich in der Geschichte von Ideologie und Utopie diese Entdeckung von der Rolle des Unbewußten durchsetzt. An dieser Stelle schildern wir nur den Geisteszustand, der jenen Einsichten folgte, da er für die Situation charakteristisch ist, in der dieses Buch entstand.

Zunächst hatten jene Parteien, die die neuen „geistigen Waffen", die Enthüllung des Unbewußten, besaßen, einen ungeheuren Vorsprung gegenüber ihren Gegnern. Es war niederschmetternd, wenn ihnen gezeigt werden konnte, daß ihre Ideen bloß ihre Lebenssituation verzerrt widerspiegelten, bloß ihre unbewußten Interessen vorwegnahmen. Die bloße Tatsache, daß dem Gegner überzeugend nachgewiesen werden konnte, wie bisher von ihm verheimlichte Motive am Werke waren, muß ihn mit Schrecken erfüllt und anderseits in demjenigen, der die neue Waffe benutzte, das Gefühl einer wunderbaren Überlegenheit geweckt haben. Gleichzeitig tauchte eine Bewußtseinsschicht auf, die die Menschheit bisher mit der größten Zähigkeit vor sich verborgen gehalten hatte. Es war kein Zufall, daß dieser Einbruch des Unbewußten allein dem Angreifer zu verdanken war, während der Angegriffene doppelt überwältigt wurde — einmal durch die Bloßlegung des Unbewußten selbst und außerdem dadurch, daß das Unbewußte in aggressiver Absicht bloßgelegt und in den Vordergrund geschoben wurde. Denn es ist klar, daß es einen beträchtlichen Unterschied ausmacht, ob man es mit dem Unbewußten zum Zweck des Helfens und Heilens zu tun hat oder zum Zweck der Enthüllung.

Wir haben jedoch heute ein Stadium erreicht, in dem diese Waffe gegenseitiger Enthüllung und Bloßlegung der unbewußten Quellpunkte geistiger Existenz zum Eigentum nicht nur einer Gruppe unter vielen, sondern aller geworden ist. Aber in dem Maße, in dem die verschiedenen Gruppen mit Hilfe dieser überaus modernen Geisteswaffe radikaler Enthüllung das Vertrauen ihrer Gegner ins eigene Denken zu zerstören trachteten, zerstörten sie auch, da ja alle Positionen schließlich der Analyse unterworfen wurden, das Vertrauen des Menschen in das menschliche Denken überhaupt. Der Prozeß der Bloßlegung der problematischen Elemente im Denken, der seit dem Zusammenbruch des Mittelalters latent vorhanden war, kulminierte schließlich im Zusammenbruch des Vertrauens auf das Denken überhaupt. Die Tatsache, daß mehr und mehr Menschen in Skeptizismus und Irrationalismus flüchteten, ist nicht zufällig, eher unvermeidlich.

Zwei mächtige Strömungen flossen hier zusammen und verstärkten einander mit überwältigender Gewalt: einerseits ging eine einheitliche geistige Welt mit festen Normen und Werten verloren, und zum andern stieg das bisher verborgene Unbewußte plötzlich in das helle Tageslicht des Bewußtseins auf. Das Denken war dem Menschen seit unvordenklichen Zeiten als ein Teil seines geistigen Seins erschienen und nicht einfach als eine von ihm abgelöste objektive Tatsache. Neuorientierung hatte in der Vergangenheit oft eine Wandlung im Menschen selbst bedeutet. In diesen früheren Perioden handelte es sich meistens um eine langsam sich vollziehende Änderung der Werte und Normen, um eine allmähliche Umformung des Bezugssystems, aus dem das Tun der Menschen letztlich seine Orientierung ableitete. In der Moderne geht eine weit tiefer greifende Auflösung vor sich. Indem man seine Zuflucht beim Unbewußten nahm, wurde zugleich der Boden unterwühlt, aus dem die mannigfachen Aspekte auftauchen konnten. Die Wurzeln wurden freigelegt, aus denen sich menschliches Denken bisher genährt hatte. Allmählich wird uns allen klar, daß wir nicht in der gleichen Weise wie bisher weiterleben können, sobald wir einmal unserer unbewußten Motive bewußt geworden sind. Es handelt sich heute um mehr als um eine neue Idee und unsere Frage stellt nicht bloß ein neues Problem. Wir treffen hier auf die elementare „Lebensverlegenheit“ unserer Zeit, die in der einzigen Frage zusammenfaßbar ist: Wie kann der Mensch in einer Zeit, in der das Problem der Ideologie und Utopie radikal gestellt und zu Ende gedacht wird, überhaupt noch denken und leben?

Es ist natürlich möglich, sich dieser Situation, in der die Pluralität der Denkstile sichtbar und die Existenz von kollektiv-unbewußten Motiven erkennbar geworden ist, dadurch zu entziehen, daß man sich all dieses verheimlicht. Man kann sich zu einer überzeitlichen Logik flüchten und behaupten, daß die Wahrheit als solche unbefleckt sei und weder eine Pluralität von Formen noch irgendeine Verbindung mit unbewußten Motiven kenne. In einer Welt aber, in der unser Problem nicht sosehr ein interessantes Diskussionsthema, als vielmehr eine existentielle Aporie ist, ist jenen Ansichten entgegenzuhalten, daß unser Problem eben nicht die Wahrheit als solche ist, sondern unser Denken, das wir in der sozialen Situation handelnd und in unbewußten Motiven verwurzelt finden. „Zeige uns“, könnte einer sagen, „wie wir von unseren konkreten Wahrnehmungen aus zu deinen absoluten Definitionen gelangen. Sprich uns nicht von der Wahrheit als solcher, sondern zeige uns den Weg, wie wir unsere, aus unserem sozialen Sein stammenden Sätze fassen sollen, damit sie die Parteilichkeit, das Fragmentarische des menschlichen Geistes transzendieren können". Die Absolutheit des Denkens wird nicht dadurch gewonnen, daß man, auf ein allgemeines Prinzip gestützt, bloß versichert, sie zu haben oder daß man einen partikularen, begrenzten Gesichtspunkt (gewöhnlich den eigenen) als überparteilich und autoritativ etikettiert.

Uns ist auch nicht geholfen, wenn wir zu einigen wenigen Sätzen gelangen, deren Inhalt so formal und abstrakt ist (z. B. in der Mathematik, der Geometrie und der reinen Ökonomie), daß sie in der Tat vom denkenden sozialen Individuum völlig abgelöst zu sein scheinen. Der Streit geht nicht um diese Sätze, sondern um die größere Ergiebigkeit jener faktischen Begriffsbestimmungen, mit deren Hilfe der Mensch seine individuelle und gesellschaftliche Situation konkret diagnostiziert, konkrete Verklammerungen im Leben wahrgenommen und uns äußerliche Geschehnisse allererst korrekt verstanden werden. Der Streit geht um jene Sätze, an denen jeder sinnvolle Begriff von Anfang an orientiert ist und in denen wir Worte wie Konflikt, Zusammenbruch, Entfremdung, Aufstand, Ressentiment benutzen — Worte, die eine komplexe Situation nicht zum Zweck rein äußerlicher, formaler Beschreibung reduzieren, und die ihren Gehalt verlören, wenn ihnen die Orientierung, das wertende Element genommen würde.

Wir haben bereits an anderer Stelle gezeigt, daß die Entwicklung der modernen Wissenschaft eine Denktechnik erzeugte, mittels derer jegliches Sinnverständnis eliminiert wurde. Diese Tendenz, sich einzig auf äußerlich wahrnehmbare Reaktionen zu konzentrieren, ist besonders vom Behaviorismus vorangetrieben worden, der eine Welt zu konstruieren versuchte, in der es nur meßbare Daten, nur Korrelationen zwischen Faktorenreihen gibt, in welchen der Wahrscheinlichkeitsgrad von Verhaltensweisen in bestimmten Situationen voraussagbar ist. Es ist möglich und sogar wahrscheinlich, daß die Soziologie durch dieses Stadium hindurchgehn muß, in dem ihre Gehalte eine mechanistische Entmenschung und Formalisierung erleiden werden, wie es ja auch der Psychologie erging, so daß von dem Ideal pedantischer Exaktheit, dem sie sich hier verschreibt, nichts übrig bleibt außer statistischen Daten, Tests, Surveys usw. und daß am Ende jede irgendwie bedeutsame Formulierung eines Problems ausgeschlossen sein wird. Wir können hier nur soviel dazu sagen, daß diese Reduktion auf eine meßbare bzw. inventarisierende Beschreibung einen ernsthaften Versuch darstellt, alles das zu bestimmen, was unzweideutig zu ermitteln ist, und ferner, daß wir zu durchdenken haben, was mit unserer geistigen und sozialen Welt geschieht, wenn sie auf rein äußerlich meßbare Verhältnisse reduziert wird. Es kann kein Zweifel mehr sein, daß ein wirkliches Eindringen in die soziale Realität dann nicht mehr möglich ist. Nehmen wir zum Beispiel das verhältnismäßig einfache, durch das Wort „Situation" bezeichnete Phänomen. Was bleibt davon übrig oder ist es überhaupt noch verständlich, wenn es auf eine äußere Konstellation verschiedener, wechselseitig aufeinander bezogener, aber nur äußerlich sichtbarer Verhaltensmuster reduziert wird? Anderseits ist es klar, daß eine menschliche Situation nur charakterisiert werden kann, wenn man auch die Vorstellungen, die die Partner von ihr haben, in Rechnung stellt, die Art, wie sie ihre Spannungen in dieser Situation erleben und wie sie auf die so verstandenen Spannungen reagieren. Oder nehmen wir irgendein Milieu, zum Beispiel das Milieu, in dem eine bestimmte Familie lebt. Sind die Normen, die in dieser Familie herrschen und die nur durch sinnvolle Interpretation einsichtig sind, zumindest nicht ebensosehr ein Teil des Milieus wie der Hausrat oder die Landschaft? Und weiter, muß nicht, wenn alles andere gleich ist, die gleiche Familie (zum Beispiel vom Standpunkt der Kindererziehung) als ein völlig verschiedenes Milieu betrachtet werden, wenn sich ihre Normen gewandelt haben? Wenn wir also ein konkretes Phänomen wie eine Situation oder den normativen Inhalt eines Milieus verstehen wollen, dann genügt das rein mechanistische Schema nicht, und es müssen Begriffe eingeführt werden, die sinnvolle, nicht-meßbare Elemente adäquat verstehen lassen.

Aber es wäre falsch, zu behaupten, daß die Beziehungen zwischen diesen Elementen weniger klar und weniger genau wahrnehmbar wären als die zwischen rein meßbaren Erscheinungen. Ganz im Gegenteil, die wechselseitige Verklammerung der Elemente eines Handlungsgeschehens ist einem weit intimeren Verstehen zugänglich, als es bei streng formalisierten äußeren Elementen der Fall wäre. Das, was ich nach Dilthey das verstehende Erfassen des „ursprünglichen Lebenszusammenhanges" nennen möchte[8]), kommt hier zu sich selbst. Mit Hilfe der verstehenden Methode wird die gegenseitige funktionelle Durchdringung seelischer Erlebnisse und sozialer Situationen unmittelbar verständlich. Wir begegnen hier einem Seinsbereich, in dem das Auftauchen seelischer Reaktionen im Innern notwendig evident wird und nicht bloß wie eine äußere Kausalität nach dem Wahrscheinlichkeitsgrad ihrer Häufigkeit zu verstehen ist.

An einigen Beobachtungen, die die Soziologie der verstehenden Methode verdankt, möchten wir deren wissenschaftliche Evidenz zeigen. Wenn man

---

[8]) Ich benutze hier Diltheys Ausdruck, ohne der Frage nachzugehen, inwieweit sein Gebrauch dieses Worts von dem meinen sich unterscheidet.

von der Ethik der ersten Christengemeinden behauptet hat, daß sie ursprünglich als Ressentiment unterdrückter Schichten verstanden werden müsse, und wenn andere hinzugefügt haben, daß diese Ethik völlig unpolitisch gewesen sei, weil sie dem Bewußtsein einer Schicht entsprach, die bisher faktisch nicht nach Herrschaft trachtete („Gebt dem Kaiser, was des Kaisers ist"), und wenn weiter gesagt wurde, daß diese Ethik keine Stammesethik, sondern, weil sie sich auf dem Boden der bereits sich auflösenden Stammesstruktur des Römischen Reiches erhob, bereits eine Weltethik sei, dann ist es klar, daß diese Beziehungen zwischen gesellschaftlicher Situation und seelisch-ethischer Verhaltensweise zwar nicht mehr meßbar sind, dennoch aber weit intensiver in ihrem wesentlichen Charakter erfaßt werden können, als wenn Korrelationskoeffizienten zwischen verschiedenen Faktoren errechnet würden. Die Beziehungen sind deshalb evident, weil wir mit der verstehenden Methode an die ursprüngliche Verklammerung der Erlebnisse, aus denen jene Normen entstanden, herangegangen sind.

Es dürfte deutlich geworden sein, daß die Hauptsätze der Soziologie weder mechanistisch-äußerlich noch formal noch rein quantitative Korrelationen sind, sondern Situationsdiagnosen darstellen, in denen wir fast die gleichen konkreten Begriffe und Denkmodelle benutzen, die im wirklichen Leben für die Zwecke der Praxis geschaffen wurden. Es ist ferner klar, daß jede soziologische Diagnose eng mit den Bewertungen und unbewußten Orientierungen des Forschers verknüpft ist und daß die kritische Selbstklärung der Soziologie aufs engste mit der kritischen Klärung unserer Orientierung im Alltag verbunden ist. Ein Forscher, der nicht fundamental an den sozialen Wurzeln der in seiner eigenen Periode sich wandelnden Ethik interessiert ist, der es nicht versteht, die gesellschaftlichen Probleme als Spannungen zwischen sozialen Schichten zu durchdenken und der noch nicht entdeckt hat, wie produktiv das Ressentiment auch für die eigene Erfahrung sein kann, der wird niemals in der Lage sein, die oben umschriebene Phase der christlichen Ethik zu sehen, geschweige denn sie zu verstehen. In eben dem Maß, in dem er wertend (als Gegner oder als Verbündeter) am Kampf um den Aufstieg der Unterschichten teilnimmt, in eben dem Maße, in dem er positiv oder negativ das Ressentiment bewertet, wird er der dynamischen Bedeutung gesellschaftlicher Spannungen oder des Ressentiments gewahr. „Ober- und Unterklasse", „sozialer Aufstieg", „Ressentiment" sind keine formalen, sondern sinnorientierte Begriffe. Wenn man sie formalisieren wollte und die Wertungen, die sie enthalten, ausschiede, dann würde das Denkmodell der Situation ganz unverständlich werden, da ja die gute und neue fruchtbare Norm gerade vom Ressentiment produziert wird. Je genauer man das Wort „Ressentiment“ analysiert, desto deutlicher zeigt sich, wie diese offenbar wertfreie Bezeichnung einer Attitüde voll von Wertungen steckt. Werden diese Wertungen beiseite gelassen, dann verliert der Begriff seine Konkretheit. Ist der Forscher an der Rekonstruktion des Ressentimentgefühls nicht interessiert, dann wird ihm auch die Spannung, die die oben beschriebene Situation des frühen Christentums beherrscht, völlig unzugänglich sein. Der sinnorientierte Wille ist also auch hier der Quellpunkt des Situationsverständnisses.

Um soziologisch arbeiten zu können, muß man am Sozialprozeß partizipieren. Aber diese Teilnahme am kollektiv-unbewußten Wollen meint keineswegs, daß die daran teilnehmenden Personen die Fakten verfälschen oder sie ungenau sehen. Im Gegenteil ist vielmehr die Teilnahme am lebendigen Zusammenhang der Gesellschaft eine Voraussetzung, um die innere Natur dieses lebendigen Zusammenhangs zu verstehen. Die Art, wie einer partizipiert, bestimmt, wie er seine Probleme formuliert. Die Nichtbeachtung der qualitativen Elemente und die Unterdrückung des Willensmoments konstituiert nicht etwa Objektivität, sondern negiert die wesentliche Qualität des Objekts.

Aber das Gegenteil ist auch nicht wahr, daß die Objektivität um so größer sei, je größer das Vorurteil wäre. Es gibt hier eine eigentümliche innere Dynamik der Verhaltensweisen, die den *élan politique* zügeln, so daß dieser *élan* gleichsam sich selbst einer geistigen Kontrolle unterwirft. Es gibt einen Punkt, wo die Bewegung des Lebens, zumal in seiner größten Krise, sich über sich erhebt und der eigenen Grenzen bewußt wird, dort nämlich, wo der politische Problemkomplex von Ideologie und Utopie zum Gegenstand der Wissenssoziologie wird und Skeptizismus und Relativismus, die aus der wechselseitigen Destruktion und Entwertung divergierender politischer Ziele entstehn, zu einem Heilmittel werden. Denn dieser Skeptizismus und Relativismus erzwingen Selbstkritik und Selbstkontrolle und führen zu einer neuen Konzeption von Objektivität.

Was im Leben selbst recht unerträglich scheint, daß man nämlich mit dem aufgedeckten Unbewußten weiter zu leben hat, ist geschichtlich die Voraussetzung eines wissenschaftlichen kritischen Selbstbewußtseins. Auch im persönlichen Leben entwickeln sich Selbstkontrolle und Selbstkorrektur nur dann, wenn wir in unserem ursprünglichen blinden vitalen Vorwärtsstreben an ein Hindernis geraten, das uns auf uns selbst zurückwirft. Im Verlauf dieser Kollision mit anderen möglichen Seinsformen wird uns die Eigentümlichkeit unserer eigenen Lebensweise sichtbar. Auch in unserem persönlichen Leben werden wir nur dann unserer Herr, wenn die unbewußten Motive, die früher gleichsam hinter unserem Rücken wirkten, gesehen und dadurch bewußt kontrolliert werden können. Objektivität und eigenständiges Weltbewußtsein erlangt der Mensch nicht dadurch, daß er seinen Willen zum Handeln aufgibt und seine Wertungen suspendiert, sondern dadurch, daß er sich sich selbst gegenüberstellt und prüft. Das Kriterium einer solchen Selbstdurchleuchtung besteht darin, daß wir uns ebenso rückhaltlos der Erkenntnis aussetzen, wie wir es mit den Objekten tun. Wir werden uns nicht bloß vage als ein wissendes Subjekt überhaupt sichtbar, sondern in einer bestimmten, bisher uns verborgenen Rolle, in einer bisher für uns undurchdringlichen Situation und mit Motiven, deren wir uns bisher nicht bewußt waren. In solchen Augenblicken dämmert uns der innere Zusammenhang plötzlich auf, in dem unsere Rolle, unsere Motive und die Art und Weise, wie wir die Welt erleben, miteinander verbunden sind. Daher das Paradoxe dieser Erlebnisse, daß die Chance einer relativen Befreiung von der gesellschaftlichen Determiniertheit sich mit der Einsicht in diese Determiniertheit proportional vergrößert. Diejenigen, die am meisten über menschliche Freiheit reden, sind in Wirklichkeit der gesellschaftlichen Determiniertheit am blindesten unterworfen, insofern als sie meistens gar nicht einmal vermuten, wie sehr ihr Verhalten von ihren Interessen bestimmt ist. Dagegen sind es gerade diejenigen, die mit allem Nachdruck auf den unbewußten Einfluß der sozialen Determinanten hinweisen, die diese Determinanten soweit als möglich zu überwinden streben. Sie decken unbewußte Motive auf, damit diese Kräfte, die sie früher beherrschten, mehr und mehr zum Gegenstand bewußter rationaler Entscheidung gemacht werden können.

Diese Erörterung über die enge Verbindung zwischen der Erweiterung unseres Wissens von der Welt einerseits und der zunehmenden persönlichen Selbsterkenntnis und Selbstkontrolle anderseits ist weder zufällig noch peripher. Der Prozeß der Selbsterweiterung des Individuums stellt ein typisches Beispiel für die Entfaltung jeder Art von situationsgebundenem Wissen dar, einem Wissen also, das nicht bloß eine objektive Anhäufung von Informationen über Tatsachen und ihre kausalen Beziehungen darstellt, sondern am Verstehen der inneren Verklammerungen im Lebensprozeß interessiert ist. Die innere Verklammerung kann nur durch die verstehende Deutungsmethode erfaßt werden und die Stufen dieses Weltverstehens sind bei jedem Schritt an den Prozeß individueller Selbstklärung gebunden. Dieser Vorgang, durch den Selbstklärung und Erweiterung unseres Wissens von der Welt um uns möglich wird, gilt nicht bloß für die individuelle Selbsterkenntnis, sondern liefert auch das Kriterium für die Selbstklärung einer Gruppe. Obgleich wir auch hier nachdrücklich zu betonen haben, daß nur Individuen der Selbstklärung fähig sind (so etwas wie einen „Volksgeist" gibt es nicht und Gruppen als ganze sind zur Selbstklärung ebenso unfähig wie zum Denken), so macht es doch einen gewaltigen Unterschied aus, ob ein Individuum sich derjenigen unbewußten Motive bewußt wird, die vor allem sein frühkindliches Denken und Handeln charakterisierten, oder ob ihm die Elemente seiner Motive und Erwartungen bewußt werden, die es an die Mitglieder einer bestimmten Gruppe binden.

Es ist ein Problem für sich, ob die Stufenfolge, in der die Selbstklärung abläuft, völlig zufällig ist. Wir möchten glauben, daß die Selbstklärung der Individuen eine bestimmte Stelle in dem Prozeß kollektiver Selbstklärung einnimmt, dessen sozialer Quellpunkt eine den verschiedenen Individuen gemeinsame Situation ist. Aber ob wir uns mit der Selbstklärung von Individuen oder Gruppen befassen, eines ist beiden gemeinsam: ihre Struktur. Dieser Struktur ist im Kern eigentümlich, daß die Welt nicht als ein vom Subjekt abgelöstes Objekt zum Problem wird, sondern als auf das Gewebe der Erlebnisse des Subjekts auftreffendes. Die Wirklichkeit wird in der Weise entdeckt, in der sie dem Subjekt im Verlauf seiner Selbsterweiterung (im Verlauf der Ausdehnung seiner Erlebnisfähigkeit und seines Horizontes) erscheint.

Wir haben bisher vor uns verborgen gehalten und in unsere Erkenntnistheorie nicht aufgenommen, daß das Wissen in der Wissenschaft von der Politik und Gesellschaft von einem bestimmten Punkte an sich von dem formalen mechanistischen Denken unterscheidet, und zwar von dem Punkte an, wo es die bloße Aufzählung von Fakten und Korrelationen überschreitet und sich dem Modell des situationsgebundenen Wissens nähert, auf das wir in diesem Buch noch oft zurückkommen werden.

Ist das Verhältnis von Soziologie und situationsgebundenem Denken, wie es sich z. B. in der politischen Orientierung findet, einmal evident geworden, dann sind wir berechtigt, die positiven Möglichkeiten sowie die Grenzen und Gefahren eines solchen Denktypus zu untersuchen. Ferner ist es wichtig, daß wir von jenem Zustand der Krise und Unsicherheit ausgehen, der ebenso die Gefahren dieses Denkens wie die neuen Möglichkeiten der Selbstkritik aufdecken ließ, die eine Lösung zu geben versprachen.

Wird das Problem von diesem Gesichtspunkt aus angepackt, dann gibt gerade die Unsicherheit, die im öffentlichen Leben zu einem kaum mehr tragbaren Unbehagen geführt hat, den Boden ab, von dem aus die moderne Soziologie ganz neue Einsichten zu gewinnen vermag. Und zwar in dreifacher Hinsicht. Erstens handelt es sich um die Tendenz zur selbstkritischen

Analyse kollektiv-unbewußter Motive, sofern diese das moderne soziale Denken bestimmen; zweitens um die Tendenz, Geistesgeschichte so zu treiben, daß die Wandlungen in den Begriffen auf gesellschaftlich-geschichtliche Veränderungen hin interpretiert werden können; und drittens die Tendenz, unsere Erkenntnistheorie, die bisher die gesellschaftliche Natur des Denkens nicht genügend berücksichtigte, zu revidieren. Die Wissenssoziologie ist derart eine Systematisierung des Zweifels, der sich in der Gesellschaft als dumpfe Unsicherheit und Ungewißheit äußert. Das Ziel dieses Buches ist also einerseits, von verschiedenen Seiten aus ein und dasselbe Problem theoretisch klarer zu formulieren, und anderseits eine Methode auszuarbeiten, die uns erlaubt, mittels zunehmend präziser Kriterien verschiedene Denkstile zu unterscheiden und zu isolieren und sie den entsprechenden Gruppen zuzuordnen.

Nichts ist einfacher als zu behaupten, ein bestimmter Denktypus sei feudal, bürgerlich, proletarisch, liberal, sozialistisch oder konservativ, solange es keine analytische Methode gibt, die das beweisen könnte, und solange keine Kriterien beigebracht sind, die eine Kontrolle über die Beweise sichern. Im gegenwärtigen Stadium der Forschung geht es daher hauptsächlich darum, solche Hypothesen auszuarbeiten und zu konkretisieren, die induktiven Studien zugrunde gelegt werden können. Gleichzeitig müssen die Wirklichkeitssegmente, mit denen wir es zu tun haben, weit genauer als wir es früher gewohnt waren, in Faktoren aufgelöst werden. Unser Ziel ist deshalb, erstens, die Bedeutungsanalyse in der Sphäre des Denkens so gründlich zu verfeinern, daß grob undifferenzierte Termini und Begriffe durch zunehmend exakte und detaillierte Charakteristiken der verschiedenen Denkstile ersetzt werden, und zweitens die Methode einer Rekonstruktion der Sozialgeschichte soweit zu vervollkommnen, daß wir imstande sind, an Stelle zerstreuter isolierter Fakten die Sozialstruktur als eine Ganzheit wahrzunehmen, als das Gewebe sich gegenseitig beeinflussender gesellschaftlicher Kräfte, aus denen die mannigfachen Wahrnehmungs- und Denkweisen hervorgegangen sind, wie sie sich in der Wirklichkeit zu verschiedenen Zeiten darbieten. Bei der Verknüpfung von Bedeutungsanalyse und soziologischer Situationsdiagnose gibt es so viele Möglichkeiten zur Präzision, daß es einmal möglich werden kann, sie mit den Methoden der Naturwissenschaft zu vergleichen. Diese Methode wird außerdem den Vorteil bieten, daß sie den Sinnbereich nicht als unkontrollierbar unbeachtet lassen muß, sondern im Gegenteil die Sinninterpretation zu einem Vehikel der Präzision machen wird[9]). Wenn die

[9]) Der Verfasser hat versucht, diese Methode soziologischer Bedeutungsanalyse in seiner Studie „Das konservative Denken. Soziologische Beiträge zum Werden des politisch-

Methode der Wissenssoziologie diesen Grad von Exaktheit erreichen und mit ihrer Hilfe die Bedeutung der Gesellschaft für die Tätigkeit des Geistes durch immer genauere Korrelationen beweisbar werden sollte, dann würde sie auch den Vorteil bieten, daß die Soziologie um ihrer Exaktheit willen nicht länger auf die Behandlung höchst wichtiger Probleme verzichten müßte. Denn es kann nicht geleugnet werden, daß die Übertragung naturwissenschaftlicher Methoden auf die Soziologie dazu geführt hat, daß man nicht mehr nach dem fragt, was man wissen möchte und was für den nächsten Schritt in der Entwicklung der Gesellschaft von entscheidender Bedeutung wäre, sondern nur noch mit solchen Tatsachenkomplexen sich befaßt, die nach einer bestimmten, bereits vorhandenen Methode meßbar sind. Anstatt daß man zu entdecken versucht, was sich mit dem gegenwärtig höchsten Grad von Genauigkeit als besonders bedeutungsvoll darstellt, neigt man selbstzufrieden dazu, einzig dem, was meßbar ist, weil es zufällig meßbar ist, Bedeutung zuzuschreiben.

Wir sind im gegenwärtigen Stadium der Entwicklung noch weit davon entfernt, die mit der Theorie der Wissenssoziologie verknüpften Probleme eindeutig zu formulieren. Auch die soziologische Bedeutungsanalyse ist noch keineswegs zu ihrer äußersten Verfeinerung ausgearbeitet. Dieses Gefühl, erst am Beginn einer Entwicklung zu stehen und nicht etwa an deren Ende, bedingt auch die Art, in der wir unser Buch vorlegen. Es behandelt Probleme, über die weder Lehrbücher noch vollkommen konsistente Systeme geschrieben werden können. Es sind Fragen, die nie zuvor genau gesehen oder ganz durchdacht worden sind. Für solche Probleme erfanden frühere Zeiten, die vom Widerhall der Revolution in Denken und Erleben erschüttert waren, die Form des wissenschaftlichen Essay. Die Methode der Denker jener vom 16. bis zum 18. Jahrhundert sich er-

historischen Denkens in Deutschland" (Archiv für Sozialwissenschaft und Sozialpolitik, Bd. 57, 1927) auszuarbeiten. Hier ist versucht worden, so präzis als möglich alle namhaften Denker einer einzigen politischen Strömung auf ihren Denkstil hin zu analysieren und zu zeigen, wie sich mit dem Wandel ihrer gesellschaftlichen Basis auch ihr Denkstil veränderte. Während wir in dieser Studie sozusagen „mikroskopisch" vorgingen, indem wir einen begrenzten Abschnitt der Geistes- und Sozialgeschichte präzis zu untersuchen unternahmen, haben wir in diesem Buch einen gleichsam „makroskopischen" Weg gewählt. Wir suchen die wichtigsten Schritte des Ideologie-Utopie-Komplexes zu erkennen oder in anderen Worten, jene Wendepunkte zu beleuchten, die, aus der Distanz betrachtet, entscheidend zu sein scheinen. Die makroskopische Methode ist besonders dann fruchtbar, wenn man, wie in diesem Buch, versucht, einen umfassenden Problemkomplex zu begründen; die mikroskopische Methode ist es dann, wenn man Details von begrenztem Umfange zu verifizieren sucht. Im Grunde gehören beide zusammen und müssen stets abwechselnd und sich ergänzend benutzt werden. Der Leser, der ein volles Bild von der Anwendbarkeit der Wissenssoziologie in der Geschichtsforschung zu erhalten wünscht, sei auf diese Untersuchung verwiesen.

streckenden Periode bestand darin, unmittelbar in das Problem zu springen, das gerade zur Hand lag und es so lange und von so vielen Seiten anzugehen, bis schließlich irgendein Grenzproblem von Denken und Sein aufgedeckt und mit Hilfe irgend eines Einzelfalles beleuchtet wurde. Diese Form der Darstellung hat sich seitdem häufig genug als wertvoll erwiesen; sie diente auch dem Verfasser zum Muster, als er für dieses Buch (mit Ausnahme des letzten Kapitels) die Form des Essay an Stelle des systematischen Stils einer Abhandlung wählte.

Diese Studien versuchen, eine neue Betrachtungsweise und Interpretation auf verschiedene Probleme und Tatbestände anzuwenden. Sie sind zu verschiedenen Zeiten geschrieben worden und voneinander unabhängig und obgleich sie alle das gleiche Problem zum Mittelpunkte haben, hat doch jeder einzelne Essay seinen eigenen Gegenstand.

Diese essayistisch-experimentierende Denkhaltung erklärt auch, warum hier und da Wiederholungen nicht ausgemerzt und Widersprüche nicht retuschiert wurden. Wiederholungen wurden deshalb nicht ausgelöscht, weil der gleiche Gedanke sich jeweils in einem neuen Zusammenhang und daher in einem neuen Licht darstellt — Widersprüche wurden aus dem Grunde nicht retuschiert, weil der Verfasser überzeugt ist, daß eine theoretische Skizze in sich latente Möglichkeiten enthalten kann, denen es erlaubt sein muß, zum Ausdruck zu gelangen, damit die Reichweite der Darstellung wirklich wahrgenommen werden kann[10]). Er ist ferner davon überzeugt, daß in unserer Zeit im gleichen Denker häufig verschiedene Begriffe wirksam sind, die aus einander widersprechenden Denkstilen stammen. Wir bemerken sie jedoch nur deshalb nicht, weil der Systematiker seine Widersprüche sich und seinen Lesern sorgfältig verhehlt. Während für den Systematiker die Widersprüche eine Quelle des Unbehagens bilden, erkennt der experimentierende Denker in ihnen oft Richtpunkte, von denen aus der fundamentale Mißklang unserer Gegenwartssituation zum erstenmal wirklich diagnostiziert und untersucht werden kann.

---

[10]) In diesem Zusammenhang sei darauf aufmerksam gemacht, daß im zweiten Teil des Buchs die sogenannten relativistischen Möglichkeiten der gleichen Begriffe, im vierten Teil die aktivistisch-utopischen Elemente, und im letzten Teil die Tendenz zu einer harmonisch-synthetischen Lösung der gleichen fundamentalen Streitfragen in den Vordergrund treten. In dem Maße, wie die experimentierende Denkmethode sich der Erklärung verschiedener, in den Grundbegriffen enthaltenen Möglichkeiten widmet, wird der oben erläuterte Punkt sichtbar: daß unter dem Einfluß des Willens und der sich wandelnden Aspekte die gleichen „Fakten" oft zu völlig abweichenden Konzeptionen der gleichen Totalsituation führen können. Solange jedoch ein Ideenzusammenhang noch im Prozeß des Wachsens und Werdens sich befindet, sollte man sich die latenten Möglichkeiten nicht verheimlichen, die darin ruhen, sondern sollte sie in allen ihren Varianten dem Urteil des Lesers übergeben.

II. KAPITEL

Ideologie und Utopie

Der Titel dieses Buches verweist auf den etwas tieferliegenden Zusammenhang, der die beiden folgenden, sonst völlig in sich geschlossenen und unabhängig voneinander entstandenen Untersuchungen verbindet. Nicht in architektonischem Sinne ergänzen sich die beiden Aufsätze, baut doch keineswegs der eine durch unmittelbare Angliederung auf die Ergebnisse des anderen. Ein und derselbe Blickstrahl bedient sich aber zweier Problemansätze, um unsere fraglich gewordene Lebenslage neu auszulegen und zu klären. Die beiden Untersuchungen sind als Problemskizzen gedacht, als erste Versuche, einige uns als wichtig erscheinende Zusammenhänge im sozialen und seelischen Raume zu beleuchten. Der wissenssoziologische Aspekt ist noch zu neu, um ausschließlich bei dem Einzeldetail verweilen zu können, zu unfertig, um bereits eine Systematik und Architektonik zu ermöglichen. In immer neuen Ansätzen muß zunächst dieser Aspekt erprobt werden. Einmal gilt es, diesen oder jenen als entscheidend erlebten Punkt im historischen Geschehen mit philologischer Genauigkeit darzustellen[1]), zum andern, Etappen des Gesamtzusammenhanges zu fixieren, um den immer mehr sich erweiternden Plan im Vollzuge des Forschens selbst zu entwerfen. Denn es ist auch hier so wie bei einer jeden Neuorientierung in der Welt: in der Betrachtung der Dinge (geleitet von einem latenten, für die Reflexion nicht sichtbar werdenden Impuls) wird und gestaltet sich erst der Leitfaden, der dann alles zusammenhält. Jeder Versuch aber, diese Anfangssituation gewaltsam zu überholen und von der neuen Basis aus bereits ein System zu gestalten, verfällt unvermeidlich den Prämissen, Begriffsschemen und Ordnungstypen der vorangehenden, die neuen Wirklichkeiten noch nicht enthaltenden und diese deshalb nur verdeckenden Sicht.

Die Wissenssoziologie ist noch in jenem glücklichen Ursprungsstadium, wo sie auch als Wissenschaft nicht in Gestalt eines starren Ordnungsschemas, nicht als abgehobenes Ergebnis, als Niederschlag einer wenn auch scheinbar mit ihrer Welt fertiggewordenen Sicht existiert. Bei ihr ist noch wahrnehmbar, was bei den sogenannten Schuldisziplinen sich oft unserem Blicke entzieht, daß das Denken, vom Gesamtzusammenhange aus gesehen, nie Selbstzweck ist, sondern ein stets sich neugestaltendes, mit den Wand-

---

[1]) Der Verfasser verweist auf seine Untersuchung: *Das konservative Denken*, Soziologische Beiträge zum Werden des politisch-historischen Denkens in Deutschland (Archiv für Sozialwissenschaft und Sozialpolitik 1927, Bd. 57).

lungen des historischen Geschehens sich neuformendes lebendiges Organon: ein werdendes Gefüge, in dessen Element auch die neue Menschwerdung sich vollzieht. Die folgenden Untersuchungen wollen deshalb nicht aus jenem lebendigen Fluß herausgehoben werden, in dem das Problematischwerden der Dinge eigentlich erst entsteht, wo das Denken noch mit jenem unmittelbaren Antrieb verklammert ist, der zum Reflexivwerden des Erlebens überhaupt erst führt.

Nicht dort wollen wir also ansetzen, wo der systematische Anfang dieser Überlegungen vermutlich liegt, nicht die Kette der stillschweigenden Voraussetzungen explizit machen, um dadurch die unmittelbare Seinslage und „Lebensverlegenheit", aus der die beiden Untersuchungen aufsteigen, zu distanzieren. Ganz im Gegenteil müssen wir hier gleich am Anfang gerade auf jenen Punkt hinweisen, von wo aus alles übrige erst verstehbar und im Nacherleben erreichbar wird.

Während die Untersuchung „Ist Politik als Wissenschaft möglich?" es sich zur Aufgabe macht, dem Gedanken der Ideologiehaftigkeit des Denkens in seiner konsequentesten Gestalt nachzugehen, versucht die Arbeit über das utopische Bewußtsein, die Bedeutung des utopischen Elementes für unser Denken und Erleben aufzuklären. In der einen Abhandlung wird das Ideologieproblem in seiner konsequentesten Gestalt an die entscheidenden Strömungen des gegenwärtigen Denkens herangetragen. Es wird auf Grund des Vergleichs des empirischen Belegmaterials zu zeigen versucht, daß bereits bei dem einfachsten Problemansatz, schon bei einer so schlichten Fragestellung, wie etwa die Theorie zur Praxis sich verhalte, das Denkergebnis schon deshalb stets verschieden ausfallen muß, weil bereits die Begriffsbestimmungen in der Problemstellung (ganz ungewollt) je nach dem sozialen Standort des Betrachters verschieden auszufallen pflegen. In der folgenden Untersuchung wird — zumindest an den entscheidenden Punkten des geistesgeschichtlichen und sozialen Wandels — gleichfalls auf Grund des empirischen Belegmaterials zu zeigen versucht, wie die Transformation des utopischen Elements im jeweils sozial und politisch differenzierten Bewußtsein dessen Strukturwandel weitgehend bedingt, — daß man also Bewußtseinsgeschichte im Grunde gar nicht schreiben kann, bevor man nicht über die wichtigsten Etappen der Transformation des utopischen Elementes im klaren ist.

Es wird also von zwei Seiten, von der Ideologie- und Utopieproblematik her, versucht, zunächst auf Grund eines Tatsachenbeweises in schonungsloser Rücksichtslosigkeit auch uns selbst gegenüber und in äußerster Konsequenz einen bestehenden Zusammenhang aufzuweisen. Die jeweilige Utopie- und Ideologiehaftigkeit des Denkens wurde bisher zumeist nur parteiisch (d. h. nur im Denken des Gegners) gesehen, wobei jeder stets seinen eigenen Standort verschonte. Hier wird der Versuch unternommen, alle Standorte im Denken auf das utopische und ideologische Element hin zu sichten, um überhaupt einmal zu einer bereinigten Fragestellung zu kommen. Nur nachdem diese für die gegenwärtige Lage unerläßliche Radikalisierung der uns Schritt für Schritt verfolgenden Fragestellung erreicht ist, kann man daran anschließend fragen, wie auf dieser Stufe des Denkens überhaupt noch erkannt werden könne, wie auf dieser Stufe des Seins geistige Existenz noch möglich sei.

Es sei hier betont, daß es uns vor allem auf den ersten Teil dieser Ausführungen in den beiden Untersuchungen ankommt, auf jene Feststellungen, die tatsachenmäßig, aber der Tendenz nach die Totalität intendierend, jene Krisis in unserem Denken und Sein zu erfassen versuchen, die man ahnungshaft und oft nur dumpf, bereits ohne Reflexion über diesen Gegenstand empfindet. Man steht nämlich sonst ganz ungewollt, allein der Nötigung der lebendigen Auseinandersetzung folgend, vor solchen Problemen, wenn man ganz plötzlich sich selbst oder seinen Partner nicht mehr versteht oder aber wenn ganz am Rande des Durchdachten und des Geklärten das völlig ungeklärte Element, der Abgrund des Begriffes als Marginalwert erscheint. Denn nur wenn man dort, wo noch Klärung möglich ist, die strikteste Klarheit erstrebt, wird die Tatsache sichtbar, wie jede Klarheit nur im Elemente des Unklaren ist. Dieses Randphänomen überhaupt erst zu erreichen und das Bewußtsein seiner Präsenz durch klare Sichtung des Mediums, in dem wir denken und sind, immer mehr uns einzuprägen, ist das wesentliche Ziel dieser Untersuchungen.

Weil dieses Buch sich einer Krisensituation des Denkens bewußt ist, an den Aussichten der Lösbarkeit aber nicht zweifelt, bringt es zunächst noch keine vorzeitigen Lösungen. Es würde ein Eindämmen der Problematik bedeuten, wollte man sich in unserer Lage übereilt auf irgendeine heute sich als Absolutum anbietende Partialgewißheit einlassen und sich dadurch den Blick gerade vor den allein in der Gärung sichtbar werdenden Phänomenen versperren. Zunächst gilt es, die Krise zu vertiefen, sich ausweiten zu lassen, Wankendes in Frage zu stellen, um der Natur des Prozesses mit dem Auge des Forschers nachzugehen. Vor allem ist es daher nötig, den eigenen Gedanken gegenüber auf der Hut zu sein, denken doch auch in uns verschiedene Möglichkeiten, deren Widerspruch man sonst sorgsam vor sich verdeckt. Wir wollen deshalb die aus den verschiedenen Ansätzen stammenden Widersprüche nicht retuschieren, denn jetzt kommt es noch nicht auf ein Rechthaben an, sondern auf ein entschiedeneres Sichtbarmachen eines jeden Widerspruchs, damit das Fragliche auf einer höheren

Ebene und in der größten Spannweite von den zukünftigen Lösungsversuchen erfaßt werden kann.

Für eine solche Absicht und für ein solches Thema wäre eine klassizistische Architektonik der ungeeignetste Darstellungsstil, da deren abgewogene Ruhe gerade das stets Problematische verdeckt. Wir vermeiden deshalb geflissentlich den von außen herangebrachten Bau in der Darstellung, um desto eher der inneren Nötigung des Gedankens nachgehen zu können. Deshalb wird an Argumenten und Tatsachen oft nur so viel herangeholt, wie es die natürliche Problemerweiterung erheischt, umgekehrt aber wird oft alles in Frage gestellt, was vom Fragenzusammenhang aus überhaupt erreichbar ist.

Denn soviel gilt es vor allem zu sehen, daß im Auftauchen des Problems der Ideologie und Utopie nicht einfach zwei neuartige, aber sonst an und für sich isolierte Phänomene gesichtet wurden. Die Worte Ideologie und Utopie zeigen nicht einfach das historische Emporkommen zweier neuer Tatsachen, sondern das Aktuellwerden eines grundlegend neuen Themas an. Die ganze Welt ist eigentlich in ihnen in einem neuen Sinne zum Thema geworden, weil in ihrem Medium die Sinnbezüge, welche die Welt erst zur Welt machen, in einer neuen Begegnungsart uns entgegentreten.

Worin besteht diese neue Begegnungsart, die grundlegend unseren Ort in der Welt, noch mehr unser Verhältnis zu uns selbst und zu den uns leitenden Ideen bestimmt? Auf die einfachste Form gebracht darin, daß, während der frühere naive, ungebrochene Mensch auf „Ideengehalte" fixiert lebte, wir diese Ideen der Tendenz nach immer mehr als Ideologien und Utopien erleben. Für das ungetrübte ideenhafte Denken ist die Idee selbst die unbezweifelbare Realität; jeder Zugang zu etwaigen Wirklichkeiten vollzieht sich ja in ihrem Medium, jedes wirkliche Sein und jedes wirkliche Erkennen kann nur bestehen durch Partizipation an diesem Höheren.

Damit ist selbstverständlich nicht gesagt, daß der Mensch früherer Zeiten ausschließlich im Sinne der ihn leitenden Ideen gelebt hätte, also in irgendeinem Sinne „besser" gewesen wäre, — die Ideenhaftigkeit seines Denkens schloß die Brutalität, Barbarei und das Böse nicht aus. Aber entweder gelang es ihm, dieses Abgleiten von der Norm durch eine wohltemperierte Unbewußtheit vor sich zu verbergen, oder aber er erlebte die Normwidrigkeit irgendwie als Sünde, als Vergehen: der Mensch war wandelbar und böse, aber die leitende Norm- und Sinnschicht war unverrückbar, dem Sternenhimmel gleich. Hier an diesem Punkt ist ein grundlegender, historisch-substantieller Wandel eingetreten, seitdem der Mensch gelernt hat, die Ideenschicht in ihrem intentionalen Sinne nicht einfach nur hinzunehmen, sondern sie zugleich auf ihre Ideologie- und Utopiehaftigkeit hin zu prüfen. Das Gemeinsame und letztlich Entscheidende am Ideologie- und Utopiegedanken ist, daß man an ihm die Möglichkeit des *falschen Bewußtseins* erlebt. Ist das sein tiefster Sinn, so soll nicht behauptet werden, daß dieser Gedanke selbst stets diese Tiefenschicht der Problematik erreicht, sie ist aber intentional in ihm angelegt.

Die Notwendigkeit einer vorangehenden Begriffserklärung.

Man kann die soeben angedeutete Problematik, die unsere Denksituation im Zusammenhang mit unserer Seinslage erfassen soll, gar nicht aufrollen, ohne einige entscheidende Begriffsklärungen vorzunehmen. In erster Reihe ist es der Ideologiebegriff, der einer vorbereitenden Klärung bedarf. Die im ersten Augenblick nicht übersehbare Vieldeutigkeit dieses Begriffes täuscht eine Schein-Einheit vor, in der ganz verschieden gelagerte historische Stadien der Bedeutungsgeschichte ineinander geschichtet uns entgegentreten. Hierbei kann nur eine Analyse helfen, die das Ineinandergeschichtete aus der Schein-Einheit herauslöst, indem sie in der Geschichte und im Gesamtgeschehen jenen Ort stets aufsucht, wo aus dem jeweils anders gelagerten Gesamtzusammenhang bald dieser, bald jener Bestandteil der zu analysierenden Begriffsbedeutung hervortrat. Es wird also versucht, soziologische Bedeutungsanalyse zu treiben, um mit ihrer Hilfe Probleme im historischen Realzusammenhang zu klären.

Den Zugang zur geschichtlichen und sozialen Analyse schafft auch hier zunächst ein genaueres Fixieren der Bedeutungsschwankungen an dem „fertigen", d. h. an dem bisher gewordenen und uns vorliegenden Begriff. Eine solche Analyse zeigt uns, daß man im allgemeinen zwei voneinander trennbare Bedeutungen von „Ideologie" unterscheiden kann. Die erstere Spielart der Wortbedeutung wollen wir den *partikularen,* die zweite den *totalen* Ideologiebegriff nennen.

Mit einem partikularen Ideologiebegriff haben wir es zu tun, wenn das Wort nur soviel besagen soll, daß man *bestimmten* „Ideen" und „Vorstellungen" des Gegners nicht glauben will. Denn man hält sie für mehr oder minder bewußte Verhüllungen eines Tatbestandes, dessen wahre Erkenntnis nicht im Interesse des Gegners liegt. Es kann sich hierbei um eine ganze Skala von der bewußten Lüge bis zur halbbewußt instinktiven Verhüllung, von der Fremdtäuschung bis zur Selbsttäuschung handeln. Dieser Ideologiebegriff, der sich nur ganz allmählich von dem einfachen Begriff der Lüge abgehoben hat, ist in einem mehrfachen Sinne des Wortes partikular. Seine Partikularität fällt sofort ins Auge, wenn man ihm den *radi-*

kalen, totalen Ideologiebegriff gegenüberstellt. Man kann von der Ideologie eines Zeitalters oder einer historisch-sozial konkret bestimmten Gruppe — einer Klasse etwa — in dem Sinne reden, daß man dabei die Eigenart und die Beschaffenheit der *totalen Bewußtseinsstruktur* dieses Zeitalters bzw. dieser Gruppen meint.

Das Gemeinsame dieser beiden Ideologiebegriffe wie auch ihr Unterschied liegt auf der Hand. Ihre Gemeinsamkeit scheint uns darin zu bestehen, daß sie den intendierten Gehalt (die „Ideen" des Gegners) nicht durch eine direkte verstehende Versenkung in das Gesagte zu erfassen versuchen (in welchem Falle wir von einer immanenten Interpretation[2]) reden würden), sondern auf dem Umweg des Verstehens jenes kollektiven oder individuellen Subjektes, das diese „Ideen" ausspricht und auf dessen Seinslage wir dann diese Ideen funktionalisieren. Der letztere Ausdruck aber will besagen, daß sie als bestimmte, in Frage stehende Meinungen, Feststellungen, Objektivationen (im weitesten Sinne des Wortes genommene „Ideen") nicht aus sich heraus, sondern aus der Seinslage des Subjektes her erfaßt werden, indem man sie als Funktionen dieser Seinslage interpretiert. Das bedeutet ferner, daß man irgendwie der Ansicht ist, daß die konkrete Konstitution, die Seinslage des Subjektes, für dessen Meinungen, Feststellungen und Erkenntnisse von mitkonstituierender Bedeutung ist.

Beide Ideologiebegriffe funktionalisieren auf diese Weise also die sog. „Ideen" auf den Träger und dessen konkrete Lage im sozialen Raum. Liegt darin eine Gemeinsamkeit, so gibt es auch gewaltige Unterschiede. Von ihnen seien nur die wichtigsten erwähnt.

A. Während der partikulare Ideologiebegriff nur einen *Teil der Behauptungen* des Gegners — und auch diese nur auf ihre *Inhaltlichkeit* hin — als Ideologien ansprechen will, stellt der totale Ideologiebegriff die gesamte Weltanschauung des Gegners (einschließlich der kategorialen Apparatur) in Frage und will auch diese Kategorien vom Kollektivsubjekt her verstehen.

B. Bei dem partikularen Ideologiebegriff bewegt sich die *Funktionalisierung* nur auf der *psychologischen* Ebene. Wenn man nämlich sagt, diese oder jene Behauptung des Gegners sei gelogen, er verhülle vor sich oder anderen einen Tatbestand, so meint man noch immer — was die noologische (theoretische) Geltungsebene betrifft —, mit ihm auf derselben Basis zu stehen. Das Funktionalisieren spielt sich bei dem partikularen Ideo-

[2]) Näheres über dieses Thema vgl. *K. Mannheim:* Ideologische und soziologische Interpretation der geistigen Gebilde (genauere Angaben weiter unten).

logiebegriff nur auf der psychologischen Ebene ab. Die Lügen können hier noch enthüllt werden, die Täuschungsquellen können noch geläutert werden, der Ideologieverdacht ist letzten Endes noch nicht radikal. Nicht so bei dem totalen Ideologiebegriff. Wenn man etwa sagt, jenes Zeitalter lebt in jener Ideenwelt, wir in einer anderen, oder jene historisch konkrete Schicht denkt in anderen Kategorien als wir, so meint man nicht nur einzelne Gedankengehalte, sondern ein ganz bestimmtes Gedankensystem, eine bestimmte Art der Erlebnis- und Auslegungsform. Es wird eben die noologische Ebene funktionalisiert, so oft man mit den Inhalten und Aspekten auch die Form, letzten Endes die kategoriale Apparatur auf eine Seinslage bezieht. Dort Funktionalisierung im bloßen psychologischen Bereich, hier Funktionalisierung der noologischen Ebene[3]).

C. Entsprechend dieser Differenz arbeitet der partikulare Ideologiebegriff hauptsächlich mit einer *Interessenpsychologie*, der totale dagegen mit einem viel eher formalisierten, womöglich objektive Strukturzusammenhänge intendierenden Funktionsbegriff. Bei dem partikularen Ideologiebegriff setzt man voraus, daß dieses oder jenes Interesse kausal zu jener Lüge oder Verhüllung zwingt, bei dem totalen Ideologiebegriff ist man der Ansicht, daß dieser oder jener Lagerung diese oder jene Sicht, Betrachtungsweise, Aspekt *entspricht*. Auch hier kommt sehr oft die Analyse der Interessenlagerung vor, nicht aber um eine der Kausaldeterminanten zu finden, vielmehr um die Struktur der Lagerung zu charakterisieren. Die Interessenpsychologie würde also hier der Tendenz nach durch strukturanalytische oder morphologische Formentsprechungen, die zwischen Seinslage und erkenntnismäßiger Formung bestehen, ersetzt. Weil der partikulare Ideologiebegriff niemals eigentlich die psychologisierende Ebene verläßt, ist das Subjekt, auf das man hier letzten Endes alles bezieht, das Individuum. Es ist es auch dann, wenn man von Gruppen spricht, denn psychische Abläufe gibt es nur beim Einzelmenschen in der individuellen Psyche. Was den Sprachgebrauch betrifft, so verwendet man zwar auch hier oft den Ausdruck: Gruppenideologie. Gruppenexistenz kann aber hier nur bedeuten, daß in derselben Gruppe zusammenlebende Individuen entweder in unmittelbarer Reaktion auf dieselbe soziale Lagerung oder

[3]) Als Beispiel für den totalen Ideologiebegriff, der die noologische Sphäre funktionalisiert, diene folgendes Marx-Zitat:

„Die ökonomischen Kategorien sind nur die theoretischen Ausdrücke, die Abstraktionen der gesellschaftlichen Produktionsverhältnisse."

„... dieselben Menschen, welche die sozialen Verhältnisse gemäß ihrer materiellen Produktionsweise gestalten, gestalten auch die Prinzipien, die Ideen, die Kategorien gemäß ihren gesellschaftlichen Verhältnissen." (*Marx, K.:* Das Elend der Philosophie. Stuttgart-Berlin 1921, 9. Aufl. S. 90, 91.)

infolge direkter seelischer gegenseitiger Beeinflussung meistens homogen reagieren; und wenn einmal ihre soziale Lagerung sie dazu prädestiniert, so haben sie dieselben Täuschungserlebnisse. Macht man den Erlebnisakt zum alleinigen Sitz der Ideologiebildung, so kann man das Individuum in der Richtung irgendeiner Kollektivität nicht transzendieren. Das Individuum als solches kann in der Richtung auf ein Kollektivsubjekt hin nur auf der noologischen Ebene transzendiert werden. Jede auf der psychologischen Ebene ansetzende (partikulare) Ideologieforschung erfaßt auch nur im besten Falle die Schicht der Kollektivpsychologie. Derjenige dagegen, der mit dem totalen Ideologiebegriff arbeitet und also Zusammenhänge im noologischen Bereich funktionalisiert, wird nicht auf ein psychologisches, reales, sondern auf ein *„Zurechnungssubjekt"* hin funktionalisieren. Hier sei dieser Unterschied nur angedeutet, ohne in diesem Zusammenhang auf seine schwierige methodologische Problematik eingehen zu können.

Zur Geschichte des Bedeutungswandels des Ideologiebegriffs.

Kann man also auf Grund einer Bedeutungsanalyse ganz klar den partikularen und totalen Ideologiebegriff voneinander unterscheiden, so scheinen uns auch ihre historischen Ursprünge grundverschieden zu sein, wenn auch die beiden Typen sich in der Realität stets immer wieder vermischen. Wir besitzen noch keine Ideengeschichte des Ideologiebegriffs, geschweige denn eine soziologische Geschichte des Bedeutungswandels, den dieser Begriff durchgemacht hat[4]). Es könnte, auch wenn wir dazu bereits in der

---

[4]) Was die Bibliographie des Problems betrifft, verweise ich zur Ergänzung des Gesagten zunächst auf folgende eigene Arbeiten:

Mannheim, K.: Das Problem einer Soziologie des Wissens, Archiv für Sozialwissenschaft und Sozialpolitik 1925, Bd. 54.

Mannheim, K.: Ideologische und soziologische Interpretation der geistigen Gebilde. Jahrbuch für Soziologie, herausgegeben von G. Salomon, Karlsruhe 1926, Bd. II, S. 424ff.

Die wichtigsten strukturanalytischen Feststellungen der obenstehenden Ausführungen waren schon in dem damals der Redaktion des soeben erwähnten „Jahrbuchs" eingereichten, aber nicht zum Abdruck gelangten Kapitel über die verschiedenen Bedeutungen des Ideologiebegriffes enthalten (vgl. ebd. S. 424, * Anmerkung).

Was die Materialien betrifft, vgl.:

Krug, W. T.: Allgemeines Handwörterbuch der philosophischen Wissenschaften nebst ihrer Literatur und Geschichte. 2. Aufl. Leipzig 1833.

Eisler's Philosophisches Wörterbuch.

Lalande: Vocabulaire de la Philosophie. Paris 1926.

Ferner:

Salomon, G.: Historischer Materialismus und Ideologienlehre. Jahrbuch für Soziologie Bd. II, S. 386ff.

Lage wären, in diesem Zusammenhange nicht unsere Aufgabe sein, eine Geschichte dieses Bedeutungswandels zu schreiben. Wir wollen deshalb aus den zerstreuten Materialien und aus den zumeist bekannten Tatsachen nur jene Momente anführen, an denen die erwähnte Differenz am leichtesten zu demonstrieren ist und an denen, wenn auch nur andeutungsweise, zu zeigen ist, wie allmählich die moderne, ganz und gar auf die Spitze getriebene Situation zustande kam.

Entsprechend der Sinndualität, die uns bedeutungsanalytisch den *partikularen* von dem *totalen* Ideologiebegriff unterscheiden ließ, kann man auch ihre Geschichte in zwei Strömungen verfolgen.

Zunächst was den Ideologiebegriff betrifft, so war hier der unmittelbare Vorläufer das Erlebnis des Mißtrauens und des Verdachtes, den der Mensch auf jeder Stufe historischen Seins vermutlich stets dem Gegner gegenüber empfindet. Erst in dem Augenblick, wo dieses zunächst allgemein menschliche und wohl auf jeder historischen Stufe mehr oder minder vorhandene Mißtrauen *methodisch* wird, kann von einem Ideologieverdacht gesprochen werden. Diese Stufe wird aber zumeist dadurch erreicht, daß man immer mehr nicht vereinzelte Subjekte zum verantwortlichen Träger gegnerischer Verhüllungen setzt und auf deren Schlauheit alles Böse reduziert, sondern — wenn auch mehr oder minder bewußt — in irgendeinem sozialen Faktor die Quelle der Unwahrhaftigkeit des Fein-

---

Ziegler, H. O.: Ideologienlehre. Archiv für Sozialwissenschaft und Sozialpolitik, Bd. 57, S. 657ff.

Die meisten Ideologieanalysen erreichen nicht die Höhe der *Strukturanalyse,* sie verharren entweder auf der Stufe des ideengeschichtlichen Referats oder der allgemeinen Überlegungen. Paradigmatisch sind u. a. die bekannten Analysen von *Max Weber, Lukács, C. Schmitt;* neuerdings:

Kelsen, H.: Die philosophischen Grundlagen der Naturrechtslehre und der Rechtspositivismus. Nr. 31 der „Vorträge der Kant-Gesellschaft" 1928.

Standardwerke wie *Sombart, Scheler, Oppenheimer* etc. wurden, da sie allgemein bekannt sind, in dieser Bibliographie nicht angeführt.

In einem weiteren Zusammenhang für das Thema besonders interessant und lehrreich sind die beiden folgenden Untersuchungen:

Riezler, K.: Idee und Interesse in der politischen Geschichte. Die Dioskuren, Bd. III, München 1924.

Szende, P.: Verhüllung und Enthüllung. Leipzig 1922.

Ferner:

Adler, G.: Die Bedeutung der Illusionen für Politik und soziales Leben. Jena 1904.

Jankelevitch: Du rôle des idées dans l'évolution des sociétés. Revue Philosophique 1908, Bd. 66, S. 256ff.

Millioud, M.: La formation de l'idéal (ebd. S. 138ff.).

Dietrich, A.: Kritik der politischen Ideologien. Archiv für Geschichte und Politik 1923.

des sieht. Als Ideologien legt man gegnerische Ansichten erst aus, wenn man sie nicht einfach als erlogen erlebt, sondern in der ganzen Haltung eine Unwahrhaftigkeit wittert, die man als Funktion einer sozialen Lagerung deutet. Der partikulare Ideologiebegriff meint also ein Phänomen, das zwischen der schlichten Lüge einerseits und der theoretisch falsch strukturierten Sicht andererseits liegt. Er meint eine auf der psychologischen Ebene sich abspielende Täuschungsschicht, die aber nicht wie bei der Lüge gewollt ist, sondern sich mit einer bestimmten kausalen Zwangsläufigkeit vollzieht.

In diesem Sinne der Auslegung kann man bis zu einem gewissen Grade in *Bacons* Lehren von den *Idolen* eine Vorahnung der modernen Ideologiekonzeption sehen. Für Bacon bedeuten Idole „Götzenbilder", „Vorurteile", und es gibt bei ihm (wie bekannt) die: idola tribus, idola specus, idola fori, idola theatri. Sie sind alle Täuschungsquellen, die einmal von der menschlichen Natur überhaupt, das andere Mal vom besonderen Individuum herstammen, aber auch der Gesellschaft oder der Tradition zurechenbar sind und den Weg zur wahren Einsicht versperren[5]). Sicherlich steht der moderne Ausdruck der Ideologie in irgendwelcher Beziehung zu diesem Terminus, der bei Bacon — wie eben erwähnt — dem Sinne nach Täuschungsquellen bezeichnet. Ferner ist sicher auch in der Einsicht, daß Gesellschaft und Tradition zu solchen Täuschungsquellen werden können, geradezu etwas Soziologisches vorweggenommen[6]). Einen realen Bezug,

[5]) Eine charakteristische Stelle aus Bacons *Novum Organon*, Buch I, Art: 38: „Die Götzenbilder und falschen Begriffe, die von dem menschlichen Geist schon Besitz ergriffen haben und fest in ihm wurzeln, halten den Geist nicht bloß so besetzt, daß die Wahrheit nur schwer einen Zutritt findet, sondern daß, selbst wenn dieser Zutritt gewährt und bewilligt worden ist, sie bei der Erneuerung der Wissenschaften immer wiederkehren und belästigen, so lange man nicht sich gegen sie vorsieht und nach Möglichkeit verwahrt." *Franz Bacon:* Neues Organon, ed. Kirchmann, Philosophische Bibliothek, Berlin 1870, S. 93.

[6]) Buch I, *Art. 43:* „Es gibt auch Götzenbilder infolge der gegenseitigen Berührung und Gemeinschaft des menschlichen Geschlechts, welche ich wegen des Verkehrs und der Verbindung der Menschen die Götzenbilder des Marktes nenne. Denn die Menschen gesellen sich zueinander vermittels der Rede; aber die Worte werden den Dingen nach der Auffassung der Menge beigelegt; deshalb behindert (!) die schlechte und törichte Beilegung der Namen den Geist in merkwürdiger Weise." (Ebd. S. 95.) Vgl. auch § 59.
Zum Götzenbild der Tradition:

Buch I, *Art. 46:* „Der menschliche Verstand zieht in das, was er einmal als wahr angenommen hat, weil es von alters her gilt und geglaubt wird, oder weil es gefällt, auch alles andere hinein, um jenes zu stützen und mit ihm übereinstimmend zu machen." (S. 97.)

Daß es sich hierbei um Täuschungsquellen handelt, spricht folgender Satz am klarsten aus: „Der menschliche Geist ist kein reines Licht, sondern erleidet einen Einfluß von dem Willen und den Gefühlen." Vgl. auch § 52.

einen wirklichen ideengeschichtlich verfolgbaren Zusammenhang mit dem modernen Ideologiegedanken wird man aber hier nicht annehmen können.

Es ist äußerst wahrscheinlich, daß die auf Ideologieverdacht eingestellte Seelenhaltung der Hauptsache nach im Gebiet der alltäglichen Lebenserfahrung der politischen Praxis entsteht. Es entspricht auch wohl der Tatsache des relativ immer tieferen Eindringens der Politik in die Öffentlichkeit, wenn wir erfahren, daß zur Zeit der Renaissance bei den Mitbürgern Macchiavellis ein neues Sprichwort aufkam, welches — eine damalige Vulgärbeobachtung fixierend — behauptet, daß man im palazzo anders denke als in der piazza[7]). Hier ist jenes Methodischwerden des Verdachtes und des Mißtrauens, von dem wir vorhin sprachen, bereits in Ansätzen zu beobachten: die Verschiedenheit des Denkens wird bereits einem soziologisch charakterisierbaren Faktor zugeschrieben. Und wenn *Macchiavelli* selbst mit der ihn charakterisierenden rücksichtslosen Rationalität es als seine Aufgabe erachtet, die wechselnden Standpunkte mit den verschiedenen Interessen in Verbindung zu bringen, oder wenn er bestrebt ist, für jeden Interessenten eine „medicina forte", ein kräftiges Heilmittel zu finden[8]), so scheint darin dieselbe Haltung noch methodischer zu werden, die uns in dem soeben angeführten Sprichwort auffallen mußte. Von hier aus führt eine Linie — zumindest was die Gesamthaltung betrifft — zur rational kalkulierenden Art der Aufklärung und zu der aus derselben Einstellung stammenden Interessenpsychologie. Bis auf den heutigen Tag wurzelt der eine — von uns als partikular bezeichnete — Ideologiebegriff in diesen Ansätzen. Was man von Hume's „History of England" sagen konnte[9]), daß nämlich die Voraussetzung der Heuchelei, das „to feign", in ihr methodisch eine sehr bedeutende, für die rationale Menschenbetrachtung jener Zeit charakteristische Rolle spielt, gilt noch heute für eine bestimmte Art der mit dem partikularen Ideologiebegriff operierenden Geschichtsbetrachtung. Diese Denkweise wird immer wieder bestrebt sein, nach den Methoden der Interessenpsychologie die Aufrichtigkeit der gegnerischen Behauptungen zu bezweifeln und von hier aus zu entwerten. Sie wird stets eine positive Bedeutung haben, solange es sich um die Enthüllung partikularer Verbrämung handeln wird. Diese enthüllende Einstellung ist

---

[7]) *Macchiavelli:* Disc. II, 47. Zit. bei *Meinecke,* Die Idee der Staatsräson. München-Berlin 1925, S. 40.

[8]) Vgl. *Meinecke,* ebd.

[9]) *Meusel, Fr.:* Edmund Burke und die französische Revolution. Berlin 1913, S. 102, Anm. 3.

ein Grundzug unserer Zeit[10]), und wenn auch eine verbreitete Strömung in ihr den Ausdruck einer unvornehmen Haltung, einer Respektlosigkeit sieht (und, sofern die Enthüllung als Selbstzweck sich breitmacht, wird sie auch mit Recht von dieser Kritik getroffen), so darf man nicht vergessen, daß eine Epoche der Transformation, wie die unsrige, die mit so vielen, für uns bereits unerträglich gewordenen Hüllen und Formen bricht, diese Haltung notgedrungen auf sich nehmen muß.

Der totale Ideologiebegriff stellt die noologische Sphäre des Bewußtseins in Frage.

Diese Enthüllung, die sich auf der psychologischen Ebene abspielt, ist nicht zu verwechseln mit jenem viel radikaleren Zweifel und jener viel radikaleren Destruktion, die auf der ontischen und noologischen Ebene sich vollzieht. Sie ist aber auch nicht völlig von ihr zu trennen. Dieselben historischen Kräfte der kontinuierlichen Transformation sind nämlich hier und dort am Werke. Hier, wenn in diesem Prozeß der kontinuierlichen Transformation die Verhüllungen, die auf der psychologischen Ebene sich abspielen, vernichtet werden; dort, wenn ontische und logische Setzungen, die zu einem Weltbild und zu einer bestimmten Denkweise gehören, sich auflösen und die eine Partei die andere auch in diesem Sinne destruiert. Nur in einer Welt der grundlegenden Transformation, deren Wesen nicht allein im Werden, sondern im Entwerden liegt, kann der Kampf soweit gehen, daß die eine Partei nicht nur die konkreten Gehalte und Stellungnahmen, sondern auch die geistige Basis der anderen zu vernichten unternimmt.

Solange die sich bekämpfenden Parteien dieselbe Welt vertraten, sozusagen nur von einem anderen Pole her, solange etwa eine Dynastie die andere, eine Adelsklique die gegenüberstehende bekämpfte, konnte es nicht zu einer so weitgehenden Destruktion kommen. Nur weil in der modernen Welt die entscheidenden sozialen Polaritäten von einem grundverschiedenen Weltwollen getragen sind, wurde auf der geistigen Ebene eine solche Vertiefung und Auflockerung möglich. In diesem stets radikaler werdenden Auflockerungsprozeß wandelte sich das naive Mißtrauen zunächst in jenen methodischen, aber noch immer auf die psychologische Ebene sich

[10]) *Schmitt, C.* analysiert sehr gut dieses unser Zeitalter charakterisierende Denken, das überall, aus dem tiefen Gefühl betrogen zu sein, Verkleidungen, Spiegelungen, Sublimierungen wittert. Er weist aber auch zugleich auf das Schlagwort des 17. Jahrhunderts „*simulacra*" hin, das in der politischen Literatur auftauchend als Vorläufer dieser modernen Einstellung betrachtet werden kann. (Politische Romantik, 2. Aufl., München-Leipzig 1925, S. 19.)

beschränkenden partikularen Ideologiebegriff um, um dann letzten Endes auf die noologisch-erkenntnistheoretische Ebene überzugleiten. Schon das Bürgertum kam mit einem neuen Weltwollen auf, es wollte nicht einfach in die alte, feudalständische Welt hineinarrivieren, es vertrat ein neues „Wirtschaftssystem" (im Sinne Sombarts), und dazu gehörte (wie wir es nennen wollen) ein neuer *Denkstil*, der die früheren Arten der Weltauslegung und Welterklärung verdrängte. Genau dasselbe scheint für das Proletariat zu gelten. Auch hier kämpft eine Wirtschaftsgesinnung gegen die andere, ein Sozialsystem gegen das andere, im engen Zusammenhang damit ein Denkstil gegen den anderen.

In welchen Denkschritten bereitete sich nun zunächst rein ideengeschichtlich gesehen dieser *totale Ideologiebegriff* vor? Er entstand sicher nicht einfach im Elemente jenes Mißtrauens, das den partikularen Ideologiebegriff allmählich aus sich herausstellte —, viel tiefer fundierte, neuartige Denkschritte mußten erst getan werden, damit dieser totale Ideologiebegriff als Synthese vieler in derselben Richtung sich bewegender Wandlungen sich verwirklichen konnte. Hier war die Philosophie mit am Werke. Nicht — wie man sie zumeist nur zu erfassen imstande ist — in ihrer Eigenschaft einer vom Lebenszusammenhang abgeschnürten Disziplin, sondern gerade als letzte und radikalste Ausdeuterin eines Wandels im gesamten zeitgenössischen Kosmos, der ja selbst nichts anderes ist, als die bis zur höchsten Differenzierung getriebene Auseinandersetzungsform der Seele und des Geistes mit den stets sich anders gestaltenden Kollektivereignissen und entscheidenden Strukturwandlungen. Auch hier können wir nur sprunghaft jene Phasen andeuten, in denen dieser totale, auf der noologischen und ontologischen Ebene sich verwirklichende Ideologiebegriff möglich wird.

Der *erste* wichtigste Schritt vollzog sich wohl im Entstehen der *Bewußtseinsphilosophie*. In dem Gedanken, daß das Bewußtsein eine Einheit sei und daß seine Elemente kohärent seien, ist eine Problemstellung enthalten, die ganz besonders in Deutschland in grandioser Konsequenz zu Ende gedacht wurde. Hier tritt an Stelle einer außer uns seienden, immer mehr unübersichtlich werdenden, in unendliche Mannigfaltigkeit zerfallenden Welt ein Welterleben, dessen Kohärenz garantiert ist durch die Einheit des Subjektes, das die Prinzipien zumindest der Weltformung nicht einfach hinnimmt, sondern in Spontaneität weitgehend aus sich erzeugt. Nachdem die objektiv ontologische Einheit des Weltbildes zerfallen war, versucht man sie zunächst vom Subjekt her zu retten. An die Stelle der mittelalterlich-christlichen objektiven Welteinheit tritt die verabsolutierte Subjekteinheit der Aufklärung: das „Bewußtsein überhaupt".

Die Welt ist also von jetzt an nur auf ein Subjekt bezogen als „Welt“ da und die Bewußtseinstätigkeit dieses Subjektes ist für das Weltbild konstitutiv. Das ist, wenn man will, bereits der totale *Ideologie*begriff, nur noch unhistorisch und unsoziologisch gesehen.

Weltbild ist hier bereits Struktureinheit und nicht pure Mannigfaltigkeit. Hier ist eine eindeutige Subjektbeziehung vorhanden, nur nicht auf konkrete Subjekte bezogen, sondern auf ein fingiertes „Bewußtsein überhaupt“. Hier ist — ganz besonders bei Kant — die noologische Ebene von der bloß psychologischen abgehoben. Hier vollzieht sich schließlich die erste Auflockerung einem ontologischen Dogmatismus gegenüber, für den die „Welt“ wie festgenagelt, unabhängig von uns vorhanden ist.

Der *zweite* Schritt war, daß diese totale (aber noch überzeitliche „Ideologiesicht“ *historisiert* wurde. Dies ist im wesentlichen das Werk der Historischen Schule und das Hegels. Die Historische Schule, aber noch mehr Hegel, gehen bereits davon aus, daß das Weltbild eine Einheit und nur auf das Subjekt bezogen konzipierbar sei. Es wird aber erst jetzt der für uns entscheidende Gedanke hinzugefügt, daß diese Einheitlichkeit eine im historischen Werden sich transformierende Einheitlichkeit sei. Das Subjekt, der Träger der Bewußtseinseinheit, war auf der Stufe der Aufklärung eine ganz abstrakte, überzeitliche, übersoziale Einheit: das „Bewußtsein überhaupt“. Hier wird der „Volksgeist“ zum Repräsentanten der historisch sich bereits differenzierenden Bewußtseinseinheiten, dessen erfüllte höhere Einheit dann bei Hegel der „Weltgeist“ ist. Man sieht: das stete Konkreter-Werden der philosophischen Sicht erfolgt durch die immer reichhaltigere Rezeption des in der politisch-historischen Auseinandersetzung mit dem Leben erarbeiteten neuen Gedankenguts, nur daß hier schließlich etwas zu Ende gedacht und bis zu den implizierten Voraussetzungen verfolgt wird, was zunächst als Unmittelbarkeit im lebendigen Leben aufgetaucht war. So hat nicht die Philosophie die Historizität des Geistes (das sog. historische Bewußtsein) entdeckt, sondern das politisierte Leben jener Zeit. Die gegen das revolutionär unhistorische Denken aufkommende Reaktion verlebendigte das vitale Interesse und den Impuls zum vertieften Erleben des Historischen. So ist aber auch der Wandel vom allgemein menschlich abstrakten Träger des Weltbildes (vom Bewußtsein überhaupt) zum viel konkreteren Subjekt, zum national differenzierten „Volksgeist“ nicht eigentlich und letzten Endes in der Philosophie und Geistesgeschichte entstanden, sondern war bereits dort Ausdruck des Wandels im allgemein weltanschaulichen Medium. Der Wandel entspricht nämlich eindeutig dem während und nach den Napoleonischen Kriegen entstehenden Gefühlswandel, in dem das Nationalempfinden erst wirklich geboren wurde. Diese Feststellung stimmt in dieser Allgemeinheit auch dann, wenn man für beide Erlebnisse, für das Erleben des Historischen und für das Erleben des „Volksgeistes", wie stets, Vorläufer aufweisen kann[11]).

Genau so entstand aber auch der *letzte und wichtigste Schritt* zur Schaffung des modernen totalen Ideologiebegriffes aus der historisch-sozialen Bewegung. Als zum Träger des nunmehr historisierten Bewußtseins (des Geistes) nicht mehr das Volk, die Nation, sondern die Klasse wurde, rezipierte eigentlich dieselbe theoretische Tradition, von der wir bisher sprachen, die in der Zwischenzeit gleichfalls aus der sozialen und politischen Bewegung stammende Einsicht, daß sowohl die Struktur des Sozialkörpers als der zu ihm gehörende geistige Zusammenhang in der Richtung der sozialen Spannungen sich differenziert.

Wie früher an Stelle des „Bewußtseins überhaupt" der historisch differenziertere Volksgeist trat, so wird jetzt der noch immer zu umfassende Volksgeist-Begriff durch den Begriff des Klassenbewußtseins, richtiger der Klassenideologie, ersetzt. Somit vollzieht die Gedankenentwicklung eine Doppelbewegung: einerseits schafft sie einen synthetisierenden Konzentrationsprozeß, in dem die unendliche Mannigfaltigkeit der Welt durch den Bewußtseinsbegriff ein einheitliches Zentrum gewinnt, andererseits arbeitet dieselbe Gedankenbewegung immer mehr an einer steten Auflockerung und Elastischergestaltung der in der synthetischen Bewegung allzu konstruktiv angesetzten Einheit.

Das Ergebnis dieser Doppelbewegung ist, daß aus der zunächst fiktiven Einheit eines überzeitlichen, sich gleichbleibenden „Bewußtseins überhaupt" (das als eine solche statische Einheit niemals aufweisbar war) immer mehr ein nach historischer Zeit, nach Nationen und sozialen Schichten differenziertes Subjekt tritt. Auch jetzt noch wird an der Einheit des Bewußtseins festgehalten (die durch die geschichtliche Forschung zu bewältigende Gehalte zerbröckeln nicht mehr in eine diskontinuierliche Mannigfaltigkeit der Ereignisse), aber die Einheit ist nunmehr eine dynamische, eine *Werdeeinheit*. Man lernt auf Grund dieser Auffassung des

[11]) Es sei auch für späterhin bemerkt: Die wissenssoziologische Analyse setzt sich nicht wie die ideengeschichtliche Forschung den immer weiter in die Vergangenheit zurückführenden Aufweis der Vorformen von Gedankenmotiven zum Ziel. In dieser Beziehung steht sie auf dem Standpunkt, daß man „Vorläufer" immer finden kann: Nullum est iam dictum, quod non sit dictum prius. Ihr eigentliches Thema ist zu beobachten, wie und in welcher Gestalt zu einem bestimmten historischen Zeitpunkte die geistig-seelischen Elemente im Zusammenhang mit den sozialen und politischen Kollektivkräften vorhanden waren. (Vgl. meine Arbeit über „Das konservative Denken", a. a. O. S. 103, Anm. 57.)

Bewußtseins die geschichtliche Wirklichkeit zu beobachten, in der sowohl der Einheitlichkeit und gegenseitigen sinnmäßigen Abhängigkeit (Interdependenz) der Bewußtseinsgehalte gedacht wird als der Tatsache, daß hierbei alles als im Fluß sich befindlich beobachtet werden muß, die aufzuweisende Einheit also nur eine dynamische, sich stets transformierende sein kann. Die kontinuierliche und kohärente Abwandlung der Sinnelemente wird zum Thema, und obschon Hegel vielleicht das meiste für diese Sicht geleistet hat (wenn auch die Interdependenz bei ihm unseres Erachtens noch nicht richtig, weil spekulativ gesehen wurde), so sind wir erst jetzt auf jene Stufe der Entwicklung gelangt, wo dieser vom Philosophen entdeckte konstruktive Gedanke in empirische Forschung umgesetzt wird.

Das für uns Entscheidende aber besteht darin, daß die beiden gesondert geschilderten, in der Wirklichkeit aber durch eine historisch gemeinsame Konstellation ermöglichten beiden Strömungen auch äußerlich sich immer mehr nähern. Der partikulare Ideologiebegriff vereinigt sich mit dem totalen. Für den schlichten Beobachter wird dies in folgender Gestalt wahrnehmbar: Früher warf man dem Gegner als Repräsentanten einer bestimmten sozialen Position vor, daß er gerade als solcher die bewußte oder unbewußte Fälschung von Fall zu Fall begehe. Jetzt wird der Angriff dadurch vertieft, daß man ihm die Möglichkeit des richtigen Denkens nimmt, indem man seine Bewußtseinsstruktur, und zwar in ihrer Ganzheit, diskreditiert. Diese einfache Beobachtung bedeutet, auf ihren strukturellen Sinn hin analysiert, daß man früher nur auf der psychologischen Ebene enthüllte, indem man dort sozial gebundene Täuschungsquellen aufwies, jetzt aber die Destruktion dadurch radikalisiert, daß man auch die noologisch-logische Ebene in den Angriffskreis einbezieht und auch diese noologische Ebene der gegnerischen Aussagen durch soziale Funktionalisierung in ihrer Geltung destruiert. Damit aber entsteht eine neue Stufe im bewußtseinsgeschichtlichen Prozeß (die entscheidendste vielleicht), die wir aber nicht darstellen können, ohne noch einen Zusammenhang zumindest anklingen zu lassen, der für all diese Überlegungen fundierend ist. Der totale Ideologiebegriff verlebendigt ein Problem, das eigentlich uralt ist, aber erst jetzt auf dieser Stufe der Denkgeschichte einen angemessenen Sinn erhält: nämlich das bereits früher angedeutete Problem der Möglichkeit eines „falschen Bewußtseins“. Erst dieser Gedanke der Möglichkeit eines falschen Bewußtseins überhaupt verleiht dem totalen Ideologiebegriff eine besondere Abgründigkeit, aus dieser Komponente fließt das radikal Beunruhigende unserer geistigen Gesamtlage, aber auch das letzthin Fruchtbare an ihr.

Das Problem des „falschen Bewußtseins".

Das pure Wissen von der Möglichkeit eines *falschen Bewußtseins* ist uralt; es ist religiösen Ursprungs und als solches vom Standpunkte der Moderne ein ererbtes Gedankengut. Es taucht als Problem stets auf, so oft die Umwelt eines Propheten oder gar dieser selbst die Echtheit seiner Gesichte oder seiner Gedanken bezweifelt[12]).

Man könnte also behaupten, daß auch hier — wie so oft in der Geschichte — uraltes Gedankengut sich vererbt und der Wandel nur darin besteht, daß das uralte Element auf einer späteren Erfahrungs- und Erlebnisbasis sich von neuem konstituiert. Auch hier wie sonst muß man aber solchen Ableitungen, die alles auf das Vergangene zu reduzieren versuchen, entgegenhalten, daß an diesem Gedanken seine *moderne Form* noch viel entscheidender ist als der schon in der Vergangenheit vorhanden gewesene und soeben angedeutete Kern. War die frühere These von der Falschheit eines Bewußtseins nur eine emphatische Behauptung, so erhält die moderne Form dadurch eine allein sie charakterisierende Unerbittlichkeit, daß sie in Verbindung mit den soeben erwähnten Methoden der Bewußtseinsanalyse zu einem konsequent durchgeführten Beweis erweitert wird: aus dem früheren bloßen „Anathema" wird in der Moderne eine auf strikte Beweisführung sich stützende Kritik.

Aber vielleicht noch viel bedeutungsvoller ist der Wandel, den wir nunmehr zu besprechen haben. Nicht nur die Methode des Beweises, des Nachweises der Falschheit des Bewußtseins hat sich geändert, auch die Bezugsebene, an der gemessen etwas falsch oder wahr ist, die entscheidende Instanz für Wirklich und Unwirklich, hat sich seit dem Verschwinden der religiösen Fundierung grundlegend verschoben. Der Prophet zweifelte deshalb an der Echtheit seiner Gesichte, weil er sich von Gott verlassen fühlte, seine Beunruhigung hatte einen transzendenten Bezugspunkt. Taucht dagegen in uns der Verdacht auf, ein falsches Bewußtsein zu haben, so fürchten wir ein Versagen vor einer innerweltlichen Instanz.

Will man genauer festlegen, wohin sich die Realitätsthese nach dem Verschwinden des göttlichen Bezugspunktes verschoben hatte, so muß man das Wort Ideologie auch in dieser Beziehung einer genaueren historischen Bedeutungsanalyse unterwerfen. Werden wir hierbei in die Regionen des Werdens der Alltagssprache geführt, so ist dies nur ein Beweis dafür, daß die Geistesgeschichte nicht nur in Büchern sich gestaltet und daß sogar die entscheidenden ontologischen Akzente im Werden des Alltags entstehen können, um sich von dort aus zu verbreiten und zu fixieren.

[12]) „Ihr Lieben, glaubt nicht einem jeglichen Geist, sondern prüfet die Geister, ob sie von Gott sind." Johannes, 1. Brief, Kap. 4, 1.

Das Wort Ideologie selbst enthielt zunächst gar keine ontologische Entscheidung, bedeutete es doch ursprünglich nur die Lehre von den Ideen. Ideologen[13]) nannte man — wie bekannt — die Anhänger einer philosophischen Schule in Frankreich, die in der Nachfolge von Condillac die Metaphysik verwarf und die Geisteswissenschaften anthropologisch und psychologisch zu fundieren versuchte. Der Begriff der Ideologie im modernen Sinne wurde erst in dem Augenblick geboren, als Napoleon diese Philosophengruppe (die ihn ob seiner cäsaristischen Gelüste bekämpfte) in verächtlichem Sinne „Ideologen" schalt. Hierdurch bekam das Wort zum ersten Male seine herabsetzende Bedeutung, die es gleich dem Worte „doktrinär" bis auf den heutigen Tag beibehalten hat. Untersucht man aber diese „Verachtung" auf ihren prinzipiellen Sinn hin, so gelangt man zu der Einsicht, daß hier eine erkenntnistheoretische und ontologische Niedrigerbewertung ausgesprochen ist. Das Denken des Gegners wird nämlich hier entwertet. Dabei ist die Richtung dieser Entwertung genauer bestimmbar: sie ist eine ontologisch-erkenntnistheoretische Entwertung, denn sie meint die *Irrealität* des gegnerischen Denkens. Man kann aber noch weiter fragen: Irreal welchem Faktor gegenüber? Die Antwort wird lauten: der Praxis gegenüber, der Praxis des Politikers gegenüber. Mit dem Wort Ideologie ist von nun an der Nebensinn verbunden, daß ein jeder als Ideologie bezeichnete Gedanke der Praxis gegenüber versagt und daß das wahre Organon zum Zugang zur Wirklichkeit das Handeln ist und daß an diesem gemessen das Denken überhaupt oder in einem gegebenen Falle ein bestimmtes Denken nichtig ist. Man sieht also klar, wie in die Prägung der neuen Wortbedeutung der Standort des Wortschöpfers, des Politikers hineinragt. Das neue Wort sanktioniert das spezifische Wirklichkeitserleben des Politikers[14]), propagiert gleichsam dessen praktischen

[13]) Vgl. das Buch von *Picavet:* Les idéologues, essai sur l'histoire des idées et des théories scientifiques, philosophiques, réligieuses etc. en France depuis 1789, Paris Alcan 1891.

Destutt de Tracy, der Begründer jener obengenannten Schule, definiert hierbei diese Wissenschaft von den Ideen folgendermaßen:

„Cette science peur s'appeler *Idéologie,* si l'on ne fait attention qu'au sujet; *Grammaire général* si l'on n'a égard qu'au moyen, et *Logique,* si l'on ne considère que le but. Quelque nom qu'on lui donne, elle renferme nécessairement ces trois parties; car on ne peut en traiter une raisonnablement sans traiter les deux autres. *Idéologie* me paraît le terme générique, parce que la science des idées renferme celle de leur expression et celle de leur déduction. (Les éléments d'idéologie, 1. Aufl., Paris 1801. Zit. nach der 3. Aufl., die mir allein zugänglich war. Paris 1817, S. 4, Anm.)

[14]) Auf Grund der Ergebnisse der nächsten Untersuchung könnte man auch den besonderen, standortsmäßig genauer bestimmbaren Typus jenes Politikers fixieren, dessen Weltbild und Ontologie hier im Spiele ist. Denn nicht jeder Politiker hat diese irrationalistische Ontologie (vgl. S. 116 ff. weiter unten).

Irrationalismus, der für das Denken als einem Organon zur Erfassung der Wirklichkeit sehr wenig übrig hat.

Das Wort „Ideologie" hat sich in diesem Sinne im Laufe des 19. Jahrhunderts durchgesetzt. Das bedeutet aber, daß das Weltgefühl des Politikers die scholastisch-kontemplative Erlebnis- und Denkweise (und damit zugleich dessen gelebte Ontik) immer mehr verdrängt und die in dem Wort „Ideologie" mitklingende Frage: was denn wirklich wirklich sei, nicht mehr verstummt. Auch dies ist richtig zu verstehen: Die Frage nach der Wirklichkeit ist nicht neu; daß sie aber immer entscheidender im öffentlichen Denken (nicht in dem sehr oft abgekapselten schulmäßigen Denken) in jener Richtung gestellt wird, wie sie das Wort Ideologie vorschreibt — vom Erlebniszentrum des Politikers her —, das scheint doch eine entscheidende Wendung zu bedeuten. Will man also auf der Höhe der Erfordernisse moderner Denkgeschichte bleiben, so muß man zum Thema soziologischer Ideengeschichte immer mehr das faktische Denken des Menschen machen und nicht immer nur das in Schultradition sich fortpflanzende Denken. Hatte das Problem des falschen Bewußtseins ursprünglich die Sanktion des Wahren und Wirklichen in Gott oder etwa in den in reiner Kontemplation zu erfassenden Ideen gesucht, so ist jetzt zum Kriterium des Wirklichen die in der politischen Praxis primär erfahrbare Ontik getreten. Die Geschichte des Ideologiebegriffes von Napoleon bis zum Marxismus hat trotz des inhaltlichen Wandels, die der Begriff durchgemacht hat, diese spezifische Ontik stets beibehalten. Das Beispiel zeigt zugleich, wie der „Pragmatismus" bereits in Napoleons Worten impliziert ist, daß also der „Pragmatismus" in bestimmten Lebensbezirken sozusagen zur natürlichen Weltanschauung des modernen Menschen gehört und die Philosophie in diesem Falle nur die dort vollzogenen Setzungen zu Ende denkt.

Wir verweilten absichtlich länger bei der Analyse dieser Nuance der Napoleonischen Wortschöpfung, weil zunächst einmal deutlich gezeigt werden sollte, wie oft in den Worten des Alltags implicite mehr Philosophie und Belangvolles für die weitere wirkliche Problemgeschichte zu stecken vermag als in Schulerörterungen, die die Tendenz haben, stets bei sich zu verweilen[15]).

Aber noch ein ferneres Moment, das uns zugleich auch in unserer Pro-

---

[15]) Über die Struktur und Eigenart des „scholastischen Denkens" und im allgemeinen eines jeden Denkens, das in einer „Monopolsituation" der Träger entsteht, vgl. mein Referat: „Die Bedeutung der Konkurrenz im Geistigen." Verhandlungen des 6. Deutschen Soziologentages in Zürich. J. C. B. Mohr, Tübingen 1929. (Ich zitiere im folgenden abgekürzt: Züricher Referat.)

blementfaltung einen Schritt weiter bringt, kann man an diesem Beispiel demonstrieren. Napoleon hatte in seinem Kampfe „von oben nach unten" seine Gegner durch das Wort „Ideologen" zu entwerten und zu vernichten versucht. In späteren Stadien der Entwicklung finden wir gerade umgekehrt das Wort Ideologie als entwertende Waffe bei den in Opposition befindlichen Schichten, hauptsächlich bei dem Proletariat. Mit einem Wort: eine strukturell so entscheidende Sicht, wie sie der Ideologiebegriff enthält, kann auf die Dauer nicht das Denkprivileg einer einzigen Klasse sein. Aber gerade diese Expansion der Sicht durch die Tatsache, daß auf die Dauer nicht ein Standort alle übrigen als ideologische zu enthüllen vermag, ohne daß die übrigen sich auch dieser Methode bedienten, schafft unversehens ein methodisch neues Stadium in unserer gesamten Denkentwicklung.

Zeitweilig schien es, als wäre der Ideologieaspekt ausschließlich Privileg im Denken des kämpfenden Proletariats. Man vergaß in der Öffentlichkeit schnell die soeben andeutungsweise geschilderten historischen Ursprünge des Wortes, und dies mit einem gewissen Recht, denn erst im Marxismus wurde diese Denkweise mit methodischer Konsequenz ausgebaut. Erst hier verschmilzt der partikulare Ideologiebegriff mit dem totalen, erst hier wird der Tendenz nach immer konsequenter die Lehre von den Klasseninteressen ausgebaut, erst hier wird dank der Ursprünge aus dem Hegelianismus die bloß psychologisierende Ebene in der Richtung des totalen Ideologiebegriffes überwunden und das Problem auf die Ebene der Bewußtseinsphilosophie gestellt; erst hier bekommt die Lehre von der Möglichkeit eines „falschen Bewußtseins"[16]) einen neuen Sinn, erst hier wird der Gedanke von der Prävalenz der politischen Praxis neben dem Ökonomismus zur entscheidenden Instanz dafür, was am Gedankengut bloß ideologisch und was wirklichkeitsrelevant sei. Es ist also kein Wunder, wenn man den Ideologiegedanken zunächst mit dem marxistisch-proletarischen System verband und mit ihm geradezu identifizierte. Nun ist aber im Laufe der ideen- und sozialgeschichtlichen Entwicklung dieses Stadium bereits überholt. Es ist nicht mehr Privileg sozialistischer Denker, das „Bürgerliche" auf seine Ideologiehaftigkeit hin zu sichten: in allen Lagern wird diese Methode angewandt und dadurch geraten wir in ein neues Stadium.

Den Anfang haben hierbei in Deutschland Max Weber, Sombart und Troeltsch gemacht, — um nur die bedeutendsten Vertreter zu nennen. Es

[16]) Der Ausdruck selbst „falsches Bewußtsein" ist ein marxistischer Ausdruck. *Mehring:* Geschichte der deutschen Sozialdemokratie, Bd. I, S. 386. Vgl. *Salomon, G.:* a. a. O. S. 417.

bewahrheitet sich immer mehr das Max Webersche Wort: Die materialistische Geschichtsdeutung ist kein beliebig zu besteigender Fiaker und macht auch vor den Trägern der Revolution nicht Halt[17]). Das Ideologieproblem ist ein viel zu allgemeines und viel zu prinzipielles Problem, als daß es auf die Dauer das Privileg einer Partei bleiben könnte, und niemand konnte es dem Gegner verbieten, auch den Marxismus auf seine Ideologiehaftigkeit hin zu analysieren.

Das Entstehen einer dialektisch neuen Situation durch die Expansion des Ideologiebegriffs.

Es spielt sich also hier wieder einmal in der Denk- und Sozialgeschichte ein Prozeß ab, der sehr oft beobachtbar ist[18]), daß nämlich die eine Partei in der Entdeckung einer Sicht nur Pionier ist und die übrigen dieselbe Sicht unter dem Druck des Prinzips der Leistungskonkurrenz zwangsläufig übernehmen müssen. Es wird also plötzlich sichtbar, daß der Marxismus nur eine Bewußtseins- und Denkhaltung entdeckte und konsequent ausbaute (eine geistesgeschichtliche Leistung höchsten Ranges, die man nicht wird bestreiten dürfen), an deren allmählichem Zustandekommen eigentlich das ganze 19. Jahrhundert gearbeitet hatte und deren Vollzug auch nicht allein an einen Standort gebunden ist. All dies ist ein im Tatsächlichen beobachtbarer Prozeß, der sich vor unseren Augen abspielt und deshalb wohl auch nicht geleugnet werden kann.

Nun ist es hierbei interessant zu beobachten, daß durch diese allgemeine Expansion des Ideologiegedankens eine prinzipiell neue Bewußtseinslage sich konstituiert. Es handelt sich nämlich wirklich nicht mehr bloß um eine quantitative Steigerung desselben Phänomens. Gerade an diesem Beispiel ist der Sinn der Dialektik, der allzuoft zu Zwecken einer Scholastik mißbraucht wird, handgreiflich zu machen, — denn hier schlägt die Quantität in der Tat in Qualität um. In dem Augenblick nämlich, in dem prinzipiell alle Parteien den Gedanken des Gegners auf dessen Ideologiehaftigkeit hin analysieren können, transformieren sich auch alle Bedeutungselemente qualitativ: es bedeutet zunächst das Wort „Ideologie" wieder etwas völlig Neues. Es transformieren sich aber auch mit ihm alle jene Faktoren, die wir im Zusammenhang mit der soeben vollzogenen historischen Bedeutungsanalyse behandelt haben: Das Problem des falschen Bewußtseins, das Problem des Wirklichen usw. erhalten einen neuen Sinn. Verfolgt man

---

17) *Weber, Max:* Politik als Beruf. Gesammelte politische Schriften. München 1921, S. 446.

18) Vgl. auch hierzu Ausführlicheres in meinem soeben angeführten *„Züricher Referat"*.

diesen Zusammenhang bis in die letzten Konsequenzen, so zeigt es sich, daß von diesem Zentrum her sich eigentlich unsere gesamte Axiomatik, unsere Ontologie und Erkenntnistheorie transformiert. Wir wollen uns zunächst auf den Aufweis des Bedeutungswandels, den der Ideologiebegriff dadurch erfährt, beschränken.

Wir haben schon den Wandel vom partikularen zum totalen Ideologiebegriff verfolgt. Diese Transformationstendenz wird in der Gegenwart nicht nur beibehalten, sondern auch immer mehr vertieft. Die Tendenz, dem Gegner nicht nur auf der Ebene des Erlebens Täuschungen nachzuweisen, wird immer häufiger ersetzt durch das Streben, seine Bewußtseins- und Denkstruktur einer soziologischen Kritik zu unterwerfen[19]). Solange man aber bei dieser kritischen Analyse den eigenen Denkstandort als aproblematisch, als absolut setzt und diesem gegenüber alles Gegnerische sozial funktionalisiert, ist der entscheidende Schritt zur nächsten Phase, die uns jetzt beschäftigen muß, nicht getan. Man arbeitet zwar mit einem *totalen* Ideologiebegriff (da man ja die Bewußtseinsstruktur des Gegners in ihrer Totalität und nicht nur einzelne seiner Behauptungen funktionalisiert), da es sich aber nur um eine soziologische Analyse des Gegners oder der Gegner handelt, bleibt man bei einer — wie wir sie nennen wollen — *speziellen* Fassung dieser Theorie stehen. Im Gegensatz zu dieser speziellen gelangt man zu einer *allgemeinen*[20]) Fassung des *totalen* Ideologiebegriffes, wenn man den Mut hat, nicht nur die gegnerischen, sondern prinzipiell alle, also *auch den eigenen Standort,* als ideologisch zu sehen.

Diese *allgemeine Fassung des totalen Ideologiebegriffes,* wonach das menschliche Denken bei allen Parteien und in sämtlichen Epochen ideologisch sei, ist schwer zu umgehen. Es gibt kaum einen Denkstandort, und hierin bildet auch der Marxsche keine Ausnahme, der nicht historisch wandelbar gewesen wäre und von dem man nicht aufweisen könnte, wie auch er sich in der Gegenwart sozial differenziert. Der Marxismus hat auch verschiedene Spielarten, deren soziale Gebundenheit zu erkennen für einen Marxisten nicht allzu schwer sein wird. Mit dem Auftauchen der allgemeinen Fassung des totalen Ideologiebegriffes entsteht *aus der bloßen*

[19]) Das will nicht besagen, daß im Kampfe des Alltags der partikulare Ideologiebegriff nicht mehr zur Anwendung gelangt.

[20]) Wir haben also neben dem bisher behandelten Gegensatzpaar *partikular — total* noch den Gegensatz *speziell — allgemein.* Während bei dem ersten Gegensatzpaar der Gesichtspunkt der Einteilung im wesentlichen die Frage betrifft, ob einzelne Ideen oder das ganze Bewußtsein als ideologisch bezeichnet wird und ob die psychologische oder die noologische Ebene funktionalisiert wird, stellt bei dem Gegensatz speziell—allgemein das principium divisionis die Frage, ob das Denken *aller* Parteien (einschließlich des unsrigen) oder nur das unserer Gegner sozial gebunden sei.

Ideologienlehre die Wissenssoziologie. Es wird hierbei aus der geistigen Kampfapparatur[21]) einer Partei die in ihr mitentdeckte, aber nur noch partikular gefaßte allgemeine Richtigkeit von der *„Seinsgebundenheit“* eines jeden lebendigen Denkens herausgehoben und zum Thema einer geistesgeschichtlichen Forschung gemacht[22]). Diese soziologische Geistesgeschichte wird ohne Rücksicht auf Parteiung gerade diese an die jeweilige soziale Seinslage bindenden Faktoren im Denken überall erforschen müssen. Diese soziologisch orientierte Geistesgeschichte wird berufen sein, für den heutigen Menschen das gesamte historische Geschehen in einem neuen Sinne zu revidieren.

Es ist klar, daß der Ideologiebegriff in diesem Zusammenhang einen neuen Sinn bekommt. Hierbei ergeben sich zwei Möglichkeiten. Die erste Möglichkeit besteht darin, daß man in der Ideologieforschung von nun an jede „enthüllende“ Absicht aufgibt (was einem ja schon dadurch nahegelegt wird, als man zur Enthüllung des fremden den eigenen Standort verabsolutieren muß, — ein Denkakt, dessen Vollzug man bei dieser „wertfreien“ Forschungsrichtung solange als möglich zu vermeiden strebt) und sich darauf beschränkt, überall den Zusammenhang zwischen *sozialer* Seinslage und *Sicht* herauszuarbeiten. Die zweite Möglichkeit besteht darin, daß man diese „wertfreie“ Haltung nachträglich doch mit einer erkenntnistheoretischen Haltung verbindet. Das Eingehen auf die Wahrheitsproblematik von dieser Stufe aus kann aber seinerseits wieder zu zwei verschiedenen Lösungen führen: entweder zu einem *Relativismus* oder zu einem *Relationismus,* die nicht miteinander zu verwechseln sind.

Der *Relativismus* entsteht hierbei stets, wenn man die moderne historistisch-soziologische Einsicht in die faktische Standortsgebundenheit jedes historischen Denkens mit einer Erkenntnistheorie älteren Typus' verbindet, die das Phänomen des seinsverbundenen Denkens eigentlich noch gar nicht kennt, sich mit ihm noch gar nicht ernsthaft auseinandergesetzt hat und daher, sich an einem statischen Denkparadigma (etwa am Urbild: $2 \times 2 = 4$) orientierend, notgedrungen zum Verwerfen eines jeden standortsgebundenen Wissens als einem bloß „relativen“ kommen muß. Der Relativismus entsteht also hier aus der Diskrepanz, die zwischen der neuen Einsicht in die faktische Denkstruktur und einer diese noch nicht bewältigenden Erkenntnistheorie besteht.

---

[21]) Man denke an den Ausdruck: „Die geistigen Waffen des Proletariats zu schmieden“.

[22]) Durch den Terminus *„seinsgebundenes Denken“* versuche ich den rein wissenssoziologischen Gehalt des Ideologiebegriffes aus der speziellen politisch-agitatorischen Einkapselung herauszulösen.

Will man aus diesem Relativismus herauskommen, so muß man zunächst mit Hilfe der wissenssoziologischen Analyse eingesehen haben, daß hier nicht *die* Erkenntnistheorie ihr Urteil über einen Denktypus spricht, sondern nur ein bestimmter historischer Typus der Erkenntnistheorie. Die Erkenntnistheorie ist eben genau so in den Werdestrom eingebettet, wie unser gesamtes Denken selbst, und ihr Fortschritt besteht eben darin, daß sie immer wieder auch jene Komplikationen bewältigt, die das neue Werden an Denkstrukturen einsichtig macht. Eine mit dem Tatbestand der Bezüglichkeit eines jeden historischen Wissens rechnende moderne Erkenntnistheorie wird also zunächst davon ausgehen, daß es Denkgebiete gibt, in denen standortsfreies, unbezügliches Wissen gar nicht vorstellbar ist. Auch ein Gott könnte historische Einsichten nicht im Sinne des Paradigmas $2 \times 2 = 4$ formulieren, denn Verstehbares ist nur mit Beziehung auf Problemstellungen und Begriffssysteme, die dem historischen Strom erwachsen, formulierbar.

Hat man diese Umkehrung einmal vollzogen, indem man davon ausgeht, daß historisches Wissen wesensmäßig relational, nur standortsgebunden formulierbar ist, so taucht das Problem der Wahrheitsentscheidung zwar wieder auf, denn man wird sich doch fragen, welcher Standort die größten Chancen für ein Optimum an Wahrheit hat, zumindest wird man aber darüber hinaus sein, diese Wahrheit in unbezüglicher Formulierung besitzen zu wollen. Das Problem ist, wenn es so gestellt wird, zwar bei weitem noch nicht gelöst, aber der Blick wird frei für ein unbefangeneres Durchdenken der aktuell werdenden Probleme. Für das Folgende ist nun entscheidend, daß wir auf der Stufe des allgemeinen und totalen Ideologiebegriffes zwei Typen unterscheiden, den *wertfreien* und den *wertend (erkenntnistheoretisch-metaphysisch) orientierten,* wobei es zunächst für uns dahingestellt bleiben mag, ob man im letzteren Falle zu einem Relativismus oder Relationismus gelangt.

Zunächst einiges über den wertfreien totalen und allgemeinen Ideologiebegriff.

Man wird an diesem Ideologiebegriff in erster Reihe bei historischen Forschungen festhalten, wo man provisorisch, der Vereinfachung der Probleme zuliebe, auf die Frage nach der „Richtigkeit“ der zu behandelnden „Ideen“ verzichtet und sich vielmehr darauf beschränkt, Beziehungen zwischen jeweiligen Bewußtseinsstrukturen und Seinslagen aufzuweisen. Man wird sich stets fragen müssen, wie bestimmte sozial strukturierte Seinslagen zu bestimmten Seinsauslegungsarten drängen. Ideologiehaftigkeit des menschlichen Denkens wird also auf dieser Stufe der Überlegungen nichts mehr mit unwahr, verlogen usw. zu tun haben, sondern, wie erwähnt, nur die jeweilige *Seinsgebundenheit des Denkens* bedeuten: das menschliche Denken konstituiert sich nicht freischwebend im sozial freien Raume, sondern ist im Gegenteil stets an einem bestimmten Orte in diesem verwurzelt.

Diese Verwurzelung wird aber keineswegs als eine Fehlerquelle betrachtet werden dürfen. Genau so wie der Mensch, der zu gewissen anderen Menschen oder zu deren Verhältnissen eine vitale Beziehung hat, die Chance besitzt, diese auch wissensmäßig genauer durchdringen zu können, so wird die soziale Gebundenheit einer Sicht, einer Kategorialapparatur gerade durch diese vitale Bindung eine größere Chance für die zugreifende Kraft dieser Denkweise in bestimmten Seinsregionen bedeuten. (Wir sahen, wie in unserem Beispiel der proletarisch-sozialistische Standort in sich die Chance enthielt, gerade die Ideologiehaftigkeit des Denkens zunächst beim Gegner zu entdecken.) Sozial-vitale Bindung bedeutet aber nicht nur Chance, sondern auch vitale Schranke. Bestimmte Blickerweiterungen sind für bestimmte Standorte von sich aus nicht möglich. (Wir sahen, wie der sozialistische Ideologieaspekt z. B. von sich aus niemals zur Wissenssoziologie geworden wäre.) Es scheint geradezu zum Sinn des Lebens zu gehören, daß es in seinem fortschreitenden Prozeß die Partikularität und Schranke, die es in einem Standort schafft, durch die übrigen entgegengesetzten Standorte zu überwinden bestrebt ist. Die jeweilige Partikularität der einzelnen Standorte und ihr gegenseitiges Aufeinanderbezogensein im Zusammenhang mit dem sozialen Gesamtgeschehen zu erforschen, wird die Aufgabe einer solchen „wertfreien" Ideologieforschung sein. Es ergibt sich hierbei ein unendliches Thema, die Aufgabe, die gesamte Bewußtseinsgeschichte von den Denkhaltungen bis zu den Erlebnisformen auf ihre jeweilige Seinsgebundenheit hin zu sichten und zu zeigen, wie sich stets alles im innigsten Zusammenhange wandelt. Man wird im Moralischen etwa untersuchen, wie nicht nur die Menschen stets anders handelten, sondern wie sie sich stets an anderen Normen orientierten. Aber noch radikaler wird die Frage werden, wenn es sich zeigen lassen wird, daß das Auftreten der Moral und Ethik selbst an bestimmte Situationen gebunden ist, wie denn auch ihre Grundbegriffe: Pflicht, Vergehen, Sünde nicht immer da waren, sondern Korrelate *bestimmter* Lagen sind[23]). Unsere gegenwärtig herrschende Philosophie wird nicht einmal in jener vorsichtigen Gestalt mehr haltbar sein, in der sie zwar alle Inhalte als geschichtlich determinierte freigab, um so mehr aber an der Wert*form* und

[23]) Bei *Max Weber:* Wirtschaft und Gesellschaft. Grundriß der Sozialökonomik. Abt. III, S. 794 findet man bereits wesentliche Hinweise auf die soziologischen Zusammenhänge, in denen sich „Moral" überhaupt erst konstituiert.

an der Tafel der *„formalen Werte"* festhielt. Bereits das Freigeben der Inhalte bedeutete eine Konzession dem Historismus gegenüber, der immer mehr die Absolutsetzung zeitgenössischer Gehalte erschwerte. Jetzt wird auch die Voraussetzung fallen gelassen werden müssen, daß gesellschaftliches Leben, Kulturleben nur möglich sei auf Grund der Voraussetzung bestimmter Wertsphären (formaler Werte) wie Ethik, Kunst usw., die von uns aus gesehen eigentlich nichts anderes sind als Hypostasierungen *unserer* Kulturstruktur, wie auch das Paradigma des „geltungshaften" Erlebens der „Kulturgebilde" selbst eine kategoriale Überdeckung der originären Erlebnisart der „Kultur" ist, die ihr wahrscheinliches Vorbild am Erleben der Rechtssphäre, aber auch an dem des ökonomischen Wertes hatte und von hier aus verallgemeinert wurde. Man kann doch nicht behaupten, daß das *originäre* Sich-Hinwenden zur Kunst irgend etwas mit Normerleben zu tun hat oder daß der traditionalistisch orientierte Mensch (der dominierende Menschentypus der vorkapitalistischen Zeit), der einfach aus einem Habitus heraus handelte, am adäquatesten erfaßt wird, wenn man ihn sich als ein Wesen vorstellt, das sich an Werten orientiert. Die Vorstellung des ganzen Kultur*lebens* als ein Sich-Orientieren an objektivierten Normen ist ein typisch modern-rationalisierendes Verdecken der Urstrukturen, in denen sich der Mensch zu seiner „Welt" viel ursprünglicher verhält. Daß die „Kultur" sub specie „Geltung", „Wert" überhaupt gesehen wird, ist nicht das Zeitlose in unserm Denken, sondern das am ehesten zeitgebundene Moment. Sollten wir aber nur für einen Augenblick diese Formulierung gelten lassen, so wäre auch das Auftreten bestimmter Wertsphären wie ihr jeweils konkreter Aufbau nur aus der konkreten Situation und dem Erlebnisstoff verstehbar, für den sie „hingelten", um einen Ausdruck *E. Lasks* zu gebrauchen[24]); und so ist auch die formale Geltung (die Geltungsform) nicht als zeitlos identisches Element abhebbar von dem historisch sich wandelnden Stoff.

Dieselbe Entdeckung der Unstetheit der Gehalte und Formen wird das Thema der denkgeschichtlichen Forschung sein. Heute ist man schon so weit zu sehen, wie man in bestimmten Geschichtsperioden einerseits, in verschiedenen Kulturkreisen andererseits stets verschieden gedacht hat. Die Einsicht wird sich wohl allmählich Bahn brechen, daß diese Verschiedenheiten nicht nur die inhaltlichen Stellungnahmen, sondern auch die jeweilige kategoriale Apparatur betreffen. Daß aber sowohl in der Vergangenheit, wie in der Gegenwart die herrschenden Denkformen gerade dann von neuen Kategorien abgelöst werden, wenn die soziale Basis der

[24]) *Lask, E.:* Die Logik der Philosophie und die Kategorienlehre. Tübingen 1911.

sie tragenden Gruppen in irgendeinem Sinne fraglich wird und sich transformiert, ist ein Thema, das erst jetzt in Angriff genommen werden kann und hoffentlich auf der Höhe der gegenwärtig möglichen methodischen Exaktheit erforscht werden wird.

Die wissenssoziologische Forschung dieser Art wird eine hohe Stufe der Exaktheit schon deshalb erreichen, weil nirgends die durchgängige Interdependenz des Sinnwandels dermaßen genau fixierbar ist als im Gebiete des Denkens. Das Denken ist nämlich eine eigentümlich empfindliche Membran. Es vibrieren in jeder Wortbedeutung und gerade in der jeweils aktuellen Vieldeutigkeit eines jeden Begriffes die Polaritäten der in diesen Bedeutungsnuancen implizit vorausgesetzten und auch hier sich bekämpfenden feindlichen, aber gleichzeitig vorhandenen Lebenssysteme[25].

In keinem Gebiet des Sozialen herrscht aber eine in diesem Sinne *strikt* erfaßbare Interdependenz und Reagibilität als im Gebiete der Wortbedeutungen. Das Wort, die Bedeutung ist das wahre Kollektivum, die kleinste Wandlung im Gedankensystem ist erfaßbar im einzelnen Wort und in den in ihm schillernden Sinndifferenzen. Das Wort verbindet mit der ganzen Vergangenheit und widerspiegelt die gesamte Gleichzeitigkeit. Es gleicht Schattierungen und Bedeutungsunterschiede aus, wenn der Sprechende sich mit den übrigen auf einer gemeinsamen Ebene treffen will, es steht aber auch zu jeder Nuancierung bereit und hebt, wenn nötig, das individuell Einmalige, das historisch neu Hinzukommende durch neue Färbungen der Bedeutungsskala hervor. Bei allen diesen Forschungsaufgaben wird der totale und allgemeine Ideologiebegriff zur Anwendung gelangen, und zwar in seiner ersten, „*wertfreien*" Spielart.

Der wertfreie Ideologiebegriff.

Der Forscher, der diese historischen Untersuchungen anstellt, wird sich der Wahrheitsproblematik im letzten Sinne des Wortes entheben können und sich die gegenwärtige Konstellation zunutze machen: die Tatsache, daß Zusammenhänge in der Gegenwart und in der Geschichte sichtbar geworden sind, die sonst niemals in ähnlicher Radikalität hätten verfolgt werden können. Er wird sich nicht so sehr der Frage widmen, welche von den Parteiungen recht hat, sondern zunächst die Bewegungsform, die Genesis möglicher Wahrheit im Zusammenhang mit dem Sozialprozeß

[25]) Gerade deshalb wird in den folgenden Untersuchungen die soziologische Bedeutungsanalyse immer wieder eine Rolle spielen. Wir wollen darauf hinweisen, wie eine soziologisch fundierte Bedeutungsanalyse allmählich zu einer Symptomenlehre entwickelt werden könnte, entsprechend dem Prinzip, daß im Sozialen, wenn man genau zusieht, im Einzelelement, das Ganze enthalten ist.

beobachten. Er wird diese Prolongation der noetischen Entscheidung damit begründen, daß dieser Umweg über die Sozialgeschichte vielleicht die Diskussion über die Wahrheit auch direkt bereichert. Er wird die Stunde sich zunutze machen, in der zwar nicht die Wahrheit selbst, aber manche bisher nicht gesehene „Umstände" sich offenbaren, die nicht ohne Relevanz für die Wahrheitsfindung sein könnten. Meint man nämlich im Besitze der Wahrheit zu sein, so versperrt man sich den Weg des Interesses zu diesen Einsichten, — vielleicht, daß gerade unser Aufgelockertsein uns manchem näherbringt, was apodiktischeren Zeitaltern gar nicht zugänglich war.

Denn es ist ja klar, daß nur in einer so rapiden und radikal sozialen und geistigen Transformation Gehalte, auf die man sonst verabsolutierend eingestellt gewesen wäre, dermaßen transparent werden können, daß man alles und jegliches als ideologiehaft zu sehen imstande ist. Bisher hat man bestimmte Gehalte bekämpft, dafür aber um so hartnäckiger die eigenen verabsolutiert; jetzt gibt es zu viel gleichwertige, auch geistig gleichmächtige Positionen, die sich gegenseitig relativieren, als daß sich ein einziger Gehalt oder eine einzige Position dermaßen verfestigen könnte, daß sie sich absolut nehmen dürfte. Nur diese sozial aufgelockerte Situation macht die Tatsache sichtbar, die sonst durch die allgemein herrschende soziale Sekurität[26]) und durch traditionales Eingelebtsein bestimmter Gehalte verdeckt wird, daß jeder historische Standort partikular ist. Es mag ja sein, daß zum Handeln eine bestimmte Selbsthypostasierung nötig ist und daß auch die Aussageform im Denken stets zur Verabsolutierung zwingt. Das ist aber gerade die Funktion historischer Forschung (und bestimmter sozialer Träger, wie wir sehen werden) in unserer Epoche, daß sie diese notgedrungen und für den Augenblicksbedarf unumgänglichen Selbsthypostasierungen immer wieder rückgängig macht und in einer steten Gegenbewegung die Selbstvergottung immer wieder relativiert, um auf diesem Wege ein *Offensein zur Ergänzung* zu erzwingen.

Es ist geradezu Gebot der Stunde, die jetzt gegebene Zwielichtbeleuchtung, in der alle Dinge und Positionen ihre Relativität offenbaren, zu nützen, um ein für allemal zu wissen, wie alle jene Sinngebungsgefüge, die die jeweilige Welt ausmachen, eine geschichtliche, sich verschiebende Kulisse sind und daß das Menschwerden entweder hinter oder in ihnen sich vollzieht. Es gilt in diesem historischen Augenblick, wo alle Dinge plötzlich transparent werden und die Geschichte ihre Aufbauelemente und

[26]) Unter sozialer Sekurität verstehen wir nicht eine Armut an Ereignissen oder ein Gesichertsein der Privatexistenz, sondern die Stabilität des jeweiligen sozialen Aufbaues, der am ehesten die Stabilität der „Werte" und „Gehalte" garantiert.

Strukturen geradezu enthüllt, mit unserem wissenschaftlichen Denken auf der Höhe der Situation zu sein, denn es ist nicht ausgeschlossen, daß allzubald — wie dies schon in der Geschichte öfter der Fall war — diese Transparenz verschwindet und die Welt zu einem einzigen Bilde erstarrt.

Diese erste wertfreie Ansicht von der Geschichte führt nicht unbedingt zu einem Relativismus, sondern zu einem *Relationismus*. Die absolute Fassung des totalen Ideologiebegriffes ist nicht einem Illusionismus gleichzusetzen (Ideologie ist auf dieser Stufe phänomenal nicht identisch mit Illusion); seinsgebundene Erkenntnis greift nicht ins Leere, seinsgebundene Norm ist nicht unverbindlich. Relationismus bedeutet nur die Bezüglichkeit aller Sinnelemente aufeinander und ihre sich gegenseitig fundierende Sinnhaftigkeit in einem bestimmten System. Dieses System aber ist nur möglich und gültig für ein bestimmt geartetes historisches Sein, dessen adäquater Ausdruck es eine Zeitlang ist. Verschiebt sich das Sein, so entfremdet sich auch das früher von ihm „gezeugte" Normsystem. Dasselbe gilt für die Erkenntnis, für die historische Sicht. Jede Erkenntnis intendiert zwar einen Gegenstand und richtet sich in erster Linie nach diesem. Die Zugangsweise zum Gegenstand hängt aber von der Konstitution des Subjektes ab. Einmal der Intensität nach (ganz besonders wenn es sich um das „Verstehen" handelt, wo zur Durchdringung des Gegenübers eine ontische Verwandtschaft des Verstehenden und Verstandenen Voraussetzung ist), andererseits aber auch der intellektuellen Formalisierbarkeit der theoretischen Gegenstandskonstitution nach, da doch jede Sicht, um Erkenntnis zu werden, kategorial formiert und formuliert werden muß, die Formierbarkeit und Formulierbarkeit aber vom jeweiligen Stand des theoretisch-begrifflichen Bezugssystems abhängt. Was für Begriffe und welche Bezugsebenen man überhaupt hat, auch nach welchen Richtungen hin sie zur Weiterbildung tendieren, hängt nicht zuletzt von der dahinterstehenden historischen Seinslage der tragenden (de facto denkenden) Individuen in diesen Gruppen ab. Was also bei dieser wertfreien Ideologieforschung zum Thema wird, ist die stete Bezüglichkeit jeglicher Erkenntnis und der in ihr enthaltenen Grundelemente auf Sinn- und letzten Endes auf historische Seinszusammenhänge, und es wäre ein Aufgeben der bereits erreichten Denkstufe, wollte man diese Einsicht eher umgehen, als sie angemessen irgendwie in Rechnung zu stellen.

Es ist deshalb äußerst fraglich geworden, ob es überhaupt erstrebenswert und eine wirkliche Aufgabe sei, Unbezüglichkeiten oder „Absolutheiten", wie man sie zu nennen pflegt, in diesem Strome zu finden. Vielleicht liegt die höhere Aufgabe gerade darin, relational und dynamisch, aber nicht statisch denken zu lernen. Es mutet ja manchmal geradezu unheimlich an, wenn in der gegenwärtigen Denk- und Seinslage gerade jene sich als höherwertig vorkommen, die irgend etwas „Absolutes" zu besitzen vorgeben. Dieses Sich-Anpreisen und Sich-Empfehlen durch Absolutheiten spekuliert allzu oft bloß auf das Sekuritätsbedürfnis breiter Schichten, die den auf der gegenwärtigen Seinsstufe offenbar werdenden Abgrund des Lebens nicht sehen wollen. Es mag ja sein, daß das Weiterleben und Handeln es aus vitalen Gründen nötig hat, über Möglichkeiten hinwegzuschreiten, um auf konkrete Aufgaben und auf ein verabsolutiertes Unmittelbares sich zu konzentrieren — aber es ist meistens nicht der Tätige, der heute das Absolute, das Unbezügliche sucht, sondern derjenige, der das Geschehen stabilisieren möchte zugunsten seines bereits eingelebten Wohlergehens. Das Behagliche möchte allzugerne das zufällige Sosein des Alltags, wozu heutzutage romantisierte Gehalte („Mythen") gehören, zum Absolutum hypostasieren und stabilisieren, damit es ihm ja nicht entgleitet. So vollzieht sich die unheimliche Wendung der Neuzeit, daß jene Kategorie des Absoluten, die einst das Göttliche einzufangen berufen war, zum Verdeckungsinstrument des Alltags wird, der durchaus bei sich bleiben möchte.

Das Übergleiten des wertfreien Ideologiebegriffes in den wertenden.

Es gleitet also auch (wie dies uns jetzt unversehens in der soeben vollzogenen Phase der Gedankenentwicklung erging) der wertfreie Ideologiebegriff, der zunächst nur den unendlichen Fluß des immer anders sich gestaltenden historischen Lebens schauen und erforschen wollte, in eine wertende, erkenntnistheoretische und letzten Endes in eine ontologisch-metaphysische Wertung hinüber. In unserer Argumentation wurde ja die wertfreie, dynamische Haltung unversehens zum Kampfinstrument gegen eine bestimmte Haltung und damit Bejahung einer bestimmten Weltsicht, aus der heraus die „wertfreie" Haltung selbst erst entsteht. Es wird also auch hier, wenn auch nur gleichsam am Ende des Tuns und Forschens, jene latente Motivation sichtbar, die schon von Anfang an zur Methode des alles Dynamisierens und zum Durchhalten des historischen Gesichtspunktes trieb.

Dieses Sichtbarwerden einer metaphysisch-ontologischen Entscheidung[27]), die auch dann wirkt, wenn man von ihr nichts weiß, wird nur

[27]) Allenfalls ist jene Entscheidung und jene Ontik, die gleichsam hinter unserem Rücken und im Vollzuge selbst entsteht, auf einer ganz anderen Stufe Ontik, Entscheidung, wie die, von der wir sprachen, als wir jene Verabsolutierungen bekämpften, die vom Geschichtsprozeß Destruiertes noch einmal (im Sinne der romantischen Seelenhaltung)

jenen erschrecken, der sich noch immer an den Vorurteilen der vergangenen positivistischen Epoche orientiert und meint, völlig wert-, entscheidungs-, ontologie- und metaphysikfrei denken zu können[28]). Je konsequenter man aber im Interesse einer wahren Empirie das Denken auf seine Voraussetzungen hin durchforscht, desto klarer wird es, daß gerade Empirie (in den historischen Wissenschaften zumindest) nur im Element metaempirischer, ontologisch-metaphysischer Entscheidungen und der daraus sich ergebenden Erwartungen und Setzungen möglich ist. Wer sich für gar nichts entscheidet, hat gar keine Fragestellung und nicht einmal eine heuristische Hypothese, auf die hin man die Geschichte befragen und durchforschen könnte. Zum Glück hatte der Positivismus trotz seiner erkenntnistheoretischen Vorurteile und trotz seines angeblich besseren Wissens ontologisch-metaphysische Entscheidungen (so etwa den Glauben an den Fortschritt, seine spezifische „Realistik", die ja auch ontische Entscheidungen impliziert), weshalb auch diese Forschungsweise viel Wichtiges und auch in der Zukunft nicht ohne weiteres Aufzugebendes zutage förderte. Die Gefahr der ontologischen Entscheidung liegt gar nicht darin, daß sie überhaupt vorhanden ist und vollzogen wird, nicht einmal darin, daß sie der Empirie vorauseilt[29]), sondern darin, daß ererbte Ontologie das neue Werden, insbesondere das Werden der Denkbasis hindert, und daß man, solange man die jeweilige Partikularität der herangebrachten theoretischen Bezugsebenen nicht sieht, in einer auf der gegenwärtigen Stufe der Entwicklung nicht mehr erlaubten Starrheit des gedanklichen Fassungsvermögens verharrt. Was wir also fordern, ist ein Offensein zur steten Bereitschaft, einzusehen, wie jede vollzogene Sicht stets partikular ist und

---

aufrichten möchten. Diese unumgängliche Ex-post-Ontologie, die in unserem Handeln lebt, auch wenn wir es nicht wollen, ist nicht etwas, was man nur romantisch ersehnt, zurückwünscht und womit man sich den Wirklichkeitshorizont verhängt, sondern das *ist* unser Horizont, den keine Ideologiedestruktion auflösen kann.

Hier an dieser Stelle scheint sich etwas in der Richtung der Lösung zu lichten (wenn wir auch sonst in diesem Buche nicht die „Lösung" geben): die Ideologie- und Utopie-Enthüllung kann nur Gehalte zersetzen, mit denen wir nicht identisch sind, und es taucht die Frage auf, ob nicht unter bestimmten Umständen in der Destruktion selbst schon das Konstruktive liegt, ob der neue Wille und der neue Mensch nicht schon in der Richtung des Fraglichmachens gegenwärtig sind. Wie es einst ein Weiser sagte: „Oftmals, wenn einer zu mir kommt, sich Rats zu erfragen, höre ich, wie er selber die Antwort spricht."

[28]) Ein etwas kritischer gestimmter Positivismus war bescheidener und wollte nur das „Minimum der unerläßlichen Voraussetzungen". Zu fragen wäre, ob dieses Minimum sich nicht nachträglich als „das unserer Seinslage entsprechende unauflösbar Ontologische" enthüllt.

[29]) Täte sie das nicht, so wäre Empirie überhaupt nicht möglich, denn das an und für sich Daseiende, objektivierte Sinngefüge kann sich nur einem sinngemäß fragenden Subjekt erschließen.

worin ihre Partikularität jeweils liegt, weshalb eine bewußte Herausarbeitung der impliziten metaphysischen Voraussetzungen (in deren Element jeweils Empirie möglich wird) mehr zur Bereinigung der Forschung dient, als ihr prinzipielles Leugnen und Hereinlassen durch die Hintertüre.

Charakteristik zweier typisch ontischer Entscheidungen, die hinter dem wertfreien Ideologiebegriff stehen können.

Nach diesem Exkurs über Ex-post-Ontologie[30]) und Positivismus (der nötig war, um auch die nunmehr darzustellende Bewegung des Gedankens, der sich in der letzten Phase der Entwicklung auch in der Geschichte abgespielt hatte, richtig zu verstehen) können wir aussagen, daß das ursprünglich wertfrei ansetzende, historisch-soziologische Forschen auf der soeben in unserer Darstellung erreichten Stufe der Entwicklung plötzlich *zwei wichtigen weltanschaulich-metaphysischen Entscheidungen gegenüber offen wird*. Die beiden Wege aber, die man in der gegenwärtigen Situation de facto einschlagen kann, sind folgende:

Einmal kann man den durchgängigen Wandel des Historischen in seiner Unstetheit bejahen, weil man der Ansicht ist, daß das Letzthinnige gar nicht im Historischen, gar nicht in der Objektivation steckt. Man wird das Zeitliche, Soziale, alle Mythen und Gehalte und jegliche Sinnsetzung preisgeben, weil man das Unbezügliche als geschichtstranszendent, als ein Nichts der Fülle, aus der jede historische Objektivation erst quillt, wird bejahen wollen. Es wird dies jene ekstatische Fülle sein, die stets Geschichte schafft, von der aber jegliche Geschichte stets abfällt. Der Kenner der Geschichte wird merken, daß dieser Standpunkt in direkter Kontinuität zu dem der Mystik steht. Schon der Mystiker hatte behauptet, daß es im Leben ein Zeit- und Raumjenseitiges gebe und daß Raum und Zeit mitsamt den in ihnen vorkommenden Erscheinungen dem ekstatischen Erleben gegenüber nur Scheinwesen seien. Nur konnte der Mystiker das seinerzeit noch nicht beweisen. Der Alltag war noch zu verfestigt in seiner damaligen Konkretheit, jedes Zufällige war in seinem Dasein zu einem gottgewollten, wesenhaften Sosein gesteigert. Der Traditionalismus bannte eine an Ereignissen zwar bewegte, in ihrer Sinnsetzung aber stabilisierte Welt, auch besaß er dieses Ekstatische noch nicht nackt, sinnfrei, er interpretierte es noch mit Beziehung auf das Göttliche, erlebte man doch die Ekstase als eine Art Gottbegegnung. Die allgemeine Bezüglichkeit der Sinnelemente ist aber in der Zwischenzeit dermaßen evident geworden, daß man sie

[30]) Vgl. meine *Strukturanalyse der Erkenntnistheorie:* Kant-Studien, Ergänzungsheft 57, Berlin 1922, S. 37, Anm. 1, S. 52, Anm. 1.

bald als öffentliche Weisheit wird aussprechen können. Was einst noch esoterisches Wissen einiger Eingeweihter gewesen war, kann heute methodisch sichtbar gemacht werden, und der Soziologismus wird unter Umständen genau so wie der Historismus zu einem Mittel der Mediatisierung des Alltags und der Geschichte in Händen derer werden, für die das Wirkliche im Außergeschichtlich-Ekstatischen liegt.

Die zweite, soeben angedeutete Motivationsreihe, die aus der gegebenen Situation zur Soziologie führen und einen Impuls zur historischen Forschung verleihen kann, ergibt sich daraus, daß man in diesem Wandel der Bezüglichkeiten, der Sinnzusammenhänge kein willkürliches Spiel sieht, sondern sowohl in ihrer Gleichzeitigkeit als in ihrem Nacheinander eine (wenn auch in ihrer Natur nach nicht so ohne weiteres bestimmbare, aber doch irgendwie erfaßbare) Notwendigkeit aufzuweisen unternimmt.

Hat man einmal dieses innere Verhältnis zu dem historischen Wandel der Sinnelemente gewonnen, für das zwar kein besonderes Stadium des Geschichtlichen als absolut genommen wird, das ganze Werden aber dennoch ein aufgegebenes Problem enthält, so wird man sich bei jener ekstatischen Position, für die jede Geschichte „*nur* Geschichte" ist, nicht mehr beruhigen können. Man wird zwar zugeben, daß das Menschsein mehr ist als irgendein besonderes Stadium des geschichtlichen und sozialen Seins, daß jenes ekstatische Außerhalb irgendwie existiert, als etwas, was auch dem Geschichtlichen und Sozialen immer wieder gleichsam den Anstoß gibt, auch daß die Geschichte immer wieder von diesem abfällt, aber man wird deshalb in der Geschichte selbst nicht nur ein allein durch seine Negativität Charakterisierbares sehen, sondern einen Schauplatz, an dem sich auch ein wesentliches Werden abspielt. Dieses Werden des Wesens „Mensch" vollzieht sich auch und wird erfaßbar im Wandel der Normen, der Gestaltungen und der Werke, im Wandel der Institutionen und Kollektivwollungen, im Wandel der Ansatzpunkte und Standorte, von denen aus das jeweilige historische und soziale Subjekt sich selbst und seine Geschichte sieht. Man wird geneigt sein, in allen diesen Phänomenen immer mehr etwas Symptomatisches zu sehen —, eine kohärente Symptomatik, deren Einheit und Sinn es zu lösen gilt. Auch wenn man in der ekstatischen Selbstbegegnung das, was wir letztlich sind, in allein angemessener Form haben sollte, auch dann steht jenes Unbenennbare, aber von den Ekstatikern stets Intendierte doch noch notwendigerweise in irgendeiner Beziehung zum Historischen und Sozialen, dessen Schicksale auch irgendwie seine Schicksale sind. Und wie wäre es, wenn jenes Ekstatische, das sich direkt seinem Wesen nach niemals enthüllt und direkt nicht benennbar und nicht aussprechbar ist, durch seine Spuren, die es in der Geschichte zurückläßt, indirekt charakterisierbar wäre?

Aus diesem letzten Endes unzweifelhaft durch ein besonderes Weltgefühl fundierten Verhältnis zur Geschichte und zum Sozialen wird auch die vorangehende Position in ihren Grenzen durchsichtig. Die Position, die das Geschichtliche von einem ekstatischen Außerhalb betrachtete, mußte Gefahr laufen, gerade als Folge dieser Geschichtsverachtung ihr nichts Wesentliches abgewinnen zu können. Eine eigentliche Beziehung zum Geschichtlichen kann man von einer Bewußtseinshaltung, der es nur darauf ankommt, das Geschichtliche zu mediatisieren, nicht erwarten. Dabei zeigt jedoch jedes genauere Zusehen, daß im Elemente des Geschichtlichen — wenn sich auch nichts endgültig verfestigt — irgend etwas doch geschieht. Schon die Tatsache, daß in der Geschichte jeder Zeitpunkt und jedes Sinnelement einen Stellenwert hat (nicht alles stets und immer geschehen könnte, weshalb man sich niemals in absoluten Situationen befindet) —, daß also weder Geschehen noch Sinnzusammenhänge reversibel sind, weist darauf hin, daß die Geschichte nur für jenen stumm und sinnlos ist, der von ihr nichts Wesentliches erwartet, und daß gerade für die Geschichtsbetrachtung ein Standpunkt, für den Geschichte „nur Geschichte" ist, am allerwenigsten fruchtbar sein kann.

Man kann und muß Geistesgeschichte (und zu dieser Art soziologischer Geschichtsbetrachtung haben wir uns schon durch unsere bisherige Art der Betrachtung bekannt) in der Weise betreiben, daß man in der Abfolge, aber auch in der Koexistenz der Elemente mehr als einen Zufall sieht und durch die Erforschung der in der Geschichte werdenden Totalität immer mehr den Stellenwert und die Bedeutung der Elemente zu erfassen versucht. Baut man diese Sicht immer konkreter aus, nicht allein spekulativ, sondern jeden Schritt am vorliegenden Material prüfend, durch ihn belegend, so kommt man zu einer Disziplin, die man *soziologische Zeitdiagnostik* nennen könnte. Um eine solche bemühten sich bereits die bisherigen Ausführungen, wenn sie zu zeigen versuchten, wie der Ideologiebegriff selbst bei der Diagnose der gegenwärtigen Denklage verwertet werden kann, und wenn unsere Typologie nicht einfach Fälle nebeneinander gestellt hat, sondern in der Abfolge des Bedeutungswandels dieses (allenfalls äußerst symptomatischen) Begriffes unsere gesamte Seins- und Denklage im Querschnitt erfaßt werden sollte. Eine solche Diagnostik, wenn sie auch anfangs versucht, sich wertfrei zu gebärden, wird auf die Dauer sich in dieser Position nicht halten können und allmählich in eine wertende Haltung übergleiten. Den Übergang zur Wertung wird auf der ersten Stufe schon die

Tatsache erzwingen, daß man keine Artikulation in die Geschichte hineinzutragen imstande ist, wenn man nicht Akzente verteilt: Akzente, Gewichte zu verteilen ist aber bereits der erste Schritt zur Wertung und zur ontologischen Entscheidung.

Das wiederholte Auftauchen des Problems des „falschen Bewußtseins".

So erzwingt auch hier die historische Dialektik den allmählichen Übergang zur nächsten Stufe, wo *an Stelle des wertfreien, totalen und absoluten Ideologiebegriffes der wertende Ideologiebegriff* derselben Stufe treten muß. (Vgl. S. 78.) Diese Wertung wird aber eine ganz andere sein als die bisher gekannte und dargestellte. Man wird nicht einfach die Setzungen einer Zeit als absolute hinnehmen — die Einsicht in die Zeit- und Sozialgebundenheit der Normen und Werte kann nicht mehr verloren gehen —, der ontische Akzent wird sich auf eine andere Problematik zurückziehen. Er wird unter den Normen, Denkweisen, Orientierungsschemen *ein und derselben Zeit* wahre und unwahre, echte und unechte unterscheiden. Nicht einem absoluten, ewig gleichen Sein gegenüber versagt hier das „falsche Bewußtscin", sondern einem in stets neuen seelischen Vollzügen sich neugestaltenden Sein gegenüber. Es ist bereits daraus zu verstehen, warum sich die ganze Energie, die durch die Dialektik des Gedankens gezwungen wird, auf das Erstreben überzeitlicher Werte zu verzichten, mit um so größerer Intensität auf die Unterscheidung von in einer Zeit wirklichen und unwirklichen Gedanken konzentriert. Damit kehrt aber das Problem des falschen Bewußtseins auf der modernen Problemebene von neuem wieder. Wir begegneten dem Problem des falschen Bewußtseins in seiner modernsten Fassung, wo es bereits seine Orientierung an religiös transzendenten Faktoren aufgab und in einer an den Pragmatismus erinnernden Form das Kriterium der Wirklichkeit in die Praxis, und zwar in die politische Praxis, verlegte. Was damals noch zur endgültigen Fassung fehlte, war das historistische Element. Denken und Sein waren noch als fixe Polaritäten in einer „absoluten Situation" vorgestellt, die zwischen ihnen bestehende Spannung war noch als eine statische gemeint. Erst jetzt kommt das neue, das historistische Element hinzu.

Falsch ist demnach im Ethischen ein Bewußtsein, wenn es sich an Normen orientiert, denen entsprechend es auch beim besten Willen auf einer gegebenen Seinsstufe nicht handeln könnte, wenn also das Versagen des Individuums gar nicht als individuelles Vergehen aufgefaßt werden kann, sondern das Fehlhandeln durch eine falsch angelegte moralische Axiomatik begründet und erzwungen ist. Falsch ist in der seelischen Selbstauslegung ein Bewußtsein, wenn es durch die eingelebten Sinngebungen (Lebensformen, Erlebnisformen, Auffassung von Welt und Menschtum) neuartiges seelisches Reagieren und neues Menschwerden überhaupt verdeckt und verhindert. Falsch ist ein theoretisches Bewußtsein, wenn es in der „weltlichen" Lebensorientierung in Kategorien denkt, denen entsprechend man sich auf der gegebenen Seinsstufe konsequent gar nicht zurechtfinden könnte. Es sind also in erster Linie überholte und überlebte Normen und Denkformen, aber auch Weltauslegungsarten, die in diese „ideologische" Funktion geraten können und vollzogenes Handeln, vorliegendes inneres und äußeres Sein nicht klären, sondern vielmehr verdecken. Es sollen nur noch einige bezeichnende Beispiele für die verschiedenen wichtigsten Typen des soeben geschilderten ideologischen Bewußtseins angeführt werden.

Man denke etwa für den Fall, daß überholte *ethische* Normen zu Ideologien werden, an die Geschichte des „zinslosen Darlehens"[31]). Das zinslose Darlehen ist als Forderung adäquat nur dort erfüllbar, wo man sich soziologisch und wirtschaftlich auf der Stufe des Nachbarschaftsverbandes befindet. In einer solchen Welt ist die Forderung restlos verwirklichbar. Das zinslose Darlehen ist eine dieser Welt zurechenbare und in diesem Sinne ihr adäquate Norm. Aus der Welt des Nachbarschaftsverbandes entstammend, ging diese Vorschrift in den Normenschatz der Kirche über: je mehr sich die „Realunterlagen" der Umwelt inzwischen wandelten, um so mehr rückte diese Forderung in eine ideologische Position, sie wurde nämlich auch potentiell unverwirklichbar. Vollends „weltentrückt" wurde aber diese Forderung zur Zeit des aufkommenden Kapitalismus, als sie durch einen Funktionswandel zu einem Kampfmittel der Kirche gegen die neue Wirtschaftsmacht wurde. Nach dem Durchdringen und dem Sieg des Kapitalismus wird der ideologische Charakter der Norm (die Tatsache, daß man sie nur umgehen kann, aber nicht befolgen), dermaßen durchsichtig, daß sie auch von der Kirche fallen gelassen wird.

Als Beispiel für ein falsches Bewußtsein auf der Ebene der *Selbstklärung* mögen die Fälle dienen, wo der Mensch ein historisch bereits mögliches, „wahres" Verhältnis zu sich selbst oder zur Welt verdeckt, das Erleben der elementarischen Gegebenheiten des Menschseins verfälscht, indem er sie entweder „verdinglicht" oder „idealisiert", aber auch „romantisiert", — mit einem Wort mit all den Techniken der Selbstflucht und Weltflucht falsche Begegnungsarten heraufbeschwört. Falsch ist es deshalb, die su-

[31]) In Bezug auf das historische Material des Beispiels vgl. *Weber, Max:* Wirtschaft und Gesellschaft. Grundriß der Sozialökonomik, Abtlg. III, S. 801 f.

chende Unruhe durch nicht mehr lebbare Absolutheiten zu verdecken, so etwa „Mythen" zu *wollen,* für „Größe an und für sich" zu schwärmen, „idealistisch" zu sein und faktisch sich selbst Schritt für Schritt in bereits leicht durchschaubarer „Unbewußtheit" zu umgehen.

Ein Beispiel schließlich für den dritten typischen Fall falschen Bewußtseins liegt vor, wenn es in der *Weltorientierung* erkenntnismäßig versagt. Hierfür ist ein paradigmatischer Fall, wenn etwa ein Gutsbesitzer, dessen Gut bereits ein kapitalistischer Betrieb geworden ist, seine Beziehungen zu den Arbeitern und seine eigene Funktion noch immer in patriarchalistischen Kategorien auslegt.

Zieht man alle diese Fälle in den Umkreis der Betrachtungen, so bekommt das falsche Bewußtsein ein ganz neues Gesicht. Falsch und ideologisch ist von hier aus gesehen ein Bewußtsein, das in seiner Orientierungsart die neue Wirklichkeit nicht eingeholt hat und sie deshalb mit überholten Kategorien eigentlich verdeckt[32]).

Dieser Ideologiebegriff (vom Utopiebegriff soll ja in der vorletzten Untersuchung gesondert gesprochen werden[33]), den wir den wertenden und dynamischen nennen wollen — wertend, weil er bezüglich der Wirklichkeit der Gedankengehalte und Bewußtseinsstrukturen Entscheidungen trifft, dynamisch, weil er diese Entscheidungen an einer stets im Fluß sich befindlichen Wirklichkeit mißt —, ist selbstverständlich nur auf der Stufe des absoluten und totalen Ideologiebegriffs möglich und ist jener zweite Typus, den wir dem „wertfreien" gegenübergestellt haben.

So kompliziert auch für den ersten Augenblick diese Art der Begriffsbestimmung zu sein scheint, so glauben wir doch, daß sie nicht im mindesten forciert ist, denn sie denkt in der Definition nur Probleme möglichst konsequent zu Ende, *die der alltägliche* Sprachgebrauch der gegenwärtigen Weltorientierung bereits im Ansatz besitzt und eigentlich intendiert.

Dieser Ideologie- (und Utopie-) Begriff rechnet eben nur mit der Einsicht, daß es über bloße Täuschungsquellen hinaus falsche Bewußtseinsstrukturen gibt; er rechnet mit der Tatsache, daß die „Wirklichkeit", der gegenüber man versagt, eine dynamische sein kann, daß es im selben historisch-sozialen Raum verschieden gelagerte falsche Bewußtseinsstrukturen

[32]) Daß ein Bewußtsein auch falsch, „seins-inadäquat" sein kann, indem es dieses „Sein" überholt — das ist Thema des vorletzten Aufsatzes, wo gerade das „utopische" Bewußtsein analysiert wird. Für uns genügt hier dieses einzige Merkmal, daß es das Sein überholt.

[33]) In der Untersuchung über das utopische Bewußtsein wird sich auch herausstellen, daß das utopische Überholen des jeweils „Gegenwärtigen" nicht einfach als eine negative Parallele zur ideologischen Verdeckung des Seienden durch vergangene Gehalte behandelt werden kann. Vgl. S. 224 f.

geben kann, solche, die das „zeitgenössische" Sein im Denken überholen und solche, die es noch nicht erreichen, in beiden Fällen aber verdecken, und er rechnet schließlich mit einer „Wirklichkeit", die allein in der Praxis sich enthüllt. Alle diese Ansatzpunkte, die im letzterwähnten (dynamischen und wertenden) Ideologiebegriff enthalten sind, beruhen auf Erfahrungen, die man nicht umgehen, höchstens systematisch stets anders verarbeiten kann.

Im Ideologie- und Utopiegedanken wird die Wirklichkeit gesucht.

Im Ideologie- und Utopiegedanken, in dem Bestreben, dem Ideologischen und Utopischen in gleicher Weise zu entgehen, wird eigentlich letzten Endes die Realität gesucht. Die beiden modernen Vorstellungen sind Organe der fruchtbaren Skepsis und sie sind zu bejahen, weil sie der großen Verführung des Bewußtseins entgegentreten, der Tendenz des Gedankens, bei sich zu bleiben, Wirklichkeiten zu verdecken oder sie einfach zu überholen. Der Gedanke soll nicht weniger, aber auch nicht mehr enthalten als die Wirklichkeit, in dessen Element er steht. Genau wie die wahre Schönheit des geschriebenen Stils nur darin besteht, daß er ganz genau das Auszudrückende erfaßt, nie zu wenig sagt, aber auch nie zu viel, so liegt die Wahrheit des Bewußtseins darin, daß es niemals daneben greift.

Im Ideologie- und Utopiegedanken taucht also noch einmal die Frage nach der Wirklichkeit auf. Beide Vorstellungen enthalten die Forderung, daß der Gedanke sich auf seine reale Deckung hin auszuweisen habe. Nur das Problem der Wirklichkeit ist inzwischen fraglich geworden. Alle Parteien suchen in ihrem Denken und Handeln diese Wirklichkeit, und es ist kein Wunder, wenn sie sich ihnen verschieden gibt.

Über die soziale Differenzierung der Ontologien vgl. meine Untersuchung: „Das konservative Denken", a. a. O. Teil II. Im Anschluß daran *Eppstein, P.:* Die Fragestellung nach der Wirklichkeit im historischen Materialismus. Archiv für Sozialwissenschaften und Sozialpolitik, Bd. 60, 1928, S. 449 ff.

Der aufmerksame Leser merkt vielleicht, wie von hier ab der wertende Ideologiebegriff von neuem in die Gestalt des wertfreien übergleitet, allenfalls mit der Intention, eine wertende Lösung zu finden. Dieses Gleiten des Begriffes gehört zur Technik eines Forschens, das sich auf einer Reifestufe des Denkens befindet und sich nicht sofort einem partikularen Standort hingibt, um sich auf diesem Wege einzukapseln. Dieser *dynamische Relationismus* ist die einzig mögliche adäquate Form des Suchens nach einem Ausweg in einer Welt, in der verschiedene, sich zur Absolutheit hypostasierende Möglichkeiten der Weltsicht existieren, deren Partikularität bereits sichtbar geworden ist. Nur wenn das suchende Individuum alle entscheidend wichtigen Motivationsreihen in sich aufgenommen hat, die historisch-sozial geworden sind und in ihrer realen Spannung die Gegenwartslage charakterisieren, — nur dann kann es erst überhaupt daran denken, eine der heutigen Seinslage angemessene Lösung zu finden. Ein solches Denken, das sich nicht sofort festlegt, sondern die gewordenen und uns noch beherrschenden Spannungen in sich aufnimmt, wird nicht geradlinig, thetisch, sondern antithetisch, dialektisch sein. Es wird aber dieses suchende Gleitenlassen der Begriffsbedeutung und die noch unüberwundenen Widersprüche nicht — wie es zumeist geschieht — vor sich verdecken, sondern der Ansicht sein, daß gerade das Fixieren des bisher unüberwundenen Widerspruches überhaupt erst jener Funke ist, der die auf der Gegenwartsstufe wirklich nötigen Gedanken entzündet. Wir wollen — wie erwähnt — durch einen steten Hinweis auf diese sonst verdeckten sorgfältig retuschierten Phänomene das fraglich Gewordene und deshalb auch bei uns noch Fragliche im Bereich der Kontrolle haben.

Ein solcher dynamischer Relationismus verzichtet lieber auf ein „geschlossenes System", wenn diese Geschlossenheit nur auf Grund einer Totalität möglich ist, deren Partikularität bereits durchsichtig geworden ist. Auch wäre in diesem Zusammenhang noch zu überlegen, ob denn Geschlossenheit und Offenheit eines Systems in ihrer Möglichkeit und Erforderlichkeit von Epoche zu Epoche, von sozialem Standort zu sozialem Standort sich nicht ändern. Denn bereits diese Andeutungen müssen es für den Leser wahrscheinlich machen, daß sowohl das antinomische wie das dialektische, das geschlossene wie das offene System Ordnungstypen des Denkens sind, die nicht willkürlich und zufällig, sondern als adäquate Bewältigungsformen der dahinterstehenden, sich stets immer anders gestaltenden Seins- und Denklage auftreten.

Einiges zur Soziologie des Phänomens „System" findet man in meinem „Konservativen Denken" a. a. O. S. 86 ff.

Wäre dieses Wirklichkeitsproblem nur ein spekulatives Hirngespinst, so könnte man leicht die Frage übergehen. Es wird aber Schritt für Schritt immer klarer erkennbar, daß an der Vielgestaltigkeit gerade dieses Begriffes die Vielgestaltigkeit unseres ganzen Denkens hängt und daß jede der ontologischen Entscheidungen immanent eine viel weiterragende Option enthält. Es wird gerade an der Vielgestaltigkeit der ontologischen Entscheidung am klarsten sichtbar, daß wir kaum mehr in derselben Denkwelt leben, daß es gegeneinander sich bewegende Denksysteme gibt, die letzten Endes schon im Wirklichkeitserleben auseinandergehen.

Man kann diese Denkkrisis vor sich verdecken, wie es die alltägliche Lebenspraxis tut, indem sie sich Dinge und Zusammenhänge in ihrer Partikularität begegnen läßt.

Es wäre aber nichts frivoler und unrichtiger, als etwa folgendermaßen zu argumentieren: Da nachweislich jedes historisch-politische Denken bis zu einem gewissen Grade auf einer metatheoretischen Option beruht, so kann man ja dem Denken überhaupt nicht vertrauen, es ist also auch gleichgültig, wie man von Fall zu Fall theoretisch argumentiert. So soll jeder sich auf seinen Instinkt, auf seine persönlichste Intuition oder auf sein Interesse verlassen und optieren, wie es ihm gerade paßt. Es könnte sich dabei ein jeder in seiner Parteilichkeit wohl fühlen und darüber hinaus auch noch ein gutes Gewissen haben.

Einer solchen propagandistischen Auswertung unserer Analysen ist zu entgegnen, daß ein radikaler Unterschied besteht zwischen einer gedankenlosen Parteilichkeit und einem Irrationalismus, der aus Denkfaulheit auf die bloße Willensentscheidung und Propaganda sich beschränkt, und zwischen einer um die Objektivität radikal beunruhigten Forschung, die, nachdem sie sorgfältig alle bewußte Wertung ausmerzt — was ihr durch eine wissenssoziologische Analyse ohne weiteres gelingt —, noch einen Rest des Parteilichen und Vitalen in der Denkstruktur selbst entdeckt. (Ausführliches hierüber in meiner Schlußrede zur Debatte meines Züricher Referats und in meiner Diskussionsrede zum methodologischen Vortrag W. Sombarts am selben Kongreß. Verhandlungen des 6. Soziologentages a. a. O.)

Solange man nämlich den Dingen nur in ihrer Partikularität begegnet und solange die Begriffsapparatur sich in einem beschränkten Lebenskreise bewährt, mag die Fragwürdigkeit des Gesamtzusammenhanges verdeckt bleiben, und nur von Fall zu Fall erscheint vielleicht eine in der Praxis stets übergehbare Verdunkelung. So hat sich ja die Alltagspraxis genügend lange mit einem magischen System in Deckung befunden, und bis zu einer bestimmten historischen Stufe war die zur primitiven Lebensorientierung nötige Empirie auch in diesem Zusammenhange zu bewältigen. Das Strukturproblem der damaligen wie der heutigen Situation wäre aber ihrem letzten Wesen nach folgendermaßen formulierbar: Wann wandelt sich der Erfahrungsraum einer Gruppe dermaßen fundamental, daß die Diskrepanz zwischen herangebrachter Denkstruktur und mit ihr bereits nicht mehr erfaßbarer neuartiger Gegenständlichkeit sichtbar wird? Für magische Zeiten wird man zwar nicht so intellektualistisch sein anzunehmen, daß auf Grund erkenntniskritischer Erwägungen das magische „Ordnungssystem" verschwand, aber auch dort muß der Wandel des sozialen Lebensraumes rein vital eine Einstellung und ein Sinndeutungsschema ausgeschaltet haben, die bestimmten neuen, inneren und äußeren Grundtatsachen nicht mehr gewachsen waren.

Was das Problem der Partikularität betrifft, so sind auch unsere Einzeldisziplinen in den Geisteswissenschaften nicht anders gelagert als unsere alltägliche Empirie. Auch sie lassen die Gegenstände und Problemstellungen in prinzipiell abgehackter Partikularität sich begegnen. Manchmal stehen streckenweise Fragestellungen nach ihrer inneren organischen Zusammengehörigkeit (und nicht nur im Sinne der Disziplineneinheit) in einem kohärenten Zusammenhang; dann bricht aber plötzlich alles ab. Historische Fragestellungen sind stest monographisch entweder im Sinne der thematischen Begrenzung oder in der Begrenzung des Aspektes. An und für sich ist das nötig, sofern die Arbeitsteilung uns eine Beschränkung auferlegt. Macht man aber eine prinzipielle Tugend daraus, daß der Empiriker über die Einzelbeobachtung, wenn sie auch noch so umfangreich sein sollte, nicht hinausgeht, so ist dies bereits eine innere Abwehr gegen die Fraglichmachung der Grundsituation.

Auch in einer solchen, auf stete Partikularität sich beschränkenden Forschung kann man Wissen sammeln und die Empirie bereichern. Es ist vielleicht auch möglich, daß eine Zeitlang diese Einstellung die richtige war. Aber genau so wie die Naturwissenschaften ihre Hypothesen und Grundlagen immer wieder in Frage stellen müssen, sobald im Bereich der „Tatsachen" eine Diskrepanz sichtbar wird, und wie dort eine weitere Empirie nur durch eine Revision der Grundlagen möglich ist, so sind wir heute auch in den Geisteswissenschaften so weit, daß die Grundlagenfrage uns durch die Empirie aufgezwungen wird.

In einer auf prinzipielle Partikularität eingestellten Empirie ist man eine Zeitlang in derselben Lage wie die Alltagspraxis: die Fragwürdigkeit und Uneinheitlichkeit der Denkbasis wird verhüllt, weil man nie die Gesamtlage zu sehen bekommt. Es ist nichts richtiger als die bekannte These, daß der menschliche Geist mit völlig ungeklärten Begriffen in wunderlicher Weise ganz klare Beobachtungen zu machen imstande ist und die Krise erst ausbricht, wenn es zur Reflexion kommt und man die Grundbegriffe der Disziplinen zu definieren hätte. Ein Beweis für die Richtigkeit dieser These ist, daß in den Einzelwissenschaften die Forschung oft empirisch gesichert weitergeht, während um die Grundfragen und Grundbegriffe der heftigste Kampf tobt.

Aber auch diese Einsicht ist nur partikular, denn sie formuliert nur in Gestalt eines wissenstheoretischen Aphorismus mit Anspruch auf typische Geltung eine Situation, die nur für den Zustand der Wissenschaft in einer begrenzten Periode charakteristisch war. Als man diese These zu Beginn unseres Jahrhunderts aufstellte, erschienen nur an der Peripherie des Forschens im Gebiete der Prinzipienfragen und in dem der Definitionen die Krisensymptome. Heute hat sich die Lage verschoben: die Krise ist bereits mitten in der Empirie faßbar — die Vielgestaltigkeit der Fundierungsmöglichkeiten und der Definitionen und die Konkurrenz der Aspekte bricht bereits bei dem gedankenmäßigen Erfassen des Einzelzusammenhanges durch.

Es wird also nicht geleugnet, daß Empirie überhaupt möglich ist, ferner wird keineswegs behauptet, daß es keine Tatsachen gibt (nichts scheint uns unrichtiger, als einen Illusionismus zu lehren). Auch unsere Nachweise appellieren auf die Beweiskraft der Tatsachen, nur ist es ein eigen Ding um diese Tatsachen. Die „Tatsachen" konstituieren sich für die Erkenntnis jeweils in einem Denk- und Lebenszusammenhang. Ihre jeweilige Erfaßbarkeit und Formulierbarkeit impliziert bereits eine Begriffsapparatur. Ist diese für eine historische Gemeinschaft einheitlich, so wird die hinter dem einzelnen Begriff liegende Voraussetzungsreihe (die vitale und intellektuelle Option) niemals durchsichtig. Von hier ist jene nachtwandlerische Sicherheit ungebrochener Zeiten erklärbar, was das Problem der Wahrheit überhaupt betrifft. Ist aber der Beobachtungsstrahl einmal gespalten[34]), so lockert sich das Festgelegtsein der Erfahrbarkeit in eine vorgeschriebene einzige Richtung. Zunächst bildet sich ein Gegeneinanderdenken aus, das (für die denkenden Subjekte unsichtbar) denselben Erfahrungsstoff in verschiedene Denksysteme einreihen und auch kategorial oft anders verarbeiten läßt.

Hieraus entsteht eine eigentümliche Perspektivität der Begriffe, die bestimmte Seiten desselben Urstoffes jeweils anders fixiert. Dadurch wird die „Wirklichkeit" immer reichhaltiger sichtbar. Was früher nur als eine Art „aura" des noch unbewältigten irrationalen Restes um den einzelnen Begriff gelagert war, erscheint heute zugleich in einem Gegenbegriff, der gerade diesen Rest am Objekt erfaßt.

Das Problematischwerden der Einheit der Denkbasis wird auch in der Empirie selbst allmählich immer klarer erkennbar. Für den tiefer Denkenden enthüllt sich dies zunächst in der Partikularität jeder Definition. Diese Partikularität wird z. B. von Max Weber zugegeben, zugleich aber durch die Partikularität des jeweiligen Erkenntniszweckes legitimiert.

Wie man einen Begriff definiert, hängt von dem Beobachtungsstrahl ab, der bereits unsere unbewußt vollzogenen Denkschritte reguliert. Das Denken, das sich bei dieser Perspektivität der Begriffe ertappt, verbaut sich zunächst zur systematisch totalen Fragestellung mit allen Mitteln den Weg. So war ganz besonders der Positivismus um die Verdeckung dieser Gefährdung besorgt. Einerseits war dies nötig, um den ruhigen Gang der Tatsachenforschung zu sichern, andererseits brachte aber diese Verdeckung Unklarheiten in Fragen, die das Problem des „Ganzen" betreffen.

Zwei typische Dogmen waren geeignet, die Grundfragestellung zu verhindern. Zunächst jene Lehre, die Metaphysik, Philosophie und jede Grenzfrage einfach negierte und nur der empirischen Partikularerkenntnis Gültigkeit zuerkannte, — in diesem Zusammenhang auch die Philosophie als Einzelwissenschaft, insbesondere als Logik, gelten ließ. Den zweiten

---

[34]) Ausführlicheres über die soziologische Ursache dieser Spaltung bringt mein „Züricher Referat".

möglichen Weg zur Verhinderung der Totalitätsproblematik betrat jenes Dogma, das einen Ausgleich zu schaffen versuchte, indem es der Empirie ein von der Philosophie und Weltanschauung bereinigtes Feld einräumte und in Partikularfragen dieser Denkmethode eine apodiktische Sicherheit zuerkannte, für die Lösung der Totalitätsfragen aber die „höhere" Methode der philosophischen Spekulation in Anspruch nahm, allerdings mit einem Verzicht auf „allgemeingültige" Evidenz.

Diese Lösung erinnert in ihrer Struktur unheimlich an die Devise der Theoretiker der konstitutionellen Monarchie: Le roi règne mais ne gouverne pas. Alle Ehreninsignien wälzt man hier auf die Philosophie ab, die Spekulation oder Intuition wird unter Umständen als ein höheres Organ anerkannt, aber all dies nur, damit sie im realen Denkvollzug die positive und demokratisch allgemein geltende Empirie nicht stört. Damit ist wieder die Totalitätsproblematik verdeckt, die Empirie hat sich ihrer entledigt, und die Philosophie ist einfach nicht zur Verantwortung zu ziehen — sie hat nur eine Verantwortung vor Gott —, ihre Evidenz gilt nur in ihrem spekulativen Bereich oder — je nach der Art der Fundierung —vor der reinen Intuition. Das Ergebnis einer solchen Trennung kann nur sein, daß die Philosophie, die sicher die wesentlichste Funktion der Selbstklärung in der jeweiligen Gesamtsituation zu leisten hätte, dies zu tun nicht in der Lage ist, weil sie den Kontakt zur Gesamtsituation verliert, indem sie in ihrem „höher" gelagerten Bereich verharrt, der Einzelforscher aber aus seiner anerzogenen Partikulareinstellung die Umstellung zur umfassenderen Sicht — die die Lage der Empirie bereits erforderlich macht — zu vollziehen nicht imstande ist. Zur Bewältigung einer jeden historischen Seinslage gehört ein bestimmt geartetes Denken, das sich auf der Höhe der aktuellen Realproblematik bewegt und die Fähigkeit besitzt, den jeweils vorhandenen Konfliktsstoff zu übersehen. Auch in diesem Falle handelt es sich darum, daß es einen weiter zurückgeschobenen, axiomatischen Ausgangspunkt, den synthetischen Ort für die Bewältigung der Totalität zu finden gilt. Die Denkkrisis wird nicht behoben, wenn man nach der Methode der Ängstlichen und Unsicheren die Lücken und Widersprüche verdeckt oder nach der Methode der extremen Rechten und Linken auch diese Krisis propagandistisch auswertet und zu einer Vergangenheits- oder Zukunftsverherrlichung benützt (wobei sie übersehen, daß auch ihr eigenes Haus brennt). Es würde ferner nicht viel helfen, dieses Phänomen in diese oder jene Partialaxiomatik als bloße Tatsache, als Beweis der Krise der „gegnerischen Situation" noch einmal einzubauen. So etwas gelingt nur, solange man im historischen Raume mit der neuen Denkmethode alleine steht und solange die Partikularität des eigenen Aspektes noch nicht sichtbar geworden ist.

Nur wenn man die Teilhaftigkeit aller Standorte sieht und sie immer wieder herausstellt, ist man zumindest auf dem Wege zur gesuchten Totalität. Die Denkkrisis ist nicht die Krisis *eines* Standortes, sondern die Krisis einer Welt, die eine bestimmte denkerische Höhenstufe erreichte. Nicht Verarmung ist es, wenn wir eine Seins- und Denkverlegenheit immer klarer sehen, sondern eine unendliche Bereicherung. Nicht ein Bankrott des Denkens ist es, wenn die Vernunft immer tiefer in ihre eigene Struktur schaut, nicht Unfähigkeit, wenn eine ungeheure Blickerweiterung eine Revision der Grundlagen erheischt. Denken ist ein von Realkräften getragener, stets sich selbst in Frage stellender und zur Selbstkorrektur drängender Prozeß. Das Verhängnisvollste wäre deshalb, das bereits sichtbar Gewordene aus Ängstlichkeit zu verbauen. Liegt doch das Fruchtbarste des Augenblicks darin, daß man sich nichts mehr als Partikularität begegnen lassen will, sondern Partikulareinsichten von einem immer umfassender werdenden Zusammenhang her verstehen und auslegen lernt.

Ein Ranke konnte noch in seinem „Politischen Gespräch" seinem Wortführer (Friedrich) die Worte in den Mund legen: „Aus den Extremen aber wirst du nicht auf die Wahrheit schließen können. Die Wahrheit liegt überhaupt außer dem Bereiche des Irrtums. Aus allen Gestalten des Irrtums zusammengenommen könntest du sie nicht abstrahieren: sie will gefunden sein, angeschaut, an und für sich, in ihrem eigenen Kreise. Aus allen Ketzereien der Welt könntest du nicht entnehmen, was das Christentum ist; du mußt das Evangelium lesen, um es kennenzulernen[35])." Uns mutet ein solcher Standpunkt als Ausspruch eines Bewußtseins an, das sich noch auf der Stufe der Reinheit und Ahnungslosigkeit bewegt und die Erschütterung, die das Wissen nach dem Sündenfall besitzt, noch gar nicht kennt. Allzuoft haben wir es aber erlebt, daß die in apodiktischer Schau erfaßte Totalität nachher sich als die beschränkteste Partikularität enthüllte und daß sich ein problemloses Festlegen auf einen sich beliebig anbietenden Standpunkt am sichersten den Weg zu einer heute bereits möglichen, immer mehr sich bereichernden Übersicht und zum kontinuierlichen Intendieren der Totalität verbaut.

Totalität bedeutet deshalb in unserem Sinne nicht eine nur einem göttlichen Auge zumutbare, unmittelbare ein für allemal gültige Schau, nicht ein relativ in sich geschlossenes, auf Ruhe tendierendes Bild. Totalität bedeutet Partikularsichten in sich aufnehmende, diese immer wieder

[35]) *Ranke:* Das politische Gespräch. Hrsg. Rothacker, Halle a. d. S. 1925, S. 13.

sprengende Intention auf das Ganze, die sich schrittweise im natürlichen Prozeß des Erkennens erweitert und als Ziel nicht einen zeitlos geltenden Abschluß, sondern eine für uns mögliche maximale Erweiterung der Sicht ersehnt.

An einem einfachen Fall des Lebens dargestellt, lebt in der Intention einer Totalsicht ein Mensch, der etwa zunächst, in eine Lebenslage gestellt, konkrete Einzelaufgaben erfüllt, dann aber erwacht und plötzlich die seinsmäßigen Grundlagen seiner sozialen und geistigen Existenz erkennt. Er mag sich, während er objektiv ausschließlich auf seine Aufgaben gerichtet lebte, viel absoluter genommen haben, und doch war seine Sicht bis zum Wendepunkt partikular und in diesem Sinne borniert. Die Intention zur Erfassung des eigenen Tuns im Elemente einer Totalität erwachte im Augenblick, wo er sich zum ersten Male als Teil einer konkreten Situation empfand. Vielleicht dringt sein Blick hierbei nicht weiter, als sein beengter Lebenskreis es ihm erlaubt, vielleicht ist seine Situationsanalyse zunächst inhaltlich nur auf eine kleine Stadt und dort nur auf einen Gesellschaftskreis beschränkt, und doch ist das Sich-Begegnenlassen der Ereignisse und Menschen sub specie *„Situation“*, in der man selbst sich befindet, etwas völlig anderes, als durch Einwirkungen bewegt, durch Impressionen direkt betroffen, einfach zu reagieren. Die Situationsanalyse, als Methode der Weltorientierung einmal erfaßt, treibt ihn als eine neue, bewegende Intention sicher über den engen Lebenskreis seines Städtchens hinaus, so daß er sich verstehen lernt aus der augenblicklichen nationalen Existenz, und diese wieder aus der globalen Situation. Genau so vermag er, wenn er die zeitliche Eingliederung erfassen will, seine augenblickliche Situation aus der Epoche, in der er lebt, die Epoche selbst aus der ganzen historischen Zeit als Teil zu erfassen.

Diese Art der Situationsorientierung enthält strukturell hier im kleinen jenes Phänomen abgebildet, das wir die immer weitertreibende Intention zur Totalität nennen. Sie handhabt denselben Stoff, den die Empirie in Gestalt von Partikularbeobachtungen zur Kenntnis nimmt, nur ist hier die Intention völlig anders ausgerichtet. Dieses Situationssehen ist die natürliche Denktechnik jeder erhobenen Lebenserfahrung (die meisten Einzelwissenschaften denaturieren zumeist diesen Zugriff, weil sie nach spezialisierten Gesichtspunkten den Gegenstand konstituieren). In der Wissenssoziologie geschieht eigentlich nichts anderes, als daß wir uns auch unsere kritisch gewordene Denklage in Gestalt eines Situationsberichtes uns begegnen lassen und die Zusammenhänge von einer auf die Totalität ausgerichteten Intention durchdringen.

Tauchen in einer so komplizierten Lage und in einer so abgestuften Denkentwicklung wie in der unsrigen neue Denksituationen auf, so muß der Mensch gewissermaßen von neuem denken lernen, denn der Mensch ist ein Wesen, das seiner Geschichte immer wieder von neuem gewachsen sein muß.

Unserem Denken gegenüber befanden wir uns aber bisher (trotz aller Logik) in einer ähnlichen Lage wie der naive Mensch der Welt gegenüber: er handelt zwar *aus* einer Situation heraus, aber die Situation selbst, aus der heraus er handelt, erkennt er nicht. Genau so aber, wie es in der politischen Geschichte einen Augenblick gab, wo die immanenten Schwierigkeiten des Handelns aus einer Situation ohne Reflexion auf diese Situation nicht mehr direkt zu bewältigen waren und der Mensch es immer mehr lernen mußte, zu handeln, indem er die Situation zunächst nur anschaulich, dann aber auch strukturell beherrschte, — so ist es nur ein natürliches Fortschreiten dieser Intention, wenn er die Krise seiner Denklage als Situation erfaßt und im Anschluß daran ihre Struktur Schritt für Schritt immer klarer durchschaut.

Nicht durch übereiltes, gereiztes Abtun der neu auftauchenden Probleme kann man eine Krisis lösen, auch nicht dadurch, daß man sich in vergangenen Sekuritäten vergräbt, sondern durch ein allmähliches Ausweiten und Vertiefen der gewonnenen neuen Sicht und durch allmähliche Vorstöße in der Richtung der Bewältigung. Als erste, die Situation zunächst abtastende Versuche, neu sichtbar Werdendes, wo es möglich ist, zu fixieren und in diesem Zusammenhang auftauchende Probleme in ihrer eigenen Richtung zu verfolgen, wollen die beiden folgenden Abhandlungen aufgenommen werden. Sie sind, wie erwähnt, unabhängig voneinander entstanden und eine jede bewegt sich in einem eigenen Zusammenhang auf ein sich selbst gesetztes Denkziel hin. Um ihre innere Einheit nicht zu zerstören und um den Wegcharakter der Gedanken zu wahren, sind manche Ausführungen und Beobachtungen, die sich stellenweise wiederholen — sofern sie aus der Gedankenentwicklung heraus aktuell wurden und einen neuen Stellenwert erhielten —, nicht gestrichen worden.

III. KAPITEL

Ist Politik als Wissenschaft möglich?

(Das Problem der Theorie und Praxis.)

Warum gab es bisher keine politische Wissenschaft?

Ein zunächst ungelöstes Strukturgesetz regelt das Aufkommen und den Untergang der uns jeweils beschäftigenden Probleme. Auch das Entstehen und das Absterben ganzer Wissenschaften wird letzten Endes einmal auf bestimmte Faktoren reduziert und von hier aus erklärt werden können. In der Kunstgeschichte gibt es bereits Versuche, die Frage zu beantworten, warum und wann die Plastik, die Reliefkunst usw. entstehen und zur dominierenden Kunstgattung werden. In ähnlichem Sinne wird es immer mehr zur Aufgabe gerade der Wissenssoziologie werden, diesen Strukturbedingungen des Aufkommens und Verblassens der Probleme und Disziplinen nachzugehen. Denn von der Soziologie aus gesehen kann auf die Dauer das Auftauchen und das Durchdenken eines Problems nicht allein vom Vorhandensein bestimmter großer Individuen und Begabungen abhängig gemacht werden, sondern von der Gestalt und Reife eines Problemzusammenhangs, in dem das besondere Problem entsteht. Dieser Problemzusammenhang wieder muß aber in seinem ganzheitlichen Charakter und in seinem Vorhandensein (nicht in allen seinen Einzelheiten) letzten Endes verständlich werden vom *totalen* besondern Lebenszusammenhang der dahinterstehenden Gesellschaft. Der einzelne Denker mag den Eindruck haben, als kämen ihm die entscheidenden Einfälle unabhängig vom Gesamtzusammenhang; der in enge Lebenskreise gebannte Einzelmensch kann den Eindruck haben, als wären die Ereignisse, die ihm zustoßen, isolierte, ihm schicksalhaft begegnende Fakta: die Aufgabe der Soziologie ist aber nicht, aus dieser begrenzten Sicht, aus dieser „Froschperspektive" der Vereinzelung die auftauchenden Sinngehalte, die aktuellen Probleme und Ereignisse zu erfassen, sondern alle diese scheinbar isolierten Tatsachen aus dem ursprünglichen, stets vorhandenen, aber stets anders strukturierten Lebens- und Erfahrungszusammenhang zu verstehen und ihren Ort in ihm aufzusuchen. Wird einmal die Wissenssoziologie dieser Fragestellung in konsequenter Weise nachgehen können, so werden manche Probleme, die bisher, zumindest was ihr Entstehen betrifft, rätselhaft waren, geklärt werden. Es wird sich u. a. zeigen lassen, warum die Nationalökonomie und die Soziologie selbst erst so spät entstehen mußten, warum sie sich in einem Lande steigend durchsetzten und in anderen Ländern großen Hemmungen begegneten usw. Für eine solche Problemstellung wird es auch vielleicht lösbar werden, was für uns bisher stets als rätselhaft erschien: warum gerade Politik noch nicht zur Wissenschaft geworden ist. Diese Tatsache muß um so mehr verwundern, als doch gerade unsere Epoche dadurch charakterisiert ist, daß sie sich die konsequente Durchrationalisierung der Welt zum Ziele gesetzt hat.

Wir haben beinahe über alles ein Wissen und in jedem Gebiete des Wissens bestehen Methoden der Mitteilung und der geistigen Übertragung. Sollte gerade dieses Gebiet, von dessen Beherrschung unser aller Schicksal abhängt, so spröde sein, daß es der Forschung sein Geheimnis vorenthält? Man kann dem Beunruhigenden und Rätselhaften dieses Problems nicht entgehen, und so mancher wird sich schon einmal gefragt haben: Handelt es sich hier um ein „noch nicht", um eine historisch zu früh einsetzende Fragestellung, oder aber um eine Grenze des Wißbaren, die ein für allemal unüberschreitbar ist?

Für die erste Vermutung spricht die bereits erwähnte Tatsache, daß die Wissenschaften von der Gesellschaft selbst noch allerjüngsten Ursprunges sind. Man könnte sich also aus der Unfertigkeit der grundlegenden Wissenschaften das Unfertige dieser „angewandten" Disziplin erklären. Wir stünden dann nur vor einer durch die Zeit ohne weiteres überwindbaren Rückständigkeit. Es bedürfte nur noch weiterer forschender Arbeit, um die Gesellschaft zu einem gleich der Natur beherrschbaren Objekt zu machen.

Für die zweite Annahme spricht das unbestimmte Gefühl in uns, daß es sich in der Politik um einen ganz anders gearteten Bereich des Daseins handelt, dessen rein rationaler Erforschung andere Schwierigkeiten als sonst im Wege stehen. Dann würde der wissenschaftliche Versuch an der besonderen Eigenart dieses Daseinsbezirkes scheitern.

Schon eine richtige Fragestellung würde hier vieles leisten, das Wissen vom Nichtwissen würde eine bestimmte Beruhigung bedeuten, wüßten wir dann doch zumindest klar, warum hier keine Wißbarkeit und Mitteilbarkeit möglich ist. So besteht nun die erste Aufgabe darin, die Problemstellung selbst klar darzustellen. *Was meint man, wenn man sich fragt: Ist Politik als Wissenschaft möglich?*

Es gibt in der Politik Gebiete, die ohne weiteres erkennbar und lehrbar sind. Ein geschulter, ausgebildeter Politiker muß oder sollte doch die Geschichte des Landes kennen, in dem er wirkt; ebenso auch die Geschichte der Länder, mit denen das seine verbunden und in deren Wechselspiel die eigene politische Umwelt geworden ist. So sind zunächst Erkenntnisse der Geschichtsschreibung und der sie ergänzenden Statistik nützlich für das eigene politische Handeln. Ferner muß der Politiker die staatlichen Einrichtungen der Länder kennen, die für sein Handeln in Betracht kommen. Aber nicht nur juristisch muß und soll der vollwertige Politiker geschult sein, er muß auch über die sozialen Verhältnisse orientiert sein, aus denen und für welche diese Einrichtungen da sind. Andererseits muß er im Bilde sein über die politischen Ideen, in deren Tradition er lebt. Auch die Ideenwelt seiner Gegner darf ihm nicht fremd sein. Dazu kommen noch viel schwerer erfaßbare Dinge, über die es ein Wissen gibt, das gerade in unserer Zeit immer mehr ausgebaut wird: die Technik der Massenbeherrschung, ohne die man in Massendemokratien nicht auskommen kann. Geschichte, Statistik, Staatslehre, Soziologie, Ideengeschichte, Massenpsychologie stellen also eine beliebig zu erweiternde Reihe von Wissensgebieten dar, die für den Politiker bedeutsam sind.

Käme es hier darauf an, etwa einen Lehrplan der Kenntnisse aufzustellen, die einem geschulten Politiker dienlich sein können, dann müßte man so vorgehen. Alle diese Wissenschaften bieten aber nur *Realkenntnisse,* die man *brauchen kann,* wenn man Politiker ist. Sie ergeben aber auch in ihrer Gesamtheit nicht die Politik als Wissenschaft und könnten höchstens in ihrer Funktion als Hilfswissenschaften gewürdigt werden. Verstünde jemand unter Politik nur die Gesamtheit aller jener Realkenntnisse, die für das politische Handeln nützlich sind, so wäre Politik in diesem Sinne ohne weiteres Wissenschaft und lehrbar. Das pädagogisch-didaktische Problem bestünde dann nur darin, wie man die günstigste Auswahl aus dem unendlichen Wissensstoff vom Standpunkte der handelnden Menschen aus treffen sollte.

Aber schon diese etwas überspitzte Darstellung muß davon überzeugen können, daß mit der ursprünglichen Frage: wie ist Politik als Wissenschaft möglich und wie ist sie lehrbar? nicht die Gesamtheit der erwähnten Realkenntnisse gemeint sein kann.

Wo liegt aber dann das Problem?

Die eben erwähnten Wissenschaften sind ihrem Aufbau nach insofern verwandt, als sie von der Gesellschaft und vom Staate als von geschichtlich gewordenen Gegenständen handeln. Politisches Handeln dagegen zielt ab auf Staat und Gesellschaft, sofern diese noch im *Werden* begriffen sind. Das politische Handeln geht auf das Schöpferische im Augenblick, um aus den strömenden Kräften Bleibendes zu gestalten. *Die Frage ist also die: Gibt es ein Wissen vom Fließenden, Werdenden, ein Wissen von der schöpferischen Tat?*

Hiermit ist die erste Stufe der Abhebung des gestellten Problems erreicht.

Was bedeutet dieser Gegensatz von Gewordenem und Werdendem im Gebiete des Gesellschaftlichen?

Schäffle[1]), ein österreichischer Soziologe und Politiker, wies darauf hin, daß jedes gesellschaftlich-staatliche Leben in jedem Augenblick in zwei Seiten zerlegbar ist: einmal in eine gesellschaftliche Geschehensreihe, die, gleichsam festgeronnen, immer wieder gleichmäßig sich wiederholt; und weiter in jene Ereignisse, die im Zustande des Werdens sind, wo also noch die im Einzelfalle zu treffende Entscheidung Neuformungen zustande zu bringen fähig ist. Die erste Seite des gesellschaftlichen Geschehens nennt Schäffle *„laufendes Staatsleben"*, die zweite *„Politik"*. Vergegenwärtige man sich zunächst an Hand dieser Unterscheidungen an einigen Beispielen, was hiermit gemeint ist.

Erledigt man im gewöhnlichen Amtsleben laufende Geschäfte *nach bestehenden Regeln und Vorschriften*, so ist das nach Schäffle keine Politik, sondern Verwaltung. Verwaltung ist aber vorzüglich das Gebiet, wo das „laufende Staatsleben" paradigmatisch erfaßbar wird. Dort, wo man also nach im voraus festgesetzten Vorschriften den jeweils auftauchenden Fall erledigt, handelt es sich nicht um Politik, sondern um jenes Gebiet des Festgeronnenen im gesellschaftlichen Dasein. Sehr anschaulich verwendet Schäffle hierbei einen Ausdruck der Amtspraxis. Kommt nämlich einmal ein Fall vor, der nach dem „Schema F", also nach Präzedenzfällen, erledigt werden kann, so spricht man von „Schimmel", ein Ausdruck, der auf das lateinische Wort „simile" zurückgeht und besagen will, daß der Fall „ähnlich" zu erledigen sei wie die Präzedenzfälle.

Man tritt aber sogleich in das Gebiet der „Politik" ein etwa bei folgenden Vorgängen: wenn Gesandte fremde Staaten für bisher noch nicht vorhandene Abmachungen gewinnen, wenn Abgeordnete im Parlament Steuervorschläge durchsetzen, wenn jemand eine Wahlagitation betreibt, wenn oppositionelle Gruppen eine Revolte vorbereiten oder Streiks organisieren oder aber auch, wenn diese niedergeschlagen werden.

Es muß aber nunmehr zugegeben werden, daß die Grenzen, wie bei allen solchen Unterscheidungen, in der Wirklichkeit flüssig sind. So kann auch im laufenden Staatsleben durch eine langsame Verschiebung in der Reihe der konkreten Anwendungen etwas Neues werden. Und umgekehrt kann eine soziale Bewegung z. B. weitgehend durchsetzt sein von „stereotypisierten", bureaukratisierenden Elementen. Dabei bleibt aber doch der

[1]) Vgl. zum folgenden: *Schäffle, A.:* Über den wissenschaftlichen Begriff der Politik. Zeitschr. für die gesamte Staatswissenschaft Bd. 53, 1897.

Gegensatz von „laufendem Staatsleben“ und „Politik“ eine Polarität, die als orientierender Ausgangspunkt sehr fruchtbar ist.

Faßt man diesen Gegensatz prinzipieller, so kann man zunächst folgendes festlegen:

Jeder gesellschaftliche Prozeß ist zerlegbar in festgeronnene Bestandteile, „rationalisierte Gebiete“, und in einen „irrationalen Spielraum“, von dem die ersteren umschlossen werden.

Hierzu ist, um ganz genau zu sein, noch folgendes hinzuzufügen. Der Ausdruck „festgeronnene Bestandteile“ ist bildlich zu nehmen. Auch das Geformte und Erstarrte im gesellschaftlichen Leben ist nicht dinghaft, nicht wie Sachen in einem Speicher aufgestapelt vorhanden. Gesetze, Vorschriften, festgefügte Sitten sind nur dadurch da, daß das lebendige Leben sie stets reproduziert, soweit es sich in deren Sinne reproduziert. Das Festgeronnensein besagt nur soviel, daß sich hier das sich selbst reproduzierende Leben an Ablaufregeln und Formprozesse hält, die es bereits besitzt und aus sich immer wieder von neuem herausstellt. Auch der Ausdruck „rationalisierte Gebiete“ muß im weiteren Sinne genommen werden. Einmal im Sinne der *theoretisch rationalen Beherrschtheit,* wenn etwa ein Arbeitsprozeß rational kalkuliert und festgelegt ist. Dann aber auch im Sinne einer „Rationalisiertheit“, wenn ein Ablauf irgendwie von vornherein festgesetzt ist, wie etwa bei Konvention, Sitte, Brauch, wo der Ablauf nicht immer verstandesmäßig erfaßt ist, aber in seiner Struktur geregelt erscheint. Man könnte sich auch an den *Max Weberschen* Sprachgebrauch anlehnen, der als Oberbegriff den der *Stereotypisierung* einführt und zwei dominierende Arten der Stereotypisierung unterscheidet: a) Traditionalismus und b) Rationalismus. Da wir in unserem Zusammenhang keine Veranlassung haben, auf die Dauer auf diese zuletzt angeführte Differenz zu achten, gebrauchen wir den Begriff des „rationalisierten Gefüges“ im umfassenden Sinne der M. Weberschen Stereotypisierung überhaupt.

Wir unterscheiden also das *„rationalisierte Gefüge“* in der Gesellschaft und den *„irrationalen Spielraum“.*

Und hier ergibt sich schon eine weitere Feststellung von selbst. *Unsere Welt ist dadurch charakterisiert, daß sie die Tendenz hat, womöglich alles zu rationalisieren, verwaltungsmäßig gestaltbar zu machen und den irrationalen Spielraum verschwinden zu lassen.*

Was hiermit gemeint ist, ist an ganz einfachen Beispielen darstellbar. Man stelle sich etwa eine Reise vor 150 Jahren vor, bei der man stets tausend Zufällen ausgesetzt blieb. Jetzt ist alles fahrplanmäßig geregelt, der Fahrpreis ist exakt kalkuliert, eine lange Reihe verwaltungsmäßiger Handlungen hat das Verkehrswesen zu einem rational geleiteten gemacht.

Die Feststellung dieses Gegensatzes von rationalisiertem Gefüge und irrationalem Spielraum führt nun dazu, die Möglichkeit zu finden, um den Begriff des *Handelns* zu bestimmen.

Es ist *kein Handeln* in unserem Sinne, wenn ein Bureaukrat ein Aktenbündel nach vorgegebenen Vorschriften erledigt. Es liegt auch kein Handeln vor, wenn ein Richter einen Fall unter einen Paragraphen subsumiert, wenn ein Fabrikarbeiter eine Schraube nach vorgeschriebenen Handgriffen herstellt, aber eigentlich auch dann nicht, wenn ein Techniker generelle Gesetze des Naturablaufs zu irgendeinem Zwecke kombiniert. Alle diese Verhaltungsweisen sollen als *reproduktive* bezeichnet werden, weil diese Handlungen in einem rationalisierten Gefüge nach Vorschriften ohne *persönliche Entscheidung* vollzogen werden.

Handeln beginnt erst dort, wo der noch nicht rationalisierte Spielraum anfängt, wo *nicht* regulierte Situationen zur Entscheidung zwingen. Hier entsteht nun das Problem des Verhältnisses von *Theorie* und *Praxis* zueinander. Darüber läßt sich aber auf Grund der vollzogenen Analysen schon jetzt einiges aussagen.

Über jenen Teil des gesellschaftlichen Lebens, in dem alles und das Leben selbst rationalisiert und organisiert ist, gibt es ohne weiteres ein Wissen. Das Problem der Spannung von Theorie und Praxis entsteht gar nicht. Denn Unterordnung unter ein allgemeines Gesetz ist ein Vollzug, den man noch nicht mit Praxis bezeichnen kann.

So weitgehend jedoch unser Leben rationalisiert ist, so sind dennoch alle diese Rationalisierungen nur Teilrationalisierungen, denn die allerwichtigsten Gebiete unserer Gesellschaftssphäre sind auch im heutigen Stadium noch irrational fundiert. Unsere Wirtschaft, obzwar technisch weitgehend durchrationalisiert, in Partialzusammenhängen exakt berechenbar, ist dennoch nicht zu einer Planwirtschaft verbunden. Sie beruht trotz aller Tendenzen zur Vertrustung und Organisierung im entscheidenden Punkte auf der freien Konkurrenz. Unser gesellschaftliches Gefüge ist klassenmäßig aufgebaut. Die Machtkompetenzen im staatlichen und zwischenstaatlichen Leben sind im irrationalen Kampfe errungen, wo also die Entscheidungen des Schicksals ausschlaggebend sind.

Von diesen beiden irrationalen Zentren der gesellschaftlichen Struktur aus gestaltet sich aber jener Spielraum, in dem das *nicht* organisierte, *nicht* rationalisierte Leben zur Geltung kommt, in dem Handeln und Politik nötig werden. Aber noch mehr, von hier aus strahlen und gestalten sich auch alle jene tieferen Irrationalismen, die das überökonomische Leben, unsere innerste Erlebnissphäre, erfüllen. Soziologisch gesehen ist hier der Ort, wo ihr kollektives Verdrängt- oder Umgeformtwerden ansetzt und strukturell zu erfassen ist.

Gibt es über diesen Spielraum und über das darin mögliche Handeln ein Wissen? So muß jetzt die Frage gestellt werden[1]).

Und damit ist das ursprüngliche Problem in seiner höchsten Form gestellt, in der eine Klärung erreichbar erscheint. Erst jetzt, nachdem festgestellt wurde, wo das Gebiet der Politik eigentlich beginnt, wo ein Handeln seiner Natur nach überhaupt einsetzen kann, lassen sich die besonderen Schwierigkeiten bezeichnen, die in der Beziehung zwischen Theorie und Praxis bestehen.

Die großen Schwierigkeiten, die sich einem Wissen über diesen Spielraum entgegenstellen, bestehen darin, daß es sich hier *nicht* um *starre Gegenständlichkeiten* handelt, sondern um Tendenzen, um fließende, im Werden begriffene, sich stets umformende Strebungen und Entelechien. Sie bestehen weiter darin, daß sich hier die Konstellation der zusammenwirkenden Kräfte stets ändert. Wo konstant dieselben Kräfte wirken und auch deren Zusammenspiel geregelt ist, da kann man generelle Gesetzmäßigkeiten fixieren. Wo aber das stete Neueinsetzen neuer Tendenzen in immer unberechenbareren Kombinationen möglich ist, ist gesetzmäßiges Forschen erschwert. Drittens bestehen die Schwierigkeiten darin, daß der denkende Theoretiker nicht außerhalb jenes Spielraumes steht, sondern selbst an jenen sich bekämpfenden Kräften beteiligt ist. Diese Beteiligung bindet ihn einseitig in seinen Wertungen und Willensimpulsen.

Aber noch mehr — und das ist das Wichtigste —, nicht nur durch Wertungen und Willensimpulse ist der politische Theoretiker an irgendeine der sich bekämpfenden politischen Strömungen gebunden: die besondere Art der Problemstellung, die allgemeinste Art seiner Denkweise bis in die kategoriale Apparatur hinein verrät eine Verbundenheit mit dem vital politischen Untergrunde, so daß man im Gebiete des politisch-historischen Denkens meines Erachtens von Verschiedenheiten der Denkstile sprechen muß, deren Differenz bis in das Gebiet der Logik hineinragt.

Sicherlich liegt in dieser Tatsache die größte Schwierigkeit einer Politik als Wissenschaft im üblichen Sinne. Denn es kann doch ein Wissen vom Handeln, unseren normalen Erwartungen gemäß, nur dann möglich sein,

[1]) Auch diesmal sei bemerkt, daß der hier zur Anwendung gelangende Begriff des „Politischen" im Zusammenhang mit der Korrelation „rationalisiertes Gefüge", „irrationaler Spielraum" nur ein möglicher Begriff des Politischen ist, der allerdings für das Erfassen bestimmter Zusammenhänge äußerst geeignet zu sein scheint, aber nicht zum allein möglichen hypostasiert werden darf. Will man den Gegenbegriff dazu haben, so ziehe man den Aufsatz von *C. Schmitt* „Der Begriff des Politischen", Archiv für Sozialwissenschaften und Sozialpolitik, Bd. 58, 1927, heran.

wenn das Denken zumindest in seiner grundlegenden Struktur dem Kräftespiel gegenüber unabhängig ist. Mag das Subjekt, das denkt, am Kampfe mitengagiert sein: die Denkbasis, von der aus man sieht, auf der man Differenzen ausficht, muß dem Kampfe enthoben sein. Da ein Problem aber nur dann gelöst ist, wenn man die Schwierigkeiten nicht verwischt, sondern sie im Gegenteil auf die Spitze treibt, so muß es die nächste Aufgabe sein, diese letzte Behauptung, daß im Gebiete der Politik bereits die Art der Problemstellung und Denkweise uneinheitlich ist, zu erhärten.

Der Nachweis der These, daß das Erkennen selbst politisch und sozial gebunden ist.

Es soll daher unser Bemühen sein, an einem bestimmten Beispiel aufzuweisen, wie sich das politisch-historische Denken, entsprechend den verschiedenen politischen Strömungen, jeweils verschieden gestaltet. Um nicht zu weit auszuholen, sei das hier herausgestellte Grundproblem des Verhältnisses von Theorie und Praxis in die Mitte gestellt. Es wird gezeigt werden, daß bereits dieses allgemeinste Grundproblem einer wissenschaftlichen Politik von den verschiedenen politisch-historischen Strömungen aus verschieden gesehen wird.

Das läßt sich leicht ersehen, wen man die verschiedenen sozialen und politischen Strömungen des 19. und 20. Jahrhunderts zu Worte kommen läßt. Als die wichtigsten idealtypischen Repräsentanten mögen hier auftreten:

1. der bureaukratische Konservatismus;
2. der konservative Historismus;
3. das liberal-demokratisch bürgerliche Denken;
4. die sozialistisch-kommunistische Konzeption;
5. der Fascismus.

Beginnen wir hierbei mit der Denkweise der *bureaukratischen Konservativen:*

Die grundlegende Tendenz eines jeden bureaukratischen Denkens ist Umformung der Probleme der Politik in solche der Verwaltungslehre. Dieser Umstand bewirkt, daß ein großer Teil der unter dem Titel „Politik“ abgehandelten Werke in der Geschichte der deutschen Staatswissenschaften de facto Verwaltungslehren sind. Zieht man in Betracht, welche Rolle insbesondere im preußischen Staat die Bureaukratie stets gespielt hat und wie weitgehend hier die Intelligenz eine bureaukratische

Intelligenz war, so wird diese einseitige Prägung der Geschichte der Staatswissenschaften in Deutschland ohne weiteres verstehbar sein.

Das Bestreben, das Gebiet der Politik durch das Phänomen der Verwaltung zu verdecken, erklärt sich daraus, daß der Wirkungskreis des Beamten erst auf Grund des zustandegekommenen Gesetzes einsetzt. Die Entstehung des Gesetzes fällt seinem Arbeitsbereich entsprechend nicht in seinen Kompetenzkreis. Infolge dieser sozial-vitalen, standortsmäßigen Gebundenheit sieht der Beamte nicht, daß hinter einem jeden zustandegekommenen Gesetz weltanschauliche, willensmäßige, interessenmäßig-soziale Kräfte stehen. Er setzt ohne weiteres die positive Ordnung, die das konkrete Gesetz vorschreibt, einer Ordnung überhaupt gleich und sieht aus eigenen Kräften nicht, daß jede rationalisierte Ordnung nur eine besondere Ordnung, ein Ausgleich der metarationalen Kräfte ist, die sich im sozialen Raume bekämpfen.

Diese verwaltungsmäßig-juristische Denkweise arbeitet mit einer spezifischen Ratio: Wenn diese die noch ungebundenen Kräfte gelegentlich doch zu Gesicht bekommt, etwa in Gestalt eines Ausbruchs von Massenkräften in einer Revolution, so kann sie diese eben nur als einen Störungskoeffizienten erfassen. Es ist deshalb auch kein Wunder, wenn bei jeder Revolution die Bureaukratie die Tendenz hat, dem Politischen nicht auf seinem eigenen Boden zu begegnen, sondern die Abhilfe in Verordnungen zu suchen. Revolution ist hier Unregelmäßigkeit innerhalb der geregelten Ordnung, nicht aber Lebensausdruck der hinter den Ordnungen stehenden gesellschaftlichen Kräfte, welche allein Ordnungen schaffen, erhalten oder umformen. Das juristisch-verwaltungsmäßige Denken baut nur geschlossene statische Systeme und steht stets vor der paradoxen Aufgabe, die aus den unsystematischen lebendigen Kräften entstehenden neuen Gesetze in ihr System einzubauen, also so zu tun, als ob *ein* grundlegendes System weitergebaut worden wäre.

Ein typisches Beispiel militärisch-bureaukratischer Mentalität ist jede Art von Dolchstoßlegende, die den Ausbruch der sozialen Kräfte immer nur als eine Durchbrechung des eigenen strategischen Geschehenszusammenhanges zu erleben imstande ist. Denn dem militärischen Bureaukraten schwebt nur die besondere Sphäre der militärischen Aktionen vor, und wenn dort alles glatt verläuft, muß auch das übrige Leben in Ordnung sein. Diese Mentalität erinnert in ihrer Ressortweisheit an jenen medizinischen Ulk: Die Operation ist glänzend gelungen, nur ist der Patient gestorben.

Jeder Bureaukratie liegt also, dem eigenen standortsmäßigen Schwergewicht entsprechend, die Tendenz nahe, das eigene Ressort zu hypostasieren bzw. nicht zu sehen, daß das Gebiet der Verwaltung und des geregelten Ablaufs nur ein Teil der gesamten politischen Wirklichkeit ist. Das bureaukratische Denken leugnet also die Möglichkeit einer wissenschaftlichen Politik nicht, es setzt sie aber einer Verwaltungslehre gleich. Dabei wird aber nun das Gebiet des irrationalen Spielraumes übersehen, und sobald sich dieses dennoch aufdrängt, wird es behandelt wie das „laufende Staatsleben". Eine klassische Ausprägung dieser Denkweise enthält der folgende Satz, der aus diesen Kreisen stammt: „Wir stellten eine gute Verwaltung über die beste Verfassung" [2]).

Neben dem bureaukratischen Konservatismus, der Deutschland, insbesondere Preußen, weitgehend regierte, bildete sich parallel eine zweite Art des Konservatismus aus, den man den *historistischen* benennen könnte. Sozial hatte er seinen Sitz im Adel und in allen jenen bürgerlichen Schichten der Intelligenz, die geistig und real das Land beherrschten, aber stets in einer bestimmten Spannung zu den bureaukratischen Konservativen standen. Insbesondere die deutschen Universitäten und hier die Geschichtsschreibung prägten diese Denkweise aus, die auch heute noch weitgehend ihre Pflege in deren Bezirken erhält.

Der historische Konservatismus ist dadurch charakterisiert, daß er jenen irrationalen Spielraum im Staatsleben, der durch Verwaltung nicht ersetzt werden kann, kennt. Er sieht jenes nicht organisierte, nicht kalkulierbare Gebiet, bei dem Politik einzusetzen hat. Er richtet geradezu sein Hauptaugenmerk auf die willensmäßigen, irrationalen Bezirke des Lebens, in denen Staat und Gesellschaft eigentlich weiterwachsen. Die Kräfte nimmt er jedoch als völlig *übervernünftige* an, als solche, in deren Bezirk menschlicher Verstand nichts auszurichten, nichts zu leisten vermag. Hier können nur traditional vererbter Instinkt, „still wirkende" seelische Kräfte, der „Volksgeist" etwas ausrichten, indem sie, aus dem Unbewußten schöpfend, das Werdende gestalten.

Diese Ansicht hatte bereits *Burke,* das Vorbild der meisten deutschen Konservativen, am Ende des 18. Jahrhunderts eindrucksvoll in die Worte gefaßt: „Die Wissenchaft, einen Staat zu bauen oder wiederherzustellen oder zu verbessern, kann wie jede andere Erfahrungswissenschaft *a priori* nicht gelehrt werden, und die Erfahrung, die uns in dieser *bloß praktischen* Wissenschaft unterrichten soll, darf keine kurze Erfahrung seyn[3])."

[2]) Nekrolog des Pandektisten *Bekker* über *Böhlau.* Zeitschr. der Savigny-Stiftung. Germanist. Abtlg., Bd. 8, S. VI ff.

[3]) *Burke, E.:* Betrachtungen über die französische Revolution, übersetzt von Fr. Gentz, zit. nach: Neue Aufl., Berlin 1794, S. 83.

Die soziologische Wurzel dieses Satzes ist ohne weiteres erfaßbar. Was hier zum Ausdruck kommt, ist eine Ideologie für die führenden adligen Geschlechter in England und sollte auch in Deutschland zur Legitimierung der adligen Führung im Staate dienen. Jenes „je ne sais quoi" in der Politik, das nur in langer Erfahrung erworben werden kann, das womöglich nur jenen sich offenbart, die schon lange Generationen hindurch an der politischen Führung teilhaben, soll zur Legitimierung der Standesherrschaft dienen.

Es erhellt daraus, in welcher Weise auch hier der sozialvitale Impuls bestimmten Bezirken sozialen Seins gegenüber hellsichtig macht. War für den Bureaukraten die Sphäre des Politischen katexochen durch die Verwaltung verdeckt worden, so lebt der Adlige von vornherein in eben dieser Sphäre des Politischen. Gerade jenes Gebiet hat er von Anfang an im Auge, in dem innerstaatliche und außerstaatliche Machtsphären aufeinanderstoßen, in dem nichts ausgeklügelt und deduziert wird, also nicht die individuelle Vernunft entscheidet, sondern jede Lösung, jedes Ergebnis Ausgleich eines realen Kräftespiels ist.

Die Theorie des historistischen Konservatismus, die im wesentlichen ein Reflexivwerden der altständischen Traditionen ist[4]), hat ihre Untersuchungen über Politik in der Tat an dieser über die Verwaltung hinausragenden Sphäre orientiert. Diese Sphäre wird als eine völlig irrationale betrachtet, die *nicht gemacht* werden kann, sondern von selbst *wächst*. Und so ist auch der Gegensatz zwischen *planmäßigem Machen* und *Wachsenlassen* die entscheidende Alternative, auf die dieses Denken alles bezieht[5]).

Es genügt also zum politischen Führer nicht das *Wissen* des Richtigen, das Beherrschen bestimmter Gesetze und Normen, sondern es muß jener angeborene und durch lange Erfahrung geschärfte Instinkt hinzukommen, der das Richtige findet.

In dieser Irrationalisierungstendenz verbindet sich der vorkapitalistische traditionalistische Irrationalismus, für den das Rechtsdenken z. B. auch ein Finden und nicht Errechnen, Erkennen ist, mit dem romantischen Irrationalismus. So wird eine Denkweise geschaffen, die die Geschichte selbst als ein Walten solch vorrationaler oder überrationaler Kräfte begreift. Aus dieser geistigen Haltung heraus hat auch ein *Ranke*, als der vornehmste Vertreter der historischen Schule, das Verhältnis von Theorie

---

[4]) Vgl. meine Untersuchung: Das konservative Denken, a. a. O. S. 89, 105, 133 ff.

[5]) Ebd. S. 472, Anm. 129.

und Praxis bestimmt[6]). Für ihn ist Politik keine lehrbare, selbständige Wissenschaft. Der Politiker kann wohl mit Nutzen die Geschichte studieren, aber nicht, um aus ihr Regeln des Handelns zu gewinnen, sondern weil sie geeignet ist, den politischen Instinkt zu schärfen. Man kann diese Denkweise als die Ideologie der traditionell führenden, nicht an der Bureaukratie beteiligten politischen Gruppen betrachten.

Stellt man die beiden bisher behandelten Lösungen einander gegenüber, so läßt sich sagen, daß der Bureaukrat das Gebiet der Politik verdeckt, der Historist aber es um so schärfer und ausschließlicher als ein irrationales sieht, wenn er auch einzig und allein die traditionelle Komponente im Geschehen und im handelnden Subjekte betont. Damit gelangt man zu dem großen Gegenspieler dieser ursprünglich aus dem ständischen Bewußtsein aufsteigenden Theorie, zu dem *liberal-demokratischen Bürgertum*[7]) und seinen Lehren. Das Bürgertum kam mit einem extremen Intellektualismus auf. Unter Intellektualismus soll dabei eine Denkweise verstanden werden, die das willens-, interessen- und gefühlsmäßige, weltanschauliche Element in Leben und Denken entweder gar nicht sieht oder aber so behandelt, als wäre es dem Intellekt gleich und durch die Vernunft ohne weiteres zu bewältigen.

Dieser bürgerliche Intellektualismus verlangt ausdrücklich nach einer wissenschaftlichen Politik. Aber nicht nur der Wille zu dieser Wissenschaft ist da, sondern das Bürgertum schreitet auch zur tatsächlichen Begründung dieser Disziplin. Genau so wie von dem Bürgertum zuerst die erste wahre Organisation der Schaubühne des politischen Kampfes in Parlamenten, Wahlsystemen und später in Völkerbundsinstitutionen geschaffen wird, so schafft es auch einen systematischen Ort für die neue Disziplin der Politik.

Die Paradoxie der bürgerlichen Gesellschaftsorganisation wiederholt sich aber auch in ihrer Theorie. Genau so wie die bürgerliche Durchrationalisierung der Welt trotz der ihr inhärierenden konsequent rationalisierenden Tendenz Halt macht vor gewissen Phänomenen, da sie durch die Sanktionierung der „freien Konkurrenz“ und der Klassenkämpfe sozusagen den neuen irrationalen Spielraum im Gesellschaftlichen erst schafft, genau so bleibt auch für dieses Denken jener in der Wirklichkeit unaufgelöste Rest bestehen. Und ferner: genau so wie das Parlament eine for-

[6]) In seinem „Politischen Gespräch“ (1836), hrsg. v. Rothacker, Halle a. d. Saale 1925, S. 21 ff. Daselbst auch andere Abhandlungen über das Thema, u. a.: „Reflexionen“ (1832). „Vom Einfluß der Theorie“. „Über die Verwandtschaft und den Unterschied der Historie und der Politik.“

[7]) Wir trennen hier Liberalismus und Demokratie, die historisch-sozial verschiedene Einheiten sind, aus Gründen der Vereinfachung nicht.

male Organisation, eine formale Rationalisierung des lebendigen Kampfes ist, nicht aber eine Aufhebung dieser Phänomene, genau so gelingt in der Theorie nur eine scheinbare formale Intellektualisierung der ihrem Wesen nach irrationalen Elemente.

Das bürgerliche Denken sieht zwar diesen neuartigen irrationalen Spielraum, es ist aber insofern intellektualistisch, als es auch die hier dominierenden machtmäßigen und sonstwie irrationalen Verhältnisse, ganz als wären sie bereits rationalisiert, allein durch Denken, Diskussion, Organisation zu bewältigen versucht. So meinte man auch u. a., daß das politische Handeln ohne weiteres wissenschaftlich bestimmbar sei. Die diesbezügliche Wissenschaft aber zerfalle in drei Teile:

1. die Lehre vom Ziele, d. h. die Lehre vom idealen Staate;
2. die Lehre vom positiven Staate;
3. Politik, d. h. Beschreibung des Weges, auf dem der gegebene Staat in einen vollkommenen verwandelt wird.

Als Beispiel für diese Denkstruktur sei verwiesen auf den Aufbau von Fichtes „Geschlossenem Handelsstaat", den neuerdings Rickert[8]) sehr fein, aber selbst vollständig auf diesem Boden stehend, in diesem Sinne analysiert hat.

Es gibt also eine Wissenschaft der Ziele und eine Wissenschaft der Anwendungen. Was daran das Auffallendste ist, ist die völlige Trennung der Theorie von der Praxis, der intellektuellen Sphäre von der emotionalen. Den modernen Intellektualismus charakterisiert eben die Tendenz, ein emotional gebundenes, wertendes Denken nicht zu dulden. Wird es dennoch vorgefunden (und ein jedes politische Denken existiert wesenhaft im Elemente des Irrationalen), so wird versucht, dieses Phänomen so zu konstruieren, daß das „wertende" Element als ablösbar, isolierbar erscheint, womit dann zumindest ein Rest reiner Theorie zurückbleibt. Dabei wird die Frage völlig außer acht gelassen, ob das Emotionale unter Umständen nicht viel wesenhafter mit dem Rationalen verstrickt sein kann (sogar bis in die kategoriale Struktur hineinragend), so daß in verschiedenen Gebieten die Forderung der Isolierung de facto unvollziehbar wäre. Um diese Schwierigkeiten bekümmert sich eben der bürgerliche Intellektualismus nicht. Er strebt mit einem unbeirrbaren Optimismus danach, ein solches von Irrationalismen völlig bereinigtes Feld zu gewinnen.

Was die Ziele betrifft, so lehrt man, daß es *eine richtige* Zielsetzung gebe, die man, sofern sie noch nicht gefunden ist, durch Diskussion erreichen

---

[8]) *Rickert, H.:* Über idealistische Politik als Wissenschaft. Ein Beitrag zur Problemgeschichte der Staatsphilosophie. Die Akademie, Heft 4, Erlangen.

könne. So war die ursprüngliche Konzeption des Parlamentarismus (wie dies C. Schmitt[9]) so klar gezeigt hat) die einer Diskussionsgesellschaft, in der die Wahrheit theoretisch gesucht wird. Man weiß heute allzugut, wo hier die soziologisch zu verstehende Selbsttäuschung dieser Denkweise liegt und daß Parlamente keine Diskussionsgemeinschaften sind. Denn hinter jeder „Theorie“ stehen willens-, macht- und interessengebundene Kollektivkräfte, so daß die sich hier abspielende Diskussion keine theoretische ist, sondern eine *Realdiskussion.* Gerade dieses spezifische Phänomen der Realdiskussion sollte der später auftretende Gegner des Bürgertums, der Sozialismus, herausarbeiten.

Bei der Behandlung der *sozialistischen* Theorie werde diesmal nicht die sozialistische von der kommunistischen getrennt. Es kommt ja bei dieser Gelegenheit nicht so sehr auf die ganze Fülle der historischen Phänomene an, sondern auf die tendenziellen Polaritäten, die das moderne Denken wesenhaft bestimmen.

Im Kampfe mit dem bürgerlichen Gegner entdeckt der Marxismus von neuem die Tatsache, daß es in historisch-politischen Dingen *keine reine Theorie* gibt. Hier wird gesehen, daß hinter jeder Theorie kollektiv getragene Aspekte stehen. Marx nennt dieses Phänomen interessenmäßig sozial-vital gebundenen Denkens *Ideologie.*

Auch hier wird, wie so oft im politischen Kampfe, eine ganz wesentliche Entdeckung gemacht, die, einmal sichtbar geworden, bis zur letzten Klärung fortgeführt werden muß, um so mehr, als sie den Kernpunkt der Problematik politischen Denkens überhaupt in sich trägt. Durch den Begriff „Ideologie“ aber ist diese Problematik angedeutet. Sie ist jedoch noch bei weitem nicht behoben und endgültig geklärt[10]). Will man aber in dieser Klärung radikal vorgehen, so muß man jene Einseitigkeiten, die noch der ursprünglichen Konzeption anhaften, abstreifen. Es sollen hierbei für unsere Zwecke vorerst nur zwei Korrekturen vorgenommen werden.

Es ist zunächst leicht aufweisbar, daß der sozialistisch-kommunistisch Denkende das Ideologische im politischen Denken nur beim Gegner beobachtet, während sein eigenes Denken für ihn unbestritten als ein über-

---

[9]) *Schmitt, C.:* Die geistesgeschichtliche Lage des heutigen Parlamentarismus. 2. Aufl. Leipzig 1926.

[10]) Vgl. zu dem Folgenden noch das in der Einleitung Gesagte, wovon diesmal nur das Nötigste für den folgenden Zusammenhang hier wiederholt wird. Es ist klar, daß in der Terminologie der Einleitung der in diesem Aufsatz zur Anwendung gelangende Ideologiebegriff mit demjenigen zusammenfällt, den wir dort den totalen allgemeinen und wertfreien genannt haben. Vgl. Seite 72 ff. Der nächste Aufsatz arbeitet mit dem wertenden Ideologie- (und Utopie-) Begriff. Welcher Begriff jeweils zur Anwendung gelangt, das hängt in der Forschung stets vom unmittelbaren Erkenntnisziel ab.

ideologisches gilt. Der Soziologe hat keine Veranlassung, die durch den Marxismus gewonnene Einsicht nicht auch auf den Marxismus selbst anzuwenden und auch hier von Fall zu Fall den ideologischen Charakter zu beleuchten.

Ferner muß klargelegt werden, daß hier der Ideologiebegriff nicht im Sinne der negativ bewerteten, bewußten politischen Lüge gebraucht wird, sondern daß er den einer bestimmten historischen und sozialen Seinslage notwendigerweise zugehörenden Aspekt, die damit verbundene Weltanschauung und Denkweise bezeichnen soll. Diese mehr geistesgeschichtlich relevante Bedeutung ist von der anderen streng zu trennen. Natürlich bleibt es dabei unbenommen, in anderen Zusammenhängen auch die bewußte politische Lüge enthüllend zu erfassen.

Hiermit bleibt das absolut Positive und für die wissenschaftliche Forschung selbst zu Verwertende am Ideologiebegriff bestehen. Es wird in ihm die Einsicht angedeutet, und diese gilt es aus der einseitig politischen Verkapselung herauszuheben und konsequent auszubauen, daß jedes politisch-historische Denken notwendigerweise sozial-vital gebunden ist. Wie man Geschichte sieht, wie man aus Gegebenheiten eine Gesamtlage konstruiert, hängt davon ab, wo man im sozialen Strome selbst steht. Bei jeder historisch-politischen Leistung kann man feststellen, von wo aus die Dinge gesehen wurden. Dabei muß Seinsgebundenheit des Denkens nicht unbedingt eine Fehlerquelle bedeuten, sondern sie macht im Gegenteil oft erst dem politischen Geschehen gegenüber hellsichtig. Das Wichtige am Ideologiebegriff ist also u. E. die Entdeckung der sozialen Seinsgebundenheit des politischen Denkens. Das ist der allerwesentlichste Sinn des viel zitierten Satzes: „Es ist nicht das Bewußtsein der Menschen, das ihr Sein, sondern umgekehrt ihr gesellschaftliches Sein, das ihr Bewußtsein bestimmt“[11]).

Damit hängt aber das zweite wesentliche Moment marxistischen Denkens zusammen, nämlich eine *neue Verhältnisbestimmung von Theorie und Praxis.* Hatte das bürgerliche Denken ein besonderes Kapitel der Zielsetzung gewidmet und war es immer von einem normativen Richtigkeitsbilde der Gesellschaft ausgegangen, so war es einer der wichtigsten Schritte von Marx, diesen Utopismus im Sozialismus zu bekämpfen. Damit wird aber von vornherein auf eine ausführliche Zielsetzung verzichtet: eine vom Prozeß ablösbare zu erzielende Norm gibt es nicht. „Der Kommunismus ist für uns nicht ein *Zustand,* der hergestellt werden soll, ein *Ideal,* wonach die Wirklichkeit sich zu richten habe. Wir nennen Kommunismus die *wirkliche* Bewegung, welche den jetzigen Zustand aufhebt. Die Bedin-

---

[11]) *Marx:* Zur Kritik der politischen Ökonomie, 3. Aufl., 1909, S. LV.

gungen dieser Bewegung ergeben sich aus der jetzt bestehenden Voraussetzung"[12]).

Fragt man heute einen geschulten Kommunisten im Sinne des Leninismus, wie in Wirklichkeit seine Zukunftsgesellschaft aussehen wird, so wird er antworten, das sei eine undialektische Frage, die Zukunft entscheide sich im realdialektischen Werden.

Was ist aber diese Realdialektik?

Sie besagt, daß man nicht a priori berechnen kann, wie etwas sein soll und sein wird. Nur die Richtung des Werdens liegt in uns. Das stets konkrete Problem kann nur *der nächste Schritt* sein. Das politische Denken hat hier nicht die Aufgabe, ein absolutes Richtigkeitsbild aufzustellen und dann unhistorisch die Wirklichkeit anzurennen. Die Theorie, auch die kommunistische Theorie, ist Funktion des Werdens. Das dialektische Verhältnis zwischen Theorie und Praxis besteht darin, daß zunächst die Theorie — aus einem sozialen Willensimpuls erwachsend — *die Situation klärt*. Und indem man in diese so geklärte Situation hinein handelt, verändert sich bereits die Wirklichkeit; wir bekommen damit eine andere Lage in ihr, aus der dann eine neue Theorie entspringt. Die Bewegung ist also folgende: 1. Theorie ist Funktion der Realität, 2. diese Theorie veranlaßt zu bestimmtem Handeln, 3. das Handeln verändert die Realität oder zwingt beim Nichtgelingen zur Revision der vorangegangenen Theorie. Die durch Handeln veränderte Realsituation läßt eine neue Theorie entstehen[13]).

Diese Art der Lösung des Verhältnisses von Theorie und Praxis trägt das Gepräge einer späten Stufe der Problematik in sich. Man merkt, daß ihr die Einseitigkeiten eines extremen Intellektualismus und eines völligen Irrationalismus vorangegangen sind und daß sie alle Klippen zu umschiffen hat, die die bürgerliche und konservative Reflexion und Erfahrung bereits herausgestellt hatten. Der Vorzug dieser Lösung liegt eben darin, daß sie die vorangehende Problematik in sich zu verarbeiten hat und daß

---

[12]) Marx-Engels-Archiv, hrsg. v. D. Rjazanov. Frankfurt a. M., I., S. 252.

[13]) „Wenn das Proletariat durch den Klassenkampf seine Position innerhalb der Gesellschaft und damit die gesamte gesellschaftliche Struktur ändert, so steht es bei der Erkenntnis der veränderten gesellschaftlichen Situation, d. h. seiner selbst, nicht nur einem anderen Erkenntnisobjekt gegenüber, sondern es befindet sich damit bei der Erkenntnis auch in einer anderen Subjektstellung. In der Theorie erlangt das Proletariat das Bewußtsein seiner gesellschaftlichen Lage, d. h. es erkennt sich als — gleichzeitiges — Subjekt und Objekt des gesellschaftlichen Geschehens". (*Lukács:* Geschichte und Klassenbewußtsein, Berlin 1923.) Dies Bewußtsein wird nun wieder zum Motor neuen Handelns, wird doch „auch die Theorie zur materiellen Gewalt, sobald sie die Massen ergreift". (*Marx-Engels,* Nachlaß I, S. 392.)

sie sich dessen bewußt ist, daß im Gebiete der Politik die übliche Ratio nichts für sich auszurichten imstande ist. Andererseits aber ist dieser Lebensimpuls zu sehr vom Erkenntniswillen getrieben, als daß er gleich dem Konservatismus einem völligen Irrationalismus verfallen könnte. Das Ergebnis der Spannungen ist eben eine äußerst elastische Konzeption von Theorie.

Die politische Grunderfahrung, die Napoleon am eindrücklichsten ausgesprochen hat: „On s'engage, puis on voit[14])", gelangt hier zu ihrer methodologischen Sanktion[15]). Es ist in der Tat bei einem jeden politischen Denken so, daß man es nicht von außerhalb berechnend vollziehen kann, sondern daß das Denken sich lichtet, indem man die konkrete Situation durchdringt, wobei sich die Situation ihrerseits klärt, nicht allein durch Handeln und Tun, sondern eben auch durch das mitagierende Denken.

So ist die sozialistisch-kommunistische Theorie eine Synthese zwischen Intuitionismus und extremem Rationalisierungswillen.

Intuitionismus ist vorhanden, weil man die absolute Vorausberechnung auch der Tendenz nach ablehnt; Rationalismus, weil in jedem Augenblick das von neuem Erschaute rationalisiert werden soll. In keinem Augenblick darf ohne Theorie gehandelt werden; aber die aus der Lage entstehende Theorie befindet sich nicht mehr auf derselben Ebene als die vorangehende.

Ganz besonders ist es die Revolution, die höherwertiges Wissen schafft:

„Die Geschichte überhaupt, die Geschichte von Revolutionen im besonderen, ist immer inhaltsreicher, vielseitiger, lebensvoller, ‚schlauer', als dies die besten Parteien, die bewußtesten Avantgarden der vorgeschrittensten Klassen annehmen. Das ist auch ganz verständlich. Denn die besten Avantgarden drücken das Bewußtsein, den Willen, die Leidenschaft, die Phantasie von Zehntausenden aus; die Revolution aber verwirklicht in den Augenblicken besonderen Aufschwungs und der Anspannung aller menschlichen Fähigkeiten das Bewußtsein, den Willen, die Leidenschaft, die Phantasie von mehreren zehn Millionen, die vom schärfsten

[14]) In der Tat berufen sich *Lenin* und *Lukács* als Vertreter der dialektischen Konzeption auf diesen Napoleonischen Satz.

[15]) „Die Theorie ist die Erfahrung der Arbeiterbewegung aller Länder, in ihrer allgemeinen Form genommen. Allerdings wird die Theorie gegenstandslos, wenn sie nicht verknüpft ist mit der revolutionären Praxis, genau so wie die Praxis blind ist, wenn ihr Weg nicht durch die revolutionäre Theorie erhellt wird. Aber die Theorie kann zur gewaltigsten Kraft der Arbeiterbewegung werden, wenn sie untrennbar verknüpft ist mit der revolutionären Praxis, denn nur sie allein ist imstande, der Bewegung Gewißheit, Orientierungsvermögen, Verständnis für den inneren Zusammenhang der Ereignisse zu verleihen, und nur sie allein hilft der Praxis verstehen, nicht nur, wie und wohin sich die Klassen gegenwärtig bewegen, sondern auch wie und wohin sie sich in der nächsten Zukunft werden bewegen müssen." (*Stalin:* Probleme des Leninismus, 2. Aufl., Wien-Berlin 1925, S. 85.)

Klassenkampf aufgepeitscht werden.“ (*Lenin,* Der Radikalismus, die Kinderkrankheit des Kommunismus, Leipzig 1920, S. 73.)

Interessant ist, daß von diesem Aspekt aus die Revolution nicht als Steigerung der in den Menschen wohnenden Leidenschaft, als bloße Irrationalität erscheint, denn diese Leidenschaft ist ja nur wertvoll, weil sie die in millionenfach sich vollziehenden experimentierenden Denkakten aufgespeicherte Rationalität zusammenschießen läßt.

Es ist eben dies die Synthese des Menschen, der im irrationalen Spielraum selbst sich befindet, der um diese Irrationalität weiß, aber auf die Rationalisierung dennoch nicht verzichten will.

Darin ist das marxistische Denken dem konservativen verwandt, daß es den irrationalen Spielraum nicht verleugnet und ihn nicht etwa wie das bureaukratische Denken verdeckt oder wie das liberal-demokratische rein intellektualistisch behandelt, als ob er rational wäre. Es unterscheidet sich aber vom konservativen Denken dadurch, daß es in dieser relativen Irrationalität durch neuartige Rationalisierung erfaßbare Momente sieht.

So erscheint Schicksal, Zufall, alles Plötzliche, Unerwartete und die daraus entstehende religiöse Sicht als Funktion der noch nicht bewältigten Rationalität der Geschichtsstruktur.

„Die Furcht vor der blinden Macht des Kapitals, die blinde Furcht, denn sie kann von den Volksmassen nicht vorausbestimmt werden, die Furcht, die auf Schritt und Tritt den Proletarier und kleinen Eigentümer bedroht und ihm „plötzlich“, „unerwartet“, „zufällig“ Verarmung, Untergang, Verwandlung in einen Bettler, einen Pauper, eine Prostituierte bringen kann, ihn dem Hungertode preisgibt — das ist die *Wurzel* der modernen Religion, die der Materialist vor allem und am meisten im Auge haben muß, wenn er nicht in den Kinderschuhen des Materialismus stecken bleiben will. Keine Aufklärungsbüchlein werden die Religion aus den im kapitalistischen Zuchthaus zermürbten Massen ausmerzen, die von den blinden zerstörenden Kräften des Kapitalismus abhängen, solange diese Massen selbst nicht gelernt haben werden, vereint, organisiert, planmäßig, bewußt gegen diese *Wurzel* der Religion, gegen die *Herrschaft des Kapitals* in allen Formen anzukämpfen.“ (*Lenin,* Ausgew. Werke, Wien 1925, S. 279.)

Denn völlig irrational willkürlich und ganz unübersehbar ist auch in diesem Denken der irrationale Spielraum nicht. Zwar gibt es in diesem noch Werdenden keine statisch fixierten, bestimmten Gesetzen gehorchenden, sich immer wiederholenden Verhältnisse, alles überhaupt nur Mögliche aber kann auch hier nicht entstehen. Und dies ist doch das Ausschlaggebende. Das Wachsende, Neue dokumentiert sich nicht in einer Reihe von unerwarteten Ereignissen, sondern der politische Spielraum ist selbst von Tendenzen durchsetzt, die sich zwar wandeln können, die aber durch ihr jeweiliges Vorhandensein doch weitgehend die Arten möglichen Geschehens bestimmen.

Deshalb richtet sich auch dieses Denken in erster Linie auf die Herausarbeitung und Rationalisierung aller jener Tendenzen, die den jeweiligen Charakter des Spielraumes beeinflussen. Die marxistische Theorie hat nun solche strukturellen Tendenzen in *dreifacher* Richtung herausgearbeitet.

Sie weist zunächst darauf hin, daß der politische Spielraum selbst getragen wird und immer charakterisierbar ist durch den jeweiligen Status der hinter ihm stehenden *Produktionsverhältnisse*[16]). Die Produktionsverhältnisse werden nicht statisch gesehen im Sinne eines stets sich unverändert wiederholenden Wirtschaftskreislaufes, sondern dynamisch im Sinne eines Strukturzusammenhanges, der selbst im Laufe der Zeit stets anders wird.

Zweitens wird gesehen, daß mit den Änderungen dieses ökonomischen Faktors die Umschichtung der Klassenverhältnisse am engsten verknüpft ist, was zugleich eine Umschichtung der Arten der Macht und eine immer neuartige Verteilung der Machtkompetenzen bedeutet.

Drittens aber wird erkannt, daß die Ideenwelten, die die Menschen jeweils beherrschen, in ihrem inneren Aufbau durchleuchtbar und erkennbar sind und sich in einer Weise verändern, die es uns ermöglicht, die Struktur dieser Veränderung theoretisch zu bestimmen.

Und, was noch viel wichtiger ist, diese drei Arten von Strukturzusammenhängen werden nicht unabhängig voneinander erkannt. Gerade ihr gegenseitiger Zusammenhang wird zu einem einheitlichen Problemkreis. Die ideologische Struktur verändert sich nämlich nicht unabhängig von der klassenmäßigen, die klassenmäßige nicht unabhängig von der ökonomischen. Und gerade in dieser Verbindung und Verflechtung der dreifachen Problematik, der ökonomischen, der sozialen und der ideologischen, besteht die besondere Intensität des marxistischen Gedankens. Nur diese synthetische Kraft erlaubt es ihm, sowohl für die Vergangenheit als für den noch werdenden Spielraum das Problem der strukturellen Totalität stets von neuem zu stellen. Hierbei ist nun das Paradoxe, daß der Marxismus die relative Irrationalität sieht und streng ins Auge faßt. Er bleibt aber nicht bei diesem Irrationalen stehen, wie die historische Schule, sondern ist bestrebt, durch eine neuartige Rationalisierung dieses so weit als möglich aufzulösen.

Für den Soziologen erhebt sich aber auch hier die Frage, aus welchem historisch-sozialen Dasein und welcher Lage diese eigentümliche Denk-

[16]) „Die Produktionsweise des materiellen Lebens bedingt den sozialen, politischen und geistigen Lebensprozeß überhaupt.“ *Marx:* Zur Kritik der politischen Ökonomie, a. a. O. S. LV.

weise, die der Marxismus repräsentiert, aufgestiegen ist. Woraus erklärt sich diese Eigenart, einen extremen Irrationalismus mit einem extremen Rationalismus so zu verbinden, daß daraus eine neuartige („dialektische") Rationalität entsteht?

Soziologisch gesehen ist dies die Theorie einer aufstrebenden Klasse, der es nicht auf momentane Erfolge ankommt, die also nicht putschistisch ist, die aber andererseits stets den unberechenbaren Konstellationen gegenüber aus der ihr immanenten revolutionierenden Tendenz heraus offen und wach sein muß.

Eine jede Theorie, die einer Klassenlage entspringt und nicht auf fluktuierende Massen, sondern auf organisierte historische Gruppen zugeschnitten ist, muß auf eine à-la-longue-Sicht eingestellt sein. Sie bedarf infolgedessen eines durchrationalisierten Geschichtsbildes, auf Grund dessen man stets fragen kann, wo stehen wir jetzt, in welchem Stadium befindet sich die Bewegung[17]). Gruppen vorkapitalistischen Ursprungs, in denen das gemeinschaftliche Element dominiert, können schon durch Traditionen oder gemeinsam tradierte Gefühlsgehalte zusammengehalten werden. Die Theoretisierung hat dort nur eine völlig sekundäre Funktion. Bei Gruppen dagegen, die primär nicht durch Lebensgemeinschaft zusammengeschweißt sind, sondern aus einer verwandten Strukturlage sich konstituieren, kann nur ein stark theoretisierendes Element den Zusammenhalt gewährleisten. Dieses extreme Theoretisierungsbedürfnis entspricht also, soziologisch gesehen, der Klassenstruktur, wo Menschen nicht durch die Nähe, sondern durch gemeinsame Lagerung im ausgeweiteten sozialen Raume zusammengehalten werden müssen. Gefühlsmäßige Bindung strahlt nur in die Nähe, theoretisiertes Weltbild wirkt verbindend auch in die Ferne. So ist ein rationalisiertes Geschichtsbild ein sozial bindender Faktor für verstreute Gruppen im Raume und Bindeglied für Generationsfolgen, die kontinuierlich in verwandte soziale Lagerungen hineinwachsen. Bei der Klassenbildung sind verwandte Lagerung im sozialen Raume und Theorie primär. Nachträglich sich dann herausbildende gefühlsmäßige Bindungen sind immer irgendwie reflexiv und werden stets mehr oder minder an der Theorie kontrolliert. Trotz dieser extrem rationalisierenden Tendenz, die der proletarischen Klassenlage einfach innewohnt, findet diese Rationalität dennoch ihre Grenze an der oppositionellen, noch mehr an der schicksalsmäßig revolutionären Lage dieser Klasse.

Infolge des revolutionären Impulses kann die Rationalisierung nicht ab-

---

17) „Ohne revolutionäre Theorie kann es auch keine revolutionäre Bewegung geben." *Lenin:* Ausgew. Werke, a. a. O. S. 38.

solut werden. Wenn auch in modernen Zeiten die Rationalisierung so weit greift, daß sogar die Revolte, die doch ursprünglich die irrationale Eruption katexochen ist, hier auf dieser Stufe organisiert wird[18]) und damit einen bureaukratischen Einschlag bekommt, muß doch im Geschichtsbilde, im Lebenssystem irgendwo Raum für die nötige Irrationalität, die die Revolution bedeutet, bleiben.

Revolution heißt ja, daß irgendwo ein Durchbruch des rationalisierten Gefüges vorgesehen, beabsichtigt ist, sie erfordert also ein Offensein für den günstigen Augenblick, in dem der Angriff gewagt werden muß. Würde man den ganzen politischen Raum als durchrationalisiert denken, so gäbe man das Offensein dem günstigen Augenblick gegenüber auf. Der „Augenblick" aber bedeutet eben nichts anderes als jenes Irrationale des „hic et nunc", das jede Theorie durch ihre Tendenz zum Allgemeinen verdeckt. Da man aber diesen Augenblick des Durchbruchs, solange man Revolution braucht und will, nicht verlieren darf, entsteht im theoretischen Bilde eine Lücke, die bezeichnet, daß das Irrationale in seiner Irrationalität gewürdigt werden kann.

Dieses ganze dialektische Denken geht davon aus, denselben für die historisch konservativen Gruppen als völlig irrational erscheinenden Spielraum weiter zu rationalisieren, macht aber dort in der Rationalisierung Halt, wo das Werdende durch seine Rationalisiertheit als völlig erstarrt erscheinen müßte.

Im Begriffe des „Umschlagens" ist jenes Element der Irrationalität enthalten. Die den politischen Spielraum beherrschenden Tendenzen werden hier nicht so konstruiert, daß sich die im Spielraum akkumulierenden Kräfte einfach mathematisch berechnen lassen, sondern so, daß sie, aus ihrer ursprünglichen Tendenz herausgeschleudert, plötzlich „umschlagen" können. Dieses Umschlagen kann natürlich niemals berechnet werden, sondern bedarf im Gegenteil noch immer der revolutionären Tat des Proletariats. Es wird also der Intellektualismus keineswegs für alle Seinslagen als legitim erklärt, sondern ganz im Gegenteil nach zwei Richtungen hin die zum Erfassen der Irrationalität nötige Intuition geradezu erweckt. Damit ist eine zweifache Irrationalität gegeben. Einmal bleibt es stets unberechenbar und dem politischen Instinkt überlassen, wann die herrschenden Tendenzen bis zur Reife, bis zum Umschlagen gediehen sind. Zweitens ist das

[18]) „Der bewaffnete Aufstand ist eine besondere Form des politischen Kampfes, die besonderen Gesetzen unterliegt und über die man genau nachdenken muß. Außerordentlich plastisch hat diesen Gedanken Karl Marx ausgedrückt, als er schrieb, daß der ‚Aufstand ebenso wie der Krieg eine Kunst' ist." (*Lenin,* ebda. S. 448.)

historische Kalkül nie so exakt determinierbar, daß man sich das strukturverändernde Eingreifen ersparen könnte.

So erscheint also das Denken des Marxismus als das rationale Denken der irrationalen Tat. Für die Richtigkeit dieser Analyse spricht die Tatsache, daß, sobald marxistisch-proletarische Schichten hochkommen, sie in demselben Grade das dialektische Element in der Theorie abschütteln und mit der generalisierenden, Gesetze suchenden Methode des Liberalismus und der Demokratie denken, während die übrigen, die auf die Revolution ihrer Lage wegen angewiesen bleiben, am dialektischen Element festhalten (Leninismus).

Das dialektische Denken ist eben ein rationalistisches, das in Irrationalismus mündet und stets eine doppelte Frage zu beantworten bestrebt ist: 1. Wo halten wir? 2. Was besagt der irrational gelebte Augenblick? Man handelt hierbei niemals aus dem bloßen Impuls, sondern nur auf Grund der soziologisch gesehenen Geschichte; man will aber andererseits niemals durch bloßes Kalkül den Spielraum und den Augenblick restlos in ihm aufgehen lassen. Die Frage an den Spielraum bleibt immer die Tat und die Antwort immer das Gelingen bzw. das Scheitern der Aktion. Die Theorie wird nicht herausgehoben aus ihrer wesensmäßigen Verbundenheit mit der Tat, und die Tat ist das klärende Element, in dem sich die Theorie bildet.

Das Positive an dieser Theorie ist, daß sie aus eigenen sozial-vitalen Impulsen heraus immer durchsichtiger werden läßt, daß politisches Denken wesensmäßig vom üblichen Theoretisieren verschieden ist. Positiv ist ferner, daß diese dialektisch einsetzende Denkweise sowohl die Problematik des bürgerlichen Rationalismus als die des historischen Irrationalismus in sich verarbeitet enthält.

Vom Irrationalismus hat sie die Einsicht, daß der historisch-politische Spielraum nicht von starren Gegenständlichkeiten erfüllt ist und daß deshalb eine bloß Gesetze suchende Methode versagen muß. Außerdem sieht sie das völlig Dynamische der den politischen Raum beherrschenden Tendenzen; sie bemerkt die vitale Verknüpfung des politischen Denkens und will also Theorie und Praxis nicht künstlich trennen.

Vom Rationalismus hat sie dagegen den Willen, sich auch dort noch rationalisierend zu verhalten, wo das bisherige Rationalisieren versagt.

Als vierter Gegenspieler soll nun hier noch der gerade in unserer Epoche auftretende *Fascismus* angeführt werden. Der Fascismus hat eine besondere Auffassung vom Verhältnis von Theorie und Praxis. Er ist im wesentlichen aktivistisch und irrationalistisch gestimmt. Er verbindet sich mit

Vorliebe mit den irrationalistischen Philosophien und politischen Theorien der modernsten Entwicklung. Es sind ganz besonders *Bergson, Sorel, Pareto,* die in seine Weltanschauung, selbstverständlich nach einer entsprechenden Transformierung, verarbeitet sind.

Im Zentrum seiner Lehre und seiner Praxis steht die Apotheose des unmittelbaren Eingreifens, der Glaube an die ausschlaggebende Tat, an die Bedeutung der Initiative einer führenden Elite. Das Wesen der Politik ist, zuzugreifen, das Gebot der Stunde zu erkennen. Nicht Programme sind wichtig[19]), sondern die unbedingte Unterwerfung unter den Führer. Geschichte machen weder die Massen noch die Ideen noch die stillwirkenden Kräfte, sondern die sich jeweils behauptenden Eliten[20]). Es ist dies ein völliger Irrationalismus, aber charakteristischerweise nicht jener Irrationalismus, den die Konservativen kennen, nicht jenes Irrationale, das zugleich ein Überrationales ist, nicht der Volksgeist, nicht stillwirkende Kräfte, nicht der mystische Glaube an die schöpferische Kraft der langen Zeitdauer, sondern der Irrationalismus der die Geschichte in allen diesen Bedeutungen negierenden, neu einsetzenden Tat. „Um jung zu sein, muß man vergessen können. Wir heutigen Italiener sind zwar stolz auf unsere Geschichte, aber wir machen sie nicht zum bewußten Leitmotiv unseres Handelns, wenn die Geschichte als biologisches Element in uns lebt[21])."

[19]) *Mussolini:* Unser Programm ist sehr einfach: wir wollen Italien regieren. Man fragt uns immer nach Programmen. Wir haben deren schon zu viele. Zur Erlösung Italiens sind keine Programme nötig, sondern Männer und Willenskraft." *Mussolini:* Reden, hrsg. v. H. Meyer, Leipzig 1925, S. 105. Vgl. auch S. 134 f.

[20]) *Mussolini* (a. a. O. 103): „Ihr wißt, ich bin kein Verehrer dieser neuen Gottheit, der Masse ... Jedenfalls haben wir geschichtliche Beweise dafür, daß tief eindringende Veränderungen in der menschlichen Gesellschaft stets zuerst von den Minderheiten, einer Handvoll Menschen herbeigeführt worden sind."

[21]) *Brodrero:* Auf der IV. intern. Tagung des Verbandes für kulturelle Zusammenarbeit, Heidelberg, Oktober 1927. Es ist ziemlich schwer, die fascistischen Ideen in Gestalt einer einheitlichen Theorie darzustellen. Abgesehen davon, daß der Fascismus noch immer im Werden begriffen ist, legt er selbst keinen besonderen Wert auf eine einheitlich durchgestaltete Theorie. Sein Programm ändert sein Gesicht von Etappe zu Etappe, je nachdem, welchen Schichten er sich zuzuwenden hat. Hier viel mehr noch als sonst muß man, wenn man das innere Wesen erfassen will, die charakteristische Haltung und das letzte Fundament der Einstellung von den bloß auf Werbung eingestellten Gehalten trennen. Dieser Wesenszug scheint für uns in diesem absoluten Intuitionismus und Aktivismus zu liegen, von dem aus auch das Schillernde und bloß Stimmungsmäßige der Theorie verstehbar wird. Es werden in unserer Darstellung bewußt alle institutionellen Ideen übergangen, was Ständestaat, korporative Gliederung usw. betrifft. Die Aufgabe ist, die Haltung zu Theorie und Praxis und das damit entstehende Geschichtsbild zu analysieren. Hierbei greifen wir stets, wo es nötig ist, auch auf die wissenschaftlichen Vorläufer dieser Haltung: Bergson, Sorel, Pareto zurück. Im Werden des Fascismus sind zwei Etappen ganz deutlich zu unterscheiden, die auch im Ideologischen verfolgbar sind. Die erste, zirka 2 Jahre lang dauernde Etappe, in der der Fascismus bloße Bewegung ist, charakterisiert

Über die verschiedenen Bedeutungen des Geschichtsbegriffes bedürfte es einer besonderen Untersuchung. Es ließe sich gut zeigen, daß die verschiedenen geistig-sozialen Strömungen einen jeweils verschiedenen Geschichtsbegriff haben. Hierüber an dieser Stelle nur folgendes:

Dieser soeben angeführte, in Brodreros Rede klar hervortretende Begriff der Geschichte ist weder mit dem konservativen noch mit dem liberaldemokratischen noch mit dem sozialistischen Begriff der Geschichte vergleichbar. Alle diese sonst sich so hart bekämpfenden Theorien haben doch darin einen gemeinsamen Ausgangspunkt, daß sie von der Voraussetzung ausgehen, daß in der Geschichte bestimmte, irgendwie erforschbare Zusammenhänge bestehen, die sozusagen den Ort eines jeden Geschehens festlegen. Es ist nicht alles zu allen Zeiten möglich[22]), bestimmte Erlebnisse, bestimmte Handlungen, bestimmte Denkweisen usw. sind nur an bestimmten Orten und zu bestimmten Zeitperioden möglich, und dieser sich immer verändernde und sich umwälzende Zusammenhang muß erfaßbar sein. Die Rückwendung zur Geschichte, das Stadium der Geschichte oder des Sozialkörpers hat einen Sinn, denn das Sich-Orientieren an ihnen kann und muß zum bestimmenden Faktor beim Handeln und bei der politischen Tat werden.

So verschieden auch das sich aus dieser Hinwendung zur Geschichte ergebende Bild bei den Konservativen, Liberalen und Sozialisten gewesen sein mag, so hielten sie doch alle daran fest, daß in der Geschichte ein irgendwie erforschbarer Zusammenhang waltet. Anfangs meinte man, den Plan der göttlichen Vorsehung in ihr zu entdecken, später eine höhere Zweckhaftigkeit eines dynamisch-pantheistisch gefaßten Geistes. Dies waren aber nur die metaphysischen Substruktionen zu einer äußerst fruchtbaren Forschungshypothese, die im geschichtlichen Geschehen nicht ein heterogenes Nacheinander, sondern ein kohärentes Zusammenwirken der wich-

---

sich dadurch, daß in dieser Periode die aktivistisch-intuitionistischen Elemente in die seelisch-geistige Haltung eindringen. Das ist auch die Zeit, in der die syndikalistischen Theorien Eingang finden; waren doch die ersten „fasci" syndikalistisch und Mussolini selbst Schüler Sorels. Eine zweite Etappe, die seit November 1921 zu datieren ist, sieht den Fascismus sich stabilisieren und später die dezisive Wendung nach rechts vollziehen. Sie ist die Periode, in der die nationalistischen Ideen in den Vordergrund treten. Wie sich die Theorie in engstem Zusammenhang mit dem Wandel der tragenden Schichten transformiert und insbesondere, welche Wandlungen aufgetreten sind, seitdem sich die „haute finance" und die Großindustrie ihm angeschlossen haben, kann im einzelnen verfolgt werden in dem Buche von *von Beckerath, E.:* Wesen und Werden des fascistischen Staates. Berlin 1927.

[22]) Demgegenüber *Mussolini:* „Ich für mein Teil habe nicht allzuviel Vertrauen zu diesen Idealen (gemeint sind die pazifistischen Ideen), doch ich schließe sie nicht aus, denn ich schließe nie etwas aus; alles ist möglich, selbst das Unmögliche und Vernunftwidrigste." (A. a. O. S. 74.)

tigsten Faktoren aufdeckte. Man suchte den inneren Aufbau des Geschichtlichen zu verstehen, um daraus einen Maßstab für das eigene Handeln zu gewinnen.

Hatten die Liberalen und Sozialisten stets daran festgehalten, daß dieser Zusammenhang, diese Struktur völlig rationalisierbar sei, und bestand der Unterschied zwischen ihnen hauptsächlich darin, daß jene sich eher an einem geradlinigen Fortschritt, diese an einer dialektischen Bewegung orientierten, so suchten die Konservativen den Werdezusammenhang der geschichtlichen Ganzheit anschaulich morphologisch zu erkennen. Wie wesentlich verschieden auch diese Betrachtungsweisen methodisch und inhaltlich gewesen sein mögen, das Gemeinsame war doch, daß sie alle die politische Tat als eine im historischen Raume sich vollziehende erlebt haben, zu deren Vollzug es in unserer Zeit gehört, an jenem werdenden Totalzusammenhang sich zu orientieren, in den man hineingestellt ist. Vor der Irrationalität der fascistischen Tat versinkt aber diese irgendwie durch den Menschen erforschbare Geschichtlichkeit, wie sie denn schon bei ihrem syndikalistischen Vorläufer *Sorel*[23]) bis zu einem gewissen Grade verschwunden ist, der den Gedanken der Evolution in verwandtem Sinne geleugnet hat. All das, was die Konservativen, den Liberalismus, den Sozialismus verbindet, ist die Voraussetzung, daß in der Geschichte ein Zusammenhang der Ereignisse und Gestaltungen aufweisbar ist, wodurch alles mehr oder minder einen *Stellenwert* in der Geschichte hat, weswegen auch nicht alles immer möglich ist. Vom Fascismus aus aber erscheint dann auch jede Geschichtsauffassung als pure Konstruktion, Fiktion, die es zugunsten der die historische Zeitlichkeit durchbrechenden Tat abzubauen gilt[24]).

[23]) Über Mussolinis Verhältnis zu Sorel: *Sorel* hatte Mussolini schon vor 1914 gekannt und er soll bereits 1912 über Mussolini folgendes gesagt haben:

> „Notre Mussolini n'est pas un socialiste ordinaire. Croyez-moi: vous le verrez peut-être un jour à la tête d'un bataillon sacré saluer de l'épée la bannière italienne. C'est un italien du XVe siècle, un condottiere! On ne le sait pas encore, mais c'est le seul homme énergique capable de redresser les faiblesses du gouvernement."

Zit. nach Gaétan *Pirou,* Georges Sorel (1847—1922), Paris, Marcel Rivière. 1927. S. 53. Cf. die Rezens. v. E. Posse im Archiv für die Geschichte des Sozialismus und der Arbeiterbewegung, Bd. 13, S. 431 f.

[24]) Vgl. den Aufsatz von *Ziegler, H. O.:* Ideologienlehre, im Archiv für Sozialwissenschaft und Sozialpolitik 1927, Bd. 57, S. 657ff., der vom Standpunkte Paretos, Sorels usw. den „Mythos der Geschichte" abzubauen versucht. Während hier der Gedanke der Geschichtlichkeit als eines erforschbaren Zusammenhanges negiert wird und die verschiedenen Strömungen in der Gegenwart, die diesen Ahistorismus verfechten, aufgewiesen werden, erscheint derselbe Gedanke bei Mussolini in politisch-rhetorischer Gestalt etwa folgendermaßen: „Doch wir sind keine hysterischen Frauen, die sich fortwährend davor ängstigen, was die Zukunft bringen werde; wir warten nicht auf Verhängnisse und Offenbarungen der Geschichte." *Mussolini* a. a. O. S. 129; ferner: „Wir glauben nicht, daß die Geschichte sich wiederholt, daß sie einen vorgeschriebenen Weg geht."

Daß es sich hier um eine Theorie der Geschichtslosigkeit handelt, daran ändert auch gar nichts die Tatsache, daß in der fascistischen Ideologie insbesondere seit der Rechtswendung die Ideen des „nationalen Krieges“ und die Ideologie des „Römischen Reiches“ sich vorfinden. Abgesehen davon, daß sie von Anfang an als Mythen, d. h. als Fiktionen bewußt erlebt werden, bedeutet geschichtliches Denken und Handeln nicht, irgendwelche vergangenen Gehalte pathetisch zu erleben, sondern sich selbst in einen geschichtlichen Strom hineingestellt zu wissen, in einen Strom, der eine bestimmte, artikulierbare Struktur hat. Diese Artikulierbarkeit macht das eigene Eingreifen erst wirklich verständlich.

Von diesem rein intuitionistischen Zugriff aus löst sich aber auch jedes politische und historische Erkennen, was den Erkenntniswert betrifft, in ein Nichts auf. Denn es läßt sich stets nur sein ideologischer, mythologisierender Charakter aufweisen. Das Denken kann für diesen aktivistischen Intuitionismus nur die Funktion haben, in diesen vergeblichen Theorien deren illusionistischen Charakter aufzuweisen, sie als Selbsttäuschungen zu enthüllen. Das Denken wird hier nur als Wegbereiter zur reinen Tat erlebt. Der Überlegene, der Führer weiß, daß all die politischen und historischen Ansichten nur Mythen sind. Er ist eigentlich frei von ihnen, aber er schätzt sie — und das ist die andere Seite dieser Einsicht —, weil sie enthusiastische Ableitungen sind, die die Gefühle, die irrationalen Residuen im Menschen in Bewegung setzen und allein zu politischer Tat führen[25]). Hier wird in Praxis umgesetzt, was Sorel und Pareto[26]) in ihrer Mythenlehre und in der Lehre von den Eliten und Vorstoßtruppen zuerst zu Ende gedacht haben.

Es ist leicht verständlich, wenn von diesem intuitionistischen Zugriff her eine tiefe Skepsis gegenüber der Wissenschaft, insbesondere der Geisteswissenschaft, vorherrscht. Hatte der Marxismus der Wissenschaft gegenüber geradezu noch eine gläubige Haltung, eine bis zur Gnosis gesteigerte Wissenschaftsgläubigkeit bewahrt, so bleibt schon bei Pareto als positives Wissen nur eine rein formalistische Sozialmechanik übrig. Die wissenschaftliche Skepsis dieses spätbürgerlich isolierten, nüchternen Beobachters wird hier eingetaucht in die Selbstgläubigkeit einer jungen Bewegung. Was an Skepsis gegenüber dem Wißbaren dort vorhanden war, bleibt erhalten, es wird aber ergänzt durch eine Gläubigkeit an die bloße Aktivität und

---

[25]) *Sorel, G.:* Réflexions sur la violence. Paris 1921, chap. IV, 167ff.

[26]) In deutscher Sprache zugänglich in der von *Bousquet* zusammengefaßten Darstellung: Grundriß der Soziologie nach Vilfredo Pareto, Karlsruhe 1926.

eigene Vitalität[27]). Wo alles, was der besonderen Geschichtlichkeit angehört, als wissenschaftlich unerfaßbar abgetan wird, dort kann für die wissenschaftliche Erforschung nur noch jene generelle Schicht der Gesetzmäßigkeiten erforscht werden, die in jedem Menschen und zu allen Zeiten sich gleich bleibt. Außer jener sozialen Mechanik kann nur noch die Sozialpsychologie zur Geltung kommen. Ihre Kenntnis ist für die Führer nur als ein rein technisches Wissen von Nutzen: sie müssen wissen, wodurch die Massen zu bewegen sind. Diese dumpfe Tiefenschicht der Seele ist bei allen Menschen gleich, sei es, daß man sich dem heutigen Menschen beobachtend zuwende oder dem Menschen des alten Roms oder dem der Renaissance.

Hier verbindet sich nun plötzlich dieser Intuitionismus mit dem ausschließlich generelle Gesetze suchenden Streben des späten Bürgertums, das aus dem Positivismus eines Comte z. B. allmählich alle geschichtsphilosophischen Elemente zugunsten einer generellen Soziologie ausgemerzt hatte. Andererseits kann man die Anfänge dieses Ideologiebegriffes, der in der Lehre von den fruchtbaren Mythen vorherrscht, weitgehend auf den Marxismus zurückführen. Doch ergeben sich dann, wenn man genauer betrachtet, ganz wesentliche Unterschiede.

Für den Marxismus existiert zwar auch der Ideologiebegriff in der Bedeutung von „Lügengewebe", „Täuschungsgebilde", „Fiktion", aber unter diese Kategorie fällt nicht ein jedes Denken, das sich der Erforschung der Geschichtsstruktur zuwendet, sondern nur das diesbezügliche Wissen der gegnerischen Klassen und Schichten. Nicht jegliches Denken, nicht jegliche Ratio wird hier zur Ideologie gestempelt. Nur die einer Verhüllung bedürftigen Schichten, die aus ihrer sozialen Seinslage heraus die wahren Zusammenhänge nicht erkennen wollen und können, verfallen der Zwangsläufigkeit der Täuschungserlebnisse. So erscheint zwar jeglicher Gedanke (auch der wahre) in seiner bloßen Denkbarkeit gebunden an eine bestimmte sozial-historische Seinslage, das Denken ist aber durch diese Seinsrelativierung *nicht* eines möglichen Wahrheitscharakters überhaupt beraubt. Demgegenüber sind für den intuitionistischen Aktivismus, der in der fascistischen Theorie, wenn auch mit anderen Tendenzen vermischt, immer wieder durchbricht, Erkennbarkeit und Rationalisierbarkeit etwas Unsicheres, Ideen etwas völlig Sekundäres[28]). Eine Dünnschicht der Wißbarkeit für

[27]) Aus einer Rede *Mussolinis:* „Wir haben einen Mythus geschaffen; der Mythus ist ein Glaube, ein edler Enthusiasmus, er braucht keine Realität zu sein(!), er ist ein Antrieb und eine Hoffnung, Glaube und Mut. Unser Mythus ist die Nation, die große Nation, die wir zu einer konkreten Realität machen wollen." (Zit. bei *C. Schmitt,* Parlamentarismus, a. a. O. S. 89.)

[28]) „Temperamente scheiden Menschen stärker als Ideen." *Mussolini* a. a. O. S. 55.

den Politiker liefern nur die Kenntnisse jener sozialen Mechanik oder jener Sozialpsychologie.

Vom Fascismus aus gesehen ist auch der marxistische Gedanke von der Geschichte als eines durch ökonomische und soziale Kräfte getragenen Strukturzusammenhanges letzten Endes nur ein Mythus, und genau so wie die Strukturiertheit des Geschichtsprozesses mit der Zeit zersetzt wird, so steht man auch der Klassenlehre negierend gegenüber. Es gibt kein Proletariat, nur Proletariate[29]).

Für diese Denk- und Erlebnisweise ist also charakteristisch, daß die Geschichte sich in Momentsituationen auflöst, wobei zwei Dinge entscheidend sind: eimal der Elan des großen Führers und der der vorstoßenden Gruppen (Eliten), dann die Beherrschung des einzig und allein möglichen Wissens von der Massenseele und die Technik dieser Beherrschung.

Politik als Wissenschaft ist also in einem bestimmten Sinne möglich: in der Funktion, die Wege zum Handeln zu bereinigen.

Dies geschieht in zweifacher Weise: einerseits, indem sie alle jene Idole zerstreut, die die Geschichte als einen bestimmten Prozeß sehen lassen, andererseits aber indem sie die Massenseele insbesondere in ihren Machtinstinkten und deren Funktionieren beachtet und aufmerksam verfolgt. Diese Massenpsyche gehorcht in der Tat nun weitgehend zeitlosen Gesetzen, weil sie als solche am ehesten aus der Geschichte herausgestellt ist, wogegen die Geschichtlichkeit der sozialen Psyche gerade nur dort wahrnehmbar ist, wo der sozial-historisch eingegliederte Mensch erfaßt wird.

Diese Theorie der Politik fußt historisch letzten Endes auf Macchiavelli, bei dem eigentlich die Grundeinsichten schon vorhanden sind. Der Elan des großen Führers ist vorweggenommen in dem Begriff der „virtù". Der alle Idole enthüllende Realismus und das Rekurrieren auf eine Technik, die die tief verachtete Masse seelisch zu meistern versucht, finden sich ebenfalls bei ihm, wenn auch in concreto in manchem verschieden. Schließlich ist die Tendenz zur Auflösung des Geschichtsplanes und die Theorie der direkt eingreifenden Tat bereits dort vorgezeichnet.

Auch das Bürgertum hatte oft in seiner Theorie dieser Lehre von der politischen Technik einen Raum gewährt und sie, wie *Stahl* es richtig sah, unverbunden neben die naturrechtlichen Ideen, die als Normlehre vorhanden waren, gestellt[30]). Je mehr die bürgerlichen Ideale und das dazugehörige Geschichtsbild durch das Arrivieren zum Teil verwirklicht, zum

[29]) Vgl. *von Beckerath, E.:* a. a. O. S. 142. Auch *Mussolini* a. a. O. S. 96.

[30]) Vgl. *Stahl, F. J.:* Die Philosophie des Rechts, Bd. 1, 4. Aufl., 4. Buch, Abschnitt I: Die neuere Politik.

Teil desillusionistisch zersetzt waren, um so mehr trat diese nüchterne zeitlose Technik als alleiniges politisches Wissen hervor.

In der neuesten Entwicklung verbindet sich diese reine abgelöste Technologie des Politischen immer mehr mit einem Aktivismus und Intuitionismus, der jedwede historische konkrete Erkennbarkeit leugnet, und wird zur Ideologie jener Gruppen, die den unmittelbar explosiven Anprall an die Geschichte einer evolutiv vorbereiteten Umänderung vorziehen. Diese Seelenhaltung wandert also in jeweils verschiedenen Spielarten vom Anarchismus eines Proudhon, Bakunin zum Syndikalismus Sorels und von dort zum Fascismus Mussolinis[31]).

Soziologisch gesehen ist dies die Gestalt einer Ideologie putschistischer Gruppen, geführt von Intellektuellenkreisen, die der liberal-bürgerlichen und sozialistischen Führerschicht gegenüber outsiders sind und die jene Konjunkturwellen zum machtmäßigen Vorstoß ausnutzen, die die Transformationsperiode der modernen Gesellschaft stets von neuem aus sich herausstellt. Diese Transformationsperiode, mag sie zur sozialistischen Wirtschaft oder sonstwie kapitalistisch geregelten Planwirtschaft führen, ist eben dadurch charakterisiert, daß sie zu intermittierenden putschistischen Vorstößen Gelegenheit gibt und im selben Maße, wie sie gesellschaftlich-wirtschaftlich irrationale Residua in sich birgt, auch die explosiv irrationalen Elemente im modernen Bewußtsein anzieht.

Diese soziologische Zurechenbarkeit läßt sich in der soeben dargestellten Ideologie in erster Linie dadurch aufweisen, daß der von hier aus den Geschichtsprozeß erlebende Betrachter sich ausschließlich *an jenem irrationalen Spielraum orientiert,* von dem anfangs die Rede war. Dadurch, daß er seelisch und sozial an jenem Punkte des Stromes steht, wo allein das Unorganisierte und Unrationalisierte faßbar wird, verdeckt sich für ihn all das, was in der Geschichte Struktur, im Gesellschaftsgefüge schon konsolidierter Aufbau ist.

Man kann geradezu eine soziologische Korrelation aufstellen zwischen einem Denken, das sich an organische oder organisierte Verbände wendet, und einem konstruktiven Sehen der Geschichte. Andererseits besteht eine tiefe Affinität zwischen freischwebenden Agglomerierungen und ahistorischem Intuitionismus. Je mehr organisierte oder organische Verbände einer Auflockerung ausgesetzt sind, um so mehr lockert sich ihr Sinn für das Erfassen des konstruktiven Elements in der Geschichte und verfeinert sich ihre Sensibilität den imponderabilen und freischwebenden Gehalten gegenüber. Je mehr durch den Augenblick geschaffene

---

[31]) *Schmitt, C.:* „Parlamentarismus", a. a. O. Kap. IV.

putschistische Gruppen sich stabilisieren, um so mehr sind sie einer à-la-longue-Sicht der Geschichte und einer konstruktiven Sicht der Gesellschaft gegenüber zugänglich. Als formale Tendenzen und heuristische Hypothesen muß man dies stets im Auge behalten, wenn auch jeweils historische Komplikationen hinzutreten mögen. Die Geschichte als Augenblickssituationen zu erleben, ist eben einer Klasse oder einem organischen Verbande niemals möglich, sondern nur den in solchen Augenblickssituationen entstehenden und ihnen sich hingebenden Massen. Auch der geschichtslose Augenblick des Aktivismus, den es zu nützen gilt, ist de facto jener aus den großen Zusammenhängen herausgerissene Moment, auf den es putschistische Gruppen abgesehen haben.

Der spezifische *Praxis-Begriff* dieser Denkweise ist gleichfalls dem eruptiv vorstoßenden Putsche eigen, während gesellschaftlich zusammengehaltene, wenn auch oppositionelle Dauerkräfte die Praxis als eine kontinuierliche Expansion ihrer Intentionen erleben[32]).

Der Gegensatz Elan des großen Führers, Eliten auf der einen und blinde Massen auf der anderen Seite, weist die Kennzeichen einer Intellektuellenideologie auf, die mehr zur eigenen, inneren Selbstlegitimierung als zum Werben nach außen hin dienen soll. Sie ist eine Gegenideologie gegen jene Führerschichten, die sich selbst als Organ der kompakten sozialen Gruppenkräfte fühlen. So haben die konservativen Führerschichten sich als Organe des Volkes[33]), die Liberalen als Träger des Zeitgeistes, die Sozialisten und Kommunisten als Funktionäre des proletarischen Klassenbewußtseins empfunden.

An dieser *Verschiedenheit der Selbstlegitimierung* ist es ablesbar, daß die mit dem Gegensatz: großer Führer — Masse operierenden Gruppen aufstrebende Eliten sind, die noch sozial freischweben und ihren sozialen Ort erst schaffen müssen. Ihnen kommt es nicht primär auf Umsturz, Umformung oder Erhaltung sozialer *Strukturen*, sondern auf eine Verdrängung der vorhandenen führenden Eliten durch andere an. Es ist kein Zufall, daß die einen die Geschichte als einen Kreislauf der Eliten, die anderen als eine Transformation der geschichtlichen gesellschaftlichen

---

[32]) *Mussolini* selbst spricht sehr anschaulich über jene Wandlung, die sich im arrivierten Putschisten vollzieht. „Es ist unglaublich, wie sich der Freischärler verändert, der zum Beisitzer oder Bürgermeister wird. Er hat ein anderes Gesicht. Er versteht, daß man die Gemeindebilanzen nicht stürmen kann, sondern studieren muß." (A. a. O. S. 166.)

[33]) In diesem Sinne hatte für den evolutionären Konservatismus zuerst *Savigny* diese Fiktion geschaffen, daß die Juristen als abgehobener Stand die Repräsentanten des Volksgeistes sind. (Vom Beruf unserer Zeit zur Gesetzgebung und Rechtswissenschaft. Freiburg 1892, S. 7.)

Struktur erleben. Jeder bekommt eben primär das von der gesellschaftlich-historischen Ganzheit zu sehen, auf das er willensmäßig gerichtet ist.

Im Prozeß der Transformation der modernen Gesellschaft gibt es (wie erwähnt) Perioden, in denen die durch das Bürgertum geschaffenen Apparaturen zur Fortführung des Klassenkampfes (z. B. der Parlamentarismus) nicht ausreichen, wo der evolutionäre Weg zeitweise versagt, in denen offene Krisen entstehen, die Klassenschichtung in Verwirrung gerät, das Klassenbewußtsein der kämpfenden Schichten sich verdunkelt, in denen es deshalb leicht zu momentanen Bildungen kommen kann und die Masse entsteht, nachdem der einzelne seine organische oder klassenmäßige Orientierung verloren hat.

In solchen Augenblicken ist die Möglichkeit der Diktatur gegeben. Das fascistische Geschichtsbild und seine intuitionistische Theorie als Wegbereiter zur zugreifenden Tat sind nichts anderes als das zur Gesamtstruktur des Gesellschaftlichen hypostasierte Bild dieser besonderen Situation.

Nach der Ausbalancierung der Krisen tritt die Gewalt und der Druck der realen, kompakten, historischen, sozialen Kräfte wieder in Wirkung. Und wenn sich auch vieles zu stabilisieren vermag, wenn insbesondere die neuen Eliten es verstehen mögen, sich durch richtige Umstellung in den großen Zusammenhang einzuordnen, so siegt doch die Dynamik der treibenden Kräfte. Nicht eine Sozialstruktur hat sich dann verändert, sondern nur personale Umschichtungen haben sich vollzogen im Rahmen des sich weiterentwickelnden sozialen Geschehens. Schon einmal erlebte die moderne Geschichte (mutatis mutandis) vorbildlich eine solche Diktatur, nämlich die Napoleons. Historisch gesehen bedeutete diese nicht mehr als den Aufstieg bestimmter Eliten, soziologisch siegte die aufkommende bürgerliche Welt, die es verstand, auch diese Kräfte in ihre eigenen Bahnen zu lenken.

Werden also auch diese Aufwallungen und der Ansturm der noch nicht rationalisierten Bestandteile des Bewußtseins in den kompakten sozialen Zusammenhang stets von neuem eingebettet und ist gerade dieser irrationalistische Standort am ungeeignetsten, die großen konstruktiven Linien des Geschichtlichen und Sozialen zu erfassen, so leuchtet in diesen eruptiven Augenblicken doch eine Tiefenschicht des noch von der Historie unerfaßten und vielleicht auch unerfaßbaren Irrationalen immer wieder auf. Das nicht Rationalisierte schließt hier ein Bündnis mit dem nicht Mediatisierten, nicht Historisierten in unserem Bewußtsein und Seelenleben. Und von hier aus ergibt sich ein Blick in jene Sphäre, die zumindest bisher noch völlig ungeschichtlich ist. Es ist dies einmal die Sphäre der ganz dumpfen vitalen Instinkte, die in ihrer ewigen Gleichheit als Untergrund unter jedem historischen Geschehen liegen, die man innerlich, interpretativ zwar niemals erfassen, aber äußerlich durch eine Technik meistern kann. Zu dieser Sphäre des Ungeschichtlichen gehört außer diesem untergeschichtlich Vitalen aber auch jenes Übergeschichtliche, Spirituelle in uns, von dem die Mystiker sprachen, das auch nicht völlig in der Geschichte aufgeht und als etwas Unhistorisches und Sinnfremdes dem Verstehen nicht erfaßbar ist. (Davon ist bei den Fascisten nicht die Rede, aber dennoch ist dies der andre große Gegenspieler des Geschichtlichen.)

Zwischen diesen beiden extremen Polen scheint das sinnhaft Gewordene, Verstehbare, Rationalisierte, Organisierte, Strukturierte, künstlerisch und sonstwie Gestaltete und deshalb Geschichtliche zu liegen. Wer von hier aus den Zusammenhang sieht, bekommt niemals das Unter- und Übergeschichtliche zu sehen. Wer nur von jenen irrationalen Polen aus sich orientiert, für den versinkt völlig das Historisch-Organisierte in seiner Konkretheit.

Was das Problem des Verhältnisses von Theorie und Praxis betrifft, so besteht die große Verlockung dieses fascistisch-aktivistischen Erlebnisses darin, daß die ganze Denksphäre als ein Spiel der Illusionen erscheint. Politisches Denken vermag hier im günstigsten Falle in Gestalt von „Mythen“ im Menschen die Tat zu entzünden, nicht aber das Feld der Politik oder die Zukunft wissenschaftlich zu erfassen. Es erscheint vielmehr als ein Wunder, daß der Mensch beim grellen Scheine des Irrationalen von Fall zu Fall dennoch die zur Bewältigung des Alltags nötige Empirie aufbringt. So hatte schon Sorel bemerkt: „Nous savons que ces mythes sociaux n'empêchent d'ailleurs nullement l'homme de savoir tirer profit de toutes les observations qu'il fait au cours de sa vie et ne font point obstacle à ce qu'il remplisse ses occupations normales.“ Und in der Anmerkung dazu heißt es: „On a souvent fait remarquer que les sectaires anglais ou americains, dont l'exaltation religieuse était entretenue par les mythes apocalyptiques, n'en étaient pas moins souvent des hommes très pratiques[34]).“

Der Mensch handelt hier, *obschon* er denkt.

Es ist öfter betont worden, daß auch der *Leninismus* einen fascistischen Einschlag in sich enthält. Aber es wäre hier verfehlt, über das Gemeinsame hinaus die Differenzen nicht zu sehen.

Das Gemeinsame reicht nur so weit, als es sich um den Aktivismus zugreifender Minderheiten handelt. Nur weil der *Leninismus* ursprünglich

---

[34]) *Sorel, G.:* a. a. O. S. 177.

die Theorie einer absolut auf die revolutionäre Machtergreifung ausgerichteten Minderheit war, geriet die Lehre von der Bedeutung der führenden Gruppen und deren entscheidendem Elan in den Vordergrund. Aber niemals verflüchtigte sich diese Lehre zu einem völligen Irrationalismus. In demselben Maße, in dem die bolschewistische Gruppe nur eine aktive Minderheit innerhalb der immer rationaler werdenden Klassenbewegung des Proletariats war, wurde ihre aktivistische intuitionistische Theorie stets unterstützt von der Lehre einer rationalen Erkennbarkeit des Geschichtsprozesses.

Der Fascismus verdankt z. T. (außer dem erwähnten Intuitionismus) seine Theorie der Geschichtslosigkeit dem Weltgefühl des emporgekommenen Bürgertums. Eine hochgekommene Klasse hat stets die Tendenz, in ihrem Weltbilde den Geschichtsprozeß in Einzelereignisse aufgehen zu lassen. Das geschichtliche Geschehen erscheint als ein Prozeß nur so lange, als die beobachtende Klasse von diesem noch etwas zu erwarten hat. Nur aus diesen Erwartungen entstehen „Utopien“ einerseits und „Prozeß“-Konzeptionen andererseits. Das Emporkommen zerschlägt aber das utopische Element und drängt immer mehr die à-la-longue-Aspekte in den Hintergrund, um dic geistig-seelischen Kräfte den unmittelbaren Aufgaben der Verwirklichung zuwenden zu können. Daraus folgt aber, daß strukturell an Stelle eines Gesamtbildes, das früher an Tendenzen und Totalstrukturen orientiert war, ein Weltbild tritt, das nur Unmittelbarkeiten, eine Reihe von Faktizitäten kennt: die Lehre vom Prozeß, von der strukturellen Durchleuchtbarkeit der Geschichte wird nunmehr zum bloßen „Mythus“.

Der Fascismus selbst kann nun getrost die diesen Geschichtsprozeß und jedweden Geschichtsplan leugnende Tendenz des Bürgertums ohne weiteres übernehmen, da er ja selbst Exponent bürgerlicher Gruppen ist. Er will dementsprechend nicht eine andere Welt und Sozialordnung an Stelle der vorhandenen setzen, sondern innerhalb der vorhandenen Klassenordnung eine herrschende Schicht durch eine andere ersetzen[35]).

Seine Chancen wie sein Geschichtsbild beruhen, wie erwähnt, in jenen Etappen, in denen Krisen die kapitalistisch-bürgerliche Ordnung so weit auflockern, daß die evolutionären Methoden des gesellschaftlichen Kampfes nicht mehr ausreichen. Hier hat in der Tat derjenige die un-

[35]) Zu *Mussolinis* Stellung zum Kapitalismus: „. . . die wirkliche Geschichte vom Kapitalismus beginnt erst jetzt, denn Kapitalismus ist nicht nur ein System der Unterdrückung, sondern er stellt vielmehr eine Auswahl vom Wertvollsten dar, eine Gleichstellung der Tüchtigsten, einen stärker entwickelten Sinn für individuelle Verantwortlichkeit.“ A. a. O. S. 96.

mittelbare Chance, der den Augenblick mit dem nötigen Elan zu nützen versteht, indem er aktive Minderheiten zum Vorstoß bewegt und auf diese Weise die Macht ergreift.

Das Problem der Synthese.

Es ist bis jetzt der Versuch gemacht worden, in experimentierender Weise aufzuzeigen, wie ein und dasselbe Problem, das des Verhältnisses von Theorie und Praxis, sich je nach den verschiedenen politischen Standorten anders gestaltet. Was aber für diese prinzipiellste Frage einer jeden wissenschaftlichen Politik gilt, gilt auch für alle übrigen Einzelprobleme. Man könnte überall aufweisen, wie nicht nur die letzten Stellungnahmen, Wertungen, Inhalte, sondern auch die Problemstellungen, die Art und Weise der Betrachtung und sogar die Kategorien, in die man Erfahrung einfängt, sammelt und ordnet, je nach dem Standort verschieden sind.

Hat man einmal in diesem Sinne die ganze Schwierigkeit dieser Wissenschaft durchdacht und hat der bisherige Verlauf des politischen Ringens mit Eindeutigkeit gezeigt, daß in diesem Gebiet *Entscheidung und Sicht* wesensmäßig zusammenhängen, dann könnte man mit einem gewissen Recht zu der Folgerung gelangen, daß Politik als Wissenschaft *nicht* möglich sei.

Aber gerade hier, wo die Schwierigkeiten auf ihre Spitze getrieben erscheinen, erfolgt die Umkehr.

Von hier aus lichten sich nämlich von neuem die Möglichkeiten, und es gibt auf dieser Stufe der Problemstellung zwei Wege, die man einschlagen kann. Einmal nämlich kann man sagen: Aus der Tatsache, daß es in der Politik nur ein standortsgebundenes Wissen gibt, daß die Parteiungen für die Politik ein strukturell unaufhebbares Moment sind, folgt, daß Politik nur parteilich gebunden erforscht und nur in Parteischulen gelehrt werden kann. Ich glaube in der Tat, daß dies der eine Weg ist, den die nächste Entwicklung einschlagen wird.

Es hat sich aber gezeigt und wird sich noch immer mehr zeigen, daß bei der gegenwärtigen Kompliziertheit der Zusammenhänge die älteren Formen der Bildung politischen Nachwuchses, denen weitgehend der gelegentliche Charakter anhaftet, nicht ausreichen können, um jenes Wissen zu bieten, das für den gegenwärtigen Politiker unerläßlich ist. So werden sich die einzelnen Parteien dazu entschließen, immer konsequenter ihre Parteischulen auszubauen. Es werden hier nicht nur jene Realkenntnisse geboten werden, die den werdenden Politiker in die Lage versetzen, über konkrete Aufgaben ein sachliches Urteil zu bilden, sondern es werden auch jene Stellungnahmen gelehrt werden, durch die man vom entsprechenden Standorte aus den Stoff formt und politisch durchdringt.

Jede politische Stellungnahme bedeutet aber zugleich viel mehr als ein bloßes Ja- oder Neinsagen zu eindeutig erkennbaren Tatbeständen. Sie bedeutet zugleich eine jeweils in sich gerundete Weltanschauung. Und wie sehr es dem Politiker auf diese ankommt, zeigt das Bestreben aller Parteien, die Massen nicht nur parteilich, sondern auch weltanschaulich zu einer Denkweise heranzubilden. Politische Stellungnahme zu übertragen, bedeutet eine bestimmte Einstellung zur Welt zu tradieren, mit der dann sämtliche Teile des Lebens durchdrungen werden sollen. Politische Willensbildung bedeutet ferner heute, die Geschichte in einer bestimmten Weise zu sehen, von einer bestimmten Ebene aus Ereignisse zu erfassen, in einer bestimmten Weise philosophische Orientierung zu suchen.

Diese Spaltung der Denkweise und des Weltbildes in mehrere Richtungen, dieses Sich-Differenzieren und -Polarisieren auf politische Standorte hin, vollzog sich seit dem Anfang des XIX. Jahrhunderts mit immer mehr steigernder Intensität. Die Bildung von Parteischulen wird dieses Phänomen nur noch steigern und einem konsequenten Ende zuführen.

Aber der Weg über Parteiwissenschaft und Parteischule ist nur der eine, der sich mit einer bestimmten Notwendigkeit aus der gegenwärtigen Konstellation ergibt. Ihn werden jene einschlagen, denen es infolge ihrer extremen Stellung im sozialen und politischen Raume darauf ankommen muß, an den Spaltungen festzuhalten, das Antagonistische zu verabsolutieren und das Problem der Ganzheit zu verdrängen.

Aus der gegenwärtigen Situation ergibt sich aber noch eine andere Möglichkeit. Sie beruht sozusagen auf der Kehrseite der bisher geschilderten wesensmäßigen Parteilichkeit politischer Orientierung und dazugehöriger Weltbilder. Diese mindestens ebenso wichtige Strukturtatsache besteht aber in folgendem:

Nicht nur die notwendige Parteilichkeit eines jeden politischen Wissens ist heute erkennbar, sondern auch seine jeweilige *Partikularität.* Diese Partikularität, dieses Teil-Sein besagt aber, daß gerade heute, wo unwiderlegbar die parteiliche Gebundenheit politisch-weltanschaulichen Wissens durchsichtig wird, zugleich mit derselben Evidenz zu erkennen ist, daß in ihm *stets ein Ganzes* wird und daß die parteilichen Aspekte jeweils sich ergänzende Teileinsichten in dieses Ganze sind.

Gerade weil wir heute in der Lage sind, immer klarer zu sehen, daß die einander gegenüberstehenden Aspekte und Theorien ihrer Zahl nach *nicht* unendlich und deshalb *nicht* willkürlich sind, sondern sich vielmehr ergänzen, wird Politik als Wissenschaft erst wirklich möglich.

Durch die gegenwärtige Struktursituation wird Politik nicht nur als Parteiwissen, sondern auch als ein Wissen vom Ganzen möglich. *Politische Soziologie als Wissen vom Werden des gesamten politischen Feldes tritt in das Stadium ihrer Verwirklichung.*

Neben der Parteischule erscheint die Forderung nach einer Anstalt, in der eben dieses Ganze erforscht werden soll. Bevor auf die Möglichkeit und Struktur einer solchen Forschung eingegangen wird, muß zunächst die These von der gegenseitigen Ergänzungsbedürftigkeit der Teilaspekte noch erhärtet werden. Man erinnere sich des Beispiels, an dem hauptsächlich die Parteilichkeit jeder Problemstellung evident wurde.

Wir fanden, daß die verschiedenen Parteiungen stets nur bestimmten Bestandteilen und Gebieten der historisch-politischen Wirklichkeit gegenüber hellsichtig wurden. Der Bureaukrat beschränkte sein Blickfeld auf den stabilisierten Teil des Staatslebens, der historische Konservatismus faßte jene Gebiete ins Auge, in denen stillwirkende Kräfte des Volksgeistes am Werke sind, in denen wie im Gebiete der Sitte und der Gebräuche, im religiösen und kulturellen Zusammenleben nicht organisatorische, sondern organische Kräfte das Wesentliche ausrichten, und er sah auch, daß eine bestimmte Sphäre des Politischen noch in diesem Elemente des Werdens sich abspielt. Bestand auch seine Einseitigkeit darin, die Bedeutung dieser Bewußtseinsschicht und die dieser Schicht entsprechenden sozialen Kräfte im historischen Geschehen zu übertreiben und zum alleinigen Faktor zu machen, so wurde doch hier etwas sichtbar gemacht, was von anderswoher nicht hätte erfaßt werden können. Dasselbe gilt aber auch von den übrigen Aspekten. Das bürgerlich-demokratische Denken schuf und entdeckte zugleich eine Möglichkeit rationalisierter Formen zur Austragung macht- und willensmäßiger Kämpfe im sozialen Raume, die ihre Wirklichkeit und Funktion im modernen Leben bewahren werden, solange evolutionäre Methoden des Klassenkampfes überhaupt möglich sind.

Die Schaffung dieser Plattform war eine historische und bleibende Leistung des Bürgertums, und man kann die Bedeutung dieser Leistung auch dann würdigen, wenn die Einseitigkeiten des damit verbundenen Intellektualismus rücksichtslos aufgedeckt worden sind. Das bürgerliche Bewußtsein hatte ein sozial-vitales Interesse daran, durch diesen Intellektualismus vor sich selbst die Grenzen seiner eigenen Rationalisierung zu verdecken und so zu tun, als ob durch Diskussion reale Auseinandersetzungen restlos auszutragen wären. Es bemerkte aber nicht, daß in enger Verknüpfung damit im Gebiete des Politischen ein neuartiges Denken auftrat, wo man Theorie von Praxis, Denken vom Wollen wesensmäßig nicht trennen kann.

Nirgends läßt sich der gegenseitige Ergänzungscharakter der sozial und politisch gebundenen Partikularerkenntnisse klarer aufweisen als hier. Denn hier kommt es wieder zum Vorschein, wie das sozialistische Denken gerade da einsetzte, wo das bürgerlich-demokratische seine Grenze hatte, und wie es von neuem gerade jenen Phänomenen gegenüber hellsichtig wurde, die das vorangehende Denken aus einer vitalen Gebundenheit heraus im Dunkeln ließ.

Daß der politische Spielraum nicht in parlamentarischen Gebilden und deren Diskussionen erschöpft ist, daß diese vielmehr in ihrer jeweiligen Konkretheit Epiphänomene ökonomischen und sozialen Strukturlagen gegenüber sind, die man weitgehend mit einer neuartigen Denkmethode erkennen kann, sind Entdeckungen des Marxismus, die von einer höheren Warte aus gesehen Erweiterungen des Gesichtsfeldes und immer klarere Bestimmungen des eigentlich politischen Spielraumes sind. Mit dieser Einsicht hängt der Struktur nach die Entdeckung des Ideologiephänomens zusammen. Es ist dies der erste Versuch, einer „reinen Theorie" gegenüber das Phänomen des „seinsgebundenen Denkens" — wenn auch sehr einseitig — zu fixieren.

Und schließlich, um auf den zuletzt behandelten Gegenspieler zurückzukommen: Hatte der Marxismus allzu scharf den rein strukturellen Untergrund im politischen und historischen Gebiet gesehen und überbetont, so wendet sich der Blickpunkt fascistischen Welterlebens und Denkens auf das Unstrukturierte im Leben, auf jene noch immer vorhandenen und bedeutungsvoll werdenden „Augenblicke" der Krisensituationen, wo die Klassenkräfte gleichsam aufgelockert und in Verwirrung geraten sind, wo die Handlungen der Menschen als momentaner Massenwesen bedeutungsvoll werden und alles auf die den Augenblick beherrschenden Vorstoßtruppen und deren Führer ankommt. Aber auch hier ist es eine Überbetonung und Hypostasierung einer Teilphase im Geschichtlichen, wenn diese (ziemlich häufig aufleuchtenden) Möglichkeiten zum ausschließlichen Charakter des Geschichtlichen gestempelt werden.

Das Auseinandergehen der Theorien im Politischen beruht also hierbei im wesentlichen darauf, daß die einzelnen im sozialen Strome entstehenden Beobachtungswarten (Standorte) von einem jeweils verschiedenen Punkte des Stromes aus den Strom selbst erkennbar machen.

Hiermit werden jeweils verschiedene sozial-vitale Instinkte zur Geltung gebracht und dementsprechend jeweils verschiedene Sphären im Ganzheitszusammenhange beleuchtet und mit einer stets charakteristischen Ausschließlichkeit ins Auge gefaßt.

Alle politischen Aspekte sind nur Teilaspekte, weil die historische Totalität stets zu umfassend ist, als daß die einzelnen aus ihr entstehenden Beobachtungswarten je den Überblick über das Ganze erschlössen. Aber gerade deshalb, weil alle diese Beobachtungsaspekte in demselben Strome des Geschichtlichen und Sozialen aufkommen, weil also ihre Partikularität im Elemente einer werdenden Ganzheit sich konstituiert, ist die Möglichkeit ihrer Gegenüberstellung gegeben und ihre Zusammenschau eine stets von neuem gestellte und zu vollziehende Aufgabe.

Diese stets zu erneuernde Zusammenschau der jeweils vorhandenen partikularen Einsichten ist um so eher möglich, als die synthetischen Versuche genau so ihre Tradition haben, wie das rein auf Parteilichkeit fundierte Wissen. Hatte doch bereits Hegel, am Ende einer relativ geschlossenen Epoche stehend, es versucht, die sich bis dahin getrennt entwickelnden Tendenzen in sich zu verarbeiten! Wenn sich auch diese Synthesen stets immer wieder als standortsgebundene Synthesen erweisen und im Laufe der Entwicklung wieder auseinanderfallen (um z. B. einen Links- und Rechtshegelianismus zu erzeugen), so besagt das nur, daß sie keine absoluten, sondern *relative Synthesen* waren und als solche in eine Richtung wiesen, die eigentlich die wesentlichste Verheißung in sich trägt.

Eine absolute, zeitlose Synthese zu fordern, würde unsererseits ein Zurückfallen in das statische Weltbild des Intellektualismus bedeuten. In einem Gebiet, in dem alles im Werden begriffen ist, kann auch die adäquate Synthese nur eine dynamische, nur eine von Zeit zu Zeit neu vorzunehmende sein. Aber als solche wird sie stets eine der wichtigsten Aufgaben, die man sich überhaupt stellen kann, zu leisten haben: die in der Zeit überhaupt erreichbare umfassendste Sicht vom Ganzen zu bieten.

Auch werden die synthetischen Versuche nicht ohne Zusammenhang miteinander aufkommen, denn die eine Synthese bereitet die andere vor, indem sie stets die Kräfte und Aspekte ihrer Zeit zusammenfaßt. Ein bestimmtes Fortschreiten im Sinne eines utopischen Abschlusses auf eine absolute Synthese hin wird insofern sich in ihnen vorbereiten, als sie stets von einer immer weiteren Denkbasis aus die Zusammenschau versuchen, wobei die späteren die früheren irgendwie in sich aufgehoben enthalten.

Zwei Schwierigkeiten ergeben sich allenfalls auch für die relative Synthese auf jener Stufe der Überlegungen, die jetzt erreicht ist.

Zunächst die Schwierigkeit, daß wir uns bereits die Partikularität eines Standpunktes nicht mehr als eine bloß quantitative vorstellen dürfen. Würde die Gespaltenheit der politischen, weltanschaulichen Einsichten *nur* darin bestehen, daß sie jeweils eine andere Seite, ein anderes Stück, andere Inhalte im geschichtlichen Geschehen beleuchten, so wäre eine *summative Synthese* ohne weiteres möglich: man müßte eben die Teilwahrheiten addieren und auf diese Weise zu einer Ganzheit zusammenfügen.

Diese einfache Konzeption einer Synthese ist aber nicht mehr denkbar, wenn man gesehen hat, daß die Standortsgebundenheit parteilicher Einsichten nicht nur auf inhaltliche Elemente sich gründet, sondern sich schon in einer Spaltung der Aspekte, der Problemstellungen bekundet und nicht zuletzt auf einem Auseinandergehen der Denkkategorien und Ordnungsprinzipien beruht. Die Frage ist die: Können auch Denkstile (darunter ist diese soeben charakterisierte Verschiedenheit der Denkweisen zu verstehen) sich verbinden, Synthesen eingehen? Auch hier beweist der geschichtliche Verlauf die Möglichkeit einer solchen Verbindung. Jede konkrete, soziologisch-stilgeschichtliche Analyse des Denkens zeigt, daß Denkstile sich ununterbrochen mischen und gegenseitig durchdringen.

Und zwar vollziehen sich Stilsynthesen im Denken nicht nur bei den par-excellence-Synthetikern, die mehr oder minder bewußt die ganze Zeit im Gedanken erfassen wollen (wie etwa Hegel), sondern auch bei den übrigen Standorten, die mindestens die auf ihrer Seite sich herausbildenden Spannungen zusammenzufassen bestrebt sind. So hatte *Stahl* im Konservatismus versucht, alle bis dahin den Konservatismus formierenden Denktendenzen — so etwa den Historismus mit den theistischen Grundlagen — zu verknüpfen, oder *Marx*, das liberal-bürgerliche, generelle Gesetze suchende Denken mit dem Historismus Hegelscher Spielart zu verbinden, der selbst konservativen Impulsen entsprang. Es ist also deutlich, daß nicht nur die Denkinhalte, sondern auch die Denkbasis fähig ist, synthetische Verbindungen einzugehen. Diese Synthese der bislang getrennt sich entwickelnden Denkstile scheint um so nötiger zu sein, als das Denken stets seine kategorial-formale Fassungskraft zu erweitern bestrebt sein muß, wenn es der anschwellenden und immer dichter werdenden Problematik Herr werden will. Bilden also bereits die einzelnen parteilich eng gebundenen Standorte synthetische Denkmethoden aus, so tun dies um so mehr jene Standorte, die von Anfang an den Impuls haben, die jeweilig mögliche Totalität in sich zu Worte kommen zu lassen.

Das Problem des Trägers der Synthese.

Die zweite Schwierigkeit, die auf der erreichten Stufe der Problemstellung sich ergibt, ist die: Wie soll man sich den sozialen und politischen *Träger* der jeweiligen Synthese vorstellen? Welches politische Wollen wird die Synthese als Aufgabe übernehmen, wer kann sie im sozialen Raume erstreben?

Gerade so wie man vorhin in einen statisch denkenden Intellektualismus zurückgefallen wäre, wenn man statt einer dynamisch-relativen Synthese es auf einmal auf eine überzeitlich-absolute abgesehen hätte, droht hier die Gefahr, daß man den bisher stets betonten Voluntarismus des politischen Denkens aus dem Auge verliert und die jeweilige Synthese einem angeblich übergesellschaftlichen Subjekt überläßt. Ist das politische Denken einmal durch und durch standortsgebunden, so muß dieser Wille zur jeweiligen Totalsynthese auch von bestimmten sozialen Kräften getragen sein.

Und in der Tat, sieht man sich in der Geschichte des politischen Denkens um, so bemerkt man, daß der Wille zur jeweiligen Synthese stets von sozial eindeutig bestimmbaren Schichten getragen wird, und zwar von jenen mittleren Klassen, die sich von unten und oben bedroht fühlen und sozial instinktiv von vornherein eine Vermittlung zwischen den Extremen suchen. Aber auch diese Vermittlung hat von Anfang an eine doppelte Gestalt: eine statische und eine dynamische. Welcher von beiden man zugänglicher sein wird, hängt weitgehend von der sozialen Lagerung der ihnen zurechenbaren Träger ab.

Die *statische Form der Vermittlung* hatte zuerst das emporgekommene Bürgertum — und zwar zur Zeit des französischen Bürgerkönigtums — gesucht und diese im Prinzip als „juste milieu" formuliert. Dieses Schlagwort ist aber eher die Karikatur einer wahren Synthese als eine Lösung derselben, die eben nur eine dynamische sein kann. Eben deshalb läßt sich gerade hier am besten zeigen, wie die Lösung nicht sein darf.

Wahre Synthese bedeutet nicht die quantitative Mitte zwischen den gerade vorhandenen Forderungen im sozialen Raume. Das wäre eine Lösung, die nur dazu dienen könnte, einen sozialen Status zugunsten jener zu stabilisieren, die eben emporgekommen sind, die ihre soziale Beute weder von „rechts" noch von „links" bedroht wissen wollen. Es muß dabei im Gegenteil um eine politische Haltung gehen, die eine progressive Weiterbildung der Geschichte in der Weise fördert, daß in ihr möglichst viel von den akkumulierten Kulturgütern und sozialen Energien erhalten bleibt; zugleich muß sich aber der neue Status in voller Breite und um so organischer durchsetzen und seine umbildende Kraft zur Geltung bringen können.

Diese Haltung erfordert ein eigentümliches Wachsein dem historischen Jetzt gegenüber. Das räumliche „hic“ und das zeitliche „nunc“ im historischen und sozialen Sinne müssen stets gegenwärtig sein, und man muß von Fall zu Fall wissen, was nicht mehr nötig und was noch nicht möglich ist.

Eine solche stets experimentierende, eine soziale Sensibilität in sich entwickelnde, *auf die Dynamik und Ganzheit ausgerichtete Haltung* wird aber nicht eine in der Mitte gelagerte Klasse, sondern nur eine relativ klassenlose, nicht allzu fest gelagerte Schicht im sozialen Raume aufbringen. Betrachtet man daraufhin die Geschichte, so wird man auch hier eine ziemlich prägnante Einsicht erhalten.

Jene nicht eindeutig festgelegte, relativ klassenlose Schicht ist (in Alfred Webers Terminologie gesprochen) die *sozial freischwebende Intelligenz.* Es ist unmöglich, in diesem Zusammenhange das schwierige soziologische Problem der Intelligenz auch nur einigermaßen zu umreißen. Ohne aber gewisse Momente zu berühren, die diesem Probleme zugehören, läßt sich die hier prinzipiell gestellte Problematik nicht darstellen und lösen. Eine *nur* an Klassen orientierte Soziologie wird gerade dieses Phänomen niemals ganz adäquat erfassen können. Sie wird darnach trachten, die Intelligenz selbst als Klasse oder mindestens als Anhängsel einer Klasse zu erfassen. Damit wird sie bestimmte Determinanten und Komponenten dieser schwebenden sozialen Ganzheit richtig charakterisieren, nicht aber diese Ganzheit in ihrer besonderen Eigenart. Sicher ist unsere Intelligenz zum erheblichen Teil Rentnerintelligenz, die vom industriellen Leihkapital lebt. Aber genau so gehören dazu breite Beamtenschichten und die Fülle der sogenannten freien Berufe. Untersucht man diese alle einzeln auf ihre soziale Basis hin, so ergibt sich bei weitem nicht jene Eindeutigkeit der Zurechnung, wie dies bei den am ökonomischen Prozeß unmittelbar beteiligten Schichten der Fall ist.

Bereichert man diese nur an einem bestimmten Zeitpunkte orientierte soziologische Analyse aber noch um eine historische, so wird das dadurch gewonnene Strukturbild nur noch uneinheitlicher: Verschiebungen im historischen und sozialen Raume berühren diese Gruppen günstig, jene ungünstig, so daß man von einem klassenmäßig homogenen Determiniertsein nicht sprechen kann. Vom Klassenstandpunkt aus viel zu mehrdeutig, um als Einheit aufgefaßt werden zu können, gibt es doch ein vereinheitlichendes soziologisches Band zwischen den Intellektuellengruppen: eben die Bildung, die sie auf einer ganz neuartigen Weise verbindet. Das Teilhaben am gemeinsamen Bildungsgut unterdrückt der Tendenz nach immer mehr die geburtsmäßig-ständischen, beruflichen, besitzmäßigen Differenzen und verbindet die einzelnen Gebildeten gerade im Zeichen dieser Bildung.

Völlig aufgehoben werden die ständischen und klassenmäßigen Bindungen des einzelnen dadurch nicht, aber gerade das ist das Eigenartige dieser neuen Basis, daß sie die Vielstimmigkeit der Determinanten in ihrer Polyphonie bewahrt, indem sie ein homogenes Medium schafft, in dem sich diese widerstreitenden Kräfte messen können. So ist die *moderne Bildung* von Anfang an lebendiger Widerstreit, verkleinertes Abbild der im sozialen Raum sich bekämpfenden Wollungen und Tendenzen. Dementsprechend ist der Gebildete, was seinen geistigen Horizont betrifft, mehrfach determiniert. Das erworbene Bildungsgut führt ihm polare Tendenzen der sozialen Wirklichkeit entgegen, während der nicht durch die Vermittlung der Bildung mit dem Ganzen verbundene, sondern unmittelbar am sozialen Produktionsprozeß Beteiligte tendenziell nur die Weltanschauung bestimmter Lebenskreise in sich aufnimmt und ausschließlich aus der Determination seiner bestimmten Lagerung heraus handelt.

Man kann es eben als eine der eindrücklichsten Tatsachen des modernen Lebens festhalten, daß in ihm das Geistige nicht (wie in den meisten vorangehenden Kulturen) von einem sozial streng gebundenen Stande (von der Priesterkaste etwa) getragen wird, sondern von einer sozial weitgehend freischwebenden Schicht, die der Tendenz nach sich aus einer stets sich erweiternden sozialen Basis erneuert. Diese soziologische Tatsache bestimmt im wesentlichen *die Eigenart moderner Geistigkeit*, die hierdurch nicht hieratisch gebunden, abgerundet und geformt, sondern dynamisch, elastisch, stets in Umwälzung begriffen und mit Problemen belastet ist.

Schon der Humanismus wurde weitgehend von einer solchen sozial sich mehr oder minder emanzipierenden Schicht getragen. Und wo der Adel Kulturträger wurde, durchbrach er in vielem die Gebundenheit ständischer Mentalität. Eine sozial sich ganz und gar abhebende Bildungsebene konstituierte sich aber erst zur Zeit des aufkommenden Bürgertums.

Das moderne Bürgertum hatte von Anfang an eine zweifache soziale Wurzel: es bildete sich einerseits aus den Trägern des Kapitals und andererseits aus Individuen, deren einziges Kapital ihre Bildung war. Man sprach daher von der Klasse des Besitzes und der Bildung, wobei sich die Bildungsschicht nicht ohne weiteres mit dem Besitz ideologisch in Deckung befand[36]).

Es entsteht also mitten in der immer intensiver klassenmäßig sich spaltenden Welt eine Schicht, die durch eine bloß an Klassen orientierte Soziologie sehr schwer bzw. gar nicht zu erfassen ist, die aber dennoch in ihrer spezifischen sozialen Lagerung sehr wohl charakterisiert werden kann. Sie bildet eine Mitte, *aber keine klassenmäßige Mitte.* Nicht als ob sie gleichsam im luftleeren Raume über diesen Klassen schweben würde, ganz im Gegenteil vereinigt sie in sich alle jene Impulse, die den sozialen Raum durchdringen. Aus je mehr Klassen und Schichten sich die einzelnen Gruppen der Intelligenzschicht rekrutieren, um so vielgestaltiger und polarer wird in ihren Tendenzen die Bildungsebene, die sie verbindet. Der einzelne nimmt dann mehr oder minder an der Gesamtheit der sich bekämpfenden Tendenzen teil.

Während der am Produktionsprozeß direkt Beteiligte, der an Klassen oder an eine besondere Lebensweise gebunden ist, unmittelbar und allein von der spezifischen sozialen Seinslage aus determiniert wird, wird der Intellektuelle stets außer seiner spezifischen Klassenaffinität auch durch dieses alle Polaritäten in sich enthaltende geistige Medium bestimmt sein.

Aus dieser gesellschaftlichen Situation strahlte stets eine potentielle Energie, die die bedeutenderen Repräsentanten dieser Schicht immer wieder in die Lage versetzte, jene soziale Sensibilität aufzubringen, die allein dazu befähigt, sich in die dynamisch sich bekämpfenden Kräfte einzufühlen; alles wurde hierbei immer wieder auf die neue Weltlage hin in Frage gestellt. Aber auch gerade durch das kulturelle Band erfolgte eine solche Verflechtung mit der Ganzheit, so daß die Tendenz zur dynamischen Synthese, trotz aller zeitweiligen Verhüllungen, von denen noch zu sprechen sein wird, stets von neuem durchbrach.

Man hatte bisher meistens nur die negative Seite dieses Freischwebens der Intellektuellen, das Wankende ihrer sozialen Basis und das vorwiegend Deliberative der Mentalität, mit Vorliebe hervorgehoben und überbetont. Es waren besonders die politischen Extreme, denen es hauptsächlich auf scharf konturierte Entscheidungen ankam, die diese Haltung dann „charakterlos“ nannten. Es bleibt aber zu fragen, ob denn in der politischen Sphäre die Entscheidung für die dynamische Vermittlung nicht genau so

[36]) Vgl. die Studie: *Brüggemann, Fr.:* Der Kampf um die bürgerliche Welt- und Lebensanschauung in der deutschen Literatur des 18. Jahrhunderts. Deutsche Vierteljahrsschrift für Literaturwissenschaft und Geistesgeschichte. Halle 1925. 3. Jahrg. S. 94ff. Hier ist diese stets immer wieder aufflackernde „überbürgerliche“ Komponente in der bürgerlichen Literatenschicht gut herausgearbeitet.

eine Entscheidung ist wie das rücksichtslose Vertreten der Prinzipien von gestern oder die einseitige Betonung des kommenden Tages.

Zunächst ergeben sich aus dieser Mittellage *zwei Wege,* die diese freischwebende Intelligenz in der Tat eingeschlagen hat: einmal der weitgehend aus freier Wahl erfolgende *Anschluß an die verschiedensten sich jeweils bekämpfenden Klassen,* und ferner das Sich-Besinnen auf die eigenen Wurzeln, das Suchen der eigenen Mission, prädestinierter Anwalt der geistigen Interessen des Ganzen zu sein.

Was den *ersten Weg* betrifft, so findet man in der Tat im Laufe der Geschichte die Vertreter dieser relativ freischwebenden Schicht beinahe in allen Lagern. Sie lieferte stets die Theoretiker für die konservativen Gruppen, die infolge ihrer Bodenständigkeit nur sehr schwer zur reflexiv-theoretischen Haltung zu bringen waren. Sie lieferte aber auch Theoretiker für das Proletariat, das infolge seiner sozialen Lage die Vorbedingungen für das Erreichen der im modernen politischen Kampfe nötigen Bildung nicht besaß. Von dem Zusammengehen mit dem liberalen Bürgertum ist bereits gesprochen worden.

Dieses Sichanschließen-Können an klassenmäßig ihnen fremde Gruppen war möglich, weil sie sich in alle Positionen einfühlen konnten und weil für sie, und nur für sie, die Wahlmöglichkeit bestand, während klassenmäßig eindeutig bestimmte Individuen nur in Ausnahmefällen über ihre soziale Bindung hinaus zu handeln imstande sind. Diese aus eigener Wahl entstehende Entscheidung verband sie zwar im politischen Kampfe mit der gewählten Klasse, ließ sie aber stets von seiten der verwurzelten Individuen derselben Klasse auf ein bestimmtes Mißtrauen stoßen. Dieses Mißtrauen ist aber nur ein Symptom für den soziologischen Tatbestand, daß das Aufgehenwollen der Intellektuellen in einer ihnen fremden Klasse seine Grenze findet an ihrer geistigen und ständischen Bedingtheit. Diese ist soziologisch so gewaltig, daß sie sogar dem Proletarier, sofern er sich zum Intellektuellen emporarbeitet, einen ständischen Einschlag beibringt. Es kann nicht unsere Aufgabe sein, die volle Kasuistik der Wege der intellektuellen Seele, die diese einschlägt, wenn sie dem erwähnten Mißtrauen begegnet, hier zu beschreiben. Es sei nur darauf hingewiesen, daß der Fanatismus der radikal werdenden Intellektuellen von hier aus zu verstehen ist. Es dokumentiert sich in ihm eine geistige Kompensation des Mangels sozial-vitaler Bindung und die Notwendigkeit, das eigene und das fremde Mißtrauen zu überwinden.

Man mag diesen Weg der einzelnen Intellektuellen und ihr stetes Schwanken verurteilen, für uns gilt es aber, diese Haltung aus der soziologischen Eigenart ihrer Strukturlage zu verstehen. Soziales Vergehen und soziale Sünde sind nichts anderes als negative Auswertung einer Lagerung. Statt den Punkt zu erspähen, der die eigene Mission begründet, gibt man sich ohne weiteres der Verführung hin, die diese Lagerung enthält. Es wäre nichts unrichtiger, als den Wert einer sozialen Lagerung nur auf Grund des erfolgten Abfalles zu beurteilen und nicht zu sehen, daß die häufig erfahrbare „Gesinnungslosigkeit" der Intelligenz nur die Kehrseite der Tatsache ist, daß nur sie wirklich Gesinnung haben könnte. Historisch gesehen experimentiert eben auch in den Verfehlungen die Geschichte, die den Geist in unserer Gesellschaft zu einer Heimatlosigkeit verurteilt hat. Diese stets sich wiederholenden Anschlußbestrebungen, aber auch das stete Abgestoßenwerden muß letzten Endes dazu führen, Sinn und Wert des eigenen Standortes im sozialen Raume immer durchsichtiger zu machen.

Schon dieser erste Weg des direkten Anschlusses an Klassen und Parteien vollzog sich, wenn auch unbewußt, im Zeichen einer dynamischen Synthese. Schlug man sich doch stets auf jene Seite, die der geistigen Förderung bedurfte. Es waren zumeist die Intellektuellen, die den bloßen Interessenkampf spiritualisierten. Auch dieses Spiritualisieren hat zwei Gesichte: einmal das leere Glorifizieren der nackten Interessen in den Lügengeweben der bloßen Rechtfertigungsdenker, andererseits aber die positive Note der Einfügung bestimmter geistiger Forderungen in die aktive Politik. Schon wenn sie kein anderes Verdienst hätten, als daß sie als Preis ihres jeweiligen Anschlusses den Parteien und Klassen diese Prägung auferlegten, so hätten sie mehr als nur Wichtiges geleistet. Dieses Tun, dessen Devise lauten könnte: Eindringen in die Reihen der sich bekämpfenden Parteien, um auf diese Weise ihnen die eigenen Forderungen aufzuzwingen, hat historisch gesehen zur Genüge gezeigt, worin die soziologische Eigenart und die Mission dieser freischwebenden Schicht besteht.

Und *der zweite Weg* besteht in nichts anderem, als in der *konkreten Bewußtmachung der eigenen sozialen Position* und der daraus entstehenden Mission. Es sollte von nun an Anschluß bzw. Opposition auf Grund einer bewußten Orientierung im sozialen Raume nach den Bedürfnissen des geistigen Elementes erfolgen.

Besteht eine der Grundtendenzen der gegenwärtigen Welt darin, daß das Klassenbewußtsein allmählich in allen Klassen erwacht, so wird es nicht ausbleiben können, daß auch diese soziale Schicht, wenn auch *nicht zu einem Klassenbewußtsein, so doch zum klaren Bewußtsein ihrer Lagerung und der daraus entstehenden Aufgaben und Möglichkeiten* gelangt. Dieses Bestreben, das soziologische Phänomen der Intelligenz zu erfassen und von hier aus zur Politik Stellung zu nehmen, hat genau so seine Traditionen wie das zuerst erwähnte, das die Intelligenz den Weg des Sichverschmelzens suchen ließ.

Es gilt hier nicht, die Möglichkeiten einer eigenen Intellektuellenpolitik näher zu untersuchen. Eine solche Untersuchung würde voraussichtlich zeigen, daß sie in der gegenwärtigen Phase als eigenständige nicht möglich ist. In einer geschichtlichen Etappe, in der die interessenmäßigen Standorte immer klarer sich herauskristallisieren und aus den Massenaktionen ihre Stoßkraft und Richtungsbestimmtheit schöpfen, wird eine anders geartete Orientierung im politischen Handeln wohl kaum möglich sein. Es ist aber damit keineswegs gesagt, daß diese spezifische Strukturlage der Intelligenz sie nicht zu Leistungen befähigt, die für den Gesamtprozeß von unersetzbarer Bedeutung sind. Diese bestehen aber in erster Reihe darin, jeweils den Punkt zu finden, von wo aus Gesamtorientierung im Geschehen möglich ist, Wächter zu sein in einer sonst allzu finsteren Nacht. Gerade weil der Intellektuelle zur Politik anders gelangt als all die übrigen Schichten, ist es fraglich, ob es so wünschenswert ist, alle jene Chancen, die in dieser spezifischen Lagerung liegen, ohne weiteres zu verschütten.

Während den durch eine mehr oder minder eindeutige Klassenlage bestimmten Schichten die politische Entscheidung bereits vorgegeben ist, besteht hier ein viel breiterer Spielraum der Wahl und dementsprechend ein Bedürfnis der Gesamtorientierung und Zusammenschau.

Diese aus der Lagerung entspringende Prädisposition ist auch dann da, wenn diese Lagerung niemals zu einer einheitlichen Parteibildung treiben könnte, und es ist eine entsprechende *Totalorientierung potentiell auch dann lebendig, wenn der Intellektuelle sich einer Partei angeschlossen hat.* Sollte diese Fähigkeit zur erweiterten Umschau nur als ein Manko ausgedeutet werden können, liegt nicht darin vielmehr eine Mission? Nur jener, der wirklich die Wahl hat, hat ein Interesse daran, das Ganze des sozialen und politischen Gefüges von allen Seiten behandelt zu sehen. Nur in jener Zeitspanne und Beobachtungsphase, die der Deliberation gewidmet ist, ist der soziologisch-logische Ort des Entstehens einer synthetischen Forschung zu suchen. Und nur eine Freiheit, die durch Wahlmöglichkeit fundiert ist und die als solche auch nach dem Entschluß konstitutiv gegenwärtig ist, macht wahre Entscheidung möglich. Nur dem Vorhandensein einer solchen relativ freischwebenden Mitte, der immer wieder Individuen sozial verschiedenster Herkunft mit ihren verschieden gearteten hergebrachten Denkweisen zuströmen, ist ein reales gegenseitiges

Durchdringen der vorhandenen Tendenzen zu danken und nur von hier aus kann die früher angedeutete, immer von neuem vorzunehmende Synthese entstehen.

Was aber die Forderung der dynamischen Vermittlung anlangt, so hatte schon die Romantik, als Folge ihrer sozialen Lagerung, sie zum Programmpunkte gemacht, und es gehört zur Struktur dieser Forderung die Tatsache, daß sie damals zu einer konservativen Entscheidung führte. Hatte doch die nächste Generation die revolutionäre Entscheidung für die zeitgemäße gehalten.

Das Wesentliche für diesen Zusammenhang ist, daß allein in dieser Entwicklungslinie das Streben bestehen bleibt, „lebendig zu vermitteln", politische Entscheidung mit vorangehender Gesamtorientierung zu verbinden. Vom Vorhandensein einer solchen dynamischen Mitte ist es heute eher als je zu erwarten, daß sie den Drang hat, außerhalb der Parteischulen ein Forum zu schaffen, auf dem der Blick und das Interesse für das jeweilige Ganze bewahrt bleiben.

Und gerade diesen latenten Impulsen ist es zu verdanken, wenn heute, wo auf der einen Seite die unvermeidliche Parteilichkeit jedes politischen Wollens und Wissens sichtbar wird, zugleich *auch deren Partikularität ins Blickfeld rückt.* Gerade heute, wo wir so weit sind, daß wir durch ein Wachsein nach allen Richtungen hin die Möglichkeit haben, das Gesamtwerden der politischen Wollungen und Weltanschauungen aus dem soziologisch erfaßbaren Totalprozeß heraus zu verstehen, ist erst die höhere Möglichkeit einer Politik als Wissenschaft gegeben. Werden also, der Gesamttendenz der Zeit entsprechend, immer mehr Parteischulen entstehen, so ist es um so mehr wünschenswert, daß auch äußerlich eine Plattform geschaffen wird, sei es auf Universitäten oder auf eigenen Hochschulen, die der Pflege dieser *höheren Form einer politischen Wissenschaft* zu dienen vermag. Wenden sich Parteischulen ausschließlich an gebundene Willenskräfte, so wird diese Art der Forschung den vor der Wahl oder Entscheidung Stehenden als Hörer voraussetzen. Es ist nichts wünschenswerter, als daß sogar die aus strikten Interessenbindungen aufsteigenden Intellektuellen gerade in ihrer Jugend diese Phase der Umschau und den Gesichtspunkt der Ganzheit in sich aufnehmen.

Auch in einer solchen Hochschule sollten nicht „Parteilose" zu Worte kommen, auch hier gilt es nicht, die politische Entscheidung auszuschalten. Aber es ist doch ein gewaltiger Unterschied, ob ein Lehrer, der die Phase der Deliberation hinter sich hat, zu deliberierenden Hörern von seinem errungenen Zentrum aus spricht und auf diese Weise ein Bild vom Totalzusammenhange entwirft, oder ob es beim Forschen und Lehren nur auf die Züchtung eines vorgegebenen Parteiwillens ausschließlich ankommt.

Eine so geartete politische Soziologie, *die nicht primär Entscheidungen diktiert, sondern den Weg zur Entscheidung bereiten will,* wird Zusammenhänge im politischen Felde beleuchten können, die bisher kaum gesehen wurden. Sie wird insbesondere Strukturen des sozial gebundenen Willens aufzuhellen imstande sein. Sie wird die Determinationsfaktoren der klassenmäßig gebundenen Entscheidungen, also die Wege gebundener kollektiver Willenskräfte, mit denen jeder zu rechnen hat, wenn er Politik treibt, aufdecken. Es werden etwa Zusammenhänge folgender Art aufgehellt werden: Wenn jemand dies und jenes will, so wird er in einem bestimmten Zeitpunkte des Geschehens so und so denken, dann sieht er so und so den Gesamtprozeß. *Daß* er aber dies und jenes will, das hängt mit diesen und jenen Traditionen zusammen, welche ihrerseits wieder auf diese und jene Strukturbestimmtheiten des sozialen Raumes zurückgehen. Nur wer die Frage so zu stellen imstande ist, kann einem jeden eine Sicht über das Strukturbild des politischen Feldes vermitteln und die relativ vollständigste Erfassung der Totalität ermöglichen. Diese Forschungsrichtung wird immer mehr eine klare Einsicht in die Eigenart des historisch-politischen Denkens vermitteln und immer klarer aufweisen können, wie das jeweilige Sehen der Geschichte mit der politischen Entscheidung zusammenhängt. Sie wird aber zugleich viel zu politisch sein, um zu meinen, daß auch die Entscheidungen lehrbar oder gar in einem für uns gegebenen Zeitpunkt aufhebbar seien.

Was du zu wollen hast, hast du als politischer Mensch zu wollen, wenn du aber dies und jenes willst, mußt du dies und jenes tun, und dies ist dein Ort im Gesamtprozeß[37]).

Die Willensentscheidung wird als nicht lehrbar betrachtet, aber den Strukturzusammenhang zwischen Entscheidungen und Sicht, zwischen Sozialprozeß und Willensprozeß zum Thema der Mitteilung und Forschung zu machen, ist doch eine der Forschung zugängliche Aufgabe. Wer aber auch hier von der Politik als Wissenschaft verlangt, sie solle auch die Willensentscheidung lehren, der überlege, daß dies die For-

---

[37]) Ungefähr in diesem Sinne (wenn auch von ganz anderen Prämissen ausgehend) hat schon *Max Weber* die Aufgaben einer politischen Soziologie formuliert. In ihm bricht der Wille zur Schaffung einer vermittelnden Plattform im politischen Forschungsfelde aus alten demokratischen Traditionen heraus von neuem durch. Wenn seine Lösung noch allzusehr auf der Voraussetzung der grundsätzlichen Trennbarkeit von Theorie und Entscheidung durchdrungen ist, so bleibt seine Forderung, eine gemeinsame Plattform für die Erforschung des politischen Feldes zu schaffen, ein immer wieder zu erstrebendes Ziel.

derung bedeuten würde, sie möge die Politik als Wirklichkeit aus der Welt schaffen. Von der Politik als Wissenschaft kann man nur verlangen, sie möge die Wirklichkeit mit dem Auge des handelnden Menschen sehen und und sie möge zugleich den handelnden Menschen lehren, auch den gegen ihn Handelnden aus dessen unmittelbarstem Aktivitätszentrum und dessen Lagerung im historisch-sozialen Raume zu verstehen. Politische Soziologie in diesem Sinne hat sich ihrer Bedeutung als optimale Zusammenschau der im historischen Raume vorhandenen Tendenzen bewußt zu sein, sie hat zu lehren, was lehrbar ist: die Strukturzusammenhänge, nicht aber die Entscheidungen, die man nicht lehren, sondern in adäquater Weise nur bewußt machen und läutern kann.

Über die Eigenart politischen Wissens.

Faßt man die bisherigen Überlegungen zusammen, so kann die Antwort auf die eingangs gestellte Frage: Wie ist Politik als Wissenschaft möglich, ist sie lehrbar? nur eine bejahende sein. Freilich bekommt man hier als Lösung einen ganz anderen Wissenstyp als den üblichen und uns geläufigen. Der reine Intellektualismus vermag ein Wissen in dieser unverfälschten Gestalt und unmittelbaren Gebundenheit an die Praxis nicht zu dulden und ihm keinen Raum und Ort in seinem Gefüge zuzuweisen.

Der Umstand aber, daß Politik als Wissenschaft in ihrer originären Gestalt in unserem Wissenschaftsgefüge nicht unterzubringen ist und daß sie unserer Wissenschaftskonzeption widerspricht, kann nicht zuungunsten der Politik ausgelegt werden, sondern er muß vielmehr als Ansporn dazu dienen, unsere gesamte Wissenschaftsauffassung zu revidieren. Denn auch ein nur flüchtiger Blick auf unsere Wissenschaftskonzeption und auf den Wissenschaftsbetrieb zeigt, daß man in keinem Gebiet gerade mit jenen Wissenschaften in der Theorie fertig geworden ist, die irgendwie auf die Praxis ausgerichtet sind. Es gibt genau so wenig eine Pädagogik in adäquater Weise, wie es eine wirkliche wissenschaftliche Politik gibt. Denn damit ist sicher nichts gewonnen, daß man, nachdem man mit den wesentlichsten Problemen dieser Wissenszweige nicht fertig werden kann, das eigentlich Pädagogische und Politische als „Kunst", als „intuitive Fertigkeit" abtut und damit aus dem ver pflichtenden Problemkreise entfernt.

Das lebendige Leben zeigt eben, daß sowohl der Pädagoge als auch der Politiker gerade im spezifischen Gebiete des Handelns sich in steigendem Maße ein Wissen zu erwerben und unter adäquaten Bedingungen auch weiterzugeben imstande ist. Daraus folgt, daß unser Wissenschaftsbegriff viel enger als der Bereich der tatsächlich vorhandenen Wissensarten ist und daß das mögliche und mitteilbare Wissen keineswegs dort aufhört, wo das Feld unserer heutigen Wissenschaften abschließt.

Ist es aber so, daß das Leben noch Wissensmöglichkeiten und Typen des Erkennens da aufweist, wo die Wissenschaft selbst aufhört aktiv mitzutun, dann kann die Lösung nicht darin bestehen, daß man diese Wissenstypen als „vorwissenschaftliche" abtut und der „Intuition" überläßt, nur um das eigene Gehäuse nicht sprengen zu müssen. Im Gegenteil ist es unsere Pflicht, gerade die Eigenart dieser noch nicht ergründeten Wissensarten von innen heraus zu erfassen und sich zu fragen, ob denn nicht der Horizont und die Konzeption der Wissenschaften so weit erweitert werden könnten, daß sie auch diese angeblich vorwissenschaftlichen Wissensgebiete zu umschließen vermöchten.

Was man als wissenschaftlich und was man als vorwissenschaftlich bezeichnet, hängt sehr eng damit zusammen, wie man im Vorangehenden stillschweigend die Grenzen des Wissenschaftlichen fixiert hat. Daß man aber hierbei zu engherzig war und nur bestimmte Wissensarten (aus geschichtlichen Gründen) als Paradigmata gelten ließ, dürfte durchsichtig geworden sein. Es ist z.B. bekannt, in welcher Weise in der modernen geistigen Entwicklung gerade die Mathematik diese beherrschende Rolle gespielt hat. Streng genommen dürfte von ihr aus gesehen nur das als Wissen gelten, was quantifizierbar ist. Das utopische Vorbild war in dieser Epoche das more mathematico et geometrico beweisbare Wissen, wobei alles Qualitative nur irgendwie abgeleitet in Betracht kommen konnte. In der Tat hält der moderne Positivismus (der irgendwie stets seine Affinität zum bürgerlich-liberalen Bewußtsein bewahrte und sich in dieser Richtung entwickelte) an diesem Wissenschaftsbilde und Wahrheitsvorbilde fest. Höchstens fügte er noch die Erforschung genereller Gesetze als würdigenswerten Erkenntnistypus hinzu. Um diesem vorherrschenden Wissenschaftsbild zu entsprechen, setzte nun im modernen Bewußtsein ein Quantifizieren, Formalisieren und Systematisieren auf Grund festbestimmter Axiome ein, wodurch es gelang, überall eine bestimmte Wirklichkeitsschicht erkenntnismäßig zu erobern. Das ist eben jene Schicht, die in der Wirklichkeit einer solchen Formalisierung, Quantifizierung und Systematisierung zugänglich oder aber mindestens selbst gewissen gesetzmäßigen Regelmäßigkeiten unterworfen ist.

Bei der Zu-Ende-Führung dieser einen Möglichkeit der Forschungsrichtung mußte aber auffallen, daß das so ausgebaute Wissen zwar eine homogene Ebene der Gegenständlichkeiten wissenschaftlich zu erfassen imstande war, daß aber die Fülle der Wirklichkeit dadurch bei weitem nicht bewältigt wurde. Diese Einseitigkeit zeigte sich auffällig gerade in den Geisteswissenschaften, bei denen es dem Wesen der Sache nach nicht auf jene formalisierbare und in Gesetze destillierbare Dünnschicht primär ankommt, sondern auf die Fülle einmaliger Gestalten und Strukturen, die der im Leben stehende Mensch wohl beherrscht, an die aber gerade der positivistisch eingestellte Forscher mit seiner Axiomatik nicht herankann. Die Folge dieses Tatbestandes war aber, daß der im Leben stehende und mit der dazugehörigen Erkenntnisapparatur instinktiv richtig umgehende „ganze Mensch" immer gescheiter war als der Theoretiker, der nur das beachtete, was seine mitgebrachten Voraussetzungen gelten ließen. Es mußte also immer sichtbarer werden, daß auch der „ganze Mensch" dort ein Wissen hat, wo der theoretische — scil. der modern intellektualistisch-theoretische Mensch — aufhört zu wissen. Daraus folgt, daß das Paradigma modern mathematisch-naturwissenschaftlichen Wissens eigentlich ein mit Unrecht hypostasiertes Paradigma des Wissens überhaupt ist.

Das erste, was von diesem modern rationalistischen, in enger soziologischer Verknüpfung mit dem kapitalistischen Bürgertum aufkommenden Denkstil verdrängt wurde, war das Qualitative. Da aber auch die Grundtendenz dieses modernen Wissens auf die Analyse ging und man etwas nur dann als wissenschaftlich erfaßt gelten lassen wollte, wenn es in Elemente zerlegt war, verschwand in dieser Linie der Blick für das originäre, unmittelbare Erfassen der Totalitäten. Es ist kein Zufall, daß gerade jene Denktendenzen, die von neuem den spezifischen Erkenntniswert betonten, der im Qualitativen und Ganzheitlichen des Erfassens liegt, zuerst von der Romantik aufgegriffen wurden, also von jener modernen Gegenströmung, die in Deutschland auch im Politischen den Gegenstoß gegen das bürgerlich-rationalisierende Weltwollen bedeutete. Ferner ist es auch kein Zufall, daß heute Gestaltwahrnehmung, Morphologie, Charakterologie usw. in ihrem wissenschaftsmethodischen Gegenstoß gegen die positivistische Methodenlehre gerade in einer Atmosphäre auftreten, die von der Neuromantik ihre weltanschauliche und politische Prägung erhält.

Es kann jetzt nicht die Aufgabe sein, ausführlich nachzuweisen, in welch inniger Verflechtung weltanschaulich-politische Tendenzen mit wissenschaftsmethodologischen Strömungen aufkommen. Soviel kann aber auf Grund der bisherigen Andeutungen klar werden, daß jenes *intellektualistische Wissenschaftsbild,* das dem Positivismus zugrunde liegt, selbst in einer Weltanschauung wurzelt und mit bestimmten politischen Wollungen eng verknüpft sich durchgesetzt hat.

Will man die wissenssoziologische Eigenart dieses Denkstils bestimmen, so ist mit dem Aufweis der analytischen, quantifizierenden Tendenz noch nicht alles aufgedeckt. Man muß auf jenes politisch-weltanschauliche Wollen zurückgreifen, dessen methodologischer Exponent jene Wissensforderungen sind. Diese Wurzel ist aber nur zu erfassen, wenn man auf das noologische Grundkriterium dieses Denkstils eingeht. Dieses bestand nun darin, daß man als „wahr", „erkennbar" nur das ansah, was als allgemeingültig und notwendig dargestellt werden konnte, wobei ohne weiteres eine Gleichsetzung der beiden Prädikate erfolgte. Man nahm eben an, ohne dies weiter zu analysieren, daß nur das notwendig sei, was allgemeingültig, d. h. jedem mitteilbar sei.

Diese Gleichsetzung war aber nun keineswegs selbst notwendig, denn es ist sehr leicht möglich, daß es Wahrheiten, richtige *Einsichten gibt, die nur einer persönlichen Disposition oder aber einer bestimmten Art von Gemeinschaft oder bestimmt gerichteten Willensimpulsen zugänglich sind.* Gerade diese Art der Wahrheiten und Einsichten galt es für das demokratisch-weltbürgerlich eingestellte aufkommende Bürgertum auszuschalten, in ihrer Existenzberechtigung zu negieren. Damit enthüllte sich aber eine rein soziologische Komponente jenes Wahrheitskriteriums, nämlich das *demokratische Element der Forderung der Allgemeingültigkeit.*

Diese Forderung der Allgemeingültigkeit hatte jedoch sehr wesentliche Konsequenzen für die dazugehörige Erkenntnistheorie. Es durften nämlich nur jene Erkenntnisarten als legitim anerkannt werden, die das Allgemein-Menschliche in uns affizieren und in Anspruch nehmen. Die Herausarbeitung des „Bewußtseins überhaupt" in uns ist nichts anderes als die Herausdestillierung aller jener Schichten im konkret menschlichen Bewußtsein, von denen voraussetzbar ist, daß sie in jedem Menschen (sei er ein Neger oder Europäer, ein Mensch des Mittelalters oder der Neuzeit) vorhanden sind. Als primäres gemeinsames Fundament ergab sich hierbei zunächst die Zeit- und Raumanschauung und in enger Verknüpfung damit das rein formale Gebiet des Mathematischen. Hier hatte man das Gefühl, eine Plattform gefunden zu haben, an der jeder Mensch als Mensch teil hat, und man trachtete genau so danach, einen zeit- und rasselosen homo oeconomicus, einen homo politicus etc. auf Grund einiger axiomatischer Eigenschaften zu konstruieren. Nur was unter Zugrundelegung dieser Axiome aus der Wirklichkeit erfaßbar war, sollte als erkennbar gelten. Alles andere war die schlechte Mannigfaltigkeit des Wirklichen, um die sich die „reine" Theorie nicht zu bekümmern hat. Die zentrale Sorge dieses Denkstils war also, eine gereinigte Plattform des allgemeingültig erkennbaren und mitteilbaren Wissens zu schaffen.

Jede Erkenntnis, die an die gesamte Rezeptivität des Menschen gebunden ist oder den historisch-sozial geformten Menschen in seiner Konkretheit affiziert, war verdächtig und wurde ausgeschaltet. So war in erster Reihe die Erfahrung verdächtig, die nur durch „Sinnlichkeit" zugänglich ist: die erwähnte Ausschaltung des qualitativen Erkennens geht auf diese Wurzeln zurück. Da die Sinnlichkeit in ihrer konkreten Eigenart dermaßen das rein anthropologische Subjekt in uns affiziert und da sie ferner schwer mitteilbar ist, verzichtete man lieber auf ihre spezifischen Evidenzen.

Genau so war aber auch jede Erkenntnis verdächtig, die nur spezifischen, historisch-sozialen Gemeinschaften zugänglich ist. Man wollte doch ein Wissen, das von allen weltanschaulichen Prämissen frei war. Man merkte aber nicht, daß diese Welt des rein Quantifizierbaren und Analysierbaren selbst auch nur auf Grund einer bestimmt gearteten Weltanschauung entdeckbar war, daß aber Weltanschauung nicht unbedingt eine Fehlerquelle, sondern umgekehrt geradezu eine Chance ist, zu bestimmten Wissensgebieten den Zugang zu gewinnen.

Das Wichtigste jedoch, das man auszuschalten suchte, war der konkret wertende und wollende Mensch in uns. Es ist schon bei der Charakteristik des modern bürgerlichen Intellektualismus beschrieben worden, wie dieser den wollenden Menschen auch im Politischen auszuschalten bestrebt ist und die politische Diskussion genau so auf ein „naturrechtlich" bestimmtes Bewußtsein überhaupt in uns reduzieren will.

Damit zerreißt man nun willkürlich jenen organischen Zusammenhang, der zwischen dem historisch und sozial eingebetteten Subjekt und dessen Denken besteht. Hierin liegt aber gerade jene besondere Fehlerquelle, auf die es in diesem Zusammenhange in erster Linie ankommen muß. Es mag für das formal-mathematische Wissen sprechen, daß es ein Wissen ist, das sich prinzipiell einem jeden zugänglich machen läßt, und daß für dessen Gehalt das individuelle und auch das dahinterstehende historisch-kollektive Subjekt indifferent ist. Es ist aber sicher, daß es einen ganz weiten Bereich der Gehalte gibt, der entweder nur bestimmten individuellen Subjekten oder nur bestimmten historischen Etappen zugänglich ist oder aber nur bestimmten sozialen Wollungen in ihnen sich öffnet.

Für das erstere ist ein Beispiel, daß nur der Liebende oder Hassende an dem geliebten bzw. gehaßten Menschen Eigenschaften zu sehen bekommt, die von den übrigen Menschen, die nur Zuschauer sind, nicht bemerkt werden. Oder aber eine rein seinsmäßige Voraussetzung eines Erkennens (das niemals von einem rein kontemplativen Bewußtsein überhaupt zu konstruieren sein wird) ist die Tatsache, daß man bestimmte „Eigenschaften" der Mitmenschen nur im Mitleben und Mitvollzuge erfassen kann, nicht nur weil zum Beobachten des anderen Zeit gehört, sondern weil der andere Mensch gar keine abtrennbaren „Eigenschaften" hat, die — wie man fälschlich zu sagen pflegt — „zum Vorschein kommen". Es spielt sich hier beim Menschen ein dynamischer Prozeß ab, die Eigenschaften werden erst im Handeln und im Sich-Auseinandersetzen mit der Welt. Auch unsere Selbsterkenntnis klärt sich nicht in einer kontemplativen Selbstbetrachtung, sondern erst in der Auseinandersetzung mit der Welt, also in einem Prozeß, in dem wir auch für uns selbst erst werden.

Hier sind Selbsterkenntnis und Erkenntnis des anderen unzertrennbar verflochten mit Handeln und Wollen, mit der Prozessualität des Miteinanders. Und wer hier Ergebnisse vom Prozeß, vom Mitvollzug abtrennen will, verfälscht das Allerwesentlichste am Tatbestand. Das aber ist die wesentlichste Tendenz dieses an toter Natur orientierten Denkens, daß es die Subjektgebundenheit, Willensgebundenheit, Prozeßgebundenheit aktiven Wissens um jeden Preis streichen möchte, um zu reinen, auf einer homogenen Ebene aufreihbaren Ergebnissen zu kommen.

Das soeben behandelte Beispiel faßte einen Fall ins Auge, bei dem die Seinsgebundenheit einer Wissensart im Gebundensein an bestimmte Persönlichkeiten zur Geltung kam. Genau so gibt es aber Wissensgehalte, deren Erfahrbarkeit nicht an bestimmte Individuen, sondern an bestimmte historische und soziale Vorbedingungen gebunden ist.

Gewisse Dinge in der Geschichte und auch aus dem menschlichen Seelenleben werden nur bestimmten geschichtlichen Epochen sichtbar, die sich durch eine Reihe von Kollektiverlebnissen und eine in diesen sich ausgestaltende „Weltanschauung" den Weg zu bestimmten Einsichten freigemacht haben. Ferner gibt es Gehalte (um damit auf das hier gestellte Thema zurückzukommen), deren Sichtbarwerden vom Vorhandensein bestimmter kollektiver Wollungen abhängt, deren originäre Träger gerade bestimmte Schichten im sozialen Raume sind.

Nun scheint es so zu sein, daß eine eindeutige, ohne weiteres objektivierbare Erkenntnis möglich ist, soweit es sich um das Erfassen jener Elemente in der sozialen Wirklichkeit handelt, die eingangs als festgeronnene Bestandteile des gesellschaftlichen Lebens charakterisiert wurden. Auch die Erforschung von Gesetzmäßigkeiten scheint in diesem Gebiete auf keinen Widerstand zu stoßen, da ja das Objekt selbst einem stets sich wiederholenden Rhythmus der gesetzmäßigen Abfolge gehorcht.

Dort aber, wo das Gebiet der Politik beginnt, wo alles im Werden begriffen ist, wo das erkennende Kollektivsubjekt in uns dieses Werden selbst gestaltet, wo das Denken *nicht Betrachtung*, sondern aktives Mitschwingen, Umgestaltung ist, dort scheint eine ganz andere Erkenntnis einzusetzen, eben jene, für die *Entscheidung und Sicht* unzertrennbar miteinander zusammenhängen. In diesen Gebieten gibt es kein rein theoretisches Subjektverhalten. Gerade der Willensimpuls macht hellsichtig, wenn er auch nur partiell und funktional jenen Querschnitt der Totalwirklichkeit scharf zu beleuchten imstande ist, in dem das Subjekt selbst verankert ist, auf den es aus sozial-vitalen Impulsen heraus gerichtet ist.

Hier muß man Willensimpuls, Wertung und Weltanschauung nicht vom Denkergebnis loslösen, sondern dieses in seiner ursprünglichen Verflochtenheit belassen oder, wenn es sich von hier schon abgelöst hat, diese Rückverankerung von neuem vollziehen. Dies tut aber die Soziologie als Wissen vom politischen Felde. Sie nimmt keine theoretische Behauptung als eine schlechthin geltende hin, sondern rekonstruiert die ursprünglichen Standorte, von denen aus die Welt sich so und so gegeben hat, und versucht die Gesamtheit der perspektivischen Ansichten aus der Totalität des Prozesses zu verstehen.

Die Politik als Wissenschaft, in Gestalt einer politischen Soziologie, ist niemals ein abgeschlossener, abhebbarer und gerundeter Objektbereich, sondern sie ist im Werden begriffen, mitverankert im Strome. Sie wird geschaffen in der dynamischen Entfaltung der gegeneinander wirkenden Kräfte. Sie ist also auch nur entweder ganz einseitig perspektivistisch konstruierbar, so, wie die Zusammenhänge für eine bestimmte Parteiung sich geben, oder aber — und dies ist ihre höchste Form — als ein jeweils neu vorzunehmender Versuch der Synthese der jeweils vorhandenen Aspekte von einem synthetischen Impuls aus, der die dynamische Vermittlung erstrebt.

Unser Intellektualismus mag immer wieder die Sehnsucht nach einem überhistorischen, zeitlosen Subjekt in uns wachrufen, nach einem „Bewußtsein überhaupt", dem Wissensgehalte entspringen, die unperspektivisch formuliert werden und die in Gestalt von zeitlos geltenden Regelhaftigkeiten fixiert werden können. Ohne Vergewaltigung des Objektes wird dies aber nicht gelingen können.

Will man auch vom Werdenden, von der Praxis und für die Praxis ein Wissen haben, so kann dieses Wissen nur in einer neuartigen Gestalt seine adäquate Form finden.

Über die Mitteilbarkeit politischen Wissens.

Das politische Leben selbst hat so auf seiner modernsten Stufe, aus seinen ursprünglichsten Impulsen heraus die Ideologieforschung geschaffen. Nicht eine Wissenschaft hat sie ausgeklügelt (ausgeklügelte Fragestellungen haben wir genug, es wäre schädlich, ihre Zahl noch um eine zu vermehren), sondern der Forscher führt hier nur einen Zugriff zu seinem konsequenten Ende, den das handelnde Bewußtsein selbst, zu seiner Selbstorientierung im sozialen Raume, aus sich herausgestellt hat. Es ist dies eben hier der gewaltige Versuch, sich selbst und die Gegner aus dem Prozeß heraus verstehen zu wollen.

Es bedarf nunmehr nur noch einiger Überlegungen über die äußere Gestalt einer solchen Wissenschaft und über ihre Mitteilbarkeit, über die adäquate Gestaltung der geistigen Nachfolge.

Was die *äußere Gestalt* dieser Wissenschaft betrifft, so ergibt sich aus dem bisher Gesagten von selbst, daß jener Teil politischen Wissens, der die Realkenntnisse vermittelt, der hier hervorgehobenen Problematik nicht unterworfen ist.

Das eigentlich Problematische an der Politik als Wissenschaft und die eigentliche Politik beginnt erst dort, wo jener Spielraum anhebt, in dem *Wille und Sicht* eng miteinander verflochten sind und aus dem rückstrahlend der bereits zurückgelegte Weg immer wieder ein neues Gesicht bekommt.

Es ist beschrieben worden, daß es auch hier Zusammenhänge gibt, die der Erforschung zugänglich sind, die nun aber, gerade weil sie im Flusse sind, nur gelehrt werden können, wenn man bei jedem mitzuteilenden Aspekt auch die Basis in Betracht zieht, von wo aus sich die Zusammenhänge so und nicht anders gestalten. Die „soziale Gleichung" muß bei jeder Einsicht mitgeteilt und womöglich auch erforscht werden, warum von einem Standort aus sich die Zusammenhänge gerade so geben. Hierbei darf niemals außer acht gelassen werden — was nicht genügend betont werden kann —, daß die soziale Gleichung nicht stets eine Fehlerquelle bedeutet, sondern zumeist bestimmte Zusammenhänge erst wirklich ins Blickfeld zu rücken imstande ist. Wo aber die Einseitigkeiten eines sozialen Standortes liegen, klärt sich immer am leichtesten, wenn man diesen Standort den übrigen gegenüberstellt. Das politische Leben, das von polaren Aspekten aus denkt, korrigiert sich auch gleichsam gerade in seinem eigenen Werden, indem es das, was hier zu scharf herausgestellt wurde, von der andern Seite aus abblendet. Schon deshalb ist es unvermeidlich, bei jedem Tatbestand womöglich die totale geistige Umkreisung in Betracht zu ziehen.

Die größte Gefahr inadäquater Darstellung gerade der für das eigentlich politische Gebiet in Betracht kommenden Zusammenhänge besteht aber in einer *falschen Kontemplation* der forschenden Einstellung, die die Tendenz hat, gerade jenen Realzusammenhang zu zerstören, der als solcher den Politiker interessiert. Es muß stets im Auge behalten werden, daß hinter wissenschaftlichem Forschen (so unpersönlich es sich auch geben mag) immer Geistestypen stehen, die die konkrete Gestalt der Wissenschaft weitgehend beeinflussen. Sieht man sich etwa — um ein naheliegendes Gebiet, das ein nicht-theoretisches Substrat theoretisch behandelt, heranzuziehen — die Kunstgeschichte an, so ist sie in ihrer Grundhaltung zusammengesetzt aus der Einstellung des Kunstkenners, Sammlers, des Philologen und Geistesgeschichtlers. Es könnte eine ganz andere Kunstgeschichte geschrieben werden, wenn sie einmal von Künstlern für Künstler oder vom rein genießenden Subjekt aus geschrieben würde. Die letztere Haltung setzt sich zumeist nur in der aktuellen Kunstkritik durch.

Genau so besteht die Verführung des theoretisierenden Subjektes bei der Darstellung politischer Zusammenhänge darin, daß es durch seine eigene kontemplative Haltung die politisch aktive Haltung verdrängt und dadurch die Ursprungszusammenhänge verdeckt, statt sie hervorzuheben und konsequenter auszubauen. Ganz besonders bedeutet jedoch die Pflege der Wissenschaften an Akademien eine Gefahr in der Richtung, daß die zu einem Lebensgebiet gehörende adäquate Einstellung durch eine bestimmte Art der Kontemplation verdunkelt wird. Wissenschaft beginnt heute für uns schon ganz selbstverständlich damit, daß sie die Ursprungseinstellung zerstört und durch eine andere ersetzt. Hierin liegt aber die wichtigste Ursache dafür, daß die Praxis mit dieser Art

Theorie nichts anfangen kann — eine Spannung, die durch den modernen Intellektualismus immer mehr gesteigert wird. Will man den Hauptunterschied zwischen dieser kontemplativ intellektualistischen und der in der Praxis beheimateten, genuinen Einstellung auf eine Formel bringen, so könnte man sagen: die hauptsächliche Unterscheidung besteht darin, daß der Wissenschaftler überall eine *schematisch ordnende* Tendenz an die Dinge heranbringt, der Praktiker — in unserem Falle der Politiker — aber von einem *aktiv orientierenden* Bestreben geleitet wird. Denn es ist etwas völlig anderes, ob man in einer Mannigfaltigkeit der Ereignisse *Übersicht* oder *konkrete Orientierung* sucht. Konkreter Orientierungswille sieht die Dinge nur auf konkrete Lebenssituationen hin an. Übersicht reißt den lebendigen Zusammenhang einer jeweils gut benutzbaren, künstlich gestifteten Ordnung zuliebe auseinander.

Es soll dieser zentrale Unterschied zwischen *schematisch ordnender* und *aktiv orientierender* Verhaltungsweise noch an einem Beispiel erhärtet werden. Hat man etwa die Aufgabe, die modernen politischen Theorien darzustellen, so gibt es dafür drei Möglichkeiten. Entweder man stellt sie dar in einer aus der historischen Zeit und konkreten Umwelt herausgehobenen Typologie. Man zählt etwa in einem indifferenten Nebeneinander die verschiedenen Typen politischer Theorien auf und sucht im besten Falle, ein rein theoretisches Differenzierungsprinzip in ihnen aufzuweisen. Diese Art von Typologien (die heute sehr in Mode sind) kan man *„flächenhafte"* Typologien nennen, denn es wird auf einer künstlich homogen gemachten Ebene die Mannigfaltigkeit des Lebens geordnet. Der latente Sinn solcher Ordnungen könnte nur sein, daß es eben verschiedene Wege des Lebens gibt, von denen man den einen oder anderen einschlagen kann. Dadurch wird wohl eine Übersicht geschaffen, aber eine rein schematische. Man kann die Theorien benennen, etikettieren, aber ihr realer Zusammenhang wird vernichtet, da sie ja ursprünglich nicht Wege des Lebens überhaupt sind, sondern Verzweigungen ganz konkreter Situationen. Eine etwas differenziertere Art der flächenhaften Typologie stellt — wie schon angedeutet — jene dar, die irgendein Prinzip, womöglich ein philosophisches, in der aufgewiesenen Differenzierung zu entdecken versucht. So hat z. B. schon *Stahl*, der erste Theoretiker und Systematiker des deutschen Parteiwesens, die verschiedenen politischen Richtungen seiner Zeit als Abwandlungen zweier *theoretischer* Prinzipien — des Prinzips der Legitimität und des Prinzips der Revolution — dargestellt[38]). Eine solche Einteilung gibt aber nicht

[38]) *Stahl:* Die gegenwärtigen Parteien in Staat und Kirche. Berlin 1863.

nur wie im ersteren Falle eine Übersicht, sondern auch eine Einsicht in das Vorhandene, zugleich täuscht sie ein rein theoretisches, rein philosophisches Entfaltungsprinzip vor, das zwar auch vorhanden, aber nicht das Entscheidende ist. Dadurch entsteht der Eindruck, als sei politisches Denken Explikation rein theoretischer Möglichkeiten.

Stand hinter der ersten Darstellung schon der Sammlertypus, so zeigt sich hier der philosophische Systematiker. Die Erlebnisformen kontemplativer Menschentypen werden in beiden Fällen willkürlich in die politische Wirklichkeit zurückprojiziert.

Eine weitere Art möglicher Darstellung politischer Theorien ist die rein *historische*. Diese reißt zwar die Theorien aus der unmittelbar historischen Zeit, in der sie geworden sind, *nicht* heraus, um sie auf einer abstrakten Ebene einander gegenüberzustellen, sie verfällt aber dem entgegengesetzten Fehler, zu unmittelbar am Historischen zu haften. Den idealtypischen Historiker interessiert in diesem Falle die unmittelbare Verursachung und einmalige Kausalverflechtung, in der politische Theorien entstehen. Um diese zu erfassen, zieht er alle ideengeschichtlichen Vorläufer und Vorformen heran und verknüpft Theorien mit der besonderen Persönlichkeit der schöpferischen Individuen. Er bleibt dadurch so unmittelbar an der konkreten historischen Einmaligkeit der Ereignisse hängen, daß ein Lernen aus der Geschichte auf diese Weise unmöglich wird. In der Tat vertreten auch die Historiker mit Vorliebe die These, daß man aus der Geschichte nichts lernen könne. War es der Fehler der oben erwähnten Einstellungen, daß sie sich so weit vom konkreten Geschehen entfernten, daß man von den Generalisationen, Typen, Systemen den Weg zurück in die Geschichte nicht mehr finden konnte, so bleibt der Historiker dermaßen an die historische Unmittelbarkeit gebunden, daß seine Feststellungen nur für jene gewesenen konkreten Situationen gelten.

Diesen beiden Extremen gegenüber gibt es nun einen dritten Weg, der gleichsam die Mitte zwischen zeitloser Schematik und historischer Unmittelbarkeit wählt, und gerade in dieser Ebene lebt und denkt ein jeder umsichtige Politiker, wenn er sich auch dessen nicht stets bewußt zu sein braucht. Dieser dritte Weg besteht darin, daß man die aufkommenden Theorien und ihren Wandel in engster Verknüpfung mit den Kollektivgruppen und typischen Gesamtsituationen und deren dynamischem Wandel (dessen Exponent sie waren) zu erfassen versucht. Denken und Sein müssen hier in ihrer innigen Verflochtenheit wiederhergestellt werden. Nicht ein Bewußtsein überhaupt schlägt hier mögliche Wege nach Willkür ein, auch stellt das einzelne Individuum keine Theorie ad hoc für eine bestimmte einmalige Lage aus sich heraus, sondern bestimmt strukturierte Kollektivkräfte schufen für bestimmte strukturell erfaßbare Lagen ihren Wollungen entsprechende Theorien und fanden die für jene Lagerung sich ergebenden Denkaspekte und Orientierungsmöglichkeiten. Nur weil diese strukturell bedingten Kollektivkräfte über die einmalige historische Situation heraus weiter bestanden, bewährten sich jene Theorien und Orientierungsmöglichkeiten auch weiterhin. Erst als die Strukturlagerungen sich veränderten, sich allmählich verschoben, entstand das Bedürfnis nach neuen Theorien, nach neuer Orientierung.

Nur derjenige, der hinter einer historischen Situation, hinter einem historischen Ereignis die diese erst ermöglichende Strukturlage zu erfassen imstande ist, wird den Wandel des Geschehens sinnvoll weiterverfolgen können, nicht aber derjenige, der stets nur am historischen Ablauf haften bleibt, auch nicht derjenige, der sich abstrakt dermaßen in die Allgemeinheit verrennt, daß er von dort aus den Rückweg in die Praxis nicht mehr findet.

Jeder der heutigen Stufe der Bewußtheit entsprechend zugreifende Politiker denkt potentiell — wenn auch nicht explizit — in Struktursituationen; das allein macht sein Handeln auf weite Sicht konkret (Augenblicksentscheidungen können hierbei Augenblicksorientierungen überlassen werden). Es bewahrt ihn vor abstrakt schematisierenden Leerheiten und macht ihn andererseits genügend elastisch, um nicht an vergangenen Einzelereignissen als an unzureichenden Vorbildern kleben zu bleiben.

Ein wirklich aktiver Mensch wird nie fragen, wie hat irgendein Vorbild damals in irgendeiner früher gegebenen Situation gehandelt, sondern in welcher Weise würde es in der jetzt gegebenen Strukturlage sich neu einstellen. Dieses sich stets Neu-Einstellen auf immer wieder neu sich gestaltende Konstellationen ist die grundlegend praktische Fähigkeit des stets aktive Orientierung suchenden Bewußtseins. Diese Fähigkeit zu erwecken, wach zu halten und an jeglichem Stoff sich bewähren zu lassen, ist die spezifische Aufgabe politischer Bildung.

Die Darstellungsart politischer Zusammenhänge darf also das ursprüngliche Bedürfnis des politischen Menschen nach aktiver Orientierung nicht durch rein kontemplative Verhaltungsweisen verdrängen. In Anbetracht der Tatsache aber, daß unser Lehrbetrieb primär an dem kontemplativen Verhalten orientiert ist und die Übertragung von Wissensstoffen hauptsächlich im Zeichen der Übersicht und nicht der konkreten Lebensorientierung geschieht, ist es unerläßlich, daß in diesem Zusammenhange zumindest der Ausgangspunkt jener Problematik festgestellt wird, die gerade die *Frage der Bildung eines Nachwuchses* im Gebiete des Aktiven, des Politischen betrifft.

Die ganze Fülle der Problematik kann hier nicht aufgerollt werden. Wir begnügen uns mit einem strukturellen Grundprinzip der hier wesentlichen Zusammenhänge. Die Formen und Arten der Übertragung des Geistig-Seelischen variieren je nach der Eigenart der zu übertragenden Grundlage[39]). Eine bestimmte Form der sozialen Gruppe und der Übertragung ist geeignet, einen künstlerischen Nachwuchs zu bilden, eine andere einen wissenschaftlichen. Innerhalb der Wissenschaften ist für die Übertragung der mathematischen Kenntnisse z. B. eine andere Form der Mitteilung und eine andere zwischenmenschliche Beziehung zwischen Lehrer und Hörer erforderlich wie bei geisteswissenschaftlichen Stoffen, eine andere bei philosophischen wie bei politischen Gehalten usw.

Die Geschichte und das lebendige Leben experimentieren in einem fort unbewußt, um stets die jeweils adäquateste Form der Bildung des Nachwuchses in den verschiedenen Gebieten zu finden. Das Leben erzieht und züchtet ohne Unterlaß. Sitte, Moral, Habitus werden bei Gelegenheiten gebildet, in denen wir es gar nicht ahnen würden. Stets ist die Form des Miteinanders verschieden; die Beziehungen von Mensch zu Mensch, von Mensch zu Gruppe wandeln sich von Augenblick zu Augenblick, je nachdem es auf suggestive Einwirkung, instinktives Mittun, Gerührtwerden, Gehemmtwerden usw. ankommt. Es ist auch hier bei weitem nicht möglich, eine vollgültige Typologie der Übertragungsformen aufzustellen. Sie entstehen und vergehen im historischen Prozeß, und ihre wahre Erfassung kann auch hier nur jene sein, die sie aus dem lebendigen Zusammenhang und dessen Strukturwandlungen, nicht aber im luftleeren konstruierten Raume zu begreifen imstande ist.

Nur in Gestalt einer ersten Orientierung seien hier *zwei Tendenzen des modernen Lebens* aufgewiesen, die bei der Gestaltung der äußeren und inneren Formen des Nachwuchses in unserer Zeit mitzuwirken pflegen. Einmal besteht auch hier stets, dem Impetus des modernen Intellektualismus folgend, die Tendenz, die Formen der Bildung und

[39]) Daß es mehrere *Wissensformen* gibt, hatte gegenüber dem Intellektualismus der Moderne insbesondere die phänomenologische Schule herauszuarbeiten gesucht. Vgl. hierzu insbesondere *Schelers* Arbeiten: Die Formen des Wissens und die Bildung. Bonn 1925 (3. Aufl. Frankfurt a. M. 1947). Und: Wissensformen und die Gesellschaft. Leipzig 1926. — *Heideggers:* Sein und Zeit (Jahrbuch f. Philosophie und phänomenologische Forschung, Bd. 8, Halle 1927) enthält, wenn auch in indirekter Weise, viel Beachtenswertes in dieser Richtung. Die Eigenart politischen Wissens ist hierbei noch nicht zu ihrem Rechte gekommen.

Fortpflanzung zu homogenisieren und zu intellektualisieren. Andererseits aber läßt sich als Gegenströmung die romantische Tendenz erkennen, auf ältere, „ursprünglichere" Formen der Bildung des geistigen Nachwuchses zurückzugreifen.

Was damit gemeint ist, sei wieder an einem Beispiel veranschaulicht. Der dem rein ordnenden Wissen am meisten angepaßte Typus geistiger Übertragung ist der Vortrag. Will man systematisierten, typisierten oder anderswie geordneten Wissensstoff vermitteln, so ist die adäquateste Form jene besondere Art der Unterordnung, die beim Anhören eines Vortrages zur Geltung kommt. Hier wird der Stoff in der Rede entwickelt und vom „Hörer" eben als bloßem Hörer einfach „zur Kenntnis genommen". Dabei besteht die Voraussetzung — und diese wird bei der Übertragung wachgehalten —, daß die willensmäßigen personalen Bezüge ausgeschaltet sind. So wirkt Intellekt auf Intellekt in einem der konkreten Situation enthobenen imaginären Raume. Da es sich aber nicht um hieratisch-magisch gebundene Texte handelt, sondern um in freier Forschung erfaßbare, nachkontrollierbare Stoffe, so ist nach Aufrollen des Lehrgehaltes Diskussion möglich, und daraus folgt die Berechtigung des sogenannten Seminarbetriebs. Aber auch hier ist das Wesentliche, daß jene willensmäßigen Impulse und persönlichen Bezüge so weit, wie überhaupt möglich ist, zurückgestellt werden, um auf der sachlichen Basis abstrakte Möglichkeiten einander gegenüberzustellen.

Sachlich scheint diese Form des Miteinanders und der Übertragung berechtigt zu sein bei jenen Wissenschaften, die *Alfred Weber*[40]) als zivilisatorisches Wissen bezeichnet hat, bei jenen Wissensarten also, bei denen weltanschauliche Elemente und willensmäßige Impulse in das Wissen nicht hineinragen. Problematisch wird diese Art der Mitteilung bereits in den Geisteswissenschaften, aber noch mehr in den auf unmittelbare Praxis ausgerichteten Wissensarten. Nun entspricht es aber der Wissensart und Tendenz des modernen Intellektualismus, diese eine bestimmte Art und Weise des lehrhaften Miteinanders und diese spezifische Übertragungsform als vorbildlich zu hypostasieren und auch auf andere Gebiete zu übertragen.

Der mittelalterlich scholastische Lehrbetrieb, aber vielleicht noch mehr der auf Bildung von Beamten konzentrierte Universitätsbetrieb des Absolutismus haben im wesentlichen diese Form des lehrhaften Miteinanders und der Übertragung ausgestaltet und stabilisiert. Nur die

---

[40]) *Weber, Alfred:* Prinzipielles zur Kultursoziologie. Archiv für Sozialwissenschaft und Sozialpolitik 1920.

Sekten und Konventikel, die es nicht primär auf Fach- und Bildungswissen abgesehen haben, bei denen Erweckung die Vorbedingung von Wissen und Sicht war, haben die Tradition anderer Formen des menschlichen Miteinanders und der geistigen Übertragung gepflegt.

Für unsere Epoche wurde die Inadäquatheit der bloß übertragenden, mitteilenden und den Hörer unterordnenden Lehrhaftigkeit primär erfaßbar in jenen Gebieten, die man als „Künste" zu bezeichnen pflegt. Auch hier hatte nämlich die Bildung von Akademien die ältere Form des Miteinanders, deren Prototyp die *Werkstatt* (Atelier) war, verdrängt. Nun liegt aber bei der werkstattartigen Form des Miteinanders eine dem zu übermittelnden Substrat viel angepaßtere Form vor als bei der akademischen Bildung. Die Werkstätte schafft zunächst stets ein *mittuendes* Verhältnis zwischen Meister und Lehrling. Hier wird nicht systematisch aufgerollt und vom Lehrling „zur Kenntnis genommen". Alles, was mitgeteilt wird, wird in konkreten Situationen „bei Gelegenheit" gezeigt, nicht nur gesagt, wobei der andere mittut, mithilft, in denselben Vollzügen ergänzend lebt, die der eine angeschnitten hat. Die Initiative springt vom Lehrer auf den Zögling und wird dort erwidert. Das gemeinsame Schaffen verbindet sie im Zeichen des werdenden Ganzen des Werkes. Hier wird mit der Technik die Idee, der Stil mit übertragen, nicht in prinzipieller Erörterung, sondern in gestaltender, mittuender Klärung der verbindenden Absicht. Es wird also der ganze Mensch affiziert, das menschliche Miteinander ist ganz anders als bei der bloßen Kenntnisnahme des lehrenden Betriebs. Nicht Übersicht wird vermittelt, sondern stets konkrete Orientierung (im Falle des künstlerischen Prozesses werden Formwollungen übertragen), wobei analoge Situationen sich zwar wiederholen, aber immer wieder von dem neuzuformenden Werk und dessen Einheit aus erfaßt werden.

Nun hat man — wie gesagt — diesen Vorzug des werkstattartigen Miteinanders aus romantischen Impulsen heraus instinktiv erfaßt. Man betonte, welchen Schaden die Akademien bei den bildenden Künsten verursacht haben oder wie zumindest die wirklich schöpferische Kunst *trotz* der Akademien vorhanden war. Man sah mit Angst einer jeden Bewegung entgegen, die in verwandter Weise das politisch oder journalistische Metier lehrhaft gestalten wollte. Der Intellektualismus findet also auch hier seinen ihn kompensierenden Gegenspieler in den romantischen Strömungen. Der Vorstoß dieser romantischen Strömung hat in der Tat auf einigen Gebieten praktische Erfolge gezeitigt, so z. B. im Kunstgewerbe oder — um ein ganz anders geartetes Gebiet heranzuziehen — in der Kleinkinderschule. Sie gelangte also in allen jenen Sphären des Lebens zum Durchbruch, in denen der Intellektualismus nicht als sachliche Notwendigkeit, sondern einem bloßen formalen Expansionsdrang folgend die urwüchsigeren Formen des „werkstattartigen" Miteinanders verschüttet hatte. Aber diese romantische Strömung fand ihre Grenze dort, wo das moderne Leben selbst das systematische Wissen zu einer unerläßlichen Voraussetzung hat. So wird die Sache problematischer, um je höhere Stufen der Schulung und um je komplexere Formen des Kunstgewerblichen es sich handelt, wenn auch auf diesen höheren Stufen so manche Übertreibungen einer unnützen Überrationalisierung zuzuschreiben sein werden. (Hier gibt es nämlich ganz handgreifliche strukturelle Analogien zu dem Phänomen der Überrationalisierung und Überbürokratisierung des kapitalistischen Betriebs.) Man kann also die Grenze jeweils ganz genau feststellen, wo die Berechtigung der romantischen Gegenströmung bereits ihr natürliches Ende findet. Das Akademischwerden des Unterrichts beim Architekten z. B. beruht nicht ausschließlich auf einem übertriebenen Intellektualismus unserer Zeit, sondern auf sachlichen Bedingtheiten der Kompliziertheit des nötigen, zu beherrschenden technischen Wissensstoffes. Aber noch mehr — was man unbedingt vor allem einzusehen hat —: das Vorhandensein und die Herrschaft unseres Intellektualismus ist selbst *kein* intellektualistisches, ausgeklügeltes Phänomen, sondern der Intellektualismus ist selbst aus organischen Bedingungen des Gesamtprozesses entstanden. Es kann also nicht unsere Aufgabe sein, den Intellektualismus auch von dort zu verdrängen, wo gerade er die in der neuesten Zeit entstandenen Bedürfnisse organisch befriedigt, sondern nur aus jenen Gebieten, in denen er aus der eigenen formalen Expansionstendenz heraus auch dort intellektualistische Methoden anwendet, wo selbst heute noch lebendig-unmittelbare Kräfte sich auswirken können. Man kann also das rein technische Wissen des Ingenieurs nicht mehr in der Form eines werkstattartigen Miteinanders mitteilen, man kann aber sehr wohl, wo es auf im Wachsen begriffene Formwollungen ankommt, jene lebendigeren, „auf Erweckung" und Fortpflanzung ausgerichteten Gemeinschaftsformen zur Geltung bringen.

Es kann also die Lösung nicht mehr in einem Entweder-Oder bestehen, sondern auch hier nur in einer lebendigen Vermittlung zwischen den die Zeit formierenden Kräften, wobei man stets in jedem konkreten Falle genau herausfinden muß, wie weit dem besonderen Substrat entsprechend das systematisierende Element und das organisch Unmittelbare in der Übermittlungsform zur Geltung kommen soll[41]).

Was hier von der Übermittlung künstlerischer Substanzen gesagt wurde, gilt mutatis mutandis weitgehend für das politische Element. Die Politik wurde als „Kunst" bisher nur gelehrt und übermittelt „bei Gelegenheit von".

Politisches Wissen und Können hatte sich bisher in Gestalt gelegentlicher Übertragung vererbt. „Bei Gelegenheit von" tradierte sich das spezifisch Politische. Was für die Kunst das Atelier, für das Handwerk die Werkstätte bedeutete, bedeutete insbesondere für die liberal-bürgerliche Politik die soziale Form des *Klubs*. Der Klub ist ein spezifisches Miteinander von Menschen, der sowohl zur sozialen und parteilichen Auslese — als Plattform des politischen Aufstieges — als auch zur Züchtung der kollektiven Willensimpulse als geeignetes Medium „von selbst" zustande kam. An seiner eigentümlichen soziologischen Beschaffenheit könnte man die Eigenart der wesentlichsten Formen unmittelbarer Übertragung willensgebundenen politischen Wissens ablesen. Aber auch hier, genau so wie beim Künstlerischen, zeigt es sich, daß die ursprünglicheren, rein auf Gelegenheit fundierten Arten des Lernens und Bildens nicht ausreichen. Die gegenwärtige Welt ist viel zu kompliziert, zu jeder Entscheidung, wenn sie nur einigermaßen auf der Höhe der gegenwärtigen Wissens- und Bildungsstufe erfolgen soll, gehört viel zu viel Fachwissen und Gesamtorientierung, als daß das bloß in Form der Gelegentlichkeit erworbene Wissen und Können auf die Dauer ausreichen könnte. Dieses Bedürfnis nach systematischer Schulung treibt bereits jetzt dazu und wird noch mehr dazu drängen, dem werdenden Politiker, dem Journalisten eine Fachschulung mitzugeben. Von hier aus droht aber die Gefahr, daß diese Fachschulung, wenn sie rein intellektualistisch organisiert wird, gerade das politische Element verdrängt. Ohne pädagogische Zugespitztheit auf das Handeln — rein enzyklopädisch — kann hier Wissen nicht viel nützen. Ebenso wird die Frage entstehen — und sie entsteht bereits für den, der die Gesamtsituation überblickt —: Soll diese Fachschulung des Politikers ohne weiteres den Parteischulen überlassen werden?

Nun haben es Parteischulen in dieser Beziehung sicher leichter. Die Willenszüchtung in einer bestimmten Richtung ergibt sich dort von selbst, durchdringt die Stoffe auf jeder Stufe der Darstellung. Das „klubistische",

[41]) Wir möchten den Leser nur darauf hinweisen, daß hier ein Fall vorliegt, wo mit Hilfe der konkreten Situationsanalyse das Prinzip des „Richtigen" gefunden werden kann. Wenn uns das in der Logik gelingen würde, dann wäre das Ziel erreicht. Eine richtige Situationsanalyse eines Denkstils müßte das Maß seiner Geltung bestimmen können.

an den Willen sich richtende Element wird in die Forschungs- und Lehrarbeit ohne weiteres hineingetragen. Es ist nur die Frage, ob diese Art und Weise der Willenserweckung und -bildung als die alleinige Form wünschenswert ist. Denn sieht man näher zu, so ist diese politische Willensübertragung nur *Züchtung* einer vorgegebenen Willensrichtung, die durch den partiellen Standort der betreffenden sozialen und politischen Schicht diktiert ist.

Soll es und kann es aber nicht eine Form politischer Willenserweckung geben, die sich an jenen relativ freien Willen wendet, der das Fundament moderner Intelligenz ist und immer mehr werden soll? Geben wir nicht ein bedeutendes Gut europäischer Geschichte ohne weiteres auf, wenn wir nicht beim Herannahen drohender Parteimaschinerie im kritischen Augenblick noch den Versuch machen, gerade jene Tendenzen zu stärken, die auf Grund einer vorangehenden Gesamtorientierung Entscheidungen treffen wollen? Ist Willenserweckung nur in Gestalt von Züchtung möglich, ist denn nicht ein die Kritik in sich verarbeitender Wille auch ein Wille und sogar eine höhere Art von Willen, auf den man nicht ohne weiteres verzichten darf?

Man darf sich nicht in den Bannkreis, in die Terminologie und das Lebensgefühl der rein extremen politischen Gruppen hineinziehen lassen. *Man muß nicht annehmen, daß* nur gezüchteter Wille ein Wille und *nur die revolutionäre oder gegenrevolutionäre Tat eine Tat ist.* Hier wollen uns die beiden extremen Flügel in der politischen Bewegung ihren einseitigen Praxis-Begriff aufoktroyieren und dadurch die Problematik verdecken. Oder ist etwa *nur* das Vorbereiten eines Aufstandes Politik? Ist die kontinuierliche Transformation der Verhältnisse und der Menschen nicht auch Tat? Vom Aspekt der Ganzheit kann man die Bedeutung revolutionär-aufständischer Phasen verstehen, aber auch dann sind sie nur eine Partialfunktion im Gesamtprozeß. Und gerade jener Wille, der das dynamische Gleichgewicht sucht, das das Ganze im Auge hat, sollte keine ihm angepaßte Tradition und Bildungsform besitzen? Ist es nicht ein wahres Interesse der Gesamtheit, daß mehr politische Willenszentren geschaffen werden, die die Lebendigkeit des kritischen Gewissens haben?

Es muß also eine Plattform geben, wo der zu einer solchen kritischen Orientierung nötige historische, juristische, ökonomische Stoff, die objektive Technik der Massenbeherrschung, die Bildung und Leitung der öffentlichen Meinung, aber auch jener Spielraum, in dem Willensentscheidung und Sicht in einer unvermeidlichen Weise verknüpft sind, gelehrt werden können, und zwar in einer Weise, die dabei die noch suchenden, vor der Entscheidung stehenden Menschen voraussetzt. Und hier wird es sich von selbst ergeben, wo die alten Formen des mitteilenden Unterrichtes und wo jene lebendigeren, auf Tat ausgerichteten Arten des politischen Miteinanders zur Geltung kommen müssen.

So scheint es ganz sicher zu sein, daß die Zusammenhänge im spezifisch politischen Spielraume nur in wirklicher Realdiskussion erfaßt werden können. Daß z. B. hier der Lehrbetrieb um unmittelbar aktuelle miterlebbare Ereignisse konzentriert sein muß, um die Fähigkeit zur aktiven Orientierung unmittelbar zu wecken, ist zweifellos. Denn es gibt keine günstigere Möglichkeit, die eigentliche Struktur des politischen Spielraumes kennenzulernen, als die lebendige Auseinandersetzung mit den Gegnern über das Allergegenwärtigste, da bei einer solchen Gelegenheit stets die in einem Zeitpunkte sich bekämpfenden Kräfte und Aspekte zu Worte kommen.

Eine solche stets auf aktive Orientierung eingestellte Beobachtungsgabe wird sich auch die Geschichte anders aneignen, als dies zumeist heute der Fall ist. Sie wird Geschichte nicht nur vom Standpunkte des Archivars oder des Ethikers aus betrachten. Die Geschichtsschreibung hat schon so viele Wandlungen ihrer Gestalt durchgemacht, von der schlichten Chronik, Legende, Erbauung über Rhetorik, Kunstwerk, lebendiges Bilderbuch bis zur sehnsuchtsvollen Rückversenkung in die Vergangenheit, daß sie auch jetzt sich wird transformieren können.

Es waren diese Formen auch nichts anderes als der damaligen Zentralorientierung entprechende Erfassungen der Vorwelt. Wenn einmal die jetzt im politischen Leben entstehende neue Art der aktiven Lebensorientierung, die die soziologischen Strukturverhältnisse primär sehen will, zum Forscher zurückströmt, so wird auch die entsprechende neue Form der Geschichtsschreibung gefunden werden. Nicht als ob damit die Quellenforschung und archivalische Leistung auch nur irgendwie zurückgesetzt werde, nicht als ob die Geschichtsschreibung in den übrigen Formen aufhören müßte weiterzuexistieren. Es gibt auch heute noch Bedürfnisse, die etwa in einer rein „politischen Geschichte", andere, die in der „morphologischen Darstellung" ihre Erfüllung finden. Aber gerade jene Impulse, die aus der gegenwärtigen Art der Lebensorientierung Vergangenes in dem Elemente der Wandlungen der sozialen Strukturverhältnisse sehen wollen, gibt es nur in ihren Anfängen. Unsere gegenwärtige Lebensorientierung kann jedoch nicht vollständig sein, wenn ihre Fäden nicht in die Vergangenheit zurückgeführt werden. Und hat einmal diese aktiv orientierende Betrachtungsweise sich im Leben durchgesetzt, so wird sie auch rückstrahlend die Vergangenheit von hier aus zu erfassen imstande sein.

Drei Wege der Wissenssoziologie.

Es konnte — wie erwähnt — diesmal nicht unsere Aufgabe sein, Probleme endgültig zu lösen, wir mußten uns vielmehr damit begnügen, verdeckte Zusammenhänge einmal freizulegen und scheinbar Gesichertes als fragwürdig anzusehen. Hierbei war unser Bestreben, nicht nur den Schwierigkeiten nicht aus dem Wege zu gehen, sondern die Problematik stets in ihrer zugespitztesten Gestalt zur Diskussion zu stellen. Was nützt es, beruhigende Antworten bezüglich der Politik als Wissenchaft zu erhalten, wenn das wirkliche politische Denken dem konstruktiven Bilde nicht entspricht.

Man muß zunächst eingesehen haben, daß das politisch-historische Denken ein sui-generis-Wissen erzeugt, das nicht reine Theorie ist und dennoch Erkenntnis enthält, man muß zunächst erkannt haben, wie sehr politisch-historisches Wissen stets partikular, perspektivisch, an kollektiv gebundene Gruppenwollungen geknüpft auftaucht und sich in engstem Kontakt mit diesen weiterbildet und wie es dennoch die Wirklichkeit in einer spezifischen Weise erfaßt. Man muß es am historischen Stoff selbst erfahren haben, wie sogar die Reflexionen des politisch-historischen Denkens über sich selbst jeweils verschieden sich gestalten, je nachdem von welchen Erlebnissen, Traditionen, Standorten aus das Problem gestellt wird. Deshalb jenes lange Verweilen bei der historisch-soziologischen Analyse der Problemstellung, die zeigen sollte, daß bereits das Grundproblem, wie Theorie zur Praxis sich verhalte, stets anders ausfällt, je nachdem ob es von bürokratischer, historistischer, liberaler, sozialistisch-kommunistischer oder fascistischer Seite gesehen wird.

Man muß ferner die Inadäquatheit der Darstellungsform gegenüber der spezifischen Eigenart aktiven Orientierungswissens und den Gegensatz zwischen aktiver Orientierung und kontemplativem Schema erfaßt haben, wenn man auch von dieser Seite her die Eigenart politischen Denkens herauszuheben bestrebt ist. Schließlich mußte diese Verschiedenheit und Eigenart in den spezifischen Übertragungsformen an der spezifischen Art der geistigen Übertragung, die hier heimisch ist, aufgewiesen werden. Daher das Verweilen in unserer Darstellung bei der Analyse der Darstellung und Übertragungsformen.

Nur wenn man diese Differenzen scharf ins Auge gefaßt hat und die daraus entstehende Belastung in die endgültige Problemstellung mitnimmt, kann die Lösung der Frage, ob Politik als Wissenschaft möglich sei, eine adäquate sein. Eine solche Analyse aber, die die Seinsgebundenheit jedes politischen Wissens stets im Auge hat, die die Darstellungsform von der sozial-aktivistischen Einstellung her zu erfassen bestrebt ist, eine solche ist eben die wissenssoziologische Analyse. Ohne wissenssoziologische Fragestellung ist politisches Wissen in seiner innersten Eigenart nicht verstehbar. Diese wissenssoziologische Analyse läßt aber noch immer *drei Wege* offen. Man wird *erstens* nach dieser Einsicht, daß politisch-historisches Wissen stets seinsgebunden, standortsgebunden sich entfaltet, eben infolge dieser Seinsgebundenheit den Wahrheits- und Erkenntnischarakter dieser Wissensart völlig leugnen. Diesen Weg werden jene gehen, die das Paradigma wahrer Erkenntnis an den Erkenntnistypen anderer Gebiete orientieren und sich die Möglichkeit nicht vergegenwärtigen, daß evtl. jedes Wirklichkeitsgebiet seine eigenartige Erkenntnisform haben könnte und nichts gefährlicher ist, als eine solche einseitige und beschränkte Orientierung bei der Erkenntnisproblematik.

Wird man diese Überlegung hinter sich haben, so entsteht die *zweite Möglichkeit* der Stellungnahme, das Streben, der wissenssoziologischen Analyse die Aufgabe zuzuschreiben, bei jeder historisch-politischen Einsicht die „soziale Gleichung" herauszuarbeiten. Das will besagen: die wissenssoziologische Analyse hat die Aufgabe, das wert-, standorts-, willensmäßig gebundene Moment aus jeder konkret vorliegenden „Erkenntnis" herauszuschälen, es als Fehlerquelle zu beseitigen und so auch hier zu einem „wertfreien", „übersozialen", „überhistorischen" Gebiet der „objektiv" geltenden Gehalte zu kommen.

Sicher hat diese Tendenz auch ihre Berechtigung, denn es gibt zweifellos Gebiete im politisch-historischen Wissen, die eine autonome Regelhaftigkeit enthalten, deren Formulierbarkeit sehr weitgehend vom Weltanschaulichen und Politischen ablösbar ist. So sahen wir, daß es eine Sphäre im Seelenleben gibt, die weitgehend sinnfremd durch eine Massenpsychologie erfaßbar ist, auch gibt es eine in allgemeinen Strukturregeln erfaßbare Schicht des Sozialen: die allgemeinsten Strukturformen des menschlichen Zusammenlebens („formale Soziologie"). Es war gerade Max Webers Bestreben, diese Schicht der rein „sachlich" erfaßbaren Beziehungen in seinem Werke „Wirtschaft und Gesellschaft" herauszuarbeiten, um ein solches wertfrei-objektives Gebiet für die Soziologie zu gewinnen. Auch das Bestreben, eine Sphäre der reinen Theorie im Gebiete der Nationalökonomie aus dem Geflecht des Sozialen und Weltanschaulichen herauszudestillieren, steht im Zeichen einer solchen, „Wertungen" und „Sachgehalte" radikal scheidenden Forschungsintention.

Es ist noch gar nicht abzusehen, wie weit diese Ablösbarkeit wirklich gelingt. Es ist nicht ausgeschlossen, eher wahrscheinlich, daß es auch solche Sphären gibt; ihr „wertfreier", „überhistorischer" und „übersozialer"

Charakter wird aber erst dann radikal gewährleistet sein, wenn wir auch die Axiomatik, den Kategorienapparat, mit dem wir hierbei arbeiten, auf dieses weltanschauliche Verankertsein hin analysieren. Denn wir haben allzusehr die Tendenz, als „objektive" Momente kategoriale Strukturen und letzte Setzungen hinzunehmen, die wir selbst unbewußt in die Erfahrung hineingetragen haben und die sich für den wissenssoziologischen Forscher nachträglich als eine partiale, historisch-standortsgebundene Axiomatik einer besonderen Strömung enthüllen. Es ist ja nichts selbstverständlicher, als daß gerade jene Denkformen, in denen wir selbst denken, für uns am allerwenigsten sich in ihrer Partikularität enthüllen und daß nur der sich weiterentfaltende historisch-soziale Strom die Distanz schafft, aus der heraus die etwaige Partikularität sichtbar wird. Deshalb muß es auch für jene Tendenz, die eine solche ablösbare wertfreie Sphäre der Wißbarkeit erstrebt, stets wichtig sein, zumindest als Korrektur in Gestalt einer Wissenssoziologie die „sozialen Gleichungen" der Denkformen zu erforschen.

Man kann hier dem Ergebnis nicht vorgreifen und nur so viel feststellen, daß, wenn sich auch nach einer solchen radikalen Ablösung des politisch-sozialen Standortsgebundenen eine Sphäre der Wertfreiheit (nicht nur im Sinne der Freiheit von politischer Stellungnahme, sondern im Sinne der Eindeutigkeit und Wertfreiheit der kategorialen und axiomatischen Apparatur) herausstellen sollte, diese sich nur erarbeiten läßt, wenn man die für uns überhaupt erfaßbaren „sozialen Gleichungen" des Denkens in Betracht zieht.

Damit kommen wir zu dem dritten Weg, der eigentlich der unsrige ist. Man ist der Ansicht, daß dort, wo das eigentlich Politische beginnt, das Wertende nicht ohne weiteres oder zumindest nicht im selben Maße ablösbar sei, wie bei dem formal-soziologischen Denken und den sonstigen Arten des rein formalisierenden Erkennens. Dieser Standort wird auf die konstitutive Bedeutung des voluntaristischen Elements für die Erkennbarkeit im Felde des eigentlich Politisch-Historischen bestehen, wenn auch in diesen Gebieten im Laufe der Geschichte eine allmähliche Selektion von Kategorien beobachtbar ist, die immer mehr für alle Parteien gelten. Nichtsdestoweniger wird man sich durch eine solche allmählich sich durchsetzende Schicht des für alle Parteien geltenden Wissens, durch dieses Vorhandensein eines „Consensus ex-post"[42]) nicht dazu verleiten lassen, zu übersehen, wie zu einem jeden gegebenen historischen Zeitpunkt ein ganz wesentlicher Bestand an Wissensmaterialien nur in der Gestalt perspektivischer, stand-

[42]) Vgl. auch hierüber Ausführlicheres in meinem Züricher Referat, wo von einem Konsensuswissen ex-post die Rede ist, und dessen Genesis aufzuzeigen versucht wird.

ortsgebundener Formen vorhanden ist. Da wir aber nicht im Stadium der Erlösung und Außergeschichtlichkeit leben, ist unser Problem nicht, wie man mit einem Wissen, das im Elemente einer „Wahrheit an sich" konstituiert ist, umzugehen hat, sondern wie der Mensch in seinem zeitlich standortsgebundenen Wissen mit den Erkenntnisaufgaben fertig wird. Wenn wir hier für eine Zusammenschau des zunächst in einem System noch nicht Zusammenfaßbaren plädieren, so geschieht dies deshalb, weil wir darin das relative Optimum sehen und weil wir darin (wie auch bisher in der Geschichte) den nötigen vorbereitenden Schritt zur nächsten Synthese zu gehen vermeinen. Es soll zu dieser Lösung des Problems sofort hinzugefügt werden, daß sogar in dieser Neigung zur jeweiligen Zusammenschau und Synthese vom jeweils möglichen umfassendsten und vorwärtstreibenden Standort aus bereits auch eine Entscheidung liegt, eben die Entscheidung zur dynamischen Mitte. Es kann gerade uns nichts ferner liegen, als diesen Entscheidungscharakter zu leugnen. Ist es doch gerade unsere Hauptthese, daß politische Erkenntnis, solange Politik Politik im anfangs beschriebenen Sinne ist, ohne Entscheidung nicht möglich ist, und daß diese Entscheidung irgendwo im Gesamtgefüge, auch bei vermittelnden Vorschlägen, gerade in dem Sich-Entscheiden für die dynamische Vermittlung liegt. Es ist aber ein wesentlicher Unterschied, ob diese Entscheidung unbewußt und naiv die Sicht bestimmt (was jede prinzipielle Blickerweiterung verhindert) oder ob sie nur auftritt, nachdem alles, was für uns reflexiv gemacht werden kann, alles, was für uns bereits wißbar ist, in die Problemstellung und Deliberation einbezogen ist.

Denn darin scheint doch das Allereigentümlichste politischen Wissens zu liegen, daß durch ein Mehr-Wissen die Entscheidung nicht aufgehoben wird, sondern sich nur immer weiter zurückschiebt, was aber in diesem Rückzug erobert wird, als Erweiterung des Blickfeldes, als erobertes Wissen bestehen bleibt. So ist es denn vom Vordringen soziologischer Ideologieforschung immer mehr zu erwarten, daß die bisher nur teilweise erforschten Zusammenhänge zwischen sozialer Lage, Willensimpuls und Sicht immer durchsichtiger werden, daß wir also — wie erwähnt — den kollektivgebundenen Willen und das dazugehörige Denken weitgehend genau berechnen und das ideologische Reagieren der sozialen Schichten etwa voraussagen können.

Durch eine solche wissenssoziologische Fundierung wird aber unsere eigene Entscheidung bei weitem nicht aufgehoben, nur das Blickfeld, von dem aus man zu entscheiden hat, wird erweitert. Und auch jene, die von einer Erweiterung der Kenntnis der determinierenden Faktoren die Lähmung der Entscheidung, die Bedrohung der „Freiheit" befürchten, können beruhigt sein. In Wahrheit determiniert ist nur derjenige, der die wesentlichsten determinierenden Faktoren nicht kennt, sondern unmittelbar unter dem Druck ihm unbekannter Determinanten handelt. Jede Reflexivmachung der bislang uns beherrschenden Determinanten setzt diese herab aus der Sphäre der unbewußten Motivationen in das Gebiet des Beherrschbaren, Kalkulierbaren, des Objektivierten. Wahl und Entscheidung werden dadurch nicht aufgehoben, ganz im Gegenteil, Motive, durch die wir bislang beherrscht wurden, werden nunmehr durch uns beherrscht, wir werden immer mehr zurückgedrängt auf unser wahres Selbst, und wo wir bisher Zwangsläufigkeiten dienten, dort steht es in unserer Macht, mit jenen Kräften bewußt uns zu verbinden, mit denen wir uns von Grund aus zu identifizieren imstande sind.

Das stete Reflexivwerden früherer unbeherrschter Faktoren und das immer mehr nach rückwärts Verschieben der Entscheidung scheint die grundlegende Bewegungsform im Werden politischen Wissens zu sein. Sie entspricht der eingangs erwähnten Tatsache, daß das Gebiet des Rationalisierbaren und des rational Beherrschbaren (auch in unserer persönlichsten Sphäre) immer mehr wächst und der irrationale Spielraum sich dementsprechend immer mehr einengt. Ob am Ende einer solchen Entwicklung eine völlig rationalisierte Welt steht, wo Irrationales und Entscheidung überhaupt nicht mehr bestehen können, oder ob damit nur die soziale Determination aufhört, kann hier nicht erörtert werden, denn diese Möglichkeit ist zunächst eine mehr als utopische, noch sehr fern liegende und einer wissenschaftlichen Erörterung deshalb unzugänglich.

So viel scheint aber feststellbar zu sein, daß Politik als Politik nur so lange überhaupt möglich ist, wie dieser Spielraum vorhanden ist (wo er verschwindet, tritt an seine Stelle „Verwaltung"); ferner, daß die Besonderheit politischen Wissens den „exakten" Wissensarten gegenüber darin besteht, daß hier Wissen unabtrennbar mit dem Wollen, das rationale Element wesensmäßig mit jenem irrationalen Spielraum verwachsen ist; und schließlich, daß die Tendenz besteht, das Irrationale im Sozialen zu beseitigen, und daß im engsten Zusammenhang damit eine gesteigerte Reflexivmachung der uns bisher unbewußt herrschenden Faktoren erfolgt.

Im Geschichtlichen spiegelt sich dies darin wider, daß der Mensch anfangs das Sozial-Weltliche genau so als Schicksal, d. h. als unbeherrschbar erlebt, wie wir wohl immer die naturhaften Grenztatsachen (das Faktum des Geborenwerdens und des Todes) erleben werden. Zu dieser Art des Welterlebens gehört eine Ethik, die man „Schicksalsethik" nennen könnte. Sie besteht im wesentlichen in dem Gebot, höheren, undurchschaubaren Mächten zu gehorchen. Der Durchbruch dieser an Schicksal orientierten

Ethik vollzieht sich zuerst in der *Gesinnungsethik*, wo der Mensch zumindest sein Selbst dem Schicksalhaften im gesellschaftlichen Ablauf gegenüberstellt. Er reserviert sich seine Freiheit einmal im Sinne der Möglichkeit, durch die Tat neue Kausalreihen in die Welt zu setzen (wenn er auch auf die Beherrschbarkeit der Konsequenzen verzichtet), und zweitens durch den Glauben an die Undeterminiertheit seiner Entscheidungen.

Eine dritte Stufe in dieser Entwicklung scheint unsere Gegenwart zu bedeuten: Der Sozialzusammenhang als „Welt" ist nicht mehr völlig undurchsichtig, schicksalhaft, sondern manche Zusammenhänge sind potentiell voraussehbar. Auf dieser Stufe taucht die *Verantwortungsethik* auf. Sie enthält einmal die Forderung, nicht nur der Gesinnung entsprechend zu handeln, sondern auch die möglichen, jeweils berechenbaren Konsequenzen in die Deliberation einzubeziehen, und zweitens — dies möchten wir auf Grund des Vorangehenden hinzufügen —, die Gesinnung selbst einer bereinigenden Selbstprüfung zu unterwerfen, um die blind und nur zwangsläufig wirkenden Determinanten auszuschalten.

Max Weber hat dieser bestimmten Art von Politik die erste durchschlagende Formulierung gegeben. In seinem Wissen und Forschen spiegelt sich dieses Stadium der Politik und Ethik wider, wo das blind Schicksalhafte am Sozialprozeß zumindest partial im Verschwinden begriffen ist und das Wissen des Wißbaren für den Handelnden zur Verpflichtung wird.

Wenn irgendwann, so kann Politik eben in diesem Stadium zur Wissenschaft werden, wo einerseits das geschichtliche Feld, das es zu beherrschen gilt, sich so weit lichtet, daß es in seinem Aufbau durchleuchtbar wird, und wo andererseits aus der Ethik ein Wille aufsteigt, für den Wissen nicht müßige Kontemplation, sondern Selbstklärung und in diesem Sinne Wegbereitung zur politischen Tat bedeutet.

IV. KAPITEL

Das utopische Bewußtsein

(Alfred Weber zum 60. Geburtstag gewidmet)

A. Versuch einer Klärung der Grundphänomene: Utopie, Ideologie und das Problem der Wirklichkeit.

Utopisch ist ein Bewußtsein, das sich mit dem es umgebenden „Sein" *nicht* in Deckung befindet.

Diese Inkongruenz erweist sich stets darin, daß ein solches Bewußtsein im Erleben, Denken und Handeln sich an Faktoren orientiert, die dieses „Sein" als verwirklicht nicht enthält. Aber nicht eine jede inkongruente, das jeweilige „Sein" transzendierende und in diesem Sinne „wirklichkeitsfremde" Orientierung wird uns als eine utopische gelten. Nur jene „wirklichkeitstranszendente" Orientierung soll von uns als eine utopische angesprochen werden, die, in das Handeln übergehend, die jeweils bestehende Seinsordnung zugleich teilweise oder ganz sprengt.

Die Beschränkung des Utopischen auf jene Art wirklichkeitstranszendenter Orientierung, die zugleich eine bestehende Ordnung auch sprengt, unterscheidet das utopische vom ideologischen Bewußtsein. Man kann sich an wirklichkeitsfremden, seinstranszendenten Faktoren orientieren und dennoch in der Richtung der Verwirklichung bzw. der steten Reproduktion der bestehenden Lebensordnung wirken. Im Laufe der Geschichte orientierte der Mensch sich viel öfter an seinstranszendenten als an seinsimmanenten Faktoren und verwirklichte dennoch auf Grund eines solchen seinsinkongruenten „ideologischen" Bewußtseins ganz konkrete Lebensordnungen. Utopisch wurde eine solche inkongruente Orientierung nur dann, wenn sie zugleich in der Richtung der Sprengung des bestehenden „Seinsgefüges" wirkte. Träger und Vertreter einer bestimmten „Seinsordnung" waren deshalb auch nie Feinde seinstranszendenter Orientierung: ihr Bestreben ging nur stets dahin, die seinstranszendenten, d. h. die in einer bestimmten Lebensordnung unverwirklichbaren Gehalte und Wollungen zu bezwingen, sie dadurch sozial unwirksam zu machen, daß sie solche Gehalte auf einen gesellschafts- und geschichtsjenseitigen Ort verbannten.

Jede historische Seinsstufe war stets umwoben von Vorstellungen, die dieses Sein transzendierten, sie wirkten aber nicht als Utopien, vielmehr als zu dieser Seinsstufe gehörende Ideologien, solange sie in das zu ihr gehörende Weltbild „organisch" (d. h. ohne umwälzende Wirksamkeit) eingebaut waren. Solange es etwa der feudal und kirchlich organisierten mittelalterlichen Ordnung gelang, aus ihrem sozialen Gehäuse paradiesische Verheißungen auf einen geschichtstranszendenten Ort, ins Jenseits, zu verbannen und ihnen dadurch die umwälzende Spitze zu nehmen, gehörten diese Gehalte noch zu dieser Ordnung. Erst als bestimmte Menschengruppen solche Wunschbilder in ihr Handeln aufnahmen und zu verwirklichen bestrebt waren, wurden diese Ideologien zu Utopien. Nennt man für einen Augenblick mit Landauer[1]) — im bewußten Gegensatz zur üblichen Definition — eine jede geltende, sich auswirkende Ordnung eine „Topie", so werden Wunschbilder dort, wo sie eine umwälzende Funktion erhalten, zur Utopie.

Es ist klar, daß einer solchen Unterscheidung ein bestimmter Begriff des „Seins" und ein dementsprechender Begriff der Seinstranszendenz zugrunde liegt — eine Voraussetzung, die man vor dem Weitergehen zunächst unbedingt klären muß.

Was „Wirklichkeit", „Sein" überhaupt sei, ist ein Problem der Philosophie und hat uns hier nicht zu beschäftigen. Was aber historisch und soziologisch jeweils als „wirklich" anzusprechen ist, ist ziemlich eindeutig bestimmbar.

Da der Mensch ein primär in der Geschichte und in Gesellschaft lebendes Wesen ist, so ist dieses ihn umgebende „Sein" nie ein „Sein überhaupt", sondern stets eine konkrete historische Gestalt des gesellschaftlichen Seins. „Sein" ist vom Soziologen aus gesehen stets nur erfaßbar als eine *„konkret* geltende", das will hier besagen — als eine sich *auswirkende* und in diesem Sinne als *wirklich* bestimmbare Lebensordnung.

Jede konkrete „sich auswirkende Lebensordnung" ist zunächst am klarsten erfaßbar und charakterisierbar durch die ihr zugrunde liegende besondere Art des wirtschaftlich-machtmäßigen Gefüges; sie umfaßt aber auch alle jene Formen des menschlichen Miteinanders (spezifische Formen der Liebe, der Gesellung, des Kampfes etc.), die durch diese Strukturformen möglich oder erforderlich werden; schließlich alle jene Arten und Weisen des Erlebens und Denkens, die dieser Lebensordnung entsprechen und in diesem Sinne sich mit ihr in Deckung befinden. (Für unsere Problemstellung genügt zunächst diese Klärung. Daß es auf einer weiteren Stufe der Betrachtung hier noch manches zu klären gibt, sei nicht verhehlt. Die Klärungsstufe eines Begriffes kann nie eine absolute sein; sie hält stets Schritt mit dem expansiven und intensiven Wachstum der Durchleuchtung des gesamten Gefüges.) Eine jede *„wirklich* geltende" Lebensordnung ist aber auch zugleich umwoben von Vorstellungen, die als „seinstranszendent",

[1]) *Landauer, G.:* Die Revolution. Bd. 13 der Schriftenreihe „Die Gesellschaft", hrsg. v. M. Buber, Frankfurt a. M. 1923.

„unwirklich“ deshalb zu bezeichnen sind, weil sie in der betreffenden Lebensordnung gemäß der in ihnen vorgestellten Gehalte niemals zur Auswirkung gelangen können und weil man ihnen entsprechend in dieser Lebensordnung wirklich nicht leben und handeln könnte.

„Seinstranszendent“, unwirklich sind mit einem Wort alle jene Vorstellungen, die mit dieser sich auswirkenden Lebensordnung nicht zusammenfallen. Vorstellungen, die der konkret daseienden, sich de facto auswirkenden jeweiligen Seinsordnung entsprechen, nennen wir „adäquate“, seinskongruente Vorstellungen. Sie sind relativ selten, und nur soziologisch völlig geklärtes Bewußtsein wirkt durch seinskongruente Vorstellungen und Motive bestimmt. Den seinskongruent adäquaten Vorstellungen gegenüber gibt es die beiden großen Gruppen seinstranszendenter Vorstellungen: die der Ideologien und die der Utopien.

Ideologien nennen wir jene seinstranszendenten Vorstellungen, die de facto niemals zur Verwirklichung des in ihnen vorgestellten Gehaltes gelangen[2]). Werden sie auch oft gutgläubig zu Motiven des subjektiven Handelns der einzelnen, so werden sie doch meist ihrem Sinngehalte nach im Handlungsvollzug umgebogen.

Die Vorstellung der christlichen Menschenliebe etwa bleibt in einer auf Leibeigenschaft fundierten Gesellschaft stets eine seinstranszendente, unverwirklichbare und in diesem Sinne „ideologische“ Vorstellung, auch dann, wenn sie dem gemeinten Sinne nach gutgläubig zum Motiv des Einzelhandelns wird. Konsequent im Sinne dieser christlichen Menschenliebe in einer Gesellschaft zu leben, die nicht auf demselben Prinzip aufgebaut ist, ist unmöglich und der einzelne ist in seinem Handeln gezwungen — sofern er nicht gesonnen ist, diese Gesellschaftsstruktur zu sprengen —, stets von seinen edleren Motiven abzufallen.

Dieses „Abfallen“ des ideologiebestimmten Handelns vom vorgestellten Gehalte kann mehrere Formen haben, und dem entspricht eine ganze Skala möglicher Typen ideologischen Bewußtseins. Als erster Typus muß jener Fall gelten, wo das vorstellende und denkende Subjekt die Inkongruenz seiner Vorstellungen mit der Wirklichkeit deshalb nicht entdecken kann, weil die Gesamtaxiomatik seines historisch und sozial bestimmten Denkens so gelagert ist, daß die Inkongruenz prinzipiell nicht sichtbar werden kann. Als zweiter Typus ideologischen Bewußtseins könnte demgegenüber das *cant*-Bewußtsein gelten, das dadurch charakterisiert ist, daß es historisch die Möglichkeit hätte, die Inkongruenz der eigenen Ideen mit

[2]) Damit ist also ausgesprochen, daß auch Ideologien als Motive zu *irgendeinem* Tun wirken können, ihre Ideolog.ehaftigkeit (Falschheit) besteht aber darin, daß sie es nicht in der Richtung ihres vermeintlichen Gehaltes tun.

dem vollzogenen Handeln zu entdecken, das aber aus vitalen Instinkten heraus diese Einsichten verdeckt. Als letzter Typus hat aber das auf bewußte Vortäuschung basierte ideologische Bewußtsein zu gelten, wo Ideologie im Sinne der bewußten Lüge zu interpretieren ist: in diesem Falle handelt es sich nicht um Selbsttäuschung, sondern um bewußte Fremdtäuschung. Vom gutgläubig seinstranszendenten Bewußtsein über das cant-Bewußtsein bis zur Lügenideologie gibt es unendlich viele Übergänge[3]). Mit diesen Phänomenen haben wir uns aber hier weiter nicht zu beschäftigen; wir mußten diese Typen sichten, um die Eigenart des Utopischen in diesem Zusammenhange desto klarer erfassen zu können.

Utopien sind auch seinstranszendent, denn auch sie geben dem Handeln eine Orientierung an Elementen, die das gleichzeitig verwirklichte Sein nicht enthält; sie sind aber nicht *Ideologien* bzw. sie sind es insofern und in dem Maße nicht, als es ihnen gelingt, die bestehende historische Seins*wirk*lichkeit durch Gegen*wirk*ung in der Richtung der eigenen Vorstellung zu transformieren. Gilt diese prinzipielle und zunächst völlig formale Unterscheidung zwischen Utopie und Ideologie von uns relativ außenstehenden Betrachtern aus beinahe völlig unproblematisch, so ist die Bestimmung dessen, was in concreto, im gegebenen Falle als Ideologie und Utopie anzusprechen sei, unglaublich schwierig. Es handelt sich hierbei nämlich stets um eine wertende und messende Vorstellung, bei deren Vollzug man unvermeidlich an den Wollungen und an dem Lebensgefühl der um die Beherrschung der historischen Wirklichkeit ringenden Parteien partizipieren muß.

Was im gegebenen Falle als Utopie und was als Ideologie zu gelten hat, das hängt ja im wesentlichen auch davon ab, an welcher Stufe der *Seinswirklichkeit* man den Maßstab ansetzt, und es ist klar, daß die die bestehende sozialgeistige Seinsordnung vertretenden Schichten die von ihnen getragenen Zusammenhänge als wirklich erleben werden, daß dagegen die in Opposition getriebenen Schichten sich bereits an den tendenziellen Keimen der von ihnen gewollten und durch sie werdenden Lebensordnung orientieren werden. Als Utopie bezeichnen die Vertreter einer bestimmten Seinswirklichkeit alle jene Vorstellungen, *die von ihnen aus gesehen* prinzipiell niemals verwirklicht werden können.

In diesem Sprachgebrauch bekommt auch das Utopische jenen heute dominierenden Nebensinn einer Vorstellung, die *prinzipiell* unverwirklichbar ist. (Diese Bedeutung haben wir aus der engeren Definition bewußt ausgemerzt.) Nun gibt es sicher unter den seinstranszendenten Vorstellungen solche, die prinzipiell und niemals verwirklicht werden können. Die

[3]) Vgl. hierüber Ausführlicheres im Abschnitt: Ideologie und Utopie.

für eine bestimmte Seinsordnung denkenden und im Banne des dazu gehörenden Lebensgefühls stehenden Menschen werden aber stets die Tendenz haben, alle jene seinstranszendenten Vorstellungen als *absolut utopisch* zu bezeichnen, die sich nur in *ihrer* Lebensordnung als unverwirklichbar erweisen. Wir wollen im folgenden, sooft wir schlechtweg von Utopie reden, stets die bloß relative, d. h. nur die von einer bestimmten bereits da seienden Stufe her als unverwirklichbar erscheinende Utopie meinen.

An der Bestimmung der Bedeutung des Begriffes Utopie könnte man allein schon zeigen, wie sehr eine jede Definition im historischen Denken bereits perspektivisch ist, d. h. das ganze Gedankensystem des Standortes des jeweiligen Denkers, ganz besonders aber die hinter diesem Gedankensystem stehende politische Entscheidung irgendwie schon in sich enthält. Allein die Tatsache, wie man einen Begriff definiert und in welcher Bedeutungsnuance man ihn verwertet, enthält bereits bis zu einem bestimmten Grade eine Vorentscheidung über den Ausgang des auf ihn aufgebauten Gedankenganges.

Daß ein für die bestehende, geltende Sozialordnung bewußt oder unbewußt optierender Betrachter einen dem Umfang nach so umfassenden, unbestimmten und undifferenzierten Begriff des Utopischen hat, in dem der Unterschied des absolut und nur relativ Unverwirklichbaren verwischt wird, ist kein Zufall. Von diesem Standort will man einfach nicht über den gegebenen Seinsstatus hinauskommen. Dieses Nichtwollen trachtet das allein in der gegebenen Seinsordnung Unverwirklichbare als etwas *völlig* Unverwirklichbares anzusehen, um durch diese Verschüttung der Differenzen das nur relativ Utopische als Forderung nicht aufkommen zu lassen. Indem man ohne Unterschied alles utopisch nennt, was über das Gegebene hinausragt, vernichtet man die Beunruhigung, die aus dem in anderen Seinsordnungen verwirklichbaren „relativ Utopischen" entstehen könnte.

Gerade umgekehrt ist für den Anarchisten *G. Landauer* (Die Revolution a. a. O. S. 7 ff.), der jeden Wert in die Revolution und Utopie verlegt und in jeder Topie (= Seinsordnung) das Böse selbst sieht, eben diese Seinsordnung ein völlig undifferenziertes Element. Wie vorher in den Augen des Vertreters der jeweiligen Seinsordnung dies Utopische sich weiter nicht differenzierte (man also bei ihm von einer Utopieblindheit reden könnte), so könnte man bei dem Anarchisten von einer Seinsblindheit sprechen. Es bricht nämlich bei Landauer die bei allen Anarchisten dominierende, alle Teildifferenzen verschüttende, alles vereinfachende Antithese des „Autoritärs" und „Kämpfers für die Freiheit" durch — ein Gegensatz, bei dem vom Polizeistaat über die demokratisch-republikanische bis zur sozialistischen Staatsorganisation alles in gleicher Weise als „autoritär" und nur der Anarchismus als freiheitlich erscheint. Dieselbe Tendenz zur Simplifizierung wirkt sich auch im Geschichtsbild aus. Genau wie die sicher vorhandenen qualitativen Differenzen der einzelnen Staatsformen durch die zu schroffe Alternative verdeckt wurden, wird durch das Verlegen des wesentlichen Wertakzentes auf die Utopie und die Revolution die Möglichkeit des Sichtbarwerdens irgendwelcher evolutiver Momente im Gebiete des Historisch-Institutionellen verbaut. Für dieses Weltgefühl ist dann das historische Geschehen nichts anderes als ein immer wieder sich erneuerndes Abgelöstwerden einer jeden Topie (Ordnung) durch eine aus ihr aufsteigende Utopie. Nur in der Utopie und in der Revolution steckt wahres Leben, die institutionelle Seinsordnung ist stets nur der üble Rest, der aus der abgeebbten Utopie und Revolution übrigbleibt. So führt der Weg der Geschichte von einer Topie über die Utopie zur nächsten Topie usf.

Die Einseitigkeit dieser Weltsicht und Begriffsbildung ist zu handgreiflich, als daß sie hier noch ausführlicher analysiert zu werden brauchte. Ihr Verdienst besteht aber darin, daß sie im Gegensatz zu der die jeweils bestehende Seinsordnung vertretenden („konservativen") Denkweise die Verabsolutierung der jeweiligen Seinsordnung verhindert, indem sie diese nur als eine der möglichen „Topien" betrachtet, die aus sich sofort jene utopischen Elemente heraussondern wird, die diese dann zu sprengen berufen sind. Man sieht: will man den „richtigen" (oder bescheidener ausgedrückt, den auf unserer Denkstufe möglichen adäquatesten) Utopiebegriff finden, so muß man zunächst durch eine wissenssoziologische Analyse die Einseitigkeiten der einzelnen Standorte gegeneinander ausspielen. Hierbei wird völlig durchsichtig werden, worin die Partikularität der bisherigen Begriffsbedeutungen besteht. Erst nach dieser Klärung kann man auf Grund eigener Entscheidung eine umsichtigere Lösung finden, die die bisher durchsichtig gewordenen Einseitigkeiten überwindet. Der oben im Text von uns verwertete Utopiebegriff scheint uns in diesem Sinne der umfassendste zu sein. Er trachtet zunächst danach, dem *dynamischen Charakter der Wirklichkeit* Rechnung zu tragen, indem er nicht von einem Sein überhaupt, sondern von einem *konkret historisch-sozial* bestimmten und sich stets abwandelnden Sein ausgeht. (Vgl. S. 85, Anm. 33.) Er trachtet ferner, einen *qualitativ historisch und sozial abgestuften Utopiebegriff* zu finden, schließlich das „relativ-" und das „absolut-Utopische" auseinanderzuhalten.

All dies geschieht letzten Endes nur, weil wir nicht rein abstrakt ein beliebiges Verhältnis von Sein und Utopie theoretisch fixieren, sondern womöglich dem konkreten Reichtum des historischen und sozialen Gestaltwandels der Utopie in einer Zeitperiode gerecht werden wollen, ferner, weil wir diesen Gestaltwandel nicht nur morphologisch kontemplativ betrachten und beschreiben, sondern auch jenes lebendige Prinzip herausstellen wollen, das das Werden der Utopie mit dem des „Seins" verknüpft. In diesem Sinne wird dann das Verhältnis von Sein und Utopie als ein „dialektisches" bestimmt. Das Wort bedeutet auf dieser Stufe das einfache Verhältnis, das darin besteht, daß eine jede Seinsstufe aus sich heraus alle jene „Gedanken- und Seelengehalte" (bei bestimmt gelagerten sozialen Trägern) emporschießen läßt, die das „Negative", das noch Unverwirklichte, die Not einer jeden Seinsstufe kondensiert in sich enthalten. Diese geistigen Elemente werden dann zum Sprengstoff, der dieses Sein über sich hinaustreibt. Das Sein gebiert Utopien, diese sprengen das Sein in der Richtung auf ein nächstes Sein. Auf einer formalen Stufe und etwas intellektualistisch hatte dieses „dialektische Verhältnis" schon der Hegelianer *Droysen* gut formuliert. Seine Begriffsbestimmungen mögen zur vorläufigen Erörterung des dialektischen Elementes dienen. Er sagt in seinem „Grundriß der Historik" (ed. Rothacker, Halle a. d. Saale 1925) folgendes:

§ 77.

„Alle Bewegung in der geschichtlichen Welt vollzieht sich, indem aus den *Zuständlichkeiten* sich das ideale Gegenbild, der Gedanke, wie sie sein sollten, entwickelt . . ."

§ 78.

„Die Gedanken sind die Kritik dessen, was ist, und nicht ist, wie es sein sollte. Indem sie verwirklicht sich zu neuen Zuständen ausbreiten und zu Gewohnheit, Trägheit, Starrheit verdicken, wird von Neuem die Kritik herausgefordert, und so fort und fort . . .“

§ 79.

„Daß aus Zuständen neue Gedanken, aus den Gedanken neue Zustände werden, ist die Arbeit der Menschen.“ (S. 33 f.)

Diese Bestimmung des dialektischen Vorwärtstreibens, des Seins und des im „Gedanklichen“ erfaßbaren Widerspruchs darf nur als formales Schema dienen, die wesentliche Aufgabe besteht darin, die Seinsdifferenzierung und die dazugehörige Utopiedifferenzierung je konkreter in ihrem Wechselleben zu verfolgen, so daß der systematisch je reichhaltiger werdende Frageansatz dementsprechend desto mehr historische Fülle gewinnt. Denn darin scheint uns die nächste Aufgabe der Forschung zu bestehen, System und Empirie immer mehr einander anzunähern.

Im allgemeinen wird man hierbei die Beobachtung machen, daß der Tendenz nach für systematische Untersuchungen die Begriffsapparatur der progressiven Parteien geeigneter ist — denn sie haben die existentielle Chance, *systematisch* zu denken (vgl. die Ursachen hierzu in meiner Untersuchung: Das konservative Denken, a. a. O. S. 83 ff.).

Historische Begriffe im Sinne der Einmaligkeit werden dagegen meistens von Standorten aus gebildet, die in eine konservative Position rücken. Zumindest gilt diese Zurechnung in undiskutabler Eindeutigkeit für die Zeit, wo die Idee der historischen Einmaligkeit im Gegensatz zur generalisierenden Betrachtung aufkam.

Von hier aus kann man auch dem gegen die oben gegebene Definition des Utopischen sicher zu erwartenden Einwand des Historikers begegnen, unsere Begriffsbestimmung „utopisch“ sei zu konstruktiv, weil sie einerseits sich nicht in erster Reihe an Schriften halte, die zu jener Schriftgattung gehören, die durch die Utopia des Thomas Morus diesen Namen bekamen, andererseits weil sie sehr vieles umfasse, was mit diesem historischen Ausgangspunkt nichts zu tun hat.

Dieser Einwand beruht auf der Voraussetzung des Historikers, daß a) Geschichtsschreibung nur die Aufgabe haben kann, die Geschichte in ihrer konkreten Einmaligkeit und Anschaulichkeit darzustellen; b) der Geschichtsschreiber deshalb nur mit anschaulichen Begriffen arbeiten darf, das will besagen, mit systematisch so unscharf gehaltenen Begriffen, daß sie dem Flußcharakter der Erscheinungen gerecht werden. Nicht die nach einem *Prinzip* ähnlich zu klassifizierenden Erscheinungen gehören zusammen, sondern die in einer einmaligen historischen Situation vorhandenen, auf Grund anschaulicher Merkmale, verwandten Erscheinungen. Nun ist es klar, daß derjenige, der mit solchen Voraussetzungen an die Erforschung der historischen Wirklichkeit herangeht, sich hier mit einer solchen Begriffsapparatur den Weg zur systematischen Forschung a priori versperrt. Denn gesetzt den Fall, daß Geschichte nicht nur pure Anschaulichkeit und Einmaligkeit wäre, sondern daß sie auch Struktur und Aufbau besäße und noch in manchen Schichten ihres Seins Gesetzmäßigkeiten gehorchte (was man doch als Möglichkeit zunächst offen lassen müßte), wie wollte man dann diese Faktoren entdecken, wenn man an sie nur „unkonstruktive", an der „historischen Einmaligkeit" haftende Begriffe heranbringen dürfte? So ist z. B. der Begriff der „Utopie" — sofern er im engeren historischen Gebrauch nur Gebilde umfaßt, die der Utopie des Thomas Morus in concreto ähnlich sind, oder aber in etwas erweitertem Sinne „Staatsromane" bezeichnet — ein solch historisch unkonstruktiver Begriff. Wir wollen die Berechtigung des am Anschaulichen und Einmaligen haftenden beschreibend-historischen Begriffes nicht bezweifeln, solange das Erkenntnisziel der Geschichte gegenüber nur dies Erfassen der Anschaulichkeit und Einmaligkeit ist. Wir bezweifeln aber die Berechtigung der Behauptung, daß man der Geschichte gegenüber nur diese Erkenntnishaltung einnehmen dürfe. Demgegenüber ist es kein Argument, wenn der Historiker sich darauf beruft, daß die Geschichte selbst an und für sich die Kette purer Einmaligkeiten sei. Wenn man sich schon in der Fragestellung und Begriffsbildung die Möglichkeit einer andersartigen Antwort versperrt, wie soll einen dann die Geschichte eines Besseren belehren können? Wenn man Begriffe ohne strukturelle Problemstellung an die Geschichte heranträgt, wie soll sie dann ihre Strukturen zeigen? Wenn der Begriff eine Erwartungsintention theoretischer Art nicht enthält, wie soll dann eine Erfüllung in dieser Richtung erfolgen? (Hier wiederholt sich dasselbe Verfahren auf einem höheren Niveau, das wir beim Konservativen und Anarchisten zu beobachten Gelegenheit hatten: die nicht erwünschte Erfahrung verbaut man sich schon in der Fragestellung und im Aufbau der zur Anwendung gelangenden Begriffe.)

Da unsere an die Geschichte herangetragene Frage dem Wesen nach das Problem beantworten möchte, ob es nicht unverwirklichte Gehalte als Vorstellungen gibt, die eine gegebene Wirklichkeit sprengen, können wir diese Phänomengruppe als eine Frageeinheit in Gestalt eines Begriffes fixieren; hierbei dürfte man höchstens die Frage stellen, ob es geeignet ist, diesen Begriff an die Bedeutung „Utopie" anzuknüpfen. Hierauf wäre ein Doppeltes zu antworten: Sofern wir definieren: „Utopie soll heißen . . .", dann kann uns niemand etwas anhaben, denn wir geben damit zu, daß die Definition für bestimmte Erkenntniszwecke so heißt. (Max Weber hat das bereits in vorbildlicher Weise klar gesehen.) Wenn wir aber noch außerdem diese so aufgebaute Definition mit einer historisch belegten Wortbedeutung verbinden, so geschieht dies in der Absicht, darauf hinzuweisen, daß bereits in den bloß in historischem Sinne aufgefaßten „Utopien" die in unserer Konstruktion hervorgehobenen Elemente als wesentliche Momente vorhanden sind. Deshalb sind wir auch der Ansicht, daß unsere konstruktiv definierten Begriffe nicht bloße Gedankenexperimente verkörpern, sondern die Ansätze zur Konstruktion aus der Empirie schöpfen, daß es sich also bei diesen Begriffen um Konstruktionen cum fundamento in re handelt. In der Tat sind diese konstruktiven Begriffe nicht zum spekulativen Gebrauch da, sondern sie wollen uns nur dazu verhelfen, die in der Wirklichkeit selbst vorhandenen struktiven Momente — die nur nicht immer augenfällig sind — zu rekonstruieren. Konstruktion ist nämlich nicht Spekulation, wo der Begriff und die Überlegung nur bei sich bleibt, sondern Konstruktion ist Vorbedingung der Empirie, die, wenn sie die im Begriff angelegten Erwartungsintentionen erfüllt, einfacher, wenn sie „Belege" für die Richtigkeit der Konstruktion liefert, — dieser die Dignität einer Rekonstruktion verleiht.

Überhaupt ist der Gegensatz *historisch* und *systematisch* (Konstruktion) nur mit Vorsicht zu verwerten. Solange man ihn auf einer vorbereitenden Stufe der Gedankenentwicklung verwertet, mag er einige Klärungen zutage fördern. So war etwa in der historischen Entwicklung dieses Gegensatzes auf der Stufe der Rankeschen Gedankengänge ein vorläufig manche Differenzen klärender Sinn in dieser Gegenüberstellung erhalten; es gelang z. B. Ranke selbst, dadurch seinen Gegensatz zu Hegel zu klären. Hypostasiert man aber diese bloß als erste Phase in einer Gedankenentwicklung berechtigte Gegenüberstellung (über die sowohl die geschichtliche Entwicklung wie die immanente Struktur der Phänomene hinaustreibt) zu einer endgültigen Antithese und zu einem absoluten Gegensatz, so wird auch hier — wie so oft — ein partikulares Stadium in der Gedankenentfaltung zu einer Absolutheit gemacht. Und auch hier dient diese Absolutheit dazu, sich den Weg zur Synthese von systematischer und historischer Fragestellung, den Weg zur Totalitätsforschung zu versperren. (Über die praktischen Gefahren der historischen Begriffsbildung vgl. C. Schmitts Kritik an Meinecke. *Carl Schmitt:* Zu Friedrich Meineckes Idee der Staatsraison. Archiv für Sozialwissenschaft und Sozialpolitik 1926, Bd. 56, S. 226 ff. Es ist schade, daß die Problematik, die in dem Gegensatz zweier so markanter Vertreter enthalten ist, in der Literatur nicht weiter ausgebaut wurde.)

Über das Problem Geschichte und System vgl. neuerdings:
Sombart, W.: Economic Theory and Economic History (Economic History Review, Vol. II, No. 1, Jan. 1929) und:
Jecht, H.: Wirtschaftsgeschichte und Wirtschaftstheorie. Tübingen 1928.

Eben deshalb, weil die konkrete Bestimmung des Utopischen stets von einer bestimmten Seinsstufe her erfolgt, ist es möglich, daß *die Utopien von heute zu den Wirklichkeiten von morgen werden können.* „Les Utopies ne sont souvent que des vérités prématurées" (Lamartine). Die jeweilige Abstempelung bestimmter Gehalte im Sinne des Utopischen erfolgt meistens von den Vertretern der früheren Seinsstufe her. Umgekehrt aber vollzieht sich die primäre „Enthüllung" der Ideologien als seinsinkongruenter Täuschungsvorstellungen stets von den Vertretern einer erst noch werdenden Seinswirklichkeit her. Den Begriff des Utopischen bestimmt stets die herrschende, mit einer bestehenden Seinsordnung sich in unproblematischer Deckung befindende Schicht; den Begriff des Ideologischen bestimmt stets die aufstrebende, zur bestehenden Seinswirklichkeit sich in existentieller Spannung befindende Schicht. Eine fernere Schwierigkeit, die die *konkrete* Bestimmung dessen, was in einem gegebenen Zeitpunkt an einer bestimmten Wirklichkeitsstufe als Ideologie bzw. als Utopie zu bestimmen sei, ergibt sich auch dadurch, daß utopische und ideologische Elemente im historischen Prozeß nicht unvermischt einander gegenüberstehen. Utopien aufstrebender Schichten sind oft weitgehend mit ideologischen Elementen durchsetzt.

Die Utopie des aufstrebenden Bürgertums war etwa die Idee der „Freiheit". Sie war zum Teil eine wirkliche Utopie, d. h. sie enthielt Elemente, die in der Richtung einer neuen Seinsordnung das vorangehende Wirklichkeitsgefüge sprengten und die sich nach der Durchsetzung dieser Idee auch zum Teil in Wirklichkeit umsetzten. Die Freiheit im Sinne der Sprengung der zünftigen und ständischen Gebundenheit, die Freiheit im Sinne der Denk- und Meinungsfreiheit, die Freiheit im Sinne der politischen Freiheit, die Freiheit im Sinne des Auslebens des Persönlichkeitsbewußtseins wurde weitgehend, zumindest weitgehender als in der vorangehenden ständisch-feudalen Gesellschaftsordnung, zur verwirklichbaren Möglichkeit. Und dennoch wissen wir heute, wo diese Utopien zur Wirklichkeit wurden, genau, inwiefern bereits die damalige Freiheitsidee nicht nur utopische, sondern auch ideologische Elemente enthielt.

Überall dort, wo diese Freiheitsidee bei der dazu gehörigen Gleichheitsvorstellung Halt machen mußte, spielte sie mit Möglichkeiten, die in der von ihr geforderten und später durchgesetzten Lebensordnung prinzipiell unverwirklichbar waren. Es mußte eine aufstrebende nächste soziale Schicht kommen, die die ideologischen Elemente von den zu einer späteren Wirksamkeit fähigen, d. h. wirklich utopischen Elementen in der vorangehenden „bürgerlichen" Bewußtseinshaltung sonderte.

All diese soeben gesichteten Schwierigkeiten bei der konkreten Bestimmung des jeweilig Ideologischen und Utopischen im Bewußtsein belasten nur die Problemstellung, machen sie aber nicht zu einem unerforschbaren Aufgabenkreis. Nur bei mitgegenwärtigen, sich bekämpfenden Vorstellungen ist es äußerst schwierig festzustellen, was als wahre (d. h. in Zukunft auch verwirklichbare) Utopie aufstrebender Klassen und was als bloße Ideologie herrschender (aber auch aufstrebender) Klassen anzusprechen ist. Wenn wir in die Vergangenheit zurückblicken, gibt es ein ziemlich zuverlässiges Kriterium dafür, was als Ideologie und was als Utopie anzusehen sei. Das Kriterium für Ideologie und Utopie ist die *Verwirklichung*. Ideen, von denen es sich nachträglich herausstellte, daß sie über einer gewesenen oder aufstrebenden Lebensordnung nur als verdeckende Vorstellungen schwebten, waren Ideologien; was von ihnen in der nächsten gewordenen Lebensordnung adäquat verwirklichbar wurde, war relative Utopie. Die gewordenen Wirklichkeiten der Vergangenheit entziehen weitgehend dem Kampfe der bloßen Meinungen die Beurteilung dessen, was von den früheren seinstranszendenten Vorstellungen als wirklichkeitssprengende relative Utopie und was als wirklichkeitsverdeckende Ideologie zu gelten hat. In der Verwirklichung liegt ein nachträglicher und rückwirkender Maßstab zu der Beurteilung von Sachverhalten, die, solange sie gegenwärtig sind, weitgehend noch dem Meinungsstreit der Parteien unterworfen sind.

Wunschträume begleiteten von jeher das menschlich-historische Geschehen: In „Wunschräume“ und „Wunschzeiten“ flüchtete die von der jeweils gegebenen Wirklichkeit nicht befriedigte Phantasie. Mythen, Märchen, religiöse Jenseitsverheißungen, humanistische Phantasien, Reiseromane waren stets wechselnder Ausdruck dessen, was das verwirklichte Leben *nicht* enthielt. Sie waren eher komplementäre Farben im Bilde des jeweils Seienden als gegenwirkende, das verwirklichte Sein zersetzende Utopien.

Verdienstvolle kulturhistorische Forschung[4]) hat festgestellt, daß menschliche Sehnsuchtsprojektionen erfaßbaren Gestaltungsprinzipien unterliegen und daß man in bestimmten historischen Perioden die Wunscherfüllung mehr in Zeit-, in anderen wieder mehr in Raumbilder projiziert. Man kann dieser Differenzierung entsprechend Wunschräume als Utopien und Wunschzeiten als Chiliasmen bezeichnen.

Diese Begriffsbestimmung orientiert sich aber entsprechend dem kulturgeschichtlichen Ansatz der Problemstellung bloß an den *Darstellungsprinzipien*; ob in einem Raum- oder in einem Zeitbild Wunschvorstellungen zur Darstellung gelangen, kann für uns keineswegs zum entscheidenden Kriterium werden.

Für uns gelten als Utopien alle jene seinstranszendenten Vorstellungen (also nicht nur Wunschprojektionen), die irgendwann transformierend auf das historisch-gesellschaftliche Sein wirkten. Dies als Ansatz des Themas führt aber zu weiteren Fragestellungen.

Da uns in diesem Zusammenhange diesmal nur das neuzeitliche Werden interessiert, so gilt es zunächst, den Punkt zu finden, wo zum erstenmal seinstranszendente Vorstellungen aktiv, d. h. zu wirklichkeitstransformierenden Mächten wurden. Auch gilt es hier zu fragen, welche von den seinstranszendenten Elementen des Bewußtseins jeweils diese aktivierende Funktion übernahmen. Denn nicht immer sind es dieselben „Kräfte“, „Substanzen“, „Vorstellungen“ im menschlichen Bewußtsein, die eine

---

[4]) *Doren, A.:* Wunschräume und Wunschzeiten. (Vorträge 1924/25 der Bibliothek Warburg. Leipzig, Berlin 1927, S. 158ff.) Als auf den besten Führer in der kultur- und ideengeschichtlichen Betrachtung des Problems sei auf diese Arbeit auch für später hingewiesen. Ebenfalls, was die Bibliographie betrifft, verweisen wir auf diese Untersuchung. Wir selbst führen in den Anmerkungen zumeist nur die über die in dem erwähnten Aufsatz enthaltenen bibliographischen Angaben hinausgehenden Titel an. Dorens Aufsatz steht im Zeichen der Motivgeschichte (im Stile der Ikonographie in der Kunstgeschichte etwa). Für diese Zwecke ist seine Terminologie (Wunschräume und Wunschzeiten) äußerst geeignet, seine Ergebnisse kommen aber nur ganz vermittelt für unseren Versuch, die wichtigsten Ansatzpunkte einer soziologischen Strukturgeschichte des modernen Bewußtseins zu fixieren, in Betracht.

utopische, d. h. eine seinssprengende Funktion übernehmen. Wir werden im folgenden sehen, daß das Utopische im Bewußtsein einem Substanz- und Gestaltswandel unterliegt: Das gegebene „Sein" wird stets von jeweils verschiedenen seinstranszendenten Faktoren her gesprengt.

Dieser Substanz- und Gestaltswandel der Utopie spielt sich ferner nicht in einem sozial ungebundenen Raume ab, vielmehr läßt es sich zeigen, daß die jeweilig spätere Form der Utopie — dies ist zumindest in dem neuzeitlich-historischen Geschehen weitgehend eindeutig nachweisbar — in ihrem Ansatz an bestimmte historische Stufen und dort auch an bestimmte soziale Schichten gebunden ist. Es kommt nun sehr häufig vor, daß die leitende Utopie zunächst nur als Wunschtraum, Phantasie eines vereinzelten Individuums auftritt und erst später in das politische Wollen breiterer und soziologisch stets genauer bestimmbarer Schichten aufgenommen wird. In solchen Fällen pflegt man von einem Vorläufer und dessen Pionierdienst zu sprechen und auch seine Leistung soziologisch jener Schicht zuzurechnen, für die der Betreffende die Vision gehabt, den Gedanken durchdacht hat. Hierbei geht man von der Vermutung aus, daß die Tatsache einer solchen nachträglichen Rezeption der neuen Sicht von bestimmten Schichten nur jenen Willensimpuls und jenes Formungsprinzip in seiner sozialen Verwurzelung enthüllt, an der unbewußt der Vorläufer bereits partizipierte und aus der heraus er die Richtungsbestimmtheit seiner sonst zweifellos individuellen Leistung schöpfte. Es gehört zu den landläufigsten Mißverständnissen der Soziologie, zu meinen, sie müsse das Schöpfertum des Individuums leugnen. Ganz im Gegenteil, wo sollte denn das Neue entstehen, wenn nicht in dem neuartigen „charismatischen", den bestehenden Seinsstatus durchbrechenden Bewußtsein des einzelnen? Was die Soziologie aber stets nachzuweisen hat, ist, daß der Ansatzpunkt des Neuen (sei es auch oft in Gestalt einer Opposition zum Bestehenden) gerade an dem Bestehenden orientiert ist, in dessen Element wurzelt, daß dieses Bestehende selbst aber stets verankert ist in den Kräftespannungen des Sozialkörpers. Ferner, daß das Neue an der Leistung des „charismatischen" Individuums sich nur dann für den Strom retten läßt, wenn dieses schon im Ansatz seiner Leistung eine Berührung mit irgendeiner Strömung, von Anfang an eine sinngenetische Verwurzelung in den treibenden Tendenzen der Kollektivwollungen hat. Wir dürfen nicht die Bedeutung des Heraustretens des Individuums aus dem Kollektivgeist, den man seit der Renaissance zu datieren pflegt, allzusehr überschätzen. Er ist nur relativ bedeutend, gemessen am Geist etwa des Mittelalters oder der orientalischen Kulturen, er ist aber nicht absolut. Wenn also auch zunächst nur ein scheinbar vereinzeltes Individuum die Utopie einer Schicht gestaltet, so kann man mit Recht diese letzten Endes jener Schicht zurechnen, deren Kollektivimpulse seiner Leistung konform waren.

Nach der Klärung dieses Zurechnungsproblems kann man von einer historisch-sozialen Differenzierung der Utopie reden und von diesem Gesichtspunkte aus die Geschichte sichten. *Wirk*same Utopie kann im Sinne unserer Definition schon deshalb nicht auf die Dauer das Werk des einzelnen sein, weil der Vereinzelte aus sich heraus einen historisch-sozialen Seinsstatus nicht sprengen kann. Nur wenn das utopische Bewußtsein des einzelnen bereits vorhandene Tendenzen im sozialen Raume ergreift und ausspricht, wenn es in dieser Gestalt in das Bewußtsein ganzer Schichten zurückströmt und sich bei diesen in Handeln umsetzt, nur dann kann einer bestehenden Seinsordnung gegenüber eine gegenwirkende Seinswirklichkeit zustandekommen. Man kann aber noch weiter gehen und wohl mit Recht behaupten, daß es geradezu zur Strukturform des modernen Werdens gehörte, daß im allmählichen Aktivwerden der sozialen Schichten deren geschichtstransformierendes Wirken zunächst nur dadurch zustandekam, daß sie sich stets mit jeweils differenten Formen der Utopie verbanden.

Nur weil eine enge Korrelation zwischen den verschiedenen Formen der Utopie und den seinstransformierenden Schichten bestand, ist die Transformation der modernen Utopie ein Thema der Soziologie. Kann man also in diesem Sinne von einer sozialen und historischen Differenzierung der Utopie reden, so muß man sich in erster Linie fragen, ob denn ihre jeweilige Gestalt und Substanz nicht zu verstehen wäre aus der konkreten Analyse des historisch-sozialen Ortes, von wo aus sie jeweils aufstieg: von der Struktursituation jener Schicht aus, die sie jeweils trug.

Die einzelnen Formen der nacheinander aufretenden Utopien sind in der Tat nach ihrer Eigenart am ehesten dadurch verstehbar, daß man sie nicht nur als Fortsetzungen voneinander ansieht, sondern auch in Betracht zieht, daß sie als einander bekämpfende „Gegenutopien" zustandekamen und als solche sich zu bewähren hatten.

Die verschiedenen Formen der wirkenden Utopien traten in einem historischen Nacheinander im Bündnis mit bestimmten aufstrebenden sozialen Schichten auf und blieben (trotz mannigfaltiger Abwandlungen) in diesem Bündnisverhältnis auch späterhin bestehen, so daß man, je mehr man in der Zeit fortschreitet, von einer Koexistenz der zunächst nacheinander auftretenden verschiedenen Gestalten der Utopien reden kann. Die Tatsache, daß sie in einem Bündnis mit den stets bald latent, bald offen sich bekämpfenden Schichten bestehen, wirkt auf ihre Gestalt zurück: Die Schicksale der sie tragenden Gruppen drücken sich stets in ihren konkreten

Gestaltswandlungen aus. Die Strukturlage, daß sie im Kampfe sich stets (wenn auch im Sinne der Opposition) aneinander orientieren müssen, verleiht ihnen ein bestimmtes Gepräge. Nur als Phänomene und Teile einer sich stets verschiebenden Gesamtkonstellation[5]) sind sie für den Soziologen wirklich erfaßbar.

Würde es sich im Laufe der sozial- und geistesgeschichtlichen Entwicklung nur um den bisher skizzierten Tatbestand handeln, daß die jeweilige sozial gebundene Form der *Utopie* einem Gestaltwandel unterworfen ist, so könnte man nur von einem Problem der sozial gebundenen Transformation der „Utopie", nicht aber von dem Problem einer Transformation des „utopischen *Bewußtseins*" reden.

Von einem utopischen Bewußtsein kann man mit Recht nur sprechen, wenn die jeweilige Gestalt der Utopie nicht nur ein lebendiger „Inhalt" des betreffenden Bewußtseins ist, sondern zumindest der Tendenz nach in der gesamten Breite das Bewußtsein erfaßt. Nur wenn das utopische Element in diesem Sinne das von ihm jeweils beherrschte Bewußtsein der Tendenz nach völlig erfüllt, wenn Erlebnisform, Aktionsform, Betrachtungsweise (Sicht) von hier aus sich organisieren, kann man cum fundamento in re nicht nur von verschiedenen Formen der Utopie, sondern zugleich auch von verschiedenen Gestalten und Stufen des utopischen Bewußtseins reden.

Und gerade in der Nachweisbarkeit eines solchen durchgehenden Zusammenhanges muß der Aufgabenkreis unserer Fragestellung kulminieren.

Das wesentlichste Formierungsprinzip eines konkreten Bewußtseins ist stets in dessen utopischer Schicht zu finden. Im utopischen Zentrum eines Bewußtseins berühren sich spezifisch gearteter Aktionswille und Sicht, sie bedingen sich gegenseitig und prägen die jeweilige Form des historischen Zeiterlebens, so daß man wohl mit Recht behaupten kann, daß letztlich das wichtigste Symptom für die jeweilige Organisation der Struktur eines Bewußtseins diese ihm inhärierende Form des historischen Zeiterlebens ist.

An der Struktur des jeweiligen historischen Zeiterlebens läßt es sich nämlich am klarsten zeigen, daß es mit dem utopischen Zentrum des betreffenden Bewußtseins aufs engste zusammenhängt, daß es unmittelbare Ausstrahlung der jeweiligen Gestalt des utopischen Elementes ist. Wie eine konkrete Gruppe, wie eine soziale Schicht die historische Zeit gliedert, das hängt von ihrer Utopie ab. In der Utopie wird zum unmittelbar schaubaren Bild oder zumindest zu einem geistig direkt intendierbaren Gehalt, was in der spontanen Betrachtung des Geschehens als Form der

[5]) Es ist *Alfred Webers* Verdienst, die Konstellationsanalyse zum Organon der Kultursoziologie gemacht zu haben; hier wird versucht, diese Fragestellung bei dem oben behandelten Problem, wenn auch in einem spezifischen Sinne, anzuwenden.

Gliederung der Ereignisse, als unbewußt eingefühlte Rhythmik in die fließende Zeit vom Subjekt aus emaniert[6]).

Man kann die innerste Struktur eines Bewußtseins nirgends so klar erfassen, als wenn man sein Zeitbild von seinen Hoffnungen, Sehnsüchten und Sinnzielen her versteht. Denn von diesen Sinnzielen und Erwartungen aus gliedert es nicht nur sein zukünftiges Geschehen, sondern auch die vergangene Zeit. Das in bloß chronologischer Kumulation sich zunächst bietende Geschehen gestaltet sich von hier aus erst zum Schicksal; Fakta distanzieren sich und die Sinngewichte werden von der grundlegenden Strebensrichtung der Seele her auf die Einzelereignisse verschieden verteilt. In nichts anderem aber als in dieser sinnmäßigen Gliederung besteht das über die chronologische Ordnung weit hinausragende Aufbauprinzip der historischen Zeit. Man muß jedoch noch einen Schritt weiter gehen. Diese Sinngliederung ist eigentlich das Allerprimärste in dem Erfassen und in der Auslegung des Geschehens. Genau wie die moderne Psychologie uns zeigt, daß wir die Gestalt früher haben als die Elemente und wir die Elemente eigentlich erst von der Gestalt her erfassen, so ist es auch im historischen Verstehen. Auch hier haben wir das historische Zeiterleben als eine das Geschehen gliedernde Sinntotalität „früher" als die Elemente, aus ihr heraus verstehen wir eigentlich erst den Gesamtablauf und unseren Ort in ihm.

Gerade wegen dieser zentralen Bedeutung des historischen Zeiterlebens werden wir die Zusammenhänge zwischen jedesmaliger Utopie und historischer Zeitsicht besonders hervorheben.

Sprechen wir hier von bestimmten Formen und Stufen des utopischen Bewußtseins, so denken wir an konkret auffindbare Bewußtseinsstrukturen, wie sie in den einzelnen Menschen „lebendig" gewesen sind. Wir meinen nicht etwa eine rein konstruierte Einheit (wie das „Bewußtsein überhaupt" von Kant) oder eine metaphysische Entität, die gleichsam über dem konkreten Bewußtsein der einzelnen anzusetzen ist (wie der „Geist" bei Hegel), sondern konkret auffindbare Bewußtseinsstrukturen, wie sie in den einzelnen Menschen aufweisbar waren. Es wird hierbei stets an das konkrete Denken, Handeln, Fühlen und deren inneren Zusammenhang bei konkreten Menschentypen gedacht. Konstruktiv sind die reinen Typen und Stufen des utopischen Bewußtseins nur insofern, als sie als Idealtypen gemeint sind. Kein einzelner Mensch war je reine Verwirklichung irgend-

[6]) Daß in diesem Zusammenhang das historische Zeiterleben transzendental-subjektiv formuliert ist, will nicht besagen, daß ihm objektiv-ontisch nichts entspricht. Nur besteht in unserem Zusammenhang keine Gelegenheit, die Frage in objektiv-ontologischem Sinne zu stellen.

eines der aufzuzählenden historisch-sozialen Bewußtseinstypen, vielmehr wirkten in jedem einzelnen konkreten Menschen — oft mit anderen Typen vermischt — bestimmte Elemente einer bestimmten Art von Bewußtseinsstruktur.

Als methodisch und nicht als erkenntnistheoretisch oder metaphysisch gemeinte Konstruktionen sind die hier aufzuzeichnenden, im historisch-sozialen Stufenbau dargestellten Idealtypen utopischen Bewußtseins zu verstehen. Nie entsprach das konkrete Bewußtsein eines einzelnen Menschen in voller Reinheit den zu schildernden Einzeltypen und deren strukturellen Zusammenhängen, aber stets tendierte in seiner Konkretheit jeweils gewesenes individuelles Bewußtsein (trotz aller vorhandenen „Mischungen") in der Richtung des strukturellen Aufbaus eines dieser historisch wandelbaren Typen.

Die Konstruktionen dienen im Sinne des Max Weberschen Idealtypus allein zur Bewältigung gewesener und vorhandener Mannigfaltigkeit und beabsichtigen in unserem Falle noch außerdem, nicht nur psychologische Tatsächlichkeiten, sondern in ihnen historisch sich entfaltende und auswirkende „Strukturen" in ihrer „Reinheit" zu erfassen.

B. Gestaltwandel des utopischen Bewußtseins und seine Stufen in der neuzeitlichen Entwicklung

1. Die erste Gestalt des utopischen Bewußtseins: Der orgiastische Chiliasmus der Wiedertäufer

Der entscheidende Punkt in der neuzeitlichen Entwicklung war — von unserer Problemstellung aus gesehen — der Augenblick, wo das „Chiliastische" mit dem aktiven Wollen unterdrückter Schichten ein Bündnis schloß.

Im historischen Fluß einen Einschnitt zu setzen, ist stets mit einem Risiko verbunden und bedeutet eine Vernachlässigung der Vorläufer. Die Leistung einer das Wesentlichste im Geschichtlichen rekonstruierenden Skizze besteht aber eben darin, die für die Artikulation des Geschehens entscheidenden Punkte mit nötiger Entschiedenheit hervorzuheben. Daß man in der Münzerschen Bewegung einen Auftakt zu den modernen Revolutionen zu sehen hat, dafür spricht schon z. T. die Tatsache, daß die moderne sozialistische Literatur ihre ersten Anfänge sehr oft in diese Bewegung zurückdatiert hat. Daß es sich hierbei natürlich noch nicht um klassenbewußte Proletarier handelt, ist allzu selbstverständlich; auch die Tatsache ist ohne weiteres zuzugeben, daß Münzer aus religiösen Motiven sozial umwälzend wurde. Der Soziologe muß aber gerade diese Bewegung besonders hervorheben, weil in ihr Chiliasmus und soziale Revolution strukturell verbunden sind.

Der Gedanke eines hier auf Erden anbrechenden tausendjährigen Reiches enthielt von jeher eine revolutionierende Tendenz in sich, und die Kirche bemühte sich, diese „seinstranszendente“ Vorstellung mit allen ihr zur Verfügung stehenden Mitteln zu paralysieren. Diese u. a. bei Joachim von Fiore bereits wieder aufflackernde, aber dort noch nicht revolutionierend gedachte Lehre schlug zunächst bei den Hussiten, dann bei Thomas Münzer[7]) und den Wiedertäufern in einen sozial lokalisierbaren Aktivismus um.

Bislang frei schwebende oder auf ein Jenseits konzentrierte Hoffnungen wurden plötzlich diesseitig, als *hier* und *jetzt* realisierbar erlebt und erfüllten mit einer besonderen Wucht das soziale Handeln.

Wenn auch die mit dieser Wendung beginnende „Vergeistigung der Politik“ alle Richtungen mehr oder weniger ergriff, — ihren Spannungsfaktor im sozialen Raume erhielt sie doch von der utopischen Bewußtseinsstruktur unterdrückter Schichten. Hier beginnt erst Politik in neuzeitlichem Sinne, wenn man nämlich darunter ein mehr oder minder bewußtes Mitwirken aller mitlebenden Schichten an der diesseitigen Weltgestaltung versteht und dies einem schicksalhaften Hinnehmen des Geschehens oder einem Regiertwerden von „oben“ gegenüberstellt[8]).

Nur ganz allmählich erhielten in der nachmittelalterlichen Entwicklung die niedrigeren Schichten im Gesamtprozeß diese treibende Funktion und erst nach und nach gelangten sie zu einem Selbstbewußtsein ihrer sozialen und politischen Bedeutung. Wenn auch dieser Zeitpunkt — wie erwähnt — noch ganz und gar fern liegt von einer Stufe „proletarischen Selbstbewußtseins“, so beginnt doch hier jener Prozeß, der allmählich zu einem solchen führt, denn von hier ab vertreten der Tendenz nach die unterdrückten Schichten immer klarer verfolgbar eine bestimmte Rolle im dynamischen Werden des Gesamtprozesses, und es setzt sich auch von

---

[7]) Aus der Literatur über *Münzer* sei hier nur erwähnt *K. Holl:* Luther und die Schwärmer. (Gesammelte Aufsätze zur Kirchengeschichte. Tübingen 1927, S. 420 ff.), wo verschiedene auf ein Problem sich beziehende Belegstellen in dankenswerter Weise zusammengestellt sind; so oft wir diese im Auge haben, zitieren wir einfach die Stelle bei Holl, ohne sie hier noch einmal zum Abdruck zu bringen.

Zur Charakteristik des Chiliasmus vgl. ganz besonders *Bloch, E.:* Thomas Münzer als Theologe der Revolution (München 1921), der durch eine ihm eigene innere Affinität zum Dargestellten das Wesentliche am Phänomen des Chiliasmus am adäquatesten erfaßt. Dies hat z. T. schon *Doren* richtig eingeschätzt.

[8]) Man kann selbstverständlich den Begriff der Politik grundverschieden definieren. Auch hier gilt das, was wir schon früher gesagt haben: Die Definition wird stets vom Erkenntniszweck und damit zusammenhängend vom Standort des Betrachters abhängen. Unser Erkenntniszweck ist, den Zusammenhang zwischen kollektiver Bewußtseinsformung und politischer Geschichte zu verfolgen, folglich muß unsere die Tatsachen seligierende Definition auf diese Fragestellung abgestellt sein.

hier ab eine soziale Differenzierung der Wollungen und der Richtungen seelischer Hingespanntheit immer eindeutiger sichtbar durch.

Keineswegs hat diese extremste Gestalt utopischen Bewußtseins seither allein Geschichte gemacht, aber ihre Präsenz im sozialen Raume wirkte sich stets auch bei den Gegenspielern aus: selbst die Gegner orientierten sich, wenn auch oft ungewollt und unbewußt, an ihr. Das utopische Bild erweckte das Gegenbild, der chiliastische Optimismus der Revolutionäre gebar letzten Endes das konservative Resignationserlebnis und verlieh dem politischen Realismus später endgültige Gestalt.

Aber nicht nur für das Politische war dieser Augenblick entscheidend, sondern auch für jene Seelenregungen, die hier mit dem Handeln ein Bündnis schlossen und auf ihre freischwebende Art verzichteten. Orgiastische Energien, Ekstasen erfahren hier eine weltliche Gebundenheit, die aus der Welt hinaustendierenden Spannungen werden zum Sprengstoff in der Welt, das Unmögliche gebiert Mögliches[9]), das Unbedingte das wirkliche Geschehen. Aus einer ganz besonderen Substanz, aus einem ganz besonderen Stoff war diese grundlegende, radikalste Form der neuzeitlichen Utopie, sie entsprach der geistigen und leiblichen Erregtheit chthonischer Schichten, sie war derb materiell und höchst spirituell zugleich.

Nichts ist irriger, als von der „Ideengeschichte" her erfassen zu wollen, was hier geschah: nicht „Ideen" trieben diese Menschen zur Revolution, den wahren Ausbruch bedingten ekstatisch-orgiastische Energien. Jene seinstranszendenten Elemente des Bewußtseins, die hier zu utopisch-aktivierender Funktion erwachten, waren nicht „Ideen", und es ist eine unbewußte Fälschung vom Standorte der nächsten Stufe der Wandlung des Utopischen, all das, was damals geschah, als ein Werk der „Ideen" zu betrachten. Die Ideengeschichte ist eine Schöpfung der ideenhaften Epoche, die vom eigenen Zentralerlebnis her die Vergangenheit in der eigenen Richtung unwillkürlich uminterpretiert. Nicht „Ideen" waren es, die die Menschen der Bauernkriege zur seinssprengenden Tat bewegten. Viel vitaler gelagerte, viel dumpfere Seelentiefe[10]) bewirkte hier die Eruption.

Will man das Chiliastische in seiner wahren Substanz sich einigermaßen näherbringen und für die wissenschaftliche Erfaßbarkeit zugänglich machen, so gilt es zunächst darauf zu achten, daß man nicht die

---

[9]) Schon *Münzer* spricht bewußt von dem „Mut und der Kraft zum Unmöglichen" Belegstellen bei Holl, S. 429.

[10]) *Münzer* spricht von einem „Abgrund des Geistes", der nur erscheint, wenn die Kräfte der Seele entblößt sind. Belegstelle Holl, S. 428, Anm. 6.

Bilder, Symbole und Formen, in denen dieses Bewußtsein denkt, für das „Chiliastische" selbst nimmt. Denn in keiner Sphäre des Seins besteht die Erfahrung so zu Recht wie hier, daß das Geformte, der Ausdruck die Tendenz hat, sich vom Ursprung abzuheben und seine eigenen Wege zu gehen; liegt doch gerade das Wesentlichste am Phänomen selbst darin, von den Bildern, Taten, Gleichnissen und Kategorien abzufallen. Gerade weil der Sitz der treibenden Substanz dieser Utopie *nicht* in den Ausdrucksformen liegt, ist eine bloße ideengeschichtliche Betrachtung dem Phänomen des chiliastischen Bewußtseins gegenüber völlig unzulänglich; sie läuft stets Gefahr, vom Thema abzugleiten. Mit ideengeschichtlicher Methode arbeitend verfolgt man allzu leicht an Stelle der Geschichte der chiliastischen Substanz die Geschichte ihrer leer gewordenen Gehäuse, die Geschichte der bloß chiliastischen Ideen[11]). Auch die Verfolgung der Schicksale der Träger chiliastischer Eruptionen unterliegt derselben Gefahr, denn es ist eine der wesentlichsten Eigenschaften des chiliastischen Erlebnisses, *abzuebben* oder unversehens sich in demselben Träger zu *transformieren.* Man muß also, will man beim wirklichen Thema bleiben, eine lebendige, mitvergegenwärtigende Form des Forschens versuchen und sich stets fragen, ob in diesen Denk- und Erlebnisformen chiliastisches Bewußtsein im gegebenen Falle wirklich präsent ist.

Denn das wirkliche, vielleicht einzig direkte Merkmal des chiliastischen Erlebnisses ist das absolute Gegenwärtigsein, die *absolute Präsenz.*

Irgendwo hier und jetzt im räumlichen und historischen Gefüge *sind* wir ja immer, aber vom chiliastischen Erleben aus gesehen stets nur uneigentlich. Für das absolute Erleben des Chiliasten wird das Gegenwärtige zur Einbruchstelle, wo das, was früher innerlich war, nach außen schlägt und die Außenwelt plötzlich mit einem Schlage verändernd ergreift.

Der Mystiker lebt in Erinnerung oder in Sehnsucht nach der Ekstase. Seine Gleichnisse beschreiben diese als einen im Räumlichen und Zeitlichen unerfaßbaren Seelenort, als eine Vermählung in geschlossener Jenseitigkeit[12]). Im chiliastischen Erleben schlägt vielleicht dieselbe Substanz in das

---

[11]) Im Kampfe Münzers gegen Luther ist bereits die oben angedeutete Spannung zwischen Betonung der allein erlebbaren Substanz des Glaubens und der sie nur tragenden „Ideen" angedeutet. Für Münzer ist Luther derjenige, der allein an die Schrift glaubt. Ein solcher Glaube ist aber für ihn ein „gestohlener, unerfahrener Affenglaube". Belegstellen bei Holl, S. 427.

[12]) *Meister Eckehart:* „Nichts hindert die Seele so sehr, Gott zu erkennen, als Zeit und Raum." *(Meister Eckeharts* Schriften und Predigten, hrsg. Büttner, Jena 1921, I, 137.) „Soll die Seele Gottes inne werden, so muß sie oberhalb von Zeit und Raum stehen!" (Ebd. 138.) „Wenn so die Seele noch im Begriffe steht, den Schwung über sich selbst hinaus zu vollziehen und einzugehen in ein Nichts ihrer selbst und ihres Eigenwirkens, dann ist sie durch Gnade ..." (I, 201). Zum Unterschied zwischen mittelalterlicher Mystik

unmittelbarste Jetzt und Hier um, nicht aber um einfach dabei zu sein, sondern um es aufzupeitschen und in die eigene Tiefe zu ziehen.

„Darum haben alle Propheten die Weise zu reden: Dies sagt der Herr; sie sprechen nicht: Dies hat der Herr gesagt, gleich wie wenn es vergangen wäre, sondern in gegenwärtiger Zeit." So Thomas Münzer, der chiliastische Prophet[13]).

Der Mystiker hat ein rein spiritualisiertes Erlebnis, und wenn in seinen Gleichnissen auch die Sinne mitklingen, so nur deshalb, weil das *Kontagium* im Bereiche des Alltäglichen am ehesten die unvermittelte über- und unterintellektuelle Verbindung mit dem Gegenstande in uns analogisierend verbildlicht.

Beim Chiliasten ist die Sinnlichkeit in ihrer Derbheit präsent und vom Spirituellen in ihm genau so untrennbar, wie er und sein Jetzt; es ist so, als wäre er erst in diesem Jetzt wirklich in die Welt und in seinen Körper gefahren.

„Ich strebe nach nichts, als daß Ihr das lebendige Wort aufnehmt, darin ich lebe und Odem hole, damit es nicht leer wieder zurückkomme. Nehmt es zu Herzen, ich beschwöre Euch durch das rosinfarbene Blut Christi, ich nehme Rechenschaft von Euch, ich will Euch auch Rechenschaft geben; kann ich solche Kunst nicht, so will ich sein ein Kind des zeitlichen und ewigenTodes; ich habe kein höher Pfand." (Thomas Münzer[14]).)

---

und Münzerscher Religiosität vgl. auch eine treffende Bemerkung Holls: Während die Mystiker des Mittelalters durch eine künstliche Vorbereitung, durch Askese auf den Gottesempfang eingestellt sind, also die Vereinigung mit Gott zu erzwingen versuchen, ist es für Münzer „Gott selbst, der die Sense nimmt, um das Unkraut im Menschen wegzumähen". (Vgl. Holl, S. 483.)

[13]) Ähnlich im folgenden Satz:

„Nemlich er soll und muß wissen das, gott in ym sei, das er in nicht außtichte odder aussynne wie er tausent meilen von yhm sei." (S. 430, Anm. 3 bei Holl.)

An einer anderen Stelle beweist Münzer seine seelische und religiöse Radikalität, wenn er den honigsüßen vom bitteren Christus unterscheidet und Luther den Vorwurf macht, er habe nur den ersteren . . . Holl 426/27. Zur Interpretation vgl. Bloch, a. a. O. S. 251ff.

[14]) Man kann in der Kunst dieser Epoche eine ins Grandiose gesteigerte Parallele für dieses unmittelbare Ineinander derbster Sinnlichkeit und höchster Spiritualität in Grünewalds Malerei finden. Ob er selbst Beziehungen zu den Wiedertäufern gehabt hat, kann nicht beantwortet werden, da sein Leben so viel wie unbekannt ist. Das Heranziehen der Grünewaldschen Kunst soll also nur zur Veranschaulichung des oben Gesagten dienen. (Vgl. *Heidrich, E.:* Die altdeutsche Malerei. Jena 1909, S. 39—41, 269.)

Vgl. auch *Heidrich's* sehr lehrreiche Arbeit: Dürer und die Reformation, Leipzig 1909, wo die nachweisbaren Beziehungen zwischen den Schwärmern und den ihnen anhängenden Malern Hans Sebald, Barthel Beham und Georg Pencz in Nürnberg und *Dürers* Abwehrstellung dagegen äußerst einleuchtend bewiesen und dargestellt werden. *Heidrich* sieht in Dürers Kunst den Ausdruck der Lutherschen Religiosität, in Grünewald die Parallele zur Schwärmergeistigkeit.

Was der Chiliast erwartet, ist diese Vereinigung mit dem Jetzt; deshalb füllen nicht optimistische Zukunftshoffnung und romantische Erinnerung seine alltägliche Zeit aus, sondern es handelt sich hier um ein *Harren*, um ein Auf-dem-Sprung-Sein, weshalb sich auch die sonstige Zeit für ihn nicht differenziert. Das tausendjährige Reich ist von ihm nicht eigentlich gemeint[15]), das Wichtige für ihn ist, daß es hier sei und jetzt sei und aus dem Irdischen entstehe als ein hier sich vollziehender Umschwung in ein andersartiges Sein; nicht als Aufschub gebraucht er deshalb die Zukunftsverheißung, sondern nur, um einen geschehensjenseitigen Punkt zu haben, von wo aus man lauernd im gegebenen Augenblick den Sprung unternimmt.

Die feudal-mittelalterliche Welt kennt ihrer Strukturbedingtheit gemäß nicht die Revolution im modernen Sinne[16]), und bereits seit dem ersten Auftreten dieser neuartigen Form politischer Weltgestaltung begleitet das Chiliastische die revolutionären Ausbrüche und verleiht ihnen die Seele. Wenn es abebbt und sie verläßt, bleiben in der Welt nackte Massenwut und entgeistertes Toben zurück. Das Chiliastische will die Revolution in ihrer Selbstwertigkeit nicht als unvermeidliches Mittel zu einem rational festgesetzten Ziele, sondern als einzig schaffendes Prinzip unmittelbarer Präsenz, als den ersehnten Durchbruch in die Welt. „Die Lust des Zerstörens ist eine schaffende Lust", sagte *Bakunin*[17]), denn er hatte jenen

[15]) *Münzer:* „. . . das wir fleischliche irdische menschen sollen göter werden durch die menschwerdung cristi und also mit ihme gottes schuler sein, von Ime selber und durch seinen geist gelert und vergöttet werden, und ganz und gar in Inen verwandelt, das sich das irdische Leben schwengke in den himel." (Belegstelle Holl, S. 431, Anm. 1.)

Zur Soziologie der Verinnerlichung und im allgemeinen zur Lehre vom Zusammenhang der Erlebnisformen mit den Formen der politischen öffentlichen Aktivität ist es wichtig zu beachten, daß Karlstadt und die süddeutschen Täufer in dem Maße, als sie von Münzer abfielen, aus dem chiliastischen Unmittelbarkeitserleben immer mehr in die Erlebnisform der optimistischen Zukunftshoffnung und des Verheißungserlebnisses übergingen. (Vgl. Holl, S. 458.)

[16]) Eines dieser Merkmale der modernen Revolution, auf das schon *Stahl* hingewiesen hat, ist, daß diese kein gewöhnlicher Aufstand gegen einen bestimmten Unterdrücker ist, sondern ein Umwälzungsstreben gegen die bestehende Gesellschaftsordnung in systematischer Absicht. Macht man diese systematische Absicht zum Ansatzpunkt der Analyse und sucht man nach deren ideengeschichtlichen und historischen Wurzeln, so kommt man charakteristischerweise auch in dieser Beziehung zum Chiliasmus. So unsystematisch nämlich auch sonst dieser sein mag, hat er doch in einer Beziehung eine Tendenz zur abstrakt-systematischen Einstellung. So wies z. B. schon *Radványi* (in einer ungedruckten Dissertation: Der Chiliasmus. Heidelberg 1923, S. 98) darauf hin, daß der Chiliasmus nicht die einzelnen Menschen, sondern nur das in den Institutionen und in den Individuen wirkende *böse Prinzip* angreift und verfolgt. Auch hierfür Belegstellen bei *Holl*, S. 454.

[17]) Literatur über Bakunin weiter unten. Wie später zu zeigen sein wird, lebt u. E. in der Moderne im Anarchismus Bakuninscher Spielart die chiliastische Einstellung am ehesten weiter.

Satan im Leibe, von dem er mit Vorliebe sprach, jenen Satan, der durch Ansteckung wirkt. Daß es ihm im Grunde nicht auf Durchsetzung im Raisonnement erklügelter besserer Welten ankam, verrät der Satz: „Ich glaube nicht an Konstitutionen und an Gesetze; die beste Konstitution würde mich nicht befriedigen können. Wir brauchen etwas anderes; Sturm und Leben und eine neue gesetzlose und darum freie Welt."

Und doch taucht die Verheißung dieser besseren Welt, wenn auch im Grunde uneigentlich gemeint, stets auf, sooft dieses bloße Harren eine Bildweitung erfährt. Wunschräume und Wunschzeiten sind für dieses Bewußtsein uneinlösbare Wechsel. Sie haben nur die Funktion, jenen ereignisjenseitigen Punkt, von dem wir sprachen, zu fixieren, von wo aus der Lauernde dem bloß Werdenden gegenüber sich ein Enthobensein sichert. Unsolidarisch mit jedem „schlechten" Hier- und Jetzt-Geschehenden pocht er nur auf das Stauen der Ereignisse und auf den Augenblick, wo die innere Konjunktur seine Getriebenheit mit der weltlichen vereint.

Deshalb ist es auch bei der Beobachtung der Struktur und der Schicksale des chiliastischen Bewußtseins beinahe gleichgültig — und eher für die Geschichte des Motivwandels von Belang —, daß an Stelle der Wunschzeit das Raumbild tritt und daß im Zeitalter der Ratio und der Aufklärung das geschlossene System der rationalen Deduktion das utopische Vakuum erfüllt. In einem bestimmten Sinne garantieren ja der rational-axiomatische Anfang, die geschlossene Deduktion, das immanent ausbalancierte Gleichgewicht der in die Axiomatik aufgenommenen Motive jene innere Geschlossenheit, jene Weltferne genau so gut, wie dies die Wunschträume vermochten[18]).

Ja noch mehr, die Raum- und Zeitenthobenheit des bloß rational Richtigen und Geltenden ist in einem bestimmten Sinne noch geeigneter, zu jenem „Außerhalb", zu jenem ereignisjenseitigen Punkte zu werden, wie dies die durch diesseitig-sinnliche Fülle geladenen Wunschträume zu bieten vermochten.

Nichts ist so geschehensjenseitig wie das rational geschlossene System, nichts birgt unter Umständen mehr irrationale Wucht als das völlig in seine eigene Welt gebannte Gedankengebilde. Allenfalls steckt in jeder Ratio die Gefahr, daß das chiliastisch Ekstatische hinter der gedanklichen Kulisse abebbt, weshalb nicht jede rationale Utopie ein Äquivalent chiliastischen Harrens ist und in diesem Sinne die Funktion weltentrückter Enthobenheit vertritt. Das Unsinnliche, Übersinnliche der rationalen Utopie widerspricht der triebhaften Fülle des sinnlich wachen chiliastischen

[18]) Vgl. *Freyer, H.:* Das Problem der Utopie. Deutsche Rundschau 1920, Bd. 183, S. 321/345; ferner das später noch genauer zu zitierende Buch von *Girsberger.*

Harrens auf völlige Präsenz. So kann unversehens das rational utopische Bewußtsein zum ersten Gegenspieler des chiliastischen Bewußtseins werden, wie denn die *liberal-humanitäre Utopie* sich tendenziell immer mehr gegen das Chiliastische wendet.

II. Die zweite Gestalt des utopischen Bewußtseins: Die liberal-humanitäre Idee

Auch die *liberal-humanitäre Utopie* kam im Kampf gegen das Bestehende auf. In ihrer adäquaten Form stellt auch sie der „schlechten" Wirklichkeit ein „richtiges" rationales Gegenbild gegenüber. Sie gebraucht aber dieses Gegenbild nicht, um von hier aus zu jedem beliebigen Zeitpunkte den Durchbruch in die Welt zu sichern, sondern nur um einen *„Maßstab"* zu haben, mit dem man dem Geschehenden eher abwägend entgegentritt. Die Utopie des liberal-humanitären Bewußtseins ist die *„Idee"*. Nicht die griechisch-platonische Idee in ihrer statisch-plastischen Fülle als Urbild der Dinge, sondern als bloßes „Regulativ" für das diesseitige Werden, als formale, in die unendliche Ferne geschobene, von hier aus uns bewegende Richtungsbestimmtheit. Auch hier gilt es, Unterschiede zu sehen. Wo die Situation dem politischen Angriff entgegenreifte (in Frankreich etwa), dort nahm die ideenhafte Utopie dezisiv scharf konturierte rationale Gestalt an[19]); wo dieser Weg ungangbar wurde, wie etwa in Deutschland, erfolgte eine Verinnerlichung. Nicht in äußeren Ereignissen, in Revolutionen wird hier der Weg des Fortschritts gesucht, sondern allein in der inneren Beschaffenheit und Wandlung des Menschen.

Das chiliastische Bewußtsein kündigt alle Beziehungen zu jenem in unserer Mitte allmählich werdenden, alltäglichen und historischen Sein. In jedem Augenblick geneigt, in Welt-, Werk- und Kulturfeindschaft umzuschlagen, sieht es in allen Werken vorweggenommenes Ergebnis, allzu frühzeitige Beruhigung der viel wichtigeren, auf einen *Kairos* ausgerichteten Bereitschaft. Kulturbejahung und Ethisierung des menschlichen Seins charakterisieren die innere Haltung des Liberalen. Er ist in der Kritik und nicht in der zeugenden Destruktion in seinem Elemente; er hat nicht alle Brücken zum Hier- und Jetzt-Werdenden abgebrochen, über dem jeweiligen Werden schwebt jenes Reich spiritueller Ziele, begeisternder Ideen.

---

[19]) Über den französischen *Ideebegriff* lesen wir im *Grimm*'schen Deutschen Wörterbuch: „. . . früher hat namentlich der französische Sprachgebrauch des 17. Jahrhunderts das Wort zu der Bedeutung einer gedanklichen Vorstellung, eines Gedankens, eines Begriffes von etwas verflüchtigt (Littré 2, 5c), in diesem Sinne treffen wir dann Idee auch bei deutschen Schriftstellern der 1. Hälfte des 18. Jahrhunderts entschieden unter französischem Einflusse, es wird sogar bisweilen mit französischem Accent versehen . . ."

Für den Chiliasten ist Geist jener Geist, der über uns kommt und aus uns spricht, für den humanitären Liberalismus jenes über uns schwebende „zweite Reich“[20]), das in unsere *Gesinnung* aufgenommen uns begeistert.

Im Zeichen dieser ungeheuren Begeisterung (nicht des aus uns sprechenden Geistes) stand auch jene Epoche, die unmittelbar vor und nach der französischen Revolution im Namen dieser Ideen die Welt neu zu schaffen ans Werk ging. Vom Politischen ausstrahlend erfüllte diese neuzeitlich humanitäre Idee alle Sphären des kulturellen Seins, um in der „idealistischen“ Philosophie kulminierend um eine letzte erreichbare Selbsterkenntnis zu ringen. Die Blütezeit der modernen Philosophie fällt mit der Geburt und Expansion dieser neuzeitlichen Idee zusammen, und mit ihrem Zurückströmen in engere Bahnen verfällt auch zumindest die dieser Bewußtseinsstruktur adäquate Gestalt der Philosophie.

Zu eng ist das Schicksal der idealistischen Philosophie mit den sie fördernden Trägern verbunden gewesen, um nicht in diesem Zusammenhang zumindest der wichtigsten Etappe dieser Verknüpfung zu gedenken. In ihrer sozialen Funktion gesehen, kam die moderne Philosophie auf, um das kirchlich-theologische Weltbild zu stürzen. Zunächst nahmen sich ihrer die neu aufstrebenden Mächte, absolutes Königtum und Bürgertum, an. Später erst wurde sie alleinige Waffe in der Hand des Bürgertums, sie war hier untrennbar Geist, Kultur und Politik. Reaktionär geworden, flüchtete das Königtum zu theokratischen Ideen, und auch das Proletariat emanzipierte sich von dem ideenhaften, mit dem Bürgertum gemeinsamen Gehäuse der idealistischen Philosophie in demselben Maße, als es von seinem Mitkämpfer zu seinem bewußten Gegner wurde.

Aus einem eigentümlichen Stoff war und ist diese neuzeitlich liberale Idee, gegen zwei Fronten kämpfend, völlig sublim und imaginär. Der visionären Realistik chiliastischer Gottbeschwörung aus dem Wege gehend, wich das idealistische Bewußtsein gleichzeitig dem boden- und zeitständigen Weltsinn konservativer, oft bornierter Ding- und Menschenbeherrschung aus. Sozial wurde das ideenhafte Bewußtsein getragen von einer mittleren Schicht, vom Bürgertum und von der Intelligenz. Dieser Strukturlage entsprechend hielt es die strebend dynamische Mitte zwischen der sinnlichen Vitalität, Ekstase, Rachelust unterdrückter Schichten und der unvermittelten Konkretheit einer in unproblematischer Koinzidenz mit der damaligen Wirklichkeit sich befindenden feudal herrschenden Schicht.

Viel zu normativ gerichtet war dieses Bewußtsein, um auf das Sein, wie es eben ist, einzugehen. Es baute sich deshalb aus dem Sollen eine eigene

[20]) Vgl. *Freyer* a. a. O. S. 323.

idealische Welt auf. Erhoben, enthoben, — aber auch erhaben verlor es jeden Sinn für Körperlichkeit, zugleich auch jede wirkliche Beziehung zur Natur. Natur bedeutete ja in den damaligen Sinnzusammenhängen zumeist Vernunftgemäßheit, ein auf ewige Richtigkeitsnormen bezogenes Sein. Das Ewige, das Bedingungslose, eine Welt ohne Tiefraum und Individuation spiegelt sich auch in der Kunst der damals führenden Generation wider. Ihre Plastik ist in Wahrheit Reliefkunst und ihre Kartonkunst mutet an wie eine totenblaß gewordene Malerei[21]).

Die Kunst, die Kultur, die Philosophie sind auch hier Ausstrahlungen, weltgestaltende Expansion der im entsprechenden politischen Wollen zur Idee gewordenen Utopie. Mangel an Tiefraum und Farbenfülle, wie bei der entsprechenden Kunst, ist aufweisbar an der Substanz dieser liberal-humanitären Idee. Dem Fehlen der Farbenfülle entspricht die Inhaltsentleertheit aller damaligen Ideale: Bildung, Freiheit, Persönlichkeit sind nur Rahmenformen für einen — man möchte meinen — absichtlich unbestimmt gelassenen Gehalt. Schon in Herders Humanitätsbriefen, also in den Anfängen des Humanitätsideals, bleibt es unentschieden, worin das Ideal besteht: Einmal ist es die „Vernunft und Billigkeit", die ihm als Zielidee vorschwebt, das andere Mal das „Wohlsein der Menschen", das ihm erstrebenswert scheint.

Ferner entspricht ganz dieser zeitlich-sozialen Mittelständigkeit und der Unkonkretheit eines jeden Gehalts die in der Philosophie — aber auch in den übrigen Gebieten — aufweisbare Überbetonung der Form. Dem Fehlen des Tiefraumes in der Plastik, dem Dominieren des bloß Linearen korrespondiert die als geradliniger Fortschritt und Entwicklung erlebte historische Zeit. Diese geradlinige Fortschrittsvorstellung ist im wesentlichen aus zwei getrennten Quellpunkten hervorgegangen.

Die eine Komponente entstand in der westlich-kapitalistischen Entwicklung, wo das bürgerliche Vernunftideal als Zielidee in Beziehung gesetzt wurde zum jeweiligen Seinsstatus und wo die Spannung zwischen (unvollkommenem) Naturzustand und Vernunftidee überbrückt werden mußte. Diese Überbrückung von Norm und Sein gelang durch den Gedanken, daß das Sein sich in unendlicher Annäherung auf das Vernünftige hin bewege.

War dieses Bild der unendlichen Annäherung zunächst vage und unbestimmt gehalten, so bekam es eine relativ konkrete und klassische Gestalt bei dem Girondisten *Condorcet*. Condorcet hatte — wie Cunow[22])

[21]) Vgl. *Pinder:* Das Problem der Generation in der Kunstgeschichte Europas. Berlin 1926, S. 67ff., 69.

[22]) *Cunow, H.:* Die Marxsche Geschichts-, Gesellschafts- und Staatstheorie. Berlin 1920, Bd. I, S. 158.

diesen Tatbestand soziologisch richtig analysiert — das Enttäuschungserlebnis der mittleren Schichten nach dem Zusammenbruch der Gironde in das Geschichtsbild dieser Schichten aufgenommen. Das letzte Ziel der Erreichung einer Vollkommenheitsstufe wurde nicht aufgegeben, man erlebte aber die Revolution nur als bloße Durchgangsstufe. Der Fortschrittsgedanke bremste sich selbst, indem er notwendige Etappen, Zwischenstufen im immer noch geradlinig gedachten Werden entdeckte. Hatte man früher von der Vernunft aus urteilend alles Vorläufige als „Irrtum" und „Vorurteil" abgetan, so trat bei Condorcet zumindest ein relatives Geltenlassen dieses Vorläufigen auf. Die jeweiligen „Vorurteile" einer Zeit wurden in ihrer Unumgänglichkeit anerkannt und als „Teile des historischen Gemäldes" in das zeitlich nunmehr abgestufte, periodisierte Bild des Fortschritts aufgenommen.

Eine andere Wurzel der Fortschrittsvorstellung ist in Deutschland zu suchen. Hier hatte der bei Lessing in dessen „Erziehung des Menschengeschlechts" durchbrechende Entwicklungsgedanke (nach der v. d. Goltz-Gerlichschen Ansicht[23]) einen säkularisiert pietistischen Charakter. Zieht man zu dieser Ableitung noch in Betracht, daß der Pietismus — von Holland nach Deutschland verpflanzt — ursprünglich täuferische Elemente enthielt, so kann man den religiösen Entwicklungsgedanken unmittelbar als ein Abebben des chiliastischen Elementes erfassen, als einen Prozeß, in dem das ursprüngliche *Harren* im deutschen Milieu zu einem *Warten* wird, das chiliastische Zeiterlebnis unversehens in das evolutionäre übergeht.

Über Arndt, Coccejus, Spener, Zinzendorf führt die Linie zu *Bengel,* dem pietistischen Zeitgenossen Lessings, der bereits ganz eindeutig von der Idee einer geschichtlichen Haushaltung Gottes spricht und von einem vom Anfang bis zum Ende der Welt gleichmäßig sich vollziehenden Fortschritt redet. Von ihm soll Lessing die Idee der unendlichen Vervollkommnung des Menschengeschlechtes übernommen, säkularisiert und mit dem Vernunftglauben verbunden haben, um den Gedanken dann in dieser Gestalt dem deutschen Idealismus als Erbschaft zu überlassen.

Wie auch diese Fortschrittsvorstellung entstanden sein mag, ob als kontinuierliche Transformation des religiösen Bewußtseins oder als Gegen-

---

[23]) *von der Goltz:* Die theologische Bedeutung J. A. Bengels und seiner Schüler. Jahrbücher für deutsche Theologie. Gotha 1861, Bd. 6, S. 460—506.

Gerlich, Fr.: Der Kommunismus als Lehre vom tausendjährigen Reich. München 1920. Diese in propagandistischer Absicht geschriebene Arbeit ist in sehr vielen Dingen simplifizierend und flüchtig, manche Grundzusammenhänge, so der oben angedeutete, scheinen aber richtig gesehen zu sein. (Vgl. das Nachwort.) *Doren* (a. a. O.) hat das Buch bereits richtig eingeschätzt.

schlag aus der Ratio — es liegt bereits in dieser Fortschrittsvorstellung im Vergleich zum chiliastischen Bewußtsein ein Näherrücken, ein Eingehen auf das konkrete „hic et nunc" der werdenden Zeit.

Die chiliastische, sofort im jeweiligen Nu durch Einbruch in die Geschichte zu vollziehende Sinnerfüllung bekommt hier einen Ort in diesem Geschichtsprozeß selbst. Dies bedeutet, wenn auch in die weite Ferne hinausgeschoben, doch ein relatives Herabsteigen der im Gegensatz zu früher nur von einem völligen „Außerhalb" plötzlich einbrechenden Utopie. Von nun an bewegt sich auch für die utopische Sicht bereits diese Welt in der Richtung der Sinnerfüllung, der Utopie. Auch von einer anderen Seite her verrät sich hier ein relatives Engagiertsein der Utopie am Werden selbst: die in der Zeitenferne erst völlig verwirklichbare Idee wird im gegenwärtigen kontinuierlichen Werden bereits zur Norm, die, an Einzelheiten herangetragen, allmähliche Besserung erwirkt. Wer Einzelheiten kritisiert, ist gerade durch diese Kritik gefangengenommen; das Engagiertsein an der hier und jetzt werdenden Kultur, der stürmische Glaube an den Institutionalismus und an die weltgestaltende Kraft der Politik und Ökonomie zeigen den Erben an, der bereits ernten will und nicht nur säen.

Zwar schwebt noch die Politik dieser aufstrebenden Schicht verhängnisvoll stets oberhalb der Sozialproblematik, und in den Epochen der liberalen Staatsfeindlichkeit ist noch jenes in seiner historischen Bedeutsamkeit nicht erfaßt, was die herrschenden Schichten verabsolutieren: die Bedeutung der Macht und der nackten Gewalt.

So abstrakt nun dieses auf Kultur, Philosophie und in der Praxis auf Ökonomie und Politik sich stützende Bewußtsein vom Konservativen aus gesehen sein mag, so ist es dennoch, was das Eingehen auf die geschichtliche Diesseitigkeit betrifft, bedeutend „konkreter" als das chiliastische Bewußtsein in seiner historischen Exterritorialität. Diese größere Nähe zum Geschichtlichen verrät sich schon dadurch, daß die *historische Zeitkonzeption* — das sichere Symptom einer Bewußtseinsstruktur — bestimmter ist als im chiliastischen Bewußtsein. Das chiliastische Bewußtsein hat, wie wir sahen, kein Organ für das Werden, es kennt nur den abrupten Augenblick, das sinnerfüllte Jetzt. Das auf der chiliastischen Stufe verharrende Bewußtsein kennt und anerkennt auch später — wo die Gegenspieler sich bereits völlig darauf einstellten — weder den Begriff des Weges noch den der Entwicklung: es kennt nur ein Anschwellen und Abebben der Zeit. Im radikalen Anarchismus z. B., in dem sich am reinsten diese genuine Form des chiliastischen Bewußtseins erhalten hat, ist unsere Zeit seit dem Verfall des Mittelalters eine einzige Revolution. „Es liegt in der Tatsächlichkeit und so im Begriff der Revolution, daß sie wie ein Gesundfieber zwischen zwei Siechtümern ist; ginge nicht die Mattigkeit voraus und folgte nicht die Ermattung, so wäre sie gar nicht[24])." Wenn auch dieses Bewußtsein viel von den Gegenspielern lernt und bald konservative, bald sozialistische Einschläge enthält, bricht an entscheidenden Stellen auch jetzt noch dieser Ahistorismus durch.

Nur eines leistet das chiliastisch-absolute Jetzt-Erleben, das eine jede Möglichkeit des Entwicklungserlebnisses verdrängt: eine *qualitative* Differenzierung der Zeit.

Es gibt hier sinnerfüllte und sinnentleerte Zeiten; hierin liegt ein wichtiger Ansatz zur geschichtsphilosophischen Differenzierung des historischen Geschehens. Die Bedeutung dieses Ansatzes vermag man nur einzuschätzen, wenn man sich klargemacht hat, daß auch eine empirische Geschichtsbetrachtung nicht möglich ist ohne eine — oft latent gewordene und deshalb unsichtbar wirkende — geschichtsphilosophische Differenzierung der historischen Zeit.

Und mag es auf den ersten Augenblick auch als unwahrscheinlich erscheinen, so entspringt doch der chiliastischen Distanz und dem ekstatischen Durchbruchserlebnis der erwähnte primäre Ansatz zur qualitativen Gliederung der Zeit.

Das normativ-liberale Bewußtsein enthält auch diese qualitative Differenzierung des historischen Geschehens und verachtet ferner jedes historisch Gewordene und das Jetzt als schlechte Wirklichkeit. Es verschiebt nur die volle Sinnerfüllung in die ferne Zukunft und läßt sie zugleich, nicht wie der Chiliast, aus der geschichtsjenseitigen Ekstase, sondern aus dem hier und jetzt Werdenden, aus dem Alltäglichen entstehen. Dadurch gerade hat sich — wie wir sahen — das typisch linienhafte Bild des Werdens und eine relativ homogene Verbindung zwischen Sinnziel und Sein entwickelt.

Die liberale Idee ist adäquat nur verstehbar als Gegenspielerin des oft hinter rationalistischen Konstruktionen sich verbergenden chiliastischen Durchbruchserlebnisses, das stets potientiell historisch und sozial den Liberalismus rücklings zu überfallen droht, zugleich aber auch als Kampfruf gegen eine sich auf das Herkommen und das Gewordene stützende Schicht, die das „hic et nunc" zunächst instinktiv, dann aber auch in der Reflexion zu beherrschen vermag. Auch drückt sich hier klarer als irgendwo in der Differenz der Utopien und in der von ihnen getragenen und geformten Bewußtseinsstruktur die Verschiedenheit zweier historischer Welten und zweier grundverschiedener sozialer Träger aus.

Die Welt des Chiliasmus war die des sich auflösenden Mittelalters, eine

[24]) *Landauer:* a. a. O. S. 91.

Periode grandioser Zersetzung. Alles kämpfte gegen alles: Es war die Welt der sich bekämpfenden Fürsten, Patrizier, Bürger, Handwerksgesellen, Vagabunden, Söldner usw. Es war eine Welt des Aufgewühltseins und der Erregtheit, wo die Seele die Tiefenschichten nach außen kehrt. In diesem Kampfe kristallisieren sich noch nicht ganz klar die Ideologien, man kann es ihnen zunächst nicht eindeutig ansehen, wohin sie sozial gehören. Erst der Aufstand der Bauern erwirkte im Reformationsgewirr — das hat *Engels*[25]) klar gesehen — eine soziale Reduktion der seelischen Gehalte. Es wird offenbar, daß das chiliastische Erleben den niedrigsten Schichten zurechenbar ist, es ist eine Seelenstruktur, in der unterdrückte Bauern, Handwerksgesellen, Anfänge eines Lumpenproletariats, Schwärmerprediger usw. sich treffen.

Holl (a. a. O. S. 435.) will gerade darin einen Beweis gegen die Geltung der Soziologie sehen, daß die Ideen Münzers, die nach der *Max Weber*'schen allgemeinen Typenlehre (Wirtschaft und Gesellschaft. Grundriß der Sozialökonomik, Abtlg. III[1], S. 267ff., § 7. Stände, Klassen und Religion) etwa den niedrigen Schichten zuzurechnen wären, auch die damalige „Intelligenz" (so u. a. Seb. Franck, Karlstadt, Schwenckenfeld etc.) ergriffen haben. Wenn man sich das Problem der Soziologie dermaßen vereinfacht, so ist es kein Wunder, daß man zu ihrer Ablehnung gelangt. Max Weber hat stets betont, daß seine allgemeine Typenlehre nur geschaffen wurde, um idealtypische Tendenzen und nicht einmalige Konstellationen unmittelbar zu charakterisieren (u. a. ebd. S. 10). Die Soziologie, die einmalige Konstellationen zu analysieren versucht, hat noch in einer ganz besonders behutsamen Weise zu verfahren, wenn es sich um die soziologische Zurechnung der Intelligenz handelt. Hierbei müssen folgende Fragen mit in die Problemstellung einbezogen werden.

a) Die Frage nach ihrer soziologischen Ambivalenz (ist doch auch sie ein soziologisches Merkmal, ganz besonders, wenn man bedenkt, daß sie nicht für alle sozialen Schichten charakteristisch ist).

b) Zu welchem Zeitpunkte treibt die historische Dynamik die Vertreter der Intelligenz in das eine oder andere Lager?

c) Auf welche Weise werden die aus anderen Lagern zu ihr dringenden Ideen umgebogen? (Am „Brechungswinkel" der Rezeption ist sehr oft die soziale Verschiebung ablesbar.)

So liefert *Holl* (S. 435 ff., 459, 460) selbst sehr interessante stoffliche Belege für die Bestätigung der Richtigkeit der von ihm bekämpften Soziologie. Er selbst stellt fest, daß, als die Gebildeten Münzers Lehre übernahmen, sie dieselbe nicht wirklich weiterentwickeln konnten, von ihnen aus kam nichts grundlegend Neues hinzu. Sie schöpften mehr aus Büchern, Schriften der deutschen Mystiker, insbesondere aus der „Theologia deutsch", aber auch aus Augustin, als aus der eigenen unmittelbaren inneren Erfahrung. Sie brachten nicht die mindeste Bereicherung der Sprache. Sie verunstalteten die eigenartige Mystik am entscheidenden Punkte, sie verquickten in harmloser Weise Lehren der mittelalterlichen

[25]) *Engels, Fr.:* Der deutsche Bauernkrieg, hrsg. von Mehring, Berlin 1920, S. 40f.

Mystiker und Münzers Kreuzeslehre. (All dies sind direkte Belege für unsere oben angedeutete soziologische Lehre von der Bestimmbarkeit des geistigen „Brechungswinkels", der vorhanden ist, wenn „Ideen" einer Schicht von einer anderen übernommen werden.)

Ferner erzählt uns *Holl* selbst, wie die Intelligenz u. a. in ihren oben erwähnten Vertretern mit dem Fortschreiten der Bewegung, je radikaler diese wird, immer mehr sich zurückzieht, wie u. a. Franck in seiner Chronika noch schärfer über den Bauernkrieg urteilt als Luther selbst, wie nach dieser Abwendung von Münzer ein radikaler Weltanschauungswandel sich bei ihm aufweisen läßt, wie in der Abwendung von Münzer diese Gebildeten-Weltanschauung immer mehr Züge der Menschenverachtung annimmt, wie sie die „sozialen Züge" verliert und wie an die Stelle der chiliastischen Apodeixis die tolerantere, beinahe synkretistische Idee der „unsichtbaren Kirche" tritt. (Ebda. S. 459 f.)

Auch hierin steckt also sehr viel soziologisch Erfaßbares, wenn man nur im Besitze der angemessen Fragestellung und der aus ihr entstehenden Begriffsapparatur ist.

Bis zum Aufkommen der nächsten Gestalt der Utopie war eine lange Weile, das soziale Weltbild hatte sich inzwischen völlig verändert, „aus dem Ritter wurde Beamter, aus dem Freisassen gefügiger Bürger". (Freyer.) Auch wurde die nächste Gestalt der Utopie nicht von der sozial tiefsten Schicht getragen, sondern von einer in bewußter Selbstzucht sich bändigenden Mittelschicht, die Kultiviertheit und Ethik zunächst als eine Selbstlegitimierung (dem Adel gegenüber) erlebte und die Erlebnisbasis unversehens vom ekstatischen Zentrum ins Bildungserlebnis verschob.

So abstrakt auch die liberale Idee sowohl dem chiliastisch-ekstatischen wie dem konservativen, konkret zugreifenden Bewußtsein erscheinen mochte, so hielt sie doch eine der wichtigsten Perioden des neuzeitlichen Geschehens in Atem. Diese von der Rechts- und Linkskritik erst allmählich enthüllte Abstraktheit wurde von den ursprünglichen Trägern der Idee nicht empfunden, und es lag vielleicht gerade in dieser alle Möglichkeiten offen lassenden und gerade dadurch die Phantasie so sehr bewegenden Unbestimmtheit etwas Frisches, Jugendliches, jene Morgenröte, die noch der alte Hegel trotz seiner konservativen Wendung empfand, als er sich des Eindringens der großen Revolutionsideen in den späten Tagen seines Lebens erinnerte. An Stelle der dumpfen Tiefe chiliastischer Erregtheit wurde im ideenhaften Bewußtsein das treibende Element ins helle Tageslicht gerückt. Das Pathos der Aufklärung, daß es endlich Licht werde, hat auch heute noch auf reifer später Stufe diesen Ideen ihre Stoßkraft erhalten; waren sie es doch, in deren Zeichen die jetzige Welt entstand.

Die tiefste treibende Kraft der liberalen Aufklärungsideen lag aber außer dieser die Phantasie erregenden, stets auf den unendlichen Horizont gerichteten Verheißung noch darin, daß sie sich stets an den freien Willen wandten und ein Unbedingtheitserlebnis wach hielten.

Nun besteht aber das Eigentümliche des *konservativen Bewußtseins* darin, daß es gerade diesem Erlebnis die Spitze nahm und, will man seine zentrale Entdeckung auf eine Formel bringen, gerade im bewußten Gegensatz zum liberalen dem *Bedingtheitsbewußtsein* einen pathetischen Akzent verlieh.

III. Die dritte Gestalt des utopischen Bewußtseins: Die konservative Idee

Das konservative Bewußtsein ist an und für sich nicht theoretisch veranlagt, entsprechend der Tatsache, daß der Mensch die ihn umgebende Realsituation nicht zum Gegenstande theoretischer Reflexion macht, solange er sich mit ihr in Deckung befindet. Er hat auf solchen Stufen des Seins eher die Tendenz, alles ihn Umgebende als der Weltordnung zugehörig und demzufolge als etwas Aproblematisches zu empfinden. Das konservative Bewußtsein hat an und für sich keine Utopie, ist es doch im Idealfalle seiner Struktur nach völlig in Deckung mit der jeweils von ihm beherrschten Wirklichkeit. Auch fehlen alle jene Reflexionen und Erhellungen des Geschichtsprozesses, die aus einem vorwärtstreibenden Impuls zustande kommen. Konservatives Wissen ist ursprünglich Beherrschungswissen, instinktives und oft auch theoretisches Orientiertsein an seinsimmanenten Faktoren. Was an früheren Spannungen (aus jener Periode, wo die Welt noch nicht in seinem Sinne sich stabilisiert hatte) als seinstranszendenter Gehalt präsent ist, wirkt nunmehr nur ideologisch, als Glaube, Religion, Mythos in eine Geschichtsjenseitigkeit verbannt. Das Denken auf dieser Stufe hat — wie gesagt — eher die Tendenz, seine gesamte Umgebung in seiner zufälligen Konkretheit als Weltordnung hinzunehmen und als etwas Aproblematisches zu empfinden. Nur die Gegenbewegung oppositioneller Schichten und ihre Sprengungstendenz des Bestehenden macht gleichsam von außen her für das konservative Bewußtsein die eigene Seinsbeherrschung problematisch und erzwingt geschichtsphilosophische Reflexionen über sich selbst und eine zur Selbstorientierung und zur Abwehr zugleich geschaffene Gegenutopie.

Hätten aufstrebende Schichten diese Problematik realiter nicht geschaffen und in ihren entsprechenden Angriffsideologien nicht ausgesprochen, so würden die konservativen Bewußtseinsimpulse latent auf der Ebene des bloßen Auslebens, des unbewußten Vollzuges geblieben sein. So aber bewirkt der ideologische Angriff einer aufstrebenden Welt ein Reflexivwerden dieser nur im Leben, im Vollzug zur Geltung kommenden Einstellungen und Gehalte. Angestachelt und angeregt durch die oppositionellen Theorien, entdeckt das konservative Bewußtsein erst nachträglich seine Idee[26]). Es ist eben kein Zufall, daß, während alle Progressiven die Idee als den Ereignissen vorauseilend erleben, für den konservativen Hegel die Idee einer historischen Wirklichkeit erst nachträglich, wenn die Welt bereits innerlich fertig geworden ist, zur Sichtbarkeit gelangt. „Um noch über das *Belehren,* wie die Welt sein soll, ein Wort zu sagen, so kommt dazu ohnehin die Philosophie immer zu spät. Als der *Gedanke* der Welt erscheint sie erst in der Zeit, nachdem die Wirklichkeit ihren Bildungsprozeß vollendet und sich fertig gemacht hat. Dies, was der Begriff lehrt, zeigt notwendig ebenso die Geschichte, daß erst in der Reife der Wirklichkeit das Ideale dem Realen gegenüber erscheint, und jenes sich dieselbe Welt, in ihrer Substanz erfaßt, in Gestalt eines intellektuellen Reichs erbaut. Wenn die Philosophie ihr Grau in Grau malt, dann ist eine Gestalt des Lebens alt geworden, und mit Grau in Grau läßt sie sich nicht verjüngen, sondern nur erkennen; die Eule der Minerva beginnt erst mit der einbrechenden Dämmerung ihren Flug“[27]). Die Eule der Minerva beginnt beim *konservativen* Bewußtsein in der Tat nur bei der einbrechenden Dämmerung den Flug.

In seiner ursprünglichen Gestalt bewegt sich das konservative Bewußtsein — wie erwähnt — nicht auf der Ebene der Ideen. Es ist der liberale Gegner, der ihm sozusagen diese Ebene des Kämpfens aufoktroyiert. Darin scheint eben die Eigentümlichkeit der geistigen Entwicklung zu bestehen, daß der neu auftretende jüngste Gegenspieler das Tempo und die Form des Kampfes diktiert. Es ist zwar nicht so, wie es das „fortschrittliche Denken“ darstellen will, daß nur das Neue allein die Aussicht

---

[26]) In diesem Zusammenhang muß man auch der *Ideologie des Absolutismus* gedenken, die diesmal nicht ausführlich herangezogen werden kann. Auch diese zeigt, daß der ursprünglich auf Beherrschung der Seinssituation Ausgerichtete die Tendenz hat, ganz nüchterne Überlegungen über die Technik dieser Seinsbeherrschung im Sinne des sogenannten Macchiavellismus anzustellen. Erst später (zumeist wohl durch die Gegenspieler erzwungen) stellt sich das Bedürfnis der ideenhaften Rechtfertigung der Herrschaft ein. Wir möchten zur Bestätigung dieser allgemeineren Behauptung nur einen Satz *Meineckes,* in dem dieser Prozeß beobachtet wird, heranziehen:

„Das Ideal des modernen Staates, der nicht nur Machtstaat, sondern auch Kulturstaat sein will, stieg damit auf, und die dürftige Beschränkung der Staatsräson auf die bloßen Aufgaben der unmittelbaren Sicherung der Macht, in der sich die Theoretiker des 17. Jahrhunderts noch vielfach bewegt hatten, wurde überwunden.“ Es handelt sich um die Zeit Friedrichs des Großen. *Meinecke, Fr.:* Die Idee der Staatsräson in der neueren Geschichte. München, Berlin 1925, S. 353.

[27]) Die bekannten Schlußworte der Vorrede der *Hegel*'schen Rechtsphilosophie, ed. Lasson, Philosophische Bibliothek, Bd. 124, S. 17.

hat zu bestehen und alles andere allmählich abstirbt, wohl aber so, daß das Ältere, vom Neuen getrieben, sich stets transformieren und auf die Ebene des neuesten Gegners begeben muß. So erzwingt in der Gegenwart die soziologische Argumentation bei den früheren Stufen des Denkens ein Eingehen auf das soziologische Argument. In demselben Sinne erzwang am Anfang des 19. Jahrhunderts das liberale ideenhafte Denken auch beim Konservativen die Selbstinterpretation auf der Stufe der Idee.

Nun ist es interessant zu beobachten, wie diese ideenhafte Selbstauslegung den ursprünglichen, eher bodenständigen Schichten (Möser, v. d. Marwitz) nicht gelingt und die Entdeckung der konservativen Idee Aufgabe der sich den Konservativen anschließenden Ideologen wird.

Was die konservativen Romantiker und insbesondere Hegel in dieser Beziehung leisten, ist, daß sie den Sinn konservativen Seins auf der Ebene des Ideenhaften auslegen und von hier aus eine Einstellung zur Welt, die in Gestalt des unreflektierten Vollzugs schon da ist, im Elemente der Idee interpretieren.

Das, was bei den Konservativen der Idee entspricht, ist deshalb auch seiner Substanz nach etwas anderes als die liberale Idee. Und Hegels Tat war es eben, der liberalen Idee einen konservativen Gegenspieler zu stellen, nicht indem er eine Einstellung und eine Verhaltungsweise fingierte, sondern indem er eine vorhandene Art des Seins und Erlebens auf die ideenhafte Ebene erhob und diese dem liberalen Welterleben gegenüber in seiner besonderen Eigenart bestimmte.

Die liberal aufklärerische Idee hatte für den Konservativen etwas Windiges, Unkonkretes an sich. Sie wurde auch von dieser Seite her in diesem Sinne angegriffen und depraviert. Für Hegel war sie ein bloßes „Meinen", eine bloße Vorstellung, war sie nichts anderes als die pure Möglichkeit, hinter der sich der einzelne versteckt, sich reserviert und der Forderung des Tages entgeht.

Diesem bloßen „Meinen", dieser bloßen subjektiven Vorstellung wird die in die reale Wirklichkeit des „hic et nunc" *versenkte*, in ihr sich konkret auswirkende Idee entgegengesetzt. Sinnziel und Wirklichkeit, Sollen und Sein fallen hier nicht auseinander, denn das Utopische, die „konkret gewordene Idee", ist ganz leibhaft in dieser Welt präsent. Im geltenden Gesetze des Staates bekommt das dort nur formale Sollen konkreten Gehalt. In den Kulturobjektivationen, in Kunst und Wissenschaft entfaltet sich die Geistigkeit, wirkt sich die Idee in ihrer ganzen handgreiflichen Fülle aus.

Wir haben bei der liberalen Utopie, bei der humanitären Idee im Vergleich zur chiliastischen Ekstase bereits ein relatives Näherrücken an das

„hic et nunc" beoachten können. Hier beim Konservativen ist dieser Prozeß des Näherrückens bereits vollendet, *die Utopie ist in das Sein bereits von vornherein versenkt.*

Dem entspricht selbstverständlich die Tatsache, daß das Sein, das „hic et nunc", nicht mehr als „schlechte Wirklichkeit" erlebt wird, sondern als Träger der Sinnfülle.

Ist zwar hier die Utopie, die Idee, an das konkrete Sein völlig herangerückt, völlig in dasselbe eingegangen, so führt dieses Erleben — zumindest auf den Höhepunkten der Schaffenslust dieser Strömung — dennoch nicht zu einer Spannungslosigkeit und zu einem trägen Hinnehmen des Seins. Eine bestimmte Spannung zwischen Idee und Sein entsteht daraus, daß nicht jedes Atom dieses Seins sinnerfüllt ist, daß man zwischen wesenhaft und unwesentlich stets zu unterscheiden hat und daß die Gegenwart stets neue Aufgaben, noch undurchdrungenen Stoff uns entgegenstellt. Um hierzu einen Orientierungsmaßstab zu gewinnen, darf man sich aber nicht auf subjektive Wollungen verlassen, sondern muß jene in uns und unserer Vergangenheit objektivierten Kräfte und Ideen heraufbeschwören, den Geist, der auch bisher durch uns jene unsere Werke schuf. Diese Idee, dieser Geist wird aber nicht rational erdacht, als beste freischwebende Möglichkeit projektiert, sondern entweder in uns als still wirkende Kraft" (Savigny) innerlich erfaßt oder in den kollektiven Schöpfungen der konkreten Gemeinschaft des Volkes, der Nation, des Staates als zur Entfaltung gelangte Entelechie, als innere Form, zumeist morphologisch erschaut. Die morphologische Schau, auf Sprache, Kunst und Staat ausgerichtet, nimmt von hier aus ihren Weg. Ungefähr zur selben Zeit, als die nach vorwärts gerichtete und alles Daseiende in Bewegung setzende Utopie, die Idee, ihre systematische Vollendung erreicht, setzt bei Goethe die anschaulich-morphologische Forschung ein. Ihre wissenschaftlichen Arten findet sie dann in den Werken der historischen Schule, die diese in das Sein eingesenkten, in ihm sich entfaltenden „Ideen" nicht spekulativ, sondern anschaulich in der Betrachtung der Sprache, der Sitte, des Rechts usw. aufzuweisen versucht.

Auch hier wirkt also die im politischen Erleben zentral sich gestaltende Idee (die diesem Standort entsprechende Gestalt der Utopie) auf den dazugehörigen Strom im geamten Geistesleben formgebend ein. In allen diesen Arten des Suchens nach der *„inneren Form"* lebt aber dasselbe mit positiv emphatischem Akzent versehene konservative Bedingtheitserlebnis, das nach außen projiziert auch im Betonen der historischen Bedingtheit zum Ausdruck gelangt. Der Mensch ist für diese Ansicht, für dieses Weltgefühl bei weitem nicht absolut frei, nicht alles und jedes überhaupt ist in jedem Augenblick und in jeder historischen Gemeinschaft möglich. Die jeweilige innere Form der historischen Individualität, sei es die einer Einzelpersönlichkeit oder die eines Volksgeistes, und die äußeren Umstände samt der dahinter stehenden Vergangenheit bestimmen tendenziell die Gestalt des Werdenden. Eben deshalb kann die jeweilige historische Gestalt *nicht gemacht* werden, sondern sie *wächst* gleich der Pflanze aus einem inneren Zentrum[28]).

Auch diese konservative Gestalt der Utopie, der Gedanke der in die Wirklichkeit eingesenkten Idee, ist nur endgültig verstehbar aus ihrem Kampfe mit den koexistierenden übrigen Gestalten der Utopie. Ihr unmittelbarer Gegner ist die liberale, ins Rationalistische übersetzte Idee. Wurde hier das *Sollen* emphatisch erlebt, so verschiebt sich beim Konservativen die Emphase zugunsten des *Seins.* Nur weil etwas *ist,* ist es schon höherwertig, sei es, wie bei Hegel, der in ihm versenkten höheren Rationalität zuliebe, sei es, wie bei Stahl, wegen der faszinierenden Wirkung gerade seiner Irrationalität: »Es ist eine wunderbare Empfindung in dem „Es ist"! — „Dieser ist dein Vater, dein Freund, durch diese bist du in diese Lage gekommen." „Warum gerade diese?" „Ja warum bist du selbst gerade nun dieser, der du bist?" Und diese Unerfaßlichkeit besteht darin, daß das Seyn sich nicht im Denken auflösen läßt, daß es nicht logisch notwendig, sondern sein Grund in einer höheren freien Macht ist.« (Stahl[29]).)

Hier droht bereits jene fruchtbare Spannung zwischen der in die Wirklichkeit versenkten Idee und dem bloß Daseienden (aus der guten Zeit des Konservatismus) umzuschlagen in eine völlige Spannungslosigkeit, und der konservative Quietismus hat die Tendenz, durch den Irrationalismus alles überhaupt Daseiende zu rechtfertigen.

Vollends im Gegensatz zum Liberalismus steht bei dieser Erlebnis- und Denkweise *die Art der Zeitbewertung.* War dem Liberalen die Zukunft alles, die Vergangenheit nichts, so findet das konservative Zeiterleben die wichtigste Bestätigung des Bedingtheitserlebnisses in der Entdeckung der Bedeutung der Vergangenheit, in der Entdeckung der Werte zeugenden Zeit. War für das chiliastische Erleben die *Dauer* überhaupt nicht vor-

---

[28]) „Staatsverfassungen lassen sich nicht erfinden; die klügste Berechnung ist hier so ohnmächtig als die völlige Unwissenheit: für das Gemüth eines Volkes, und die Kraft und die Ordnung, die daraus entspringt, gibt es kein Surrogat, auch nicht in den intelligentesten Köpfen, auch nicht in den größten Virtuosen." *(Müller, Adam:* Über König Friedrich II. und die Natur, Würde und Bestimmung der preußischen Monarchie. Berlin 1810, S. 49.)

Hier, aus der Romantik kommend, wird dieser Gedanke ein durchgehendes Motiv der ganzen konservativen Tradition.

[29]) *Stahl, Fr. J.:* Die Philosophie des Rechts, Bd. I^4, S. 272.

handen[30]), für den Liberalen nur, soweit sie von jetzt ab den Fortschritt gebiert, so ist für den Konservativen alles Bestehende, nur weil es langsam und allmählich geworden, mit fruchtbarer Positivität geladen. Nicht nur in die Vergangenheit erst erstreckt sich dadurch der Blick und entreißt sie der Vergessenheit, sondern das Gegenwärtigsein alles Vergangenen wird hier zum Erlebnis. Nicht nur Zeitstrecke ist nunmehr die historische Zeit, nicht etwa wird zu dem Gegenwart-Zukunftsabschnitt auch der andere Vergangenheit-Jetztabschnitt einfach hinzugefügt, sondern das *virtuelle Präsentsein der Vergangenheit* verleiht dem Zeiterleben eine imaginäre Dreidimensionalität.

„Das Leben des gegenwärtigen Geistes ist ein Kreislauf von Stufen, die einerseits noch nebeneinander bestehen und nur andererseits als vergangen erscheinen. Die Momente, die der Geist hinter sich zu haben scheint, hat er auch in seiner gegenwärtigen Tiefe." (Hegel[31].)

Das chiliastische Erleben stand außerhalb der Zeit, durch seinen jeweiligen Durchbruch heiligte es gleichsam den zufälligen Augenblick. Das liberale Erleben stiftete eine Verbindung zwischen Sein und Utopie, indem es die Idee als Sinnziel in die Zukunft verschob und durch den Fortschritt diese Verheißung zumindest in einer Richtung in unserer Mitte allmählich werden ließ. Das konservative Erleben versenkte jenen Geist, der einst nur über uns kam und aus uns sprach, in das Gewordene selbst und ließ es objektiv werden, expandieren nach allen Dimensionen und verlieh dadurch jedem Geschehen eine immanente Selbstwertigkeit.

Das konservative Erleben hatte außer mit der liberalen Idee noch einen

[30]) *Münzer* sagt noch: die Schriftgelehrten wissen nicht, „warumb die heylige schrifft anzunehmen oder zu verwerfen sei, denn alleine, das sie vom alten herkumen . . . eine solche affenschmalzische weiß hat auch der Jud, Türk und alle volker jren glauben zu bestätigen." Holl. 432, Anm. 2.

[31]) *Hegel:* Vorlesungen über die Philosophie der Geschichte. Leipzig. Reclam 1907, vgl. S. 123—25. Weitere Belegstellen in meinem „Das konservative Denken", S. 98 f.; wo ich zum ersten Male versucht habe, die Formen des „historischen Zeiterlebens" aus der jeweiligen Struktur des politischen Bewußtseins zu erfassen.

Stahl sucht das Zeit- und Lebensgefühl Schellings, Goethes und Savignys mit folgenden Worten zu charakterisieren:

„Es ist uns wie im Leben in jeder Stufe und Nuance, als hätte sie von jeher so bestanden, wir sehen aber zurück, daß sie geworden, und finden doch keinen Übergang wo? und wie? Mit demselben unsichtbaren Wachstum (!) bilden, verändern sich die Zustände, die Verhältnisse um sie her. Das Gefühl ewigen und nothwendigen Bestehens und doch zugleich ihres zeitlichen Entstehens und Verwandelns begleitet uns wie in unsern eignen Lagen und Schicksalen.

Dieses, nie stillestehende Wachstum, dieses lebendige Werden beherrscht auch die Anschauung Schellings, und sein System ist ein unaufhaltsames Ringen es darzustellen. Derselbe Zug ist eine Eigenthümlichkeit Savignys in seiner Sphaere." (Die Philosophie des Rechts I[4], S. 394 f.)

eigenen besonderen Kampf auszufechten mit dem chiliastischen Bewußtsein, dem es von jeher auch als einem inneren Feinde gegenüberstand. Dasselbe chiliastische Erlebnis, das zu der Zeit der Wiedertäufer aktiv in die Welt eingriff, hatte noch andere Schicksale wie die bisher erwähnten.

Wir sahen bisher bereits eine dreifache Tendenz des chiliastischen Erlebens: Entweder bleibt es unverändert und lebt in ursprünglicher eruptiver Gestalt, oft mit grundverschiedenen Ideologien verbunden, weiter — wie etwa im radikalen Anarchismus —, oder es *ebbt ab* und verschwindet oder es *„sublimiert“* sich zur Idee. Einen weiteren, von den erwähnten abweichenden Weg schlägt es ein, wenn es durch Verinnerlichung seine außerhalb der Zeit stehende ekstatische Tendenz bewahrt, den Durchbruch in die Welt aber nicht mehr wagt und den Kontakt mit dem weltlichen Geschehen verliert. Durch äußere Schicksale dazu gedrängt, ging das chiliastisch-ekstatische Erleben in Deutschland weitgehend diesen Weg der Verinnerlichung. Die in deutschen Landen auf weiten Strecken verfolgbare pietistische Unterströmung ist als eine solche Verinnerlichung des einst chiliastisch Ekstatischen erfaßbar.

Auch in dieser verinnerlichten Gestalt bedeutet das ekstatische Erleben für die bestehende Ordnung eine Gefahr, denn das ekstatische Erleben ist stets in Versuchung nach außen zu schlagen, und nur lange Zucht und Verdrängung bringt es dazu, sich in Quietismus zu transformieren. Die Orthodoxie bekämpfte deshalb stets den Pietismus; ein offenes Bündnis ging sie nur dann mit ihm ein, wo der revolutionäre Ansturm dazu nötigte, alle zur Beseelung der herrschenden Gewalten erforderlichen Kräfte ins Lager zu rufen.

Das durch äußere Umstände und durch soziologisch erfaßbare Strukturlagen verinnerlichte chiliastische Erleben erleidet natürlich gerade durch diese Verinnerlichung einen Substanzwandel, und hier wie sonst ist das konstitutive Ineinandergreifen der sozial-„äußerlichen“ und der „inneren“ Faktoren mit Genauigkeit verfolgbar. Hatte das chiliastische Erleben ursprünglich eine derbe sinnliche Wucht, so wird dieses verdrängte Erleben süßlich, schwärmerisch, es verdünnt sich zum bloßen Enthusiasmus, und das Ekstatische flackert nur noch im pietistischen „Erweckungserlebnis“ in einer beschwichtigten Gestalt immer wieder auf.

Was aber das Allerwesentlichste für unsere Zusammenhänge ist: durch den Verlust des Kontaktes mit der werdenden Welt — und dieser Kontakt ist vom Gesamtzusammenhange aus gesehen das Politische und nicht das Private — bekommt diese Haltung eine innere Unsicherheit. An Stelle der chiliastischen prophetischen Apodeixis tritt das unsichere Schwanken, die *pietistische Anschlußlosigkeit zur Tat*. Die „historische Schule“ in Deutschland mit ihrem Quietismus und ihrer Maßstablosigkeit ist adäquat nur verstehbar aus dieser in dem Pietismus wurzelnden Kontinuität. All das, was beim tätigen Menschen spontan sich auswirkende, unbeobachtete Phase ist, wird hier abgehoben und zum Problem. Die „Entscheidung" wird als selbständige und mit Problemen überlastete Phase im Handeln erlebt, und diese reflexive Abhebung steigert nur noch die Unsicherheit, anstatt sie zu beheben. Die innere Erleuchtung weiß auf die meisten Fragen des Alltags keine Antwort zu geben, und gilt es plötzlich historisch zu handeln, so wird die Geschichte zu einem die Lösung verheißenden Problem. Von hier aus setzt ein Strom religiöser Geschichtsdeutungen ein[32]), die die innerlich vorhandene Unentschiedenheit beim politischen Handeln aufzuheben bestrebt sind. Anstatt aber die Lösung für das richtige Handeln, den Fingerzeig Gottes in der Geschichte zu finden, wird die innere Unsicherheit erst in die Welt hineinprojiziert.

Für den aktivistisch-konservativen Pol des Erlebens gilt es, auch diese Gestalt der Utopie zu beschwichtigen, die hier latent lebenden Energien in die eigene Richtung einzuspannen. Der zu bezwingende Begriff ist hier jene „innere Freiheit", die stets in Anarchie (vorher schon in Kirchenlosigkeit) umzuschlagen droht. Auch hier leistet die konservative, in die Wirklichkeit eingesenkte Idee eine Beschwichtigung der vom inneren Gegner getragenen Utopie. Die „innere Freiheit" hat sich nämlich nach der herrschenden Theorie des Konservatismus in ihrer weltlichen Richtungslosigkeit der objektivierten Sittlichkeit unterzuordnen. An Stelle der „inneren Freiheit" tritt die „objektive Freiheit", in die sich jene einzufügen hat. Metaphysisch wird das ausgedeutet als eine prästabilierte Harmonie zwischen innerer subjektivierter und äußerer objektivierter Freiheit. Daß dieser verinnerlichende, durch eine pietistische Lebenshaltung charakterisierbare Flügel sich meist dieser Auslegung fügt, liegt an seiner fatalen Ratlosigkeit weltlichen Dingen gegenüber. Deshalb überläßt er gerne die Zügel der Herrschaft der realistisch konservativen Gruppe, indem er ihr sich entweder ergibt oder sich bestenfalls in den Schmollwinkel zurückzieht. Auch heute gibt es noch altkonservative Strömungen, die von der machtpolitischen Wendung der Bismarckschen Epoche nichts wissen wollen und die wertvollen Keime der Tradition in der gegen Bismarck opponierenden innerlichen Richtung des Konservatismus sehen[33]).

---

[32]) Klar sind einige in diese Richtung weisende Zusammenhänge in einer noch ungedruckten Arbeit eines meiner Hörer, *Requadt,* über den Historiker Johannes von Müller herausgearbeitet.

[33]) Vgl. z. B. den letzten Abschnitt des Aufsatzes von *v. Martin:* Weltanschauliche Motive im altkonservativen Denken. Deutscher Staat und deutsche Parteien. Festschrift, Fr. Meinecke zum 60. Geburtstag dargebracht. München, Berlin 1922.

IV. Die vierte Gestalt des utopischen Bewußtseins: Die sozialistisch-kommunistische Utopie

Auch das sozialistisch-kommunistische Denken und Erleben, das wir auf der Stufe seiner Ursprungssituation als eine Einheit betrachten können, ist in seiner utopischen Struktur am ehesten verstehbar durch eine Konfrontierung mit seinen Gegenspielern, aus jener dreifach flankierten Situation, in der sich diese Richtung historisch-sozial durchzusetzen hat.

Einerseits gilt es für den Sozialismus, die liberale Utopie, die „Idee", noch mehr zu radikalisieren, andererseits, die innere Opposition des Anarchismus in ihrer zu extremen Beschaffenheit zu paralysieren oder im gegebenen Falle niederzuringen.

Der konservative Gegner kommt nur in zweiter Linie in Betracht, wie man denn überhaupt im politischen Leben dem benachbarten Gegenspieler gegenüber viel schärfer ist als dem entfernteren Gegenüber, weil die Versuchung viel näher liegt, in dessen Weltsicht überzugleiten und weil man sich gegen diese innere Versuchung wappnen muß. Der Kommunismus z. B. bekämpft mit viel größerer Wucht den „Revisionismus" als etwa den Konservatismus. Von hier aus ist es verständlich, daß die sozialistisch-kommunistische Lehre in vielen Dingen von der konservativen zu lernen vermag.

Das utopische Element im Sozialismus hat dieser mehrfach flankierten Situation und der Spätstufe seines Entstehens entsprechend ein Janusgesicht. Es ist ein Ausbalancieren, aber auch Neuschöpfen auf Grund einer inneren Synthese der bis dahin aufgetretenen und im sozialen Raume sich bekämpfenden verschiedenen Formen der Utopie.

Der Sozialismus hält zunächst eine Gemeinschaft mit der liberalen Utopie, mit der Idee: das Reich der Freiheit und Gleichheit erscheint auch hier erst in der fernen Zukunft[34]), aber bereits in charakteristischer Weise zu einem viel konkreter bestimmten Zeitpunkte, nämlich zur Zeit des Unterganges der kapitalistischen Kultur.

---

[34]) Diese Behauptung gilt aber erst vom Sozialismus des 19. Jahrhunderts. Der utopische Aufklärungssozialismus des 18. Jahrhunderts hat zu einem Zeitpunkt, wo der Physiokratismus im Zeichen des Fortschrittgedankens die Geschichte konstruiert, noch eine Vergangenheitsutopie, entsprechend der kleinbürgerlich reaktionären Mentalität seiner Träger. Soziologisch ist diese Flucht in die Vergangenheit z. T. auch fundiert durch das Noch-Vorhandensein eines Teils der alten Allmenden, die bis zu einem gewissen Grade die Erinnerung an „kommunistische" Institutionen in der Vergangenheit wach hielten. Über diese Zusammenhänge berichtet ausführlich das Buch von *Girsberger, H.:* Der utopische Sozialismus des 18. Jahrhunderts in Frankreich und seine philosophischen und materiellen Grundlagen. Zürcher Volkswirtschaftliche Forschungen, Heft 1, Vgl. insbesondere S. 94 ff.

Diese Solidarität mit der liberalen Idee als einer auf die Zukunft ausgerichteten Zielstrebigkeit ist erklärlich aus ihrer gemeinsamen Opposition gegen die unmittelbare Seinsbejahung des Konservatismus. Die weitgehende Unbestimmtheit und Spiritualität des fernen Zieles aber entspricht zugleich der Ablehnung der chiliastischen Erregtheit und einer durch Kulturideale zu vollziehenden Sublimierung latenter ekstatischer Energien.

Nicht in dieser spirituell sublimierten Gestalt erlebt das sozialistische Bewußtsein die Idee, sofern es sich um deren gegenwärtiges Hineinragen in den Prozeß, um deren allmähliches Werden handelt. Die Idee tritt uns hier in Gestalt einer neuartigen Substanz entgegen, beinahe wie ein Lebewesen, das bestimmte Existenzbedingungen hat, die zu erkennen zum Thema wissenschaftlicher Forschung werden kann. Ideen sind hier nicht aus einer Absolutheitssphäre herabsteigende Wunschträume und Forderungen, imaginäre Sollungen, sie haben vielmehr ein konkretes Leben und eine bestimmte Funktion im Gesamtprozeß: Sie sterben ab, wenn sie überholt sind, sie können sich verwirklichen, wenn der gesellschaftliche Prozeß eine bestimmte Strukturlage erreicht — ohne eine solche reale Deckung aber werden sie zu verhüllenden „Ideologien".

Gegen den Liberalen sich wendend entdeckt man hier noch von einer ganz anderen Seite her als der Konservative das rein formal Abstrakte an dessen Idee. Das bloße „Meinen", die bloße Vorstellung bei der bloß in der Gesinnung sich verwirklichenden Idee wird auch hier als unzulänglich erkannt und noch von einer anderen Seite her als im konservativen Angriff flankiert.

Es genügt nicht, die abstrakte gute Gesinnung zu haben und in unkontrollierbarer Ferne ein verwirklichtes Reich der Freiheit zu postulieren, es gilt auch die realen (hier die ökonomisch-sozialen) Bedingungen zu erkennen, unter denen ein solcher Wunschtraum überhaupt erst zur Auswirkung zu gelangen vermag. Aber auch den Weg, der von uns zu diesem Ziele führt, gilt es daraufhin zu sichten, jene Kräfte im gegenwärtigen Prozeß zu erspähen, deren immanente Dynamik, von uns beherrscht, Schritt für Schritt der verwirklichten Idee entgegenführt. Hatte der Konservatismus die liberale Idee als bloßes Meinen bereits depraviert, so arbeitet der Sozialismus in der Ideologieforschung eine konsequente Methode der Kritik aus, eine *seinsbezogene Destruktion der gegnerischen Utopie.*

Von hier ab setzt ein entsetzlicher Kampf ein: die vitale Destruktion des gegnerischen Glaubens. Eine jede der bisher behandelten Gestalten des utopischen Bewußtseins wendet sich gegen die übrigen, für jeden Glauben wird die reale Deckung gefordert und stets wird ein anders geartetes Sein als „Realität“ dem Gegner gegenüber ausgespielt. Zur verabsolutierten Realität des Sozialisten wird die ökonomisch-soziale Struktur der Gesellschaft. Diese wird hier zur Trägerin jener geistigen Totalität, die schon die Konservativen als Einheit erfaßt hatten. War doch ihr Volksgeist-Begriff der erste bedeutende Versuch, die zunächst isolierten Tatsachen des geistig-seelischen Lebens als Emanationen eines einheitlichen schöpferischen Zentrums zu schauen.

War aber sowohl für den Liberalen als für den Konservativen der dynamische Kern etwas Spirituelles, so bricht hier aus einer uralten Affinität unterdrückter Schichten zum materiell-metaphysischen Substrat eine Verherrlichung des einst nur als negativ und hemmend erlebten materiellen Prinzips hervor.

Auch in der *ontologischen Bewertung* der in der Welt vorfindbaren Faktoren (in dieser für die jeweilige Bewußtseinsstruktur tief charakteristischen Schicht) dringt allmählich eine umgekehrte Hierarchie durch. Was früher nur als schlechter Widerstand erlebt wurde — die „materiellen“ Bedingungen —, wird hier im Sinne eines zum Materialismus uminterpretierten Ökonomismus zum bewegenden Prinzip im Weltgeschehen hypostasiert.

Die an das diesseitige historisch-soziale Leben sich annähernde Utopie verkündet ihr Näherrücken nicht nur durch ein immer Historischer-Werden des Zieles, sondern durch eine Erhebung, Vergeistigung des aus der Nähe greifbaren gesellschaftlich-wirtschaftlichen Gefüges.

Was hier geschieht — um es auf das Zentrale zu reduzieren —, ist ein eigentümliches Einverleiben des konservativen *Bedingtbewußtseins* in die progressive, die Welt verändern wollende Utopie. Während aber der Konservative durch das Bedingtheitsbewußtsein allein die Vergangenheit trotz oder gerade wegen ihrer determinierenden Funktion verklärt, zugleich aber auch ein für alle Mal ihre Bedeutung für das historische Geschehen der Richtung nach adäquat intendiert, wird beim Sozialisten die soziale Struktur zur bedingten Gewalt des historischen Augenblicks, und deren formende Kräfte werden in verklärter Gestalt als das Gesamtwerden tragende Determinanten erlebt.

Das Neue, das uns hier entgegentritt, dieses Bedingtheitsbewußtsein, verträgt sich aber mit einer Zukunftsutopie. Während das konservative Bewußtsein das Bedingtheitserlebnis zwangsläufig mit einer Gegenwartsbejahung verknüpfte, verbindet sich hier eine nach vorwärts strebende soziale Kraft mit einer selbsttätigen Bremsung der revolutionären Tat.

Diese beiden Kräfte, zunächst unvermittelt verbunden, spannen sich im Laufe der Zeit zu einer innerhalb der sozialistisch-kommunistischen Bewegung auseinandertreibenden, aber dennoch stets aufeinander bezogenen Polarität. Neu arrivierende Schichten, die durch Mitwirkung und Mitverantwortung mit dem jeweiligen Jetzt sich verbinden, werden in immer weiterem Ausmaß zu Trägern der bremsenden Evolution; die am bereits Gewordenen noch uninteressierten Schichten werden demgegenüber zu Trägern der kommunistischen, aber auch syndikalistischen Lehre vom Übergewicht der Bedeutung der revolutionären Tat.

Vor dieser Spaltung aber, die einer späteren Stufe entspricht, hatte sich dieses progressive Bewußtsein zunächst gegen andere Gegner durchzusetzen: gegen das Unbedingtheitserlebnis des chiliastischen Prinzips, das im radikalen Anarchismus eine moderne Gestalt gewann, und gegen das Unbedingtheitserlebnis des Liberalen und dessen „Idee".

In der Geschichte des modernen chiliastischen Erlebens war der Kampf zwischen Marx und Bakunin entscheidend[35]), wo der chiliastische Utopismus seine Verabschiedung erfuhr. Eine Haltung, die sektenhaft eruptiv im jeweiligen unbestimmten Nu, im Sturme die Bastionen der Geschichte nehmen wollte, konnte einer auf die Daseinsbeherrschung sich vorbereitenden Schicht, je mehr sie zu einer Partei werden sollte, auf die Dauer nicht behagen. Auch hier war das Verschwinden einer Seelenhaltung — zumindest in der von uns besprochenen Gestalt — eng an die Auflösung der hinter ihr stehenden ökonomisch-sozialen Wirklichkeit gebunden (wie dies Brupbacher[36]) aufwies). Die Vorstoßtruppe Bakunins, der Anarchismus der Jurassienne, verschwand, als die heimarbeitlich betriebene Uhrenindustrie, die die sektenhafte Haltung der Anarchisten ermöglichte, durch die Fabrikarbeit ersetzt wurde: an Stelle des organisationslosen, oszillierend-ekstatischen Erlebens der Utopie trat die an Organisiertheit sich orientierende, den Zeitverlauf als einen strategischen Plan erlebende marxistische Tat.

Erschütternd abrupt und brutal war diese Verabschiedung, aber mit einer fatalen Notwendigkeit durch den Geschichtsprozeß selbst diktiert. — Eine Seelenhaltung von dämonischer Tiefe verschwindet aus dem Vordergrund des politischen Plans, und das Bedingtheitsbewußtsein erweitert sein Feld.

[35]) Über *Bakunin* vgl. die Schriften von *Nettlau, Ricarda Huch und Fr. Brupbacher;* des letzteren Werk „Marx und Bakunin", Berlin-Wilmersdorf 1922, gibt eine konzentrierte Darstellung so manch wichtiger Probleme. Die gesammelten Werke Bakunins in deutscher Sprache sind bei dem Verlag „Der Syndikalist" erschienen. Vgl. ferner die neuerdings im Geheimschrank des Chefs der III. Abteilung der Kanzlei des früheren Zaren entdeckte *Beichte Bakunins an den Zaren Nikolaus I.*, übers. K. Kersten, Berlin 1926.

[36]) *Brupbacher* a. a. O. S. 60 ff., 204 ff.

Auch das liberale Denken hatte — darin dem Anarchismus verwandt — ein Unbedingtheitsbewußtsein, wenn sich in ihm auch (wie wir sahen) durch den Fortschrittsgedanken bereits eine relative Annäherung an den Geschichtsprozeß vollzog. Der Liberale hatte ein Unbedingtheitsbewußtsein durch den Glauben an eine unmittelbare Beziehung zu einem absoluten Reich des Sollens, zu der Idee. Dieses Reich des Sollens war in seiner Geltung der Geschichte enthoben und die Idee hatte für ihn bereits eine in sie eingesenkte bewegende Kraft. Nicht der Prozeß erzeugt die Ideen, sondern allein ihre Entdeckung, ihre Sichtbarmachung und „Aufklärung" hat geschichtsgestaltende Kraft. Eine unerhörte Umkehrung, eine unheimliche kopernikanische Tat lag darin, nicht nur sich selbst, nicht nur den Menschen, sondern auch das Sein, Gelten und Wirken dieser Ideen als bedingt zu erleben und das Werden der Ideen als seinsverbunden, als hineinversenkt in den Prozeß zu sehen. Aber zunächst galt es für den Sozialismus, dieses Absolutheitsbewußtsein nicht beim Gegner zu bekämpfen, sondern in den eigenen Reihen die neue Haltung gegen die noch vorherrschende idealistische durchzusetzen. Schon früh begann deshalb die durch Engels noch immer am besten beschriebene Verabschiedung der „großbürgerlichen Utopie".

St. Simon, Fourier, Owen hatten noch im Stile des ideenhaften Denkens Utopien, aber bereits mit sozialistischem Inhalt, erträumt. Ihre soziale Grenzsituation drückte sich zunächst in Entdeckungen aus, die die soziale, ökonomische Sicht erweiterten; der Methode nach aber blieben sie auf der Stufe des Unbedingtheitsbewußtseins der Aufklärung stehen. „Der Sozialismus ist ihnen allen der Ausdruck der absoluten Wahrheit, Vernunft und Gerechtigkeit und braucht nur entdeckt zu werden, um durch eigene Kraft die Welt zu erobern"[37]). Auch hier mußte etwas niedergerungen werden, das Bedingtheitsbewußtsein verdrängte auch hier die andere, konkurrierende Gestalt der Utopie. Im sozialistischen Bewußtsein handelt es sich um eine die liberale Idee weit überholende prinzipielle Herabsenkung der Utopie in die Wirklichkeit. Hier wird nur noch am Ende des Prozesses die Idee in ihrer verheißenden Unbedingtheit und Unbestimmtheit belassen, aber der das Sein zur Sinnerfüllung führende Weg ist bereits historisch und sozial differenziert.

Auch hierdurch differenziert sich das *historische Zeiterleben:* Was beim Liberalen nur pfeilgerade Zielstrebigkeit war, die zukünftige Zeit, distanziert sich, man unterscheidet (wofür es bei Condorcet bereits Ansätze gab) sowohl vital als im Denken und Handeln Nah und Fern. Eine solche

[37]) *Engels, Fr.:* Die Entwicklung des Sozialismus von der Utopie zur Wissenschaft, 4. Aufl., Berlin 1894.

Differenzierung hatte der Konservative bereits für die Vergangenheit; da aber seine Utopie mit dem erreichten Sein immer mehr in spannungslos werdende Deckung geriet, war für ihn der Zukunftshorizont völlig undifferenziert. Nur durch diese Verschmelzung von Bedingtheitsbewußtsein und dennoch lebendiger Zukunftsvision gelang es, ein mehrdimensional geschichtliches Zeiterleben zu schaffen. Doch ist diese Mehrdimensionalität, die für die Vergangenheit bereits der Konservative erreichte, hier völlig anders strukturiert.

Nicht nur durch das virtuelle Präsentsein eines jeden vergangenen Geschehens allein enthält ein jedes Gegenwartsereignis eine in die Vergangenheit zurückweisende dritte Dimension, auch die Zukunft bereitet sich in ihm vor; nicht nur die Vergangenheit, auch die Zukunft ist virtuell präsent. Ein Abwägen der einzelnen in der Gegenwart vorhandenen Faktoren, ein Erspähen der in den realen einzelnen Kräften lagernden Tendenz gelingt nur dadurch, daß man hier bereits die Gegenwart aus ihrer immer konkreter werdenden Zukunftsergänzung versteht[38]).

War das Zukunftsdenken des Liberalen völlig formal, so setzt auch hier allmählich eine Konkretisierung ein. Zwar ist diese Zukunftsergänzung zunächst allein durch den Willen und durch ein Wunschbild diktiert, dennoch wirkt im Forschen und Handeln diese Zielstrebigkeit *heuristisch* selektiv. Im Gegenwärtigen experimentiert von nun an stets die Zukunft, und im gegenwärtigen Weiterleben korrigiert sich und konkretisiert sich auch immer mehr die zunächst nur vage Verheißung: die Idee. Nicht als ein bloß formales und transzendentes Regulativ für das Geschehen, sondern als eine an dieser Wirklichkeit sich stets selbst korrigierende „Tendenz" führt sie ein Wechselleben mit dem „wirklichen" Geschehen. Das konkrete Erforschen der nunmehr vom Wirtschaftlichen bis zum Seelisch-Geistigen hinaufragenden Interdependenz verknüpft Einzelbeobachtungen zu einer Funktionalbetrachtung im Elemente einer werdenden Totalität.

Dadurch erhält das Geschichtsbild ein immer mehr sich konkret differenzierendes, aber dennoch elastisches Strukturgerüst. Ein jedes

---

[38]) Beinahe wie eine exakte mathematische Bestätigung unserer Theorie über das sozial und politisch differenzierte Erleben der historischen Zeit und als Beleg für die oben gegebene Analyse sei hier eine Stelle aus einer Schrift des Kommunisten *Révai, J.* angeführt: „Eigentlich existiert ja Gegenwart nur dadurch, daß Vergangenheit und Zukunft existiert, Gegenwart ist die Form der unnotwendigen Vergangenheit und der unwirklichen Zukunft. Taktik ist die als Gegenwart auftretende Zukunft." (Das Problem der Taktik, ersch. im „Kommunismus", Zeitschr. d. Kommunistischen Internationale. Jahrg. 1920, Bd. II, S. 1676. Hier ist das virtuelle Präsentsein der Zukunft in der Gegenwart klar ausgesprochen. Ein genaues Gegenstück zu unserem S. 204 angeführten Hegel-Zitat.) Man vergleiche auch die übrigen, an verschiedenen Stellen gegebenen Belege für die soziale Differenzierung des historischen Zeiterlebens. (S. 195 f., 204 f., 218.)

Ereignis ist daraufhin befragbar, was es bedeutet, wo es im Werdezusammenhange steht.

Allerdings wird dadurch der Spielraum der freien Entscheidung immer enger, immer mehr Determinanten werden entdeckt, denn nunmehr ist nicht nur die Vergangenheit bestimmend, auch die wirtschaftlich soziale Lage bedingt das mögliche Geschehen. Die treibende Absicht besteht jetzt nicht darin, aus freischwebenden Impulsen beim beliebigen Hier und Jetzt zuzugreifen, vielmehr den für das Handeln günstigen Punkt im strukturellen Gefüge zu fixieren. Dem Politiker ist es aufgegeben, jene Kräfte bewußt zu stärken, deren Dynamik in der eigenen Richtung sich bewegt, alle entgegenstrebenden Kräfte dagegen in die eigene Richtung umzubiegen oder zumindest zu paralysieren. Das Geschichtserleben wird dadurch zu einem wahren strategischen Plan. Alles in der Geschichte wird nunmehr erlebt als eine intellektuell und willensmäßig beherrschbare Position.

Auch hier strahlt diese im politischen Zentrum primär sich gestaltende Sicht in das gesamte Geistesleben ein: Aus der Erforschung der gesellschaftlichen Geschichtsbedingtheit wird Soziologie, diese wieder wird immer mehr zur Zentralwissenschaft, deren Aspekt auch die auf entsprechender Stufe sich befindenden historischen Einzeldisziplinen durchdringt. Die durch ein Bedingtheitsbewußtsein gebändigte Zuversicht bringt schöpferische Skepsis und einen gebändigten Elan zugleich. Ein spezifischer „Realismus" durchdringt die Kunst. Der Idealismus des Biedermeier ist verflogen, und man sucht nunmehr die in das „wirkliche Sein" eingesenkte Transzendenz im Nahen-Unmittelbaren, solange die fruchtbare Spannung besteht.

V. Die gegenwärtige Konstellation

Der gegenwärtige Augenblick steht im Zeichen einer eigenartigen Konstellation. Der Geschichtsprozeß selbst zeigte uns ein allmähliches Herabsteigen, Näherrücken der zunächst völlig geschichtstranszendenten Utopie. Nicht nur funktionell, auch substantiell wandelte sich hierbei die Gestalt dieser dem Geschichtlichen immer näherrückenden Gewalt.

Was sich ursprünglich in absoluter Spannung zum Geschichtlichen befand, bewegt sich in der Richtung der im Konservatismus vorgebildeten Spannungslosigkeit. Zwar stirbt keine der Formen dieser im historischen Nacheinander auftretenden, uns bewegenden Mächte ab, kein Zeitpunkt ist durch eine einzige Dominante charakterisiert. Die Koexistenz dieser Kräfte, ihre gegenseitige Spannung, aber auch die stets vorhandene Durchdringung zeitigen Formen, deren Gesamtheit erst die historische Fülle ergibt.

Aus dieser Fülle wurde diesmal absichtlich (um das Entscheidende durch das Detail nicht zu verdecken) nur das tendenziell Wichtige hervorgehoben und idealtypisch überbetont. Stirbt in dieser Fülle nichts ab, so läßt sich doch eine soziale Repartierung der im Geschichtsraum wirkenden Kräfte immer klarer aufweisen. Gehalte, Denkformen, seelische Energien erhalten und transformieren sich im Bündnis mit sozialen Kräften und treten niemals zufällig an bestimmten Orten im sozialen Geschehen auf.

In dieser Beziehung zeigt sich aber eine eigentümliche Strukturbedingtheit, die es zumindest andeutungsweise auszusprechen gilt: Je breitere Schichten in die konkrete Seinsbeherrschung hineinwachsen und je größer die Chance für einen in Evolution erringbaren Sieg ist, um so mehr gehen diese Schichten den vom Konservatismus vorgezeichneten Weg. Das bedingt aber eine in mehreren Richtungen sich auswirkende Aufsaugung der Utopie.

Einmal zeigte sie sich am handgreiflichsten in der bereits erwähnten Tatsache, daß die relativ reinste Form modernen chiliastischen Bewußtseins, die im radikalen Anarchismus verkörpert war, vom politischen Plan beinahe völlig verschwindet, wodurch für die übrigen Gestalten der politischen Utopie ein Spannungsfaktor erlischt.

Zwar transformieren und flüchten sich viele Elemente dieser seelischen Haltung in den Syndikalismus und in den Bolschewismus und werden in deren Aktion aufgesogen und einverleibt; sie geben aber dort notgedrungen ihre Absolutheit auf, sie wirken allein in polarer Spannung zu einem auch ihrer sich bemächtigenden evolutionären Bedingtheitsbewußtsein. Sie haben hier ganz besonders im Bolschewismus eher die Funktion der Beschleunigung und Betonung, als die einer Verabsolutierung der revolutionären Tat.

Noch in einer zweiten wichtigen Richtung sahen wir die allmähliche Senkung der utopischen Intensität: eine jede auf späterer Stufe sich neu konstituierende Utopie verrät ein Näherrücken an den historisch-sozialen Prozeß. Sind doch die liberale, die sozialistische, die konservative Idee nur verschiedene Stufen, zugleich auch Gegenformen in diesem vom chiliastischen Bewußtsein immer mehr abrückenden, dem innerweltlichen Geschehen sich stets annähernden Prozeß.

All diese Gegenformen der chiliastischen Utopie entwickeln sich in enger Verknüpfung mit den Schicksalen der sie ursprünglich tragenden Schichten. Sie sind, wie wir sahen, in ihrer primären Gestalt bereits beschwichtigtere Formen der Seinstranszendenz, sie streifen aber im Laufe der weiteren Entwicklung auch noch diese letzten utopischen Reste ab und nähern sich unversehens immer mehr einer formal-konservativen Haltung. Es scheint ein allgemeiner geltendes Strukturgesetz geistesgeschichtlicher Entwicklung zu sein, daß, wenn neue Gruppen in eine bereits vorgebildete Lagerung einrücken, sie nicht ohne weiteres die für diese Lagerung bereits ausgebildeten Ideologien übernehmen, sondern vielmehr die aus ihrer eigenen Tradition mitgebrachten Gehalte der neuen Lagerung anpassen. Es ist dies das Gesetz des Nachwirkens der Ursprungsideologie. So nahmen Liberalismus und Sozialismus, als sie in eine immer konservativer werdende Lagerung einrückten, zwar ab und zu die vom Konservatismus vorgebildeten Ideen in ihr Bewußtsein auf, man transformierte aber lieber der neuen Lagerung entsprechend die mitgebrachte Ursprungsideologie. Das sozialexistentielle Nachrücken in dieselbe Lagerung brachte aber im Lebensgefühl und im Denken dieser Schichten in vielen Dingen dem Konservatismus verwandte Strukturen ganz spontan hervor. Der erstmalige Blick der Konservativen in die historische Bedingtheitsstruktur, die Betonung, womöglich Überbetonung der still wirkenden Kräfte, das stetige Einversenken des utopischen Elements in das Sein erschien auch in ihrem Denken bald in der Gestalt einer spontanen Neuproduktion, bald aber auch in der einer Neuinterpretation.

Eine relative Verabschiedung der Utopie setzt also, durch den sozialen Prozeß bedingt, an mehreren Punkten und in verschiedenen Formen ein. Dieser bereits durch die Dynamik zur Genüge bewirkte Prozeß wird in seinem Tempo und seiner Intensität noch dadurch beschleunigt, daß die verschiedenen, gleichzeitig daseienden Gestalten des utopischen Bewußtseins im Kampfe miteinander sich gegenseitig destruieren. Eine solche gegenseitige Bekämpfung der verschiedenen Gestalten der Utopie müßte eigentlich nicht zur Vernichtung des Utopischen überhaupt führen, denn Kampf an und für sich steigert nur die utopische Intensität. Der modernen Form der gegenseitigen Bekämpfung ist jedoch gerade eigentümlich, daß die Destruktion des Gegners nicht von der utopischen Basis[39]) her erfolgt, was in der sozialistischen Ideologienenthüllung am klarsten erfaßbar ist. Man hält dem Gegner nicht so sehr das Falsche an seiner Gottheit entgegen, sondern man zerstört die sozial-vitale Intensität seiner Idee von der Basis des Aufweisens ihrer historischen und ihrer sozialen Bedingtheit.

Das sozialistische Denken, das bisher alle gegnerischen Utopien als Ideologien enthüllte, hat zwar diese Bedingtheitsproblematik nicht gegen sich selbst gerichtet, diese seinsrelativierende Methode noch nicht gegen die eigene Hypostasierung und Verabsolutierung gekehrt. Jedoch ist es unvermeidlich, daß auch hier das Utopische verschwindet, je weitere Ge-

[39]) Im Elemente dieses allgemeineren Prozesses spielt sich jener Bedeutungswandel des Ideologiebegriffes ab, den wir auf Seite 56 ff. zu schildern suchten.

biete des Bewußtseins dieses Bedingtheitserlebnis erfaßt. Wir gehen einem Stadium entgegen, in dem das Utopische sich durch seine verschiedenen Gestalten völlig (zumindest im Politischen völlig) destruiert. Denkt man in diesem Sinne vorhandene Tendenzen zu Ende, so bekommt die Gottfried Kellersche Prophezeiung: „Der Freiheit letzter Sieg wird trocken sein" einen zumindest für uns unheimlichen Sinn.

Diese „Trockenheit" kündet sich in manchen Gegenwartserscheinungen symptomatisch an und kann auch hier als Ausstrahlung der sozialen und politischen Konstellation in das fernere Geistesleben klar erfaßt werden. Je mehr eine aufstrebende Partei in das parlamentarische Mitregieren hineinwächst, desto mehr gibt sie ihre aus der urspünglich treibenden Utopie strahlende Totalsicht auf, desto mehr läßt sie ihre transformierende Kraft sich am konkreten Einzelfall bewähren. Ganz parallel zu diesem im Politischen zu beobachtenden Wandel löst sich auch im Gebiete der der Partei konformen Wissenschaft ihre anfänglich nur programmatische konstruktive Totalsicht zugunsten der Einzelforschung auf. Dort zerbröckelt die utopische Zielstrebigkeit und die damit eng zusammenhängende Fähigkeit zur Totalsicht in parlamentarischen Beratungskommissionen und in der Gewerkschaftsbewegung in bloße leitende Richtlinien für Bewältigung und Stellungnahme bei der Beherrschung der Mannigfaltigkeit; in der Forschung wird die früher entsprechend einheitlich systematische Weltanschauung bei allen Einzelfragen nur zum leitenden Gesichtspunkt, zum heuristischen Prinzip. Da aber allmählich alle sich bekämpfenden Formen der Utopie denselben Schicksalsweg gehen, so zeigen sie sich, wie in der parlamentarischen Praxis, so auch im Gebiete der Wissenschaft immer weniger als sich bekämpfende Glaubensbekenntnisse, sondern immer mehr als nur konkurrierende Parteien, als nur mögliche Forschungshypothesen. War einst in der ideenhaften Epoche die Philosophie in ihren Richtungen der feinste Gradmesser für die sozialgeistige Gesamtkonstellation, so spiegelt sich heute die innere Lage des sozialgeistigen Gesamtkörpers am klarsten in den verschiedenen Gestalten der Soziologie wider.

Die Soziologie arrivierender Schichten transformiert sich in einer eigentümlichen Richtung. In ihr — genau wie in unserer gegenwärtigen, alltäglichen Weltansicht — kämpfen die in „mögliche Gesichtspunkte" transformierenden Reste gewesener Utopien. Hierbei ist das Eigentümliche, daß in diesem Konkurrenzkampfe um die richtige soziale Sicht alle sich bekämpfenden Aspekte und Gesichtspunkte sich keineswegs „blamieren", d. h. sich keineswegs als nichtig und falsch erweisen, sondern es zeigt sich vielmehr immer deutlicher, daß man von jedem Standorte aus mit dem Grade nach verschiedener, aber dennoch stets vorhandener Fruchtbarkeit denken kann. Jeder dieser Standorte macht nämlich in einem jeweils anderen Querschnitt Zusammenhänge im Gesamtgeschehen sichtbar, und die Vermutung wird immer wahrscheinlicher, daß der Geschichtsprozeß stets etwas Umfassenderes ist als alle vorhandenen Standorte und daß die Denkbasis in ihrer aufweisbaren Zersplitterung der gegenwärtigen Erfahrbarkeit nicht gewachsen ist. Der Horizont des Sichtbaren ist größer als die zur heutigen Stufe gehörende systematisierende und konstruktive Intensität.

Damit fällt aber auch ein neues Licht auf die Notwendigkeit einer steten Bereitschaft zur Synthese in einer einen ihrer Höhepunkte erreichenden Welt. Was vorangehend oft wild gewachsen war und aus den partikularen Erkenntnisbedürfnissen enger Lebenskreise und sozialer Schichten usw. entstand, wird plötzlich zusammenschaubar, und die Vielheit ergibt zunächst ein wirres Bild.

Nicht aus Schwäche gibt sich ein Reife- und Höhepunkt sozialer und historischer Entwicklung den verschiedenen Möglichkeiten der Weltsicht hin und sucht für diese ein sie alle umfassendes Konstruktionszentrum, sondern aus der Erleuchtung, daß eine jede bisherige ausschließliche Apodeixis auf der Verabsolutierung von Partialsichten beruhte, deren seinsmäßige Konturen sich in der gegenwärtigen Lage ohne weiteres enthüllen.

In diesem Stadium einer Spätstufe und zugleich eines Höhepunktes in einer Entwicklung verschwindet proportional zum Verschwinden der Utopie auch die Totalsicht. Nur der *linke* und der *rechte Flügel* glauben in der Gesamtentwicklung *ontisch* an eine Totalität. Auf der einen Seite der Neomarxismus eines *Lukács* mit seinem grundlegenden Werk, auf der anderen Seite der Universalismus eines *Spann.* Es erübrigt sich diesmal an der Differenz der beiden Totalitätsbegriffe dieser beiden Extreme die soziologische Differenz zu demonstrieren, es kommt in diesem Zusammenhang ja nicht auf Vollständigkeit, sondern allein auf die erste Fixierung der symptomatischen Erscheinungen an.

Nicht als ontisch-metaphysische Einheit — wie die soeben Erwähnten —, sondern als eine Forschungshypothese handhabt *Troeltsch* die Totalität. In experimentierender Weise bringt er sie als einen ordnenden Gesichtspunkt an die Stoffmassen heran, auf mehrere Anläufe verteilt sucht er dem jeweils Verbindenden nachzutasten. *Alfred Weber* sucht im Elemente des Anschaubaren und im entschiedenen Gegensatz zu der an die Deduktion gemahnenden Apodiktizität des Rationalismus die Totalität im gewesenen historischen Geschehen eher als Gestalteinheit zu rekonstruieren. Ihrer *relativ mittleren Lagerung* entsprechend vermeidet der eine die ontische Hypostase, der andere die rationalistisch kalkulierende Apodeixis bei dem Suchen der Totalität.

Im Gegensatz zu ihnen, die durch den Totalitätsaspekt mit dem Marxismus oder der konservativ-historischen Tradition verbunden sind, trachtet *der andere Flügel der Mitte* das Problem der Totalität völlig abzustreifen, um auf Grund dieses Verzichtes sich der Fülle der Einzelzusammenhänge um so mehr hingeben zu können. Diese Homogenisierung des Geschehens, bei der jede Tatsache ihren besonderen Zeitindex und ihr Lokalkolorit verliert, gelingt erst dadurch, daß man alle in der Utopie wurzelnden Elemente des Denkens und Sehens als Ideologien skeptisch relativiert. Für diese aus der gegenseitigen Relativierung der Utopien entstandene fruchtbare Skepsis verschwindet von neuem die Sichtbarkeit der konstitutiven Bedeutung der Zeit: das jeweilige Geschehen wird in ewiggleiche Gesetzmäßigkeiten bzw. Typen, Formen eingefangen, die sich nur jeweils anders kombinieren.

Die geschichtsphilosophisch-soziale Gliederung des historischen Zeitgeschehens, an der — von der utopischen Sicht getrieben — unsere letzten Jahrhunderte arbeiteten, versinkt hier von neuem: die qualitativ differenzierte Zeit wird zu einem homogenen Raum, wo immer (wenn auch in verschiedenen Kreuzungen) ein für allemal feststellbare Typenstrukturen zum Durchbruch gelangen (Max Weber).

Entspricht diese fruchtbar-skeptische Sicht primär dem Standorte des arrivierten Bürgertums, dessen Zukunft allmählich Gegenwart geworden ist, so haben die übrigen Schichten die gleiche Tendenz im Maße ihres Arrivierens; doch wird die konkrete Ausgestaltung ihres gegenwärtigen Denkens soziologisch mitbestimmt durch ihre historische Anfangssituation. Auch aus der marxistisch-soziologischen Methode kann man die dynamische Zeitsicht streichen, wodurch man zu einer generalisierenden Ideologienlehre gelangt, in der man (den historischen Differenzierungen gegenüber blind) Ideen ausschließlich auf soziale Lagerungen hin relativiert.

Die Gestalt dieser aller geschichtlichen Zeitsicht gegenüber indifferenten Soziologie hatte schon das *amerikanische Bewußtsein* vorbereitet, ein Bewußtsein, das mit der kapitalistischen Wirklichkeit viel schneller als unser Denken in völlige Deckung geriet. Hier wurde relativ früh das geschichtsphilosophische Gerüst der Soziologie abgestreift und die gesamte Weltsicht und das Weltwerden am Paradigma des Zentralerlebnisses, an der organisatorisch-technischen Wirklichkeitsbeherrschung orientiert. Hatte der europäische soziologische „Realismus" sein Zentralerlebnis an den hier überaus gewaltigen Klassenspannungen, so mußte jene an ökonomischem Spielraum freiere Welt, für die die Lösung technisch-organisatorischer Probleme brennender war, sich stets an diesen Bereichen des Wirklichen orientieren. Soziologie bedeutet für das europäische Denken in den oppositionellen Strömungen: Lösung des Klassenproblems, in allgemeinerer Sicht: wissenschaftliche Zeitdiagnose; für den Amerikaner dagegen Lösung unmittelbarer technischer Aufgaben des gesellschaftlichen Geschehens. Von hier aus erklärt sich die in europäischen Fragestellungen stets mitklingende bange Frage nach dem weiteren Schicksal und damit zusammenhängend eine Tendenz zur Totalsicht, von hier aus in der amerikanischen Frage der Denktypus: Wie mache ich das? Wie löse ich diese konkrete Einzelaufgabe? Und dabei der optimistische Unterton: Für das Ganze habe ich nicht zu sorgen, das Ganze macht sich schon von selbst.

In Europa vollzog sich aber der völlige Abbau der gesamten Seinstranszendenz — der utopischen wie der ideologischen — nicht nur durch die Relativierung all dieser Gehalte auf die sozialökonomische Ebene hin; der völlige Abbau wirkte sich auch noch in anderen Formen aus. Der ontische Beziehungspunkt, der im Ökonomisch-Sozialen ruhte (und auf den letzten Endes der Marxismus alles relativierte), war immer noch geistig-historisch artikulierbar, in ihm ruhte noch (aus der Hegel-Marxschen Tradition stammend) ein Stück historische Sicht. Der historische Materialismus hieß nur Materialismus, die ökonomische Sphäre war trotz der gelegentlichen Leugnung dieses Tatbestandes ein Strukturzusammenhang geistiger Observanz. Das jeweilige Wirtschaftssystem war eben ein „System", etwas also, was sich in der Sphäre des Geistes (des objektiven Geistes) konstituiert. Die absolute Destruktion hatte hier noch einen Spielraum, um weiter zu dringen, und sie gelangte durch diesen Vorstoß zur Hypostasierung des vom Historisch-Spirituellen völlig befreiten, ewig menschlichen *Trieb*substrates. Von hier aus war auch eine generalisierende Lehre möglich, eine Relativierung des Seinstranszendenten auf ewige Wirkformen der Triebstruktur (Pareto, Freud usw.). Eine Vorstufe dieser generalisierenden Trieblehre war schon in der englischen Sozialphilosophie und Sozialpsychologie des 17. und 18. Jahrhunderts gegeben. So, wenn etwa *Hume* in seiner „Enquiry concerning human understanding" sagt: „Es ist gemeinhin anerkannt, daß unter den Handlungen der Menschen in allen Nationen und Zeitaltern eine große Gleichförmigkeit herrscht und daß die menschliche Natur in ihren Prinzipien und Betätigungen immer die nämliche bleibt. Dieselben Beweggründe erzeugen allemal dieselben Handlungen: dieselben Ereignisse folgen aus denselben Ursachen. Ehrgeiz, Habsucht, Selbstliebe, Eitelkeit, Freundschaft, Edelsinn, Gemeingeist: diese Gemütsbewegungen — in verschiedenen Graden gemischt und über die

Gesellschaft verteilt — sind seit Beginn der Welt und auch heute noch die Quelle aller Handlungen und Unternehmungen, die jemals bei den Menschen beobachtet worden sind."

Dieser Prozeß der völligen Destruktion aller spirituellen Elemente, des Utopischen und des Ideologischen zugleich, findet seine Parallele in unseren neuesten Lebensformen und in den diesen entsprechenden Richtungen der Kunst. Muß denn das Verschwinden des Humanitären aus der Kunst, die in Erotik und Baukunst durchbrechende „Sachlichkeit", das Hervorbrechen der Triebstrukturen im Sport nicht als ein Symptom gewertet werden für den immer weiteren Rückzug des Utopischen und Ideologischen aus dem Bewußtsein der in die Gegenwart hineinwachsenden Schichten? Muß nicht die — der Tendenz nach zumindest erstrebte — allmähliche Reduktion des Politischen auf Ökonomie, das bewußte Verneinen der Vergangenheit und der historischen Zeit, das bewußte Beiseiteschieben eines jeden „Kulturideals" als ein Verschwinden des Utopischen in jedweder Gestalt auch aus dem politischen Aktionszentrum gedeutet werden?

Es drängt hier eine Bewußtseinshaltung zur Weltgestaltung, für die sich alle Ideen blamiert, alle Utopien zersetzt haben. Weitgehend ist diese sich ankündigende „Trockenheit" zu bejahen als einziges Mittel, die Gegenwart zu beherrschen, weitgehend zu bejahen als eine Transformation der Utopie zur Wissenschaft, als eine Destruktion der verlogenen und mit unserer Seinswirklichkeit sich nicht in Deckung befindenden Ideologien.

Es gehört vielleicht eine von unserer Generation kaum mehr vollziehbare Herbheit oder die ahnungslose Naivität einer in diese Welt neu hineingeborenen Generation dazu, mit der so gewordenen Wirklichkeit in diesem Sinne in absoluter Deckung zu leben, ohne jedwede Seinstranszendenz, sei es in Gestalt der Utopie, sei es in Gestalt der Ideologie.

Vielleicht ist für eine fertig gewordene Welt (auf unserer Stufe der Selbstbewußtheit) dies die einzige Form des wahrhaften Bestehens. Vielleicht ist das Beste, was wir im Ethischen haben, ein auf „Echtheit" abgestelltes Sein? Ist doch die Echtheitskategorie nichts anderes als das in das Seelische übertragene Prinzip der Seinskongruenz — das in das Ethische projizierte Prinzip der Sachlichkeit. Vielleicht kann eine fertig gewordene Welt sich dies leisten. Sind wir aber wirklich dermaßen am Ziele, daß eine Spannungslosigkeit mit Echtheit sich vereinigen läßt? Wer sieht nicht, daß an dieser immer größer werdenden Spannungslosigkeit die politische Aktivität, die wissenschaftliche Intensität, der bisher überwertige Gehalt des Lebens immer mehr erlöschen?

Will man sich also bei dieser Sachlichkeit nicht ohne weiteres beruhigen, so muß man weiter fragen und suchen: Gibt es nicht außer diesen die

Spannungslosigkeit fördernden sozialen Trägern noch andere Kräfte im Raum? Auf die so gestellte Frage muß aber die Antwort lauten:

Die gegenwärtige Spannungslosigkeit wird zunächst noch immer von zwei Seiten her flankiert. Auf der einen Seite stehen die im Sozialismus und Kommunismus noch nicht arrivierten Schichten. Für diese ist das ungetrennte Bündnis zwischen Utopie, Sicht und Aktion so lange unproblematisch, als sie Outsider in der gewordenen Welt sind. Ihre Präsenz im sozialen Raume bedeutet das ungebrochene Vorhandensein zumindest einer Gestalt der Utopie, und die wird bis zu einem gewissen Grade immer wieder auch die Gegenutopien erzwingen, entzünden und aufflackern lassen, so oft zumindest, als dieser extremste linke Pol in Aktion tritt. Ob dies geschieht, hängt weitgehend von der Strukturform des vor uns stehenden Werdens ab. Gelingt es durch friedliche *Evolution* eine spätere, in sich vollkommenere Form des Industrialismus zu erreichen, die genügend elastisch ist, und gelingt es, die niedrigsten Schichten in einen relativen Wohlstand zu setzen, so setzt auch bei ihnen die bei den bisher arrivierten Schichten aufgewiesene Transformation ein. (Hierbei ist es *von diesem Gesichtspunkt aus* gleichgültig, ob diese vollkommenere Form der sozialen Organisation des Industrialismus sich durch ein Hineinarrivieren der restlichen Schichten in einen zu dem Zwecke ihres relativen Wohlergehens genügend elastisch werdenden Kapitalismus bildet, oder ob der Kapitalismus sich vorher in einen Kommunismus transformiert.) Gelingt es, die spätere Stufe des Industrialismus nur durch die Revolution zu erreichen, so flackern auf allen Polen die utopischen und ideologischen Elemente von neuem auf. Wie dem auch sei, im sozialen Schwergewicht dieses Flügels der gesellschaftlichen Opposition liegt eine Komponente des Schicksals der Seinstranszendenz.

Aber nicht allein von den Schicksalen dieses Pols hängt die zukünftige Gestaltung des Utopischen und Geistigen ab. Es gibt außer diesem soziologischen Faktor noch einen Faktor, mit dem man bei diesem Zusammenhang zu rechnen hat, nämlich eine eigentümliche sozialgeistige Mitte im historischen Geschehen, die zum Geistigen eine bestimmte Beziehung hat, eine Schicht, von der sich unsere bisherige Analyse keine Rechenschaft gab.

Von jeher gab es bei allen Schichten außer den sie repräsentierenden Interessenträgern eine mehr auf das Spirituelle eingestellte Schicht. Man könnte sie soziologisch die Intellektuellen nennen, aber hier in diesem Zusammenhange muß die Einengung noch weiter gehen. Nicht die Träger des Bildungspatentes sind hier gemeint, sondern die wenigen Geistigen in ihren Reihen, denen es bewußt oder unbewußt stets auch auf etwas anderes ankam, als auf das Hineinarrivieren in die nächste Stufe des sozialen

Seins. Man kann die Dinge noch so nüchtern betrachten, diese Dünnschicht gab es bisher immer. Ihre Situation war aproblematisch, solange ihre Spiritualität sich mit der Spiritualität einer bestimmten aufstrebenden Schicht jeweils in Deckung befand. Sie lebten, sahen, erkannten die Welt aus derselben Utopie heraus, die sie willensmäßig mit den Gruppen und sozialen Schichten verband. Dies gilt genau so für einen Thomas Münzer wie für die bürgerlichen Kämpfer der französischen Revolution, für Hegel genau so wie für Marx.

Problematisch wird ihre Lage stets dann, wenn die hinter ihnen stehende Schicht in die Gegenwartsbeherrschung hineinarriviert, wenn der Prozeß die an die Politik gebundene Utopie und damit zugleich die durch dieses Band gefesselte geistige Schicht freigibt.

Dieses Freigeben der „Geistigen" wird sich auch einstellen, sobald die unterdrückteste Schicht in die Mitbeherrschung der sozialen Seinslage hineinwächst. Nur daß bis dahin sich immer mehr jene bereits jetzt klar sichtbare Tendenz erfüllt: daß die freischwebende Geistigkeit noch mehr als jetzt sich allmählich aus allen sozialen Schichten und nicht nur aus den privilegierten rekrutiert. Diese immer mehr auf sich selbst zurückgeworfene Geistigkeit flankiert von der anderen Seite her die soeben charakterisierte, auf eine Spannungslosigkeit hin tendierte Gesamtsituation. Aber auch sie trachtet sie zu sprengen, denn sie lebt bei weitem nicht mit dem Gewordenen in aproblematischer Seinskongruenz.

Für diese vom Prozeß freigegebene Geistigkeit eröffnen sich die vier folgenden Möglichkeiten: Die erste Gruppe der Geistigen zählt eigentlich gar nicht hierher, denn diese Gruppe wird von jenen gebildet, die noch im Bündnis mit dem radikalen Flügel des sozialistisch-kommunistischen Proletariats stehen. Sie leben noch — zumindest in dieser Hinsicht — in einer aproblematischen Situation. Für sie besteht noch keine Spaltung zwischen geistiger und sozialer Bindung.

Die zweite Gruppe, die der Prozeß allmählich mit der Utopie gleichzeitig freigab, wird skeptisch und vollzieht in der Wissenschaft im Namen der Echtheit die soeben charakterisierte Ideologiedestruktion. (M. Weber, Pareto.)

Die dritte Gruppe flüchtet in die Vergangenheit und sucht dort jenen Ort, wo das Seinstranszendente in einer gewesenen Gestalt die Welt beherrschte, und sie versucht durch dessen romantische Rettung die Spiritualisierung der Gegenwartssituation. Neubelebungsversuche der Religiosität, des Idealismus, der Symbole und Mythen erfüllen von diesem Gesichtspunkte aus dieselbe Funktion.

Die vierte Gruppe vereinsamt und gibt bewußt den historischen Prozeß auf, sie verbindet sich unvermittelt mit der ursprünglichsten radikalsten Form des vom Prozeß freigegebenen utopischen Kerns, ohne nunmehr sich mit der politischen Radikalität in Beziehung zu setzen. Alles, was der historisch-soziale Prozeß an konkreten Gehalten destruierte, jede Glaubens- und Mythenform wird hier im Gegensatz zur romantischen Haltung mitdestruiert nur jenes ahistorische Etwas, jener ekstatische Punkt, der einst den Mystiker und Chiliasten gleichzeitig und nur in verschiedener Form beherrschte, wird in absoluter Nacktheit in die Mitte des Erlebens gestellt. Auch hierfür gibt es Symptome. Ein eigentümliches Wetterleuchten in der modernen (oft expressionistischen) Kunst und in der modernen, nicht schulmäßigen Philosophie weist dieses freischwebende Flackern des Ekstatischen auf. (Der erste Ansatzpunkt lag hierzu bei Kierkegaard.) Durch einen solchen Exodus des chiliastischen Elementes aus der modernen Lebensmitte, aus dem Gebiet des Politischen mag wohl der rein ekstatische Kern gerettet werden, aber alle bisher doch als zentral erlebten Gebiete des Seins, alle Aktions- und Objektivationsgebiete der Kultur werden dadurch völlig mediatisiert. Auch für das Chiliastisch-Ekstatische muß dieser Rückzug verhängnisvoll werden, sahen wir doch, wie es, auf sich selbst beschränkt, ohne Auseinandersetzung mit der Welt, die Tendenz hat, abzuebben, süßlich zu werden oder sich in pure Erbaulichkeit zu verlieren.

Es ist unvermeidlich, daß man sich nach einer solchen Konstellationsanalyse fragt, was nunmehr in der Zukunft geschieht. An der Unbeantwortbarkeit dieser Frage enthüllt sich aber am klarsten die Struktur der historischen Sicht. Etwas vorauszusagen, wäre Prophetie. Jede Prophetie verwandelt aber Geschichte zwangsläufig in reine Determination und beraubt uns dadurch der Möglichkeit zur Wahl und zur Entscheidung, und es erstirbt daran der abwägend suchende Instinkt im Hinblick auf die stets sich neugestaltende Möglichkeit.

Denn die Form, in der die Zukunft allein sich gibt, ist die der Möglichkeit, das Soll aber ist die adäquate Zuwendung zu ihr. Für die Erkenntnis ist die Zukunft — was das nicht rein Organisierte und Rationalisierte betrifft — ein undurchdringbares Medium, eine harte Wand, von der zurückgestoßen sie die Notwendigkeit des Wollens und im Zusammenhange damit die Erforderlichkeit des Sollens (des Utopischen) erst entdeckt. Von diesem Soll her kann man erst nach gegenwärtigen Möglichkeiten fragen, und von hier aus fällt erst ein Blick in die Geschichte. Hier wird zugleich auch letztlich verstehbar, warum jegliches historisches Wissen konstitutiv im Elemente des Willensmäßigen existiert. Ob in unserer Situation, in der die verschiedenen Tendenzen zur Utopie mit der Tendenz zur Spannungslosigkeit im Kampfe stehen, diese oder jene Tendenz siegen wird, ist nicht erkennbar, denn das ist noch keine abgelaufene Wirklichkeit, es steht noch aus. Was die Zukunft betrifft, so hängt potentiell alles (weil wir Menschen und nicht Dinge sind), der Wahrscheinlichkeit nach vieles von unserem Wollen ab. Wofür man hierbei optiert, liegt letzten Endes bei jedem einzelnen. Das bisher Dargestellte kann ihm nur dazu verhelfen, die Bedeutung seiner Option zu sehen.

Auch hier an solch letzten, entscheidenden Punkten leuchtet noch einmal die radikalste Differenz des möglichen Realitätserlebens auf. Den einen extremen Pol möge auch diesmal der Anarchist *Landauer* vertreten: „Was verstehen Sie denn aber unter dem Objektiven, rein Sachgemäßen in der Geschichte der Menschheit? Ganz gewiß nicht Boden, Häuser, Maschinen, Schienenwege, Telegraphendrähte und dergleichen. Wenn Sie aber zu Tradition, Gewohnheit und gläubiger Verehrung gewordene Beziehungskomplexe wie den Staat und ähnliche Einrichtungen, Zustände, Verhältnisse damit meinen, so ist ja eben die Erkenntnis nicht mehr aus der Welt zu schaffen, daß das nur Scheinobjekte sind. Die Möglichkeit und Notwendigkeit des zwischen Erhaltung, Zerstörung und Neubau pendelnden Bewegungsprozesses der Gesellschaft beruht ja eben auf dieser Tatsache, daß es über dem Individuum keinen gewachsenen Organismus, sondern Beziehungen der Vernunft, der Liebe, der Autorität gibt. Darum kommt immer wieder für ein individuelles ‚Gebilde', das nur Gebilde ist, solange die Individuen es mit ihrem Safte nähren, die Zeit, wo die Lebendigen sich von ihm als einem sinnlosen Gespenst zurückziehen und neue Gruppierungen schaffen. So habe ich von dem, was ich ‚Staat' nenne, meine Liebe, Vernunft, Untertänigkeit und meinen Willen zurückgenommen. Das kann ich, sowie ich es wollen kann. Wenn Sie es nicht können, so ändert das gar nichts an der entscheidenden Tatsache, daß dieses Nichtkönnen untrennbar an Ihrer eigenen Persönlichkeit hängt, nicht aber an der Natur der Sache." (Aus einem Briefe *Landauers* an Margarete Susmann, 25. 1. 1926, abgedr. *Landauer, G.*, sein Lebensgang in Briefen, hrsg. v. M. Buber 1929, Bd. 2, S. 122.) Als das Gegenextrem vgl. man etwa die folgende Stelle bei *Hegel:* „Ob das Individuum sei, gilt der objektiven Sittlichkeit gleich, welche allein das Bleibende und die Macht ist, durch welche das Leben der Individuen regiert wird. Die Sittlichkeit ist daher den Völkern als die ewige Gerechtigkeit, als an und für sich seiende Götter vorgestellt worden, gegen die das eitle Treiben der Individuen nur ein anwogendes Spiel bleibt." *(Hegel:* Grundlinien der Philosophie des Rechts, ed. *Lasson:* Philosophische Bibliothek, Bd. 124, S. 325 f., 94. Zusatz zu § 145.)

Für unseren engeren Zusammenhang aber, der eigentlich im Zeichen einer soziologischen Bewußtseinsgeschichte steht, wurde es sichtbar, daß in der dargestellten Epoche die wesentlichsten Wandlungen der geistigen Struktur von der Transformation des Utopischen her erfaßbar sind. Für die Zukunft ergibt sich daraus, daß eine absolute Ideologie- und Utopielosigkeit prinzipiell zwar möglich ist in einer Welt, die gleichsam mit sich fertig geworden ist und sich stets nur reproduziert, daß aber die völlige Destruktion der Seinstranszendenz in unserer Welt zu einer Sachlichkeit führt, an der der menschliche Wille zugrunde geht. Hierbei zeigt sich auch der wesentlichste Unterschied zwischen den beiden Arten der Seinstranszendenz: Während der Untergang des Ideologischen nur für bestimmte Schichten eine Krise darstellt und die durch Ideologieenthüllung entstehende Sachlichkeit für die Gesamtheit immer eine Selbstklärung bedeutet, würde das völlige Verschwinden des Utopischen die Gestalt der gesamten Menschwerdung transformieren. Das Verschwinden der Utopie bringt eine statische Sachlichkeit zustande, in der der Mensch selbst zur Sache wird. Es entstünde die größte Paradoxie, die denkbar ist, daß nämlich der Mensch der rationalsten Sachbeherrschung zum Menschen der Triebe wird, daß der Mensch, der nach einer so langen opfervollen und heroischen Entwicklung die höchste Stufe der Bewußtheit erreicht hat — in der bereits Geschichte nicht blindes Schicksal, sondern eigene Schöpfung wird —, mit dem Aufgehen der verschiedenen Gestalten der Utopie den Willen zur Geschichte und damit den Blick in die Geschichte verliert.

V. KAPITEL

WISSENSSOZIOLOGIE

1. WESEN UND REICHWEITE DER WISSENSSOZIOLOGIE

a) Definition und Gliederung der Wissenssoziologie

Die Wissenssoziologie ist eine neuerdings entstandene soziologische Disziplin, die als Theorie eine Lehre von der sogenannten „Seinsverbundenheit" des Wissens aufzustellen und auszubauen und als historisch-soziologische Forschung diese „Seinsverbundenheit" an den verschiedenen Wissensgehalten der Vergangenheit und Gegenwart herauszustellen bestrebt ist.

Sie ist entstanden, um die in der gegenwärtigen Krisensituation des Denkens sichtbar gewordene, vielfache Gebundenheit, so in erster Reihe die gesellschaftliche Gebundenheit von Theorien und Denkweisen zum Forschungsthema zu machen und um auf diese Weise einmal faßbare Kriterien für die „Seinsverbundenheit" herauszuarbeiten, ferner um durch ein vorbehaltloses, radikales Zu-Ende-Denken dieses Problems eine der heutigen Situation angemessene Theorie über die Bedeutung der außertheoretischen Bedingungen des Wissens auszubauen.

Nur auf diese Weise kann es uns gelingen, über eine vage und undurchdachte und deshalb unfruchtbare Form des Relativismus gegenüber der Wissenschaft Herr zu werden, die solange bestehen wird, als die Wissenschaft diese in der neuesten Entwicklung immer klarer sichtbar gewordenen Bedingtheitsmomente am jeweiligen Denkergebnis gedanklich unbewältigt stehen läßt. Die Wissenssoziologie stellt sich demgegenüber die Aufgabe, nicht durch ein ängstliches Umgehen jener Einsichten, die sich auf die gesellschaftliche Seinsverbundenheit des Wissens beziehen, das Problem zu lösen, sondern der Beunruhigung dadurch zu entgehen, daß sie diese Einsichten in die Horizonte der Wissenschaft selbst einbezieht und als Korrekturen der wissenschaftlichen Ergebnisse benutzt; sofern sie aber hierbei noch vage, ungenau und übertrieben erscheinen, will die Wissenssoziologie sie auf ihren Richtigkeitskern reduzieren und dadurch der methodischen Beherrschbarkeit näherbringen.

b) Wissenssoziologie und Ideologienlehre

Die Wissenssoziologie steht in einer engen Beziehung zu der gleichfalls in unserer Epoche aufgekommenen und zur Entfaltung gelangten Ideologienlehre, der gegenüber sie sich auch immer klarer abzuzeichnen in der Lage ist. Die Ideologienlehre macht es sich zur Aufgabe, die mehr oder weniger bewußten Lügen und Verhüllungen der menschlichen Parteiungen, insbesondere der politischen Parteien, zu entlarven. Die Wissenssoziologie beobachtet jene Fälle, bei denen nicht so sehr der mehr oder minder bewußte Wille zur Lüge und Verhüllung Aussagen in eine bestimmte Richtung treibt (vgl. hierzu die in der Bibliographie angeführten Werke über Lüge und Ideologie), sondern bei denen sich das gesellschaftliche Gefüge mit allen seinen Phänomenen offenbar *notwendigerweise* den an verschiedenen Punkten dieses Gefüges verankerten Beobachtern verschieden gibt. Nicht die Verhüllungsabsicht bestimmt also in allen diesen Fällen die „Einseitigkeit" und „Falschheit" der Aussagen, sondern die unvermeidlich verschieden geartete Bewußtseinsstruktur der verschieden gelagerten Subjekttypen im historisch-sozialen Raum.

Dieser Dualität entsprechend wollen wir nur jene Formen des „Unrichtigen" und „Unwahren" der Ideologienlehre zuweisen, die dem ersteren Typus entsprechen, während jede Einseitigkeit in der Betrachtung, die nicht auf mehr oder minder bewußte Fälschung zurückgeht, aus der Ideologienlehre hinausgehoben und zum Gegenstand der Wissenssoziologie gemacht werden soll. In der Ideologienlehre älterer Prägung gingen diese beiden Möglichkeiten der falschen Sicht und Aussage noch durcheinander. Dieser Dualität entsprechend ist es ferner ratsam, die beiden Formen der möglichen falschen bzw. einseitigen Sicht, die man früher in gleicher Weise „Ideologien" nannte, immer schärfer voneinander zu trennen. Wir werden dementsprechend von einem *partikularen* und von einem *totalen* Ideologie-Begriff reden und unter dem ersteren gerade jene Aussagen eines Subjekts verstehen, die ihre „Falschheit" einer sich auf der psychologischen Ebene abspielenden gewollten oder ungewollten, bewußten, halbbewußten oder unbewußten Fremd- oder Selbsttäuschung verdanken und mehr oder minder die Struktur der Lüge haben.

Partikular wollen wir diesen Ideologiebegriff deshalb nennen, weil er stets nur auf bestimmte Aussagen des Subjektes beziehbar ist, die er als Verdeckungen, als Verfälschungen oder als Lügen kennzeichnet, demgegenüber aber die Wahrheit der *gesamten Denkstruktur* des aussagenden Subjekts nicht angreift. Für die Wissenssoziologie dagegen wird gerade diese Denkstruktur in ihrer Totalität bei bestimmten Denkströmungen und historischen „Kollektivsubjekten" zum Problem. Nicht auf der Ebene des Vollzugs der Aussagen, wo Täuschungen und Verhüllungen auftreten können, kritisiert sie das Denken, sondern auf der Konstitutionsebene, auf der *noologischen Ebene*, die ihrer Ansicht nach keineswegs für alle Menschen ohne weiteres einheitlich ist, vielmehr im Laufe der historisch-sozialen Entfaltung sich verschieden gestalten und verschiedene Aspekte über denselben Gegenstand entstehen lassen kann. Da im Falle des totalen Ideologiebegriffs der Lügenverdacht nicht mehr in Frage kommt, bedeutet auch im Gebiete der wissenssoziologischen Analyse das Wort „Ideologie" nichts moralisch Pejoratives (es ist kein Schimpfwort mehr), sondern eine Anzeige für eine Forschungsabsicht, die der Frage nachgehen will, wann und wo in Aussagestrukturen historisch-soziale Strukturen hineinragen, und in welchem Sinne die letzteren die ersteren in concreto bestimmen können. Auch werden wir es im Gebiete der Wissenssoziologie immer mehr vermeiden, den zu sehr belasteten „Ideologiebegriff" zu benützen, im wissenssoziologischen Gebrauch werden wir eben von einer „seinsverbundenen — oder standortgebundenen — Aspektstruktur" eines Denkers reden.

2. DIE BEIDEN TEILE DER WISSENSSOZIOLOGIE

A. Die Wissenssoziologie als Theorie von der Seinsverbundenheit des Wissens

Die Wissenssoziologie vermag uns also einmal als Theorie (Teil 2A) und weiterhin als historisch-soziologische Forschungsmethode (siehe Teil 5, Seite 263) über die Seinsverbundenheit des Denkens entgegenzutreten. Als Theorie kann sie uns wiederum in doppelter Gestalt begegnen. Einmal kann sie als Theorie eine bloße Tatsachen (Faktizitäten) feststellende Lehre von dem Phänomen der Seinsverbundenheit des Wissens sein; als solche beschränkt sie sich darauf, diese Seinsverbundenheit phänomenologisch aufzuweisen, zu beschreiben und der Struktur nach zu analysieren; sie kann aber dann in Gestalt eines darauffolgenden Denkschrittes sich in eine erkenntnistheoretische Lehre (siehe Teil 2 B Seite 245) umwandeln, die sich zur Aufgabe macht eben die *erkenntnistheoretische Relevanz* der Tatsache der Seinsverbundenheit zum Problem zu machen.

Dementsprechend hat man sich mit den wissenssoziologischen Theorien auf zwei Stufen auseinanderzusetzen: a) einmal, sofern sie eine empirische Theorie (eine Theorie der Empirie) über das Vorhandensein und über die Eigenart dieses seinsverbundenen Wissens ist; b) zweitens, sofern sie erkenntnistheoretische Konsequenzen aus dieser Faktizität zieht. Man kann sehr wohl die Wissenssoziologie in diesem Sinne als eine neue empirische Forschungsmethode bezüglich der Seinsverbundenheit des faktischen Denkens bejahen, ohne sie in ihren erkenntnistheoretischen Konsequenzen mitzumachen.

Wir wollen dieser Gliederung entsprechend, zunächst so weit als möglich von den erkenntnistheoretischen Konsequenzen absehend, die Wissenssoziologie als eine Theorie von der Seinsverbundenheit des faktischen Denkens zur Darstellung bringen. Es gilt in diesem Zusammenhange in erster Reihe zu klären: *was unter Seinsverbundenheit zu verstehen sei.* Wie läßt sich diese am einfachsten aufhellen? Als Tatsache wird sie wohl am klarsten durch einen *Aufweis* zugänglich zu machen sein. Die Seinsverbundenheit des Denkens wird in jenen Gebieten des Denkens als aufgewiesene Tatsache gelten, in denen es gelingt zu zeigen, a) daß sich der Erkenntnisprozeß de facto keineswegs nach „immanenten Entfaltungsgesetzen" historisch entwickelt, keineswegs nur „von der Sache her" und von „rein logischen Möglichkeiten" geleitet, keineswegs von einer inneren „geistigen Dialektik" getrieben, zustandekommt, sondern daß an ganz entscheidenden Punkten außertheoretische Faktoren ganz verschiedener Art, die man als „Seinsfaktoren" zu bezeichnen pflegt, das Entstehen und die Gestaltung des jeweiligen Denkens bestimmen; b) daß diese das Entstehen der konkreten Wissensgehalte bestimmenden Seinsfaktoren keineswegs von bloß peripherer Bedeutung, von „bloß genetischer Relevanz" sind, sondern in Inhalt und Form, in Gehalt und Formulierungsweise hineinragen, Kapazität, Greifintensität eines Erfahrungs- und Beobachtungszusammenhanges, mit einem Wort alles, was wir als Aspektstruktur einer Erkenntnis bezeichnen werden, entscheidend bestimmen.

Sozialprozesse, die den Erkenntnisprozeß lenken. Was zunächst die erste Kriteriengruppe für die Seinsverbundenheit des Wissens betrifft — wonach außertheoretische Faktoren in die Denkgeschichte de facto hineinragen, so bieten uns die neueren, im Sinne der soziologisch orientierten Geistesgeschichte gemachten Untersuchungen immer mehr bestätigende Belege. Denn soviel scheint heute schon klar zu sein, daß man sich in der vorangehenden geistesgeschichtlichen Orientierung mit dem Apriori, daß im Gebiete des Wandels des Geistigen alles vom „Geiste" her zu verstehen sei („immanente Geistesgeschichte") von vornherein den Weg zur Entdeckung des etwaigen Hineinragens der sozialen Prozeße in das „Geistige" versperrt hatte. So wird denn auch seit der Auflockerung dieses Aprioris in immer mehr Fällen in concreto sichtbar, daß

a) bei der Problemstellung ein der Formulierung vorangehender, problematischmachender Lebensakt das Problem erst ermöglicht,

b) bei der Auswahl aus der Fülle des Stoffes ein willensmäßiger Akt bei dem Erkennenden am Werke ist und daß

c) bei dem Ductus (bei der Problemführung) lebendige Kräfte im Spiele sind.

Was nun diese lebendigen, willensmäßigen Kräfte und Einstellungen, die hinter den theoretischen stehen, betrifft, so wird es gleichfalls im Zusammenhang dieser Forschungen immer klarer, daß sie keineswegs bloß individueller Natur sind. D. h., sie haben ihren Ursprung nicht in erster Reihe im bewußtwerdenden Willen des jeweils denkenden Einzelindividuums, vielmehr im kollektiven, hinter dem Denken dieses Individuums stehenden Willenszusammenhang einer Gruppe, an deren vorgegebenen Aspekten dieses Individuum mit seinem Denken nur partizipiert. In diesem Zusammenhang wird es ferner immer klarer sichtbar, daß man einen großen Teil von Denken und Wissen gar nicht richtig versteht, sofern man diese ihre Seinsverbundenheit, dieses ihr Vorhandensein für das Kollektivum nicht miterfaßt.

Wir können die mannigfachen sozialen Prozesse, die in diesem Sinne die Theorie vom „Sein" her entstehen lassen und lenken, nicht alle anführen und müssen uns auf einen exemplarischen Fall beschränken (wobei wir auch hier, was dic ausführliche Beweisführung betrifft, auf die angeführte Literatur verweisen).

Als ein solcher repräsentativer Fall, in dem außertheoretische Prozesse das Aufkommen und die Entfaltungsrichtung des Wissens und Erkennens lenken, ist die *Konkurrenz* anzusehen. Die Konkurrenz lenkt nämlich (vgl. hierzu Ausführlicheres in dem in der Bibliographie zitierten Vortrag des Verfassers über die „Bedeutung der Konkurrenz im Geistigen") keineswegs nur das wirtschaftliche Handeln vom Marktmechanismus her, keineswegs nur das politisch-gesellschaftliche Geschehen, sondern steht auch als motorischer Impuls hinter den verschiedenen „Weltauslegungsarten"; denn diese entpuppen sich, wenn man ihre sozialen Hintergründe rekonstruiert, als geistige Exponenten im Kampfe bestimmter um die Weltbeherrschung ringender Gruppen.

Das immer klarere Heraustreten jener sozialen Hintergründe, die als unsichtbare Leitkräfte hinter dem Erkennen stehen, ergibt nun auf der heutigen Stufe der Einsichten folgendes Gesamtbild: Gedanken, Wissensgehalte treten, wie erwähnt, nicht isoliert in Gestalt von Einfällen großer Genies auf. Auch hinter genialen Einfällen steht der Ductus eines dem denkenden Individuum vorgegebenen kollektiv historischen Erfahrungszusammenhanges, der aber unter keinen Umständen als „Geist" hypostasiert und substantialisiert werden darf. Sieht man genauer zu, so zeigt es sich ferner, daß in derselben Zeit nicht nur *ein* Erfahrungszusammenhang (wie man sich das bei der Volksgeistlehre etwa vorgestellt hat) mit einer besonderen Ausgerichtetheit (nicht nur eine Denkströmung) vorhanden ist, sondern daß man die „Welt" nur vielseitig erkennt, weil *gleichzeitig mehrere* (wenn auch keineswegs gleichursprüngliche und gleichwertige) gegeneinander eingestellte Denktendenzen um die stets andersartige Auslegung der „gemeinsamen" Erfahrungswelt ringen. Den Schlüssel aber zum konkreten Gegeneinander liefert nicht im mindesten der „Gegenstand an sich" (denn von ihm aus wäre es nicht zu verstehen, warum er in verschiedenen „Brechungen" entstehen sollte), sondern die Erwartungen, Wollungen und ursprünglichen Erfahrungsimpulse in ihrer Verschiedenheit. Wird man also auf das Spiel und Widerspiel dieser verschieden gelagerten Erfahrungsimpulse im sozialen Raume zurückgeworfen, so zeigt jede genauere Analyse, daß der Antrieb zum Gegeneinander der konkreten Erfahrungsimpulse keineswegs bei der Theorie selbst liegt, sondern daß diese verschiedenen, gegeneinander gelagerten Erfahrungsimpulse im Element sie umfassender, allgemeinerer Gruppenwollungen verankert sind. Die scheinbar „rein theoretischen Parteiungen" gehen im Lichte der wissenssoziologischen Analyse (die eben die verdeckten Zwischenglieder der ursprünglichen Beobachtungsimpulse rekonstruiert) meistens auf weltanschauliche Verschiedenheiten zurück; diese aber sind in ihrem Gegeneinander unsichtbar gelenkt von der Antithetik und Konkurrenz konkreter, sich bekämpfender Gruppen.

Um nur eine der vielen anderen möglichen Kollektivverbundenheiten zu nennen, aus denen Spannungen zwischen verschiedenen Weltauslegungs- und Wissensarten hervorgehen können, sei hier auf die *Generationslagerung* hingewiesen. Auch sie bestimmt sehr oft das Auswahl-, das Gestaltungs- und das Polarisationsprinzip der zu einem gegebenen Zeitpunkt in einem sozialen Raum vorhandenen Theorien und Sichten. (Ausführlicheres hierzu ist in dem in der Bibliographie angeführten Aufsatz des Verfassers über das „Generationsproblem" zu finden.) Aus der Kombination der beiden Einsichten, die wir hierbei über die Bedeutung der Konkurrenz und der Generation für die geistige Entwicklung gewonnen haben, geht hervor, daß die in der „immanenten Geistesgeschichte" als „geistige Dialektik" ausgelegte historische Bewegungsform von der Wissenssoziologie aus weitgehend auflösbar ist in die Bewegungsrhythmik, die eben der Generationswandel und die Konkurrenz in die Geistesgeschichte hineintragen.

In diesem Zusammenhang, in dem das Problem Gesellschaftsform und Denkform behandelt wird, muß u. a. auch die Beobachtung M. Webers erwähnt werden, daß ein großer Teil der *Systematisierungsintentionen* auf scholastische Hintergründe zurückzuführen ist, daß „systematisch" Denkenwollen Korrelat des Vorhandenseins juristischer oder wissenschaftlicher *Schulen* ist, daß man meistens in der Kontinuität des Lehrbetriebes den Ursprung dieser denkerischen Ordnungsform zu suchen hat. (Vgl. *M. Webers* „Wirtschaft und Gesellschaft", dort insbesondere die Rechtssoziologie.) Hierher gehören auch die wichtigen Bemühungen *M. Schelers*, die verschiedenen Wissensformen in Beziehung zu setzen zu bestimmten *Gruppenformen*, in denen sie allein entstehen und ausgebildet werden können. (Vgl. insbesondere seine: „Die Wissensformen und die Gesellschaft", ferner: „Die Formen des Wissens und die Bildung".)

Dies muß genügen, um verständlich zu machen, was gemeint ist, wenn man von der Korrelation redet, die zwischen Wissensarten, Wissensgehalten und bestimmten tragenden sozialen Gruppen und sozialen Prozessen besteht.

Das konstitutive Hineinragen des Sozialprozesses in die Aspektstruktur. Sind diese dem Sozialprozeß zurechenbaren Seinsfaktoren nur peripherer

Art, nur als *bloße* Entstehungsursachen, als *bloße* Bedingungen des faktischen Entstehens zu betrachten (sind sie also von bloß „genetischer" Relevanz) oder ragen sie in die Aspektstruktur konkreter Aussagen hinein? Das ist die nächste Frage. Die historische und soziale Genesis wäre nämlich nur dann noologisch irrelevant, wenn der sozialen und zeitlichen Entfaltung des Erkennens nicht mehr als bloßes Zustandekommen und Sichrealisieren einer Erkenntnis zu verdanken wäre. In diesem Falle würden zwei Epochen in der Wissensgeschichte sich nur dadurch unterscheiden, daß in der älteren bestimmte Erkenntnisse *noch nicht* gemacht worden waren oder aber bestimmte Irrtümer noch bestanden, die durch spätere Einsichten ohne weiteres widerlegt wurden. Während man dieses Verhältnis von früherem Wissen zum späteren Wissen für die exakten Naturwissenschaften weitgehend behaupten kann (obzwar gerade heute die Stabilitätsvorstellungen von dem kategorischen Bestand der exakten Naturwissenschaften im Vergleich zur Logik der „klassischen Physik" erheblich erschüttert worden sind), scheint es in der Geistesgeschichte z. B. so zu sein, daß dieses schlichte Überholen der früheren Stadien im Sinne der widerlegten Irrtümer nicht so ohne weiteres aufweisbar ist, denn eine jede Zeit und darin verschieden mögliche Betrachtungsweisen haben die Eigenart, daß sie weitgehend von Grund aus neu ansetzen und in einer neuen Aspektstruktur „dieselbe" Gegenständlichkeit erfassen.

Deshalb kann man auch die These, daß der geschichtliche Sozialprozeß für die meisten Gebiete des Wissen von *konstitutiver* Bedeutung zu sein vermag, am ehesten dadurch erhärten, daß man auf die Tatsache hinweist, daß man aus den meisten konkreten Aussagen der Menschen entnehmen kann, wann und wo sie entstanden, wann und wo sie formuliert worden sind. Was die Kunstgeschichte bereits für die Kunst mit ziemlicher Eindeutigkeit herausgearbeitet hat, daß es im Kunstgestalten genau datierbare Stile gibt, weil jedes Gestaltungselement nur zu einem bestimmten historischen Zeitpunkt möglich war und dessen Merkmale in sich enthält, das kann man auch auf dem Gebiete des Denkens mutatis mutandis erweisen, indem man die „Aspektstruktur", die in einer Erkenntnis steckt, auf Grund immer exakter werdender Kriterien fixiert. Auf Grund der immer genauer werdenden Erkenntnis der phänomenologischen Merkmale, durch die die einzelnen Denkweisen voneinander unterschieden werden können, gelingt es auch immer mehr, genau so, wie man Bilder datieren kann, Denkweisen zu datieren und mit Hilfe der puren Analyse der Denkstruktur festzustellen, wann und wo die Welt sich dem hinter der Aussage stehenden Subjekt in dieser und nur in dieser Gestalt gab — noch mehr, man kann die Analyse sehr oft so weit forttreiben, daß man auch die noch weitertragende Frage zu beantworten vermag, *warum* sich die Welt in dieser Gestalt gab.

Während man der Aussage (um den einfachsten Urtypus als Beispiel anzuführen) 2 mal 2 = 4 nicht ansehen kann, durch wen und wann und wo sie so formuliert wurde, wird man es einem geisteswissenschaftlich-historischen Werk stets ansehen, ob es etwa in den Aspektstrukturen der „historischen Schule", des „Positivismus", des „Marxismus" und auf welcher Stufe derselben konstituiert worden war. Bei Aussagen letzter Art werden wir von einem *„Eingehen des Standortes"* des Betrachters in das Erkenntnisergebnis und von der *„Seinsrelativität"*, d. h. von der Bezogenheit dieser Aussagen auf das dahinterstehende »Sein« reden und diese Aussagen jenen gegenüberstellen, die (wie etwa die soeben erwähnte Aussage 2 mal 2 = 4) ein solches Eingehen des Standorts des Urteilssubjektes in die Aussage — zumindest in einer für uns durchschaubaren Weise — nicht enthalten.

Aspektstruktur bezeichnet in diesem Sinne die Art, wie einer eine Sache sieht, was er an ihr erfaßt und wie er sich einen Sachverhalt im Denken konstruiert. Aspekt ist also mehr als eine bloß formale Bestimmung des Denkens, bezieht sich auch auf qualitative Momente im Erkenntnisaufbau, und zwar auf Momente, die von einer bloß formalen Logik vernachlässigt werden müssen. Eben diese Momente nämlich begründen es, daß zwei Menschen, auch wenn sie die formal-logischen Bestimmungen (den Satz vom Widerspruch etwa oder die Syllogismusformeln) identisch zur Anwendung bringen, noch keineswegs identisch, daß sie über den gleichen Gegenstand vielmehr oft höchst verschieden urteilen.

Von den Merkmalen, durch die die Aspektstruktur einer Aussage charakterisierbar ist, von den Kriterien, durch die sie in der Zurechenbarkeit bestimmbar ist, wollen wir hier nur einige anführen: Bedeutungsanalyse der zur Anwendung gelangenden *Begriffe*, das Phänomen des Gegenbegriffs, das Fehlen bestimmter Begriffe, Aufbau der Kategorialapparatur, dominierende Denkmodelle, Stufe der Abstraktion und die vorausgesetzte Ontologie. Im folgenden soll an einigen Beispielen die Anwendbarkeit dieser Merkmale und Kriterien bei der Analyse der Aspektstrukturen angedeutet und gleichzeitig gezeigt werden, wie weit dieses Hineinragen des Standortes in die Sicht reicht.

Wir beginnen mit der Tatsache, daß dasselbe Wort, der gleiche *Begriff* im Munde sozial verschieden gelagerter Menschen und Denker *meistens* ganz Verschiedenes bedeuten.

Wenn am Anfang des 19. Jahrhunderts z. B. ein Altkonservativer „Freiheit" sagte, dann meinte er damit das Recht eines jeden Standes, im Sinne seiner Privilegien („Freiheiten“) zu leben. Gehörte er der romantisch-konservativen, protestantisch-religiös gefärbten Richtung an, so verstand er im Sinne dieses „verinnerlichten Freiheitsbegriffes“ das Recht jedes Individuums, seinem inneren individuell einmaligen Gestaltungsprinzip entsprechend zu leben. Beide dachten im Sinne des *„qualitativen Freiheitsbegriffes“*, denn sie verstanden unter Freiheit das Recht, entweder die historische oder die innere individuelle Sonderheit zu wahren.

Wenn der Liberale der gleichen Zeit „Freiheit“ sagte, dann meinte er damit die Freiheit *von* eben den Privilegien, die dem Altkonservativen als die Grundlage aller Freiheiten erschienen, also einen *„egalitären Freiheitsbegriff“*, bei dem Freisein eben das Verfügen aller Menschen über gleiche Grundrechte bedeutete.

Der liberale Freiheitsbegriff war der Begriff einer Gruppe, die die äußere legal unegalitäre Ordnung einer Gesellschaft umstürzen wollte, der konservative Freiheitsbegriff entsprach einer Schicht, die die äußere Ordnung nicht ändern, deshalb einmal, äußerlich gesehen, alles in seiner hergebrachten Einmaligkeit bestehen lassen wollte, zweitens die Freiheitsproblematik vom äußerlich politischen Gebiet (um das Bestehende zu stützen) in das innere apolitische Gebiet ablenken mußte. Daß der Liberale nur jene, der Konservative nur diese Seite des Begriffes und des Problems sah, das hängt also (vgl. zu diesem das „Konservative Denken“ des Verfassers S. 90 ff.) eindeutig und beweisbar mit ihrer Lagerung im sozialen und politischen Gefüge zusammen. Kurz gesagt: schon bei der Begriffsbildung wird der Beobachtungsstrahl vom beobachtenden Willen hergeleitet. Er wird in diejenige Richtung gelenkt, in der eine bestimmte, historisch-soziale Gruppe von dem, was begriffen werden soll, etwas will. Und so agglomeriert jeder Begriff vom möglichen Erfahrungsmaterial gewissermaßen nur das in sich, was vom suchenden Willenszentrum her zu erfassen und einzugliedern ist. So ist z. B. der konservative „Volksgeist“begriff höchstwahrscheinlich im Gegensatz zum progressiven „Zeitgeist“begriff formuliert worden. Die Begriffe eines bestimmten Begriffsschatzes selbst eröffnen also den unmittelbarsten Zugang zu den Aspektstrukturen bestimmt gelagerter Schichten.

Fehlen des Begriffs bedeutete nicht nur das Fehlen eines Gesichtspunktes, sondern auch das Fehlen einer bestimmt gearteten Dynamik in der Auseinandersetzung mit dem Leben: so ist z. B. das relativ späte historische Aufkommen des Begriffes „sozial“ ein Kriterium dafür, daß in der in ihm vorgeschriebenen Richtung die Gegenstände des Erlebens vorher nicht befragt werden konnten, gleichzeitig also auch eine bestimmte Erlebnisweise nicht vorhanden war.

Aber es gehen nicht nur Begriffe in ihrem konkreten Bedeutungsgehalt bei verschiedenen Standorten auseinander, auch die *Kategorien* können in dieser Weise verschieden sein.

So ist es z. B. für den Konservatismus der soeben angeführten Epoche (aus der wir fast ausschließlich unsere Beispiele nehmen, weil zunächst nur sie auf diese Probleme hin genauer wissenssoziologisch durchforscht worden ist), aber auch für den Konservatismus unserer Zeit charakteristisch, daß er die Neigung hat, morphologische Kategorien anzuwenden, die das Erfahrungsmaterial, wie es vorliegt, in seiner anschaulichen Totalität nicht zerlegen, sondern geradezu in seiner Einmaligkeit festzuhalten versuchen. Dieser morphologischen Betrachtungsweise gegenüber war die analytische Methode, die jede unmittelbar vorfindbare Ganzheit zunächst einmal zerschlägt, um auf neu kombinierbare, generell bestimmbare Elemente zu kommen, und diese dann durch einen Funktionsmechanismus oder durch die Kategorie der Kausalität zu verbinden, damals den linksgerichteten Denkweisen zuzurechnen. Auch hier ist nicht nur die Tatsache, daß die verschiedenen Standorte verschieden denken, sondern auch die *Ursache,* warum sie im Zeichen verschiedener Kategorien den Erfahrungsstoff ordnen, verstehbar zu machen. Die Linksgerichteten wollen nämlich aus der vorgegebenen Welt etwas Neues machen, und sie sehen deshalb stets von dem konkreten So-Sein ab, werden abstrakt und zerstückeln das Vorgegebene, um es neu zu kombinieren. Gestalthaft, morphologisch sieht man nur etwas, was man bereit ist, ohne weiteres hinzunehmen, woran man im Grunde nichts ändern will; noch mehr: mit dem gestalthaften Zusammenfassen will man geradezu das daran noch Bewegte stabilisieren, gleichsam das Dasein dafür segnen, daß es so ist. Hier springt ganz klar heraus, wie sehr auch abstrakte, vom politischen Kampf scheinbar ganz entfernte Kategorien und Ordnungsprinzipien in einer metatheoretischen aktivistischen Ausgerichtetheit der Seele ihren Ursprung nehmen und ihren Quellpunkt in einer Tiefendimension der Seele und des Bewußtseins haben, in der von einer bewußten „Täuschung" im Sinne von „Ideologisierung" noch gar nicht die Rede sein kann.

Der nächste Faktor, durch den die Aspektstruktur eines Denkens charakterisiert werden kann, sind die sog. *„Denkmodelle"*, d. h. das Modell das jedem implizit vorschwebt, wenn er denkend an die Bewältigung eines Gegenstandes herantritt.

Man weiß z. B., daß, als einmal die Gegenstandstypen der exakten Naturwissenschaften und die an diesen besonderen Gegenstandstypen abgelesenen Kategorien und Denkmethoden zum Modell wurden, man dementsprechend auch das Fragliche in den übrigen Gebieten des Daseins, so auch im Gebiete des Gesellschaftskörpers, zu lösen hoffte. (Die mechanistische atomistische Konstruktion des Gesellschaftsgeschehens.)

Wichtig ist dabei, daß zur selben Zeit als dies geschah (wie auch in allen anderen ähnlichen Fällen), keineswegs alle Schichten des Gesellschaftskörpers sich primär an diesem einen Denkmodell orientierten. Der Landadel etwa, die besiegten Stände und das Bauerntum schwiegen in jener Zeit für die große Geschichte, der neue Charakter der Bildung, die im Aufstieg begriffenen Formen der Weltorientierung entsprachen einer anderen Lebensstruktur als der ihren. Die Formen des neuaufsteigenden, an der Naturwissenschaft orientierten Weltaspektes drangen gewissermaßen als etwas von außen Kommendes auf diese Schichten ein. Und als das soziale Kräftespiel wieder andere Menschengruppen in der Geschichte mehr hervortreten ließ, die für die genannten Schichten und aus ihrer Lebenssituation heraus sprachen, da wurden sofort die entgegengesetzten Denkmodelle etwa des „Organismus" oder des „Personalismus" gegen das funktionsmechanistische Denken ausgespielt. So ist Stahl z. B., am Höhepunkt dieser Entwicklung stehend, bereits in der Lage, Zusammengehörigkeiten zwischen Denkmodellen und politischen Richtungen zu fixieren. (Die Geschichte der Staatslehre ist, wie man sie etwa in der Darstellung *Oppenheimers* daraufhin charakterisiert verfolgen kann [System der Soziologie Bd. II. Der Staat], eine Fundgrube für einschlägige Beispiele.)

Ein Modell dafür, wie fruchtbar gedacht werden kann, steht in dieser Art sichtbar oder unsichtbar hinter jeder konkret formulierten Frage und Antwort; geht man von Fall zu Fall im einzelnen dem Ursprung und dem Verbreitungsradius eines solchen Denkmodells nach, so entdeckt man die Affinität, die es zur Weltauslegungsart und Lagerung bestimmter sozialer Einheiten hat. Daß es sich auch bei solchen sozialen Einheiten durchaus *nicht nur* um *Klassen*, daß es sich dabei z. B. um Generationen, Lebenskreise, Sekten, Berufsgruppen, Schulen usw. handeln kann, sei gegenüber einem starren Marxismus hervorgehoben. Zieht man differenzierte soziale Gruppierungen *dieser* Art und die entsprechenden Differenzierungen der Begriffe, der Kategorien, der Denkmodelle nicht in Betracht (verfeinert man also in diesem Sinne nicht die Unterbau-Überbau-Problematik), dann kann es nicht gelingen, für den Reichtum der Wissenstypen und Aspektstrukturen, die in der Denkgeschichte auftreten, entsprechende Differenzierung im Unterbau aufzuweisen. Übrigens soll mit alledem keineswegs geleugnet sein, daß von allen diesen Gruppierungen und sozialen Einheiten der *Klassenschichtung die größte Relevanz* zuzusprechen ist, denn letzten Endes bilden und wandeln sich alle die oben aufgezählten einzelnen sozialen Einheiten nur im Elemente der sie fundierenden und tragenden Produktions- und Herrschaftsverhältnisse. Nur kann der Forschende im Anblick des konkreten Reichtums der Denktypen und bei dem Versuch ihrer „Zurechnung" beim undifferenzierten Klassenbegriff, der mit den außer ihm noch vorhandenen sozialen Einheiten und Lagerungsbestimmtheiten nicht rechnet, heute nicht mehr stehen bleiben.

Ein weiteres solches Merkmal für Aspektstrukturen ist dadurch zu finden, daß man untersucht, *auf welcher Stufe der Abstraktion* eine Theorie jeweils stehen bleibt, oder in welchem Grade sie sich vor einer *prinzipiellen* Formung einer Einsicht wehrt.

Es ist nämlich niemals ein Zufall, wenn eine Theorie als Ganzes oder in einer einzelnen Frage auf einer Stufe relativer Abstraktheit stehen bleibt und der weiteren Konkretisierung Hemmungen entgegensetzt, indem sie diese Konkretisierung entweder für unerlaubt, oder für irrelevant erklärt. Auch hierüber nämlich bestimmt die Seinslage des Betrachtenden.

Es kann in diesem Zusammenhang gerade am Marxismus und gerade an dessen Verhältnis zu den Einsichten der Wissenssoziologie gezeigt werden, wie ein Zusammenhang oft *nur in jener Gestalt der Konkretisierung* von einem Standort her zur Formulierung gelangen kann, in der er sich gerade jenem Standort gibt, und wie es dem an diesen Standort gebundenen Beobachter von sich aus niemals gelingen wird, das in dieser Konkretion miterscheinende Allgemeinere und Prinzipiellere herauszuholen. Wir denken daran, daß der Marxismus die wissenssoziologische Grundeinsicht in die Seinsgebundenheit des menschlichen Denkens *überhaupt* in dieser prinzipielleren Gestalt eigentlich schon längst hätte formulieren können, denn zumindest der Ansatz dazu war ja mit seiner Ideologienlehre mitentdeckt. Daß aber dieser implizit mitentdeckte Zusammenhang zu keiner prinzipiellen Formulierung gelangen konnte (oder nur höchstens ansatzweise zum Durchbruch kam), lag einmal daran, daß man in der konkreten Seinssituation in der Tat diese Seinsgebundenheit *nur am Gegner* beobachten konnte, ferner, weil man wahrscheinlich unterbewußt sich scheute, von dieser konkreten Einkapselung der Einsicht, zu der in ihr steckenden *prinzipiellen* Fragestellung aufzusteigen und die damit aufbrechenden, und die eigene Position beunruhigenden Probleme durchzudenken. Hier wirkt also die Sichtbeschränkung eines Standortes und der seine Einsichten unbewußt lenkende Willensimpuls in der Hemmung der prinzipiellen Gestaltung einer Einsicht und in der Richtung der Eindämmung der Fähigkeit zur Abstraktion. Man *will* an jener Konkretisierungsform der Einsicht haften bleiben, in der sie sich einem unmittelbar gibt — und will *nicht einmal die Frage gestatten,* ob es nicht zur menschlichen Denkstruktur überhaupt gehöre, seinsverbunden zu erkennen. Übrigens ist die Scheu vor einer *allgemeinen* Formulierung soziologischer Tatbestände im Marxismus sehr oft auf eine ähnliche denkmethodische Gebundenheit der Sicht zurückzuführen: es ist z. B. nicht erlaubt, auch nur zu fragen, ob die „Verdinglichung", wie sie Marx und Lukács herausarbeiten, ein mehr oder minder allgemeines Bewußtseinsphänomen sei, oder ob die kapitalistische Verdinglichung eben nur eine Form dieser Möglichkeit sein könnte. Stammt hier diese zu starke Konkretisierung und Historisierung der Phänomene aus einer Standortsbindung, so kann gerade so das Gegenteil — das sofortige Aufsteigen in die höchste Abstraktions- und Formalisierungsregion (wie das mit Recht vom Marxismus betont wird), zur Verdeckung der konkreten Situation und der Einmaligkeitsdynamik dienen. Dies kann man wiederum am Beispiel der „Formalen Soziologie" demonstrieren.

Ihre Berechtigung als eine Möglichkeit der Soziologie überhaupt soll hier in keiner Weise angetastet werden. Wenn sie aber jeder weiteren Konkretisierung der soziologischen Problematik gegenüber sich selbst als *die* Soziologie schlechthin darstellt, so leiten sie unbewußt Motive ähnlich denen, aus denen heraus ihre historische Vorläuferin und Trägerin, die bürgerlich-liberale Argumentationsweise, in der Theorie nie über die abstrahierende und generalisierende Betrachtungsweise hinauskam. Sie hat Scheu, die Gesellschaftsproblematik soweit historisch zu konkretisieren und zu individualisieren, daß etwa die eigenen Antagonismen, z. B. Antagonismen des Kapitalismus, sichtbar werden, genau wie man schicksalshaft in der bürgerlichen Diskussion die Freiheitsproblematik immer nur prinzipiell und relativ abstrakt zu stellen geneigt war und ist, immer nur auf der Ebene der *politischen* Rechte, nicht aber auf der Ebene der Gesellschaftssphäre, da hier die eigentumsmäßigen Bindungen, die Klassenproblematik und deren Relevanz für die Freiheit und Gleichheit unvermeidlich sichtbar werden würde.

Mit einem Wort, der *Problemansatz, die Ebene der jeweiligen Problemstellung, die Abstraktionsstufe, aber auch die Konkretisierungsstufe, die man erreichen will, sie alle sind in gleicher Weise sozial seinsmäßig gebunden.*

Es wäre hier noch zu guter Letzt über die grundlegende Schicht in jedem Denken, über die vorausgesetzte *Ontologie* und über deren soziale Differenzierung zu berichten. Gerade wegen der fundamentalen Bedeutung, die die ontologische Schicht im Denken und Erkennen hat, können wir hier in Kürze die diesbezügliche Problematik nicht zur Darstellung bringen und verweisen auf anderweitige Ausführungen (vgl. vom Verfasser. „Das Konservative Denken", S. 489 ff. insbes. S. 494, und in diesem Buche S. 78 ff., 86 ff., 170 f.). Es gilt hier nur soviel zu fixieren: So berechtigt der Wunsch in der modernen Philosophie ist, eine „Fundamental-Ontologie" herauszuarbeiten, so gefährlich ist es, an diese Aufgabe ohne wissenssoziologische Reflexion in diesem Sinne „naiv" heranzugehen — denn diese Naivität ist die sicherste Gewähr dafür, daß man an Stelle echter Fundamentalontologie einer beliebigen, zufälligen, durch den historischen Prozeß präsentierten Ontologie verfällt.

Diese Überlegungen müssen in diesem Zusammenhange genügen, um den Gedanken zu verdeutlichen, daß die Seinslage nicht nur das historische Entstehen der Gedanken betrifft, sondern konstitutiv in das Denkergebnis hineinragt und in dessen Inhalt und Form irgendwie erscheint.

Die Struktur und der Leistungscharakter der Wissenssoziologie.

Die soeben dargestellten Beispiele sollen uns im Folgenden dazu dienen, die besondere Struktur und den eigentümlichen Leistungscharakter wissenssoziologischer Analysen herauszuarbeiten.

Die spezielle Begegnungsart, die in der Wissenssoziologie enthalten ist. Zwei Menschen, die in der gleichen Denklage — entsprechend der gleichen historisch-sozialen Seinslage — miteinander diskutieren, können und müssen in anderer Weise die Auseinandersetzung führen als zwei Menschen, die — solidarisch mit verschiedenen sozialen Lagerungen — in Auseinandersetzung geraten. Diese beiden Formen der Auseinandersetzung, die zwischen sozial und geistig homogenen Partnern und die zwischen sozial und geistig heterogenen Partnern, sind klar voneinander zu unterscheiden. Nun ist es kein Zufall, daß man den Unterschied zwischen diesen Arten der Auseinandersetzung gerade in einer Zeit wie der unseren zum expliziten Problem macht. Max Scheler hat unsere Gegenwart einmal als „Weltalter des Ausgleichs" charakterisiert, das heißt auf unsere Problematik angewandt, als eine Welt, in der alle Lebenskreise, die bisher mehr oder weniger abgeschlossen voneinander lebten — jeder sich selbst und die eigene Denkwelt verabsolutierend —, in dieser oder jener Form aneinandergeraten. Nicht nur Orient und Okzident, nicht nur die verschiedenen

Nationen des Abendlandes, sondern auch die ehemals mehr oder weniger in sich ruhenden sozialen Schichten dieser Nationen, endlich die verschiedenen Berufsgruppen innerhalb dieser Schichten und die geistigen Kreise dieser aufs höchste differenzierten Welt, sie alle werden heute aus der Selbstverständlichkeit ihres In-Sich-Ruhens immer mehr herausgescheucht, und sie müssen kämpfen, um sich im Ansturm der heterogenen Gruppen und der Produkte ihres Geistes zu behaupten.

Aber wie kämpfen sie nun? Sie kämpfen, soweit es sich um geistige Kräfte handelt, von wenigen Ausnahmen abgesehen, in der Weise des Aneinandervorbeiredens, das heißt: Obgleich man sich mehr oder weniger der Tatsache bewußt ist, daß der diskutierende Partner als Repräsentant einer anderen Gruppe und somit sehr oft seiner geistigen Struktur nach als Ganzes ein Anderer ist, spricht man in einer konkreten, geistigen Auseinandersetzung um einer bestimmten Sache willen so, als läge die Differenz *nur in dieser einen Sache,* um die sich jetzt und hier die Auseinandersetzung kristallisiert, als sei der Partner nicht in seiner ganzen Lagerung heterogen, sondern bloß in diesem einen Punkte der Diskussion.

Es gibt, wie man daraus ersieht, wiederum zwei Formen der Begegnung zwischen heterogenen Partnern. Die eine, bei der das Totale der Differenz und ihre Struktur für die konkrete Begegnung nur den halbdunklen Hintergrund abgibt. Kristallisationspunkt aller Intentionen und Affekte wird hier für die Partner in der konkreten Begegnung ein Bestimmtes, eine „Sache", die für jeden der Partner einen mehr oder weniger anderen Sinn hat, weil sie ihm aus dem Ganzen des eigenen Weltgefüges hervorwächst, während ihm ihre Funktion im Ganzen des anderen Weltgefüges mindestens zum Teil immer verdeckt bleibt. Daher das Aneinandervorbeireden als ein im „Weltalter des Ausgleichs" notwendiges Phänomen.

Andererseits kann man aber dem heterogenen Partner auch mit dem Willen begegnen, jeden theoretischen Begegnungsanlaß dazu zu benutzen, das vordergründliche Mißverständnis und Aneinandervorbeireden durch ein konsequentes Zurückfragen bis zu den grundlegenden Differenzen aufzuhellen, alle jene Voraussetzungen in ihrer Verschiedenheit herauszuholen, die in den beiden Aspektstrukturen als Konsequenzen verschiedener Seinslagen implizit vorhanden sind und gerade deshalb eine unmittelbare Konfrontierung der Aussagen unmöglich machen.

In solchen Fällen begegnet der Wissenssoziologe dem Gegner nicht in der üblichen Weise, in der man direkt auf die Argumente des anderen eingeht, sondern er trachtet, ihn zu verstehen, indem er zunächst seine Sichtweise fixiert und als Funktion seines Standortes erfaßt.

Man wirft bei solchen Gelegenheiten zuweilen dem Wissenssoziologen vor, daß er auf die Argumente, auf die „Sache", von der gerade die Rede ist, nicht eingehe, sondern dahintergreife auf die Denkbasis des Redenden in ihrer Ganzheit, um gerade sie als *eine* Denkbasis unter anderen, als eine Partialität aufzuzeigen. In dem soeben Gesagten liegt die Legitimierung für dieses Nichteingehen auf die Argumente des Gegners in bestimmten Fällen, nämlich überall dort, wo mit der gemeinsamen Basis die gemeinsame „Sache" fehlt. Die Wissenssoziologie sucht nämlich das Aneinandervorbeireden bei disparaten Gegnern eben dadurch aufzuheben, daß sie den Quellpunkt der partiellen Differenzen, der in direkter Ausgerichtetheit auf das, was man die „Sache" nennt, niemals in das Gesichtsfeld der Diskutierenden fallen könnte, durch ein besonders geartetes Zurückfragen ausdrücklich zum Thema macht. Es erübrigt sich wohl zu bemerken, daß dieses wissenssoziologische Zurückgreifen auf die Denkbasis und auf den Standort der Diskutierenden nur dann angebracht ist, wenn und sofern eine wirkliche Disparatheit der Aspektstrukturen vorliegt und in einem radikalen Mißverstehen sich dokumentiert. Solange man in gleicher Denklage auf derselben Denkbasis miteinander diskutiert, erübrigt es sich; überflüssigerweise angewendet kann es zum Mittel des Ausweichens in einer Diskussion werden.

Distanzierungsprozesse als Voraussetzungen für die Wissenssoziologie. Für einen Bauernsohn, der im engen Bezirke des Dorfes aufwächst und sein Leben lang in diesem seinem Heimatdorfe bleibt, ist das Denken und Reden in der Weise des Dorfes etwas schlechthin selbstverständliches. Für einen Bauernsohn, der in die Stadt wandert und sich allmählich der Weise des Städters anpaßt, hört die dörfliche Weise des Lebens und Denkens auf, etwas Selbstverständliches zu sein. Er hat Distanz zu ihr gewonnen und unterscheidet jetzt vielleicht sogar mit aller Bewußtheit Denkweise und Gehalte, die er als „dörflich" bezeichnet, von solchen, die er als „städtische" kennt. In dieser Unterscheidung liegt der erste Ansatz zu jener Haltung, die die Wissenssoziologie voll auszubilden trachtet. Das, was inmitten einer Gruppe als absolut gilt, wird vom Außenstehenden als durch diese Gruppe bedingt, als partial (im Beispiel als „dörflich") erkannt. Die Voraussetzung für diese Art der Erkenntnis ist, wie man sieht, eine Distanzierung.

Diese Distanzierung kann erfolgen dadurch,

a) daß einer der konkreten Gruppenträger (Mitglied der Gruppe) im historisch-sozialen Raume abwandert (sozialer Aufstieg, Emigration usf.);

b) daß die Seinsbasis einer ganzen Gruppe im Verhältnis zu ihren hervorgebrachten Normen und Institutionen sich verschiebt (Beispiel in *K. Renner*, Die Rechtsinstitute des Privatrechts);

c) daß im gleichen sozialen Raume zwei oder mehrere sozial gebundene Weltauslegungsarten miteinander ringen und sich in ihrer Kritik gegenseitig soweit durchleuchten und distanzieren, daß allmählich das Distanzierend-Sehen (wobei die existentiellen und systematischen Umrisse der gegenüberstehenden Denkweisen entdeckt werden) für sämtliche Positionen zunächst zur Möglichkeit, später zur stets realisierten Denkhaltung wird. Es ist schon darauf hingewiesen worden, daß die soziale Genesis der Wissenssoziologie in erster Reihe auf den zuletzt erwähnten Möglichkeiten beruht.

Das Phänomen des Relationierens. Was gemeint ist, wenn man das Verfahren der Wissenssoziologie als „Relationieren" bezeichnet, kann nach alledem kaum noch zweifelhaft sein. Der zum Städter gewordene Bauernsohn, der eine bestimmte einzelne (politische, weltanschauliche, soziale) Meinung, etwa seiner Verwandten als „dörflich" charakterisiert, diskutiert damit nicht mehr unmittelbar diese einzelne Meinung in der Art eines homogenen Partners, nämlich in der Art des direkten Ausgerichtetseins auf die Aussagegehalte, sondern er bezieht diese stets auf eine bestimmte Art der Weltauslegung und diese wieder auf eine bestimmte soziale Struktur als auf ihre Seins-Voraussetzung. Er relationiert sie. Daß damit durchaus nicht gesagt sein muß, sie seien falsch, davon wird noch zu reden sein. Die Wissenssoziologie tut nur insofern mehr als das, was in Ansätzen heute ziemlich oft geschieht, als sie bewußt und systematisch alles Geistige ohne Ausnahme der Frage unterwirft, im Zusammenhang mit welcher sozialen Struktur es aufgekommen ist und gilt. Dieses Relationieren des einzelnen geistigen Gebildes auf die Gesamtstruktur eines bestimmten historischen und sozialen Subjektes mit einem philosophischen Relativismus (als einer Lehre von der Maßstab- und Ordnungslosigkeit der Welt) zu verwechseln, ist ebenso abwegig wie die Anwendung des Begriffes „Relativismus" (im Sinne einer puren Beliebigkeit) auf die Lehre, daß alle Körpermessungen auf die vom Lichte gestiftete Beziehung zwischen Messendem und Gemessenem zurückgehen. Relationismus bedeutet nicht, daß es keine Entscheidbarkeit in Diskussionen gibt, sondern daß es zum Wesen bestimmter Aussagen gehört, nicht absolut, sondern nur in standortsgebundenen Aspektstrukturen formulierbar zu sein.

Das Phänomen des Partikularisierens. Hat man das wissenssoziologische Relationieren als einen faktisch vollziehbaren Denkakt in diesem Sinne beschrieben, so wird bei der Charakteristik auch unvermeidlich gefragt, was liegt in der Sinnintention eines solchen zurechnenden Aktes, was will er und was kann er über den Geltungswert einer zugerechneten Aussage ausmachen? (Was ist über seinen Wahrheitsgehalt gesagt, wenn ich von einem theoretischen Satz beweise, daß er dem Liberalismus, dem Marxismus zuzurechnen sei?)

Hier sind zwei, bzw. drei Antworten möglich:

a) Man wird einmal sagen können, mit dem Aufweis der Standortsgebundenheit einer sich als absolut gebenden Aussage ist deren Geltungsanspruch gebrochen. Und in diesem Sinne gibt es in der Tat eine Strömung in der Wissenssoziologie und der Ideologielehre, die aus der wissenssoziologischen Zurechnung ein Organ entweder der Destruktion der gegnerischen Ansichten oder ein Organ allgemeiner Destruktion macht.

b) Man wird demgegenüber sagen können, die wissenssoziologische Zurechnung besagt nichts, aber auch gar nichts über den Wahrheitsgehalt einer Aussage, denn die Genesis einer Wahrheit vermag die Geltung nicht zu berühren. Ob eine Aussage nun liberal oder konservativ ist, besagt an und für sich noch nichts über ihre Richtigkeit.

c) Demgegenüber gibt es eine dritte Möglichkeit der Beurteilung des Leistungswertes wissenssoziologischer Aussagen, die wir selbst vertreten. Sie wendet sich zunächst gegen die erste Ansicht und weist nach, daß durch einen bloßen faktischen Aufweis und durch die Benennung des Standortes noch nichts über den Wahrheitswert ausgesagt ist; nur die Vermutung wird ausgesprochen, sie könnte *Teil*ansicht sein. Gegen die zweite Ansicht sich wendend steht sie auf dem Standpunkt, daß man sich die wissenssoziologischen Behauptungen zu Unrecht als bloße Beschreibungen des tatsächlichen Entstehens (Faktizitäts-Genesis) einer Aussage vorstellt; denn jede ganz vollzogene und zu Ende gedachte wissenssoziologische Analyse ist eine *inhaltliche und strukturelle Einkreisung* der zu analysierenden Sicht, sie ist, um es terminologisch zu fassen, nicht nur eine Relationierung, sondern eine *Partikularisierung* ihres Sicht- und Geltungsbereiches zugleich. Was das zu besagen hat, das soll noch auseinandergesetzt werden.

An unserem Beispiel mit dem Bauernjungen sprang die ursprüngliche Leistungsintention wissenssoziologischer Zurechnung ziemlich klar heraus. Entdeckt und benennt er die frühere Sehweise als die „ländliche" und stellt er sie der „städtischen" gegenüber, so bricht darin schon die Einsicht durch, daß die verschiedenen Sichten nicht nur darin partikular sind, daß sie verschiedene Blickfelder, verschiedene Ausschnitte aus der Totalwirklichkeit zur Unterlage haben, sondern daß die Blickintention und die Fassungskraft der verschiedenen Sichten bedingt sind durch den Lebensraum, in dem sie entstanden sind und für den sie gelten.

Also schon auf dieser Stufe schlägt die Relationierung in Partikularisierung um, denn man rechnet nicht nur zu, sondern in dieser Zurechnung vollzieht sich eine Geltungseinschränkung der (zunächst als absolut geltenden) Aussagen.

In der konsequent ausgebauten Wissenssoziologie vollzieht sich aber im wesentlichen derselbe Zugriff, den wir am Bauernjungen beobachtet haben — nur methodisch kontrollierbar. Mit Hilfe einer folgerichtig ausgebauten Analyse der Aspektstruktur bekommt das Partikularisieren einen Leitfaden und Zurechnungskriterien, die *Fassungskraft* der verschiedenen Standorte wird an ihren Kategorialapparaturen, ihrem Bedeutungsreichtum usw. meßbar und umkreisbar, auch wird die Sinntendenz, die einer Lagerung inhäriert (die kollektiv willensmäßig bedingte Ausgerichtetheit und Einstellung), immer eindeutiger bestimmbar und das konkrete „Warum" der perspektivischen Bilder, die im selben Erfahrungsraum von verschiedenen Standorten her entstehen, verstehbar und methodisch kontrollierbar. (Vgl. hierzu als Beleg die „Theorie und Praxis" - Analysen in dem Kapitel „Ideologie und Utopie" S. 102 ff., wo versucht wird, die soeben angedeutete Methode der soziologischen Analyse der Aspektstruktur dergestalt durchzuführen.)

Mit den Verfeinerungen der Methoden der Wissenssoziologie wird die konkrete Bestimmung der Partikularität zu einem geistigen Meßinstrument werden. Im Partikularisieren transzendiert also die wissenssoziologische Analyse die ursprüngliche Faktizitätsfeststellung, auf die sich das bloße Relationieren noch beschränkt. Jede, ihren eigenen Intentionen nachgehende wissenssoziologische Analyse erreicht jenen Punkt, wo die Wissenssoziologie mehr ist als eine soziologische Erzählung der Tatsache, wie bestimmte Einsichten aus einem bestimmten Milieu entstanden sind, sondern wo sie auch Kritik ist, weil sie die Fassungskraft und die Grenzen der Fassungskraft von Aussagen rekonstruiert. Diese wissenssoziologischen Analysen sind also in diesem Sinne keineswegs sinnirrelevant, sie sind aber auch nicht völlig sinnrelevant, denn durch die bloße Umkreisung der Sichtpartikularität ersetzen sie nicht die letzte direkte Auseinandersetzung zwischen Meinungen und das direkte Hinsehen auf die Sachen. Der Leistungswert wissenssoziologischer Aussagen liegt also (das ist auf Grund der phänomenologischen Analyse der ihr inhärierenden Intention und auf Grund der Analyse der Greifintensität feststellbar) zwischen Sinnirrelevanz und zwischen totaler Sinnrelevanz, in einer bisher nicht gesehenen Mitte. Die wissenssoziologischen Analysen bereiten die direkte Diskussion erst vor, in einer Zeit, die ihre Standortsgespaltenheit und die Uneigentlichkeit ihrer Denkbasis entdeckt hat und die Einheit auf höhere Stufe herzustellen bestrebt ist.

B. Die erkenntnistheoretischen Konsequenzen der Wissenssoziologie

Im Vorentwurf dieses Kapitels (am Anfang von Teil 2) behaupten wir noch, daß man die Wissenssoziologie als eine Lehre von der Faktizität der Seinsverbundenheit des Wissens sehr gut unabhängig von der eigentlichen erkenntnistheoretischen Problematik darstellen kann. In diesem Sinne haben wir auch bisher alle erkenntnistheoretischen Probleme ausgeschaltet bzw. zurückgestellt. Diese Zurückhaltung ist möglich, dieses künstliche Isolieren eines bereinigten Aufgabengebietes sogar erwünscht, solange es sich nur um eine unbefangene und von prinzipiellen Stellungnahmen unbelastete Herausarbeitung bestimmter Tatsachenzusammenhänge handelt. Hat man aber die fundamentalen Zusammenhänge zwischen bestimmten Tatsachen bereits sichergestellt, die auf diesem Wege zu gewinnenden Ergebnisse geborgen, dann wird man von neuem frei für ein Sich-Hineintasten in die ursprünglichen Problemzusammenhänge, für ein Achten auf die innere Dynamik der Probleme. Wer aber einen Sinn für die ursprünglichen Problemzusammenhänge hat, die aus der Sache notwendig werden, und durch die vielen dazwischengeschobenen Denkschritte, die auf einer höheren Stufe des Denkens zu leisten sind, sich nicht die ursprüngliche Thematik der Probleme verdecken läßt, der wird schon bei unseren letzten Ausführungen gemerkt haben, daß die (auf Seite 243) unter dem Titel „Partikularisieren“ vorgetragenen Tatsachen ihrer eigenen Natur nach ihr Hinnehmen als bloße Tatsachen schwer machen, die Faktizitätseinstellung sprengen und zum erkenntnistheoretischen Weiterreflektieren uns auffordern. Es ist zwar einerseits noch immer eine bloße Faktizität, daß die wissenssoziologische Zurechnung in ihrer Sinnintention auch das Partikularisieren enthält (man konnte diese als phänomenologisch aufweisbare Tatsache zur Kenntnis nehmen, ohne den darin enthaltenen Geltungsanspruch zu diskutieren), aber die fernere Tatsache, daß gleichzeitig sichtbar wurde, wie die Standorte in das Denkergebnis de facto hineinragten, ferner die (von uns absichtlich ausführlicher behandelte) Tatsache, daß die Geltungspartikularität eines Aspektes methodisch weitgehend exakt bestimmbar ist, müssen früher oder später dazu führen, diese Art von Tatsacheneinsichten in ihrer Sinn- und Geltungsrelevanz zur Kenntnis zu nehmen und in ihrer Bedeutung für die Erkenntnistheorie zum Problem zu machen.

Es handelt sich also nicht darum daß die wissenssoziologische Problematik von sich aus die erkenntnistheoretische und noologische Problematik ersetzen und überflüssig machen soll, sondern darum, daß in der wissenssoziologischen Forschung Tatsachen entdeckt worden sind, die die bloße

Faktizitätsrelevanz transzendieren, und denen man in dieser ihrer Eigenart nicht gerecht werden kann, solange man nicht bestimmte Vorstellungen und Vorurteile der heute verbreiteten Erkenntnistheorie einer Revision unterzogen hat. Im Phänomen des *Partikularisierens* präsentiert sich eben jenes Novum, das zur Revision der Grundvoraussetzungen der heute dominierenden Erkenntnistheorie auffordert: denn in ihr haben wir einen Fall vor uns — um das Wichtigste vorwegzunehmen —, in dem eine pure Tatsachenfeststellung (die Tatsache der Partikularität der Sicht, die an den menschlichen Aussagen nachweisbar ist) sinnrelevant, *eine Genesis Sinngenesis zu sein vermag* und deshalb die weitere Konstruktion der Geltungssphäre als von jeder Genesis ablösbare Autonomie zumindest sehr erschwert.

Diese neue Einsicht in ihrer erkenntnistheoretischen Relevanz auszuwerten, wird bei den heute leitenden Voraussetzungen der Erkenntnistheorie schon deshalb nicht gelingen, weil die letzte geradezu durch den Satz fundiert ist, daß Tatsachenfeststellungen im Prinzip keine Relevanz für erkenntnistheoretische Überlegungen haben *können.* Im Zeichen dieses als Eingebung anmutenden Satzes schmettert man das Schlagwort „Soziologismus" jeder aus der empirischen Forschung aufsteigenden Wissensbereicherung entgegen, die wagt — indem sie sich auf diesen erweiterten Gesichtskreis stützt und der Eigendynamik dieser Probleme folgt — prinzipiellere Überlegungen anzustellen. Mit der zum Apriori erhobenen Feststellung, daß aus der Tatsachenwelt nichts aufsteigen *könne,* was geltungsrelevant wäre, sperrt man sich vor der Beobachtung, daß ursprünglich eben *dieses Apriori selbst eine vorschnelle Hypostasierung eines Faktizitätszusammenhanges gewesen ist, das an einem bestimmten Typus von Aussagen abgelesen* wurde und nur an ihnen sein phänomenologisches Recht hatte, aber von hier aus überschnell zum noologisch-erkenntnistheoretischen Axiom erhoben wurde. Mit der zum Apriori erhobenen Selbstsicherung, daß die Erkenntnistheorie gegenüber den „Einzelwissenschaften" autochthon sein müsse, sperrt man sich ein für allemal von den Einsichten ab, die aus der erweiterten Empirie befruchtend in sie eindringen könnten und merkt nicht, daß diese Autonomielehre, diese Sicherungsgeste mit Irrelevanzerklärungen letzten Endes de facto zu nichts anderem dient, als zum Schutze des letzten Stadiums der akademischen Erkenntnistheorie, die von jenen Erschütterungen verschont werden soll, die von der weitergebildeten Empirie auf sie einwirken könnten. Man merkt nicht, daß man hierbei nicht *die* Erkenntnistheorie verewigt und einer Revidierbarkeit von den Einzelwissenschaften her entzieht, sondern nur *eine* bestimmte Spielart der Erkenntnistheorie, die nur dadurch ausgezeichnet ist, daß sie sich mit einem früheren Stadium einer eingeengten Empirie auseinanderzusetzen hatte und von einem speziellen Ausschnitt der Wirklichkeit und deren Erkennbarkeit her das Bild der Erkenntnis, das Verhältnis zwischen Genesis und Geltung stabilisiert hatte.

Um für die Reichweite der wissenssoziologischen Einsichten das Blickfeld freizulegen, müssen wir zunächst die mit apriorischer Sicherheit sich präsentierende Theorie von dem Primat der Erkenntnistheorie gegenüber den Einzelwissenschaften noch einmal zum Problem machen, nur nach diesem 1. kritisch freilegenden Teil können wir die ersten Ansätze und Umrisse einer 2. positiven Darstellung der die wissenssoziologische Problematik bereits in sich enthaltenden Erkenntnistheorie andeutungsweise versuchen.

Kritischer Teil.

Zunächst müssen also jene Argumente angeführt werden, die das Problem der absoluten Autonomie und das des absoluten Primats der Erkenntnistheorie gegenüber der Einzelwissenschaft erschüttern bzw. weitgehend in Frage stellten.

Erkenntnistheorie und Einzelwissenschaft. Das Verhältnis von Erkenntnistheorie und Einzelwissenschaft ist ein doppelseitiges. Die Erkenntnistheorie ist ihrem konstruktiven Ort nach Grundwissenschaft den Einzelwissenschaften gegenüber, denn sie enthält die rechtfertigende Fundierung für die im konkret erkennenden Vollzug sich verwirklichenden Wissenstypen und für die Wahrheits- und Richtigkeitsvorstellung, die die auf diesem Wege eroberten Wissensgehalte begleitet. Das schließt aber die klar aufweisbare Tatsache nicht aus, daß jede konkrete Erkenntnistheorie zum Substrat ihrer Überlegungen eine bestimmte historische Gestalt des Wissens hat, hieran ihre Vorstellungen vom Wissen und Erkennen modelliert und so ihrerseits wieder von diesem her fundiert ist. *Prinzipiell gesehen, ihrem theoretischen Anspruch nach, hat sie zwar fundierende Relevanz, faktisch ist sie aber durch den Bestand der jeweiligen Wissenssituationen fundiert.* Erschwerend kommt noch zu dieser Situation hinzu, daß das Prinzipielle, das sie aus dem Substrat, an dem sich für sie *das* Wissen demonstriert, herausholt, gebunden ist an die Besonderheit und Partikularität eben dieses ihr vorschwebenden, historisch-sozial vorgegebenen Substrats — weshalb die das menschliche Erkennen begleitenden, fundierenden, prinzipielleren Überlegungen stets nur zu jenem denkerischen Zugriff und zu jenem Wissensparadigma die prinpizielle Substruktion finden, die ihnen durch die faktische Geschichte der Menschengruppen und der darin jeweils vorkommenden Erkenntnistypen vorgegeben sind.

Hat man sich diese Zusammenhänge einmal klar vergegenwärtigt, so wird jene Vorstellung, daß die Erkenntnistheorie und Noologie sich (eingedenk ihrer prinzipiell fundierenden Relevanz) autonom unabhängig von den Fortschritten der Einzelwissenschaften zu entwickeln hätten, und von diesen her nicht erschüttert werden können, nicht mehr haltbar sein, sondern man wird immer mehr der Ansicht sein, daß eine gesunde Entwicklung der Erkenntnistheorie und Noologie nur dann möglich ist, wenn man sich das Verhältnis im folgenden Sinne vergegenwärtigt:

Neue Wissensarten tauchen letzten Endes stets aus dem kollektiven Lebenszusammenhange auf und entstehen nicht erst, nachdem eine Prinzipienwissenschaft ihre Möglichkeit demonstriert hat, also nicht vorher durch eine Erkenntnistheorie legitimiert. Es ist vielmehr umgekehrt: Die Entwicklung der Prinzipienwissenschaften vollzieht sich im Element der Empirie, auch ihre Umwälzungen hängen ab von den Umwälzungen, die in den faktischen Erkenntnisweisen sich vollziehen. Die Revolution in der prinzipielleren Schicht des Bewußtseins setzt also stets später ein, als die Revolution in der Schicht des unmittelbar zugreifenden Erkennens, und nur auf Grund eines stufenweise sich ausweitenden *Zurückfragens* werden immer mehr die prinzipiellen Fundamente soweit aufgelockert und ausgeweitet, daß sie nicht mehr nur die ältere Wissensform zu legitimieren, zu welchem Zwecke sie ja ursprünglich entstanden waren, sondern außer ihr auch für die neuere Wissensform den tragenden Grund abzugeben imstande sind. In dieser eigentümlichen Situation befinden sich alle prinzipiellen, fundierenden philosophischen Disziplinen: ihre Struktur ist am klarsten ablesbar an der Rechtsphilosophie, die sich stets als Richterin, als Kritik des positiven Rechtes gibt, faktisch aber meistens eine nachträglich fundierte Rechtfertigung positiven Rechtes ist.

Diese Einsicht besagt nichts gegen die Erkenntnistheorie und Philosophie selbst. Ihre fundierenden Überlegungen sind unentbehrlich: denn wollte man auch prinzipiell gegen Erkenntnistheorie und Philosophie sein, so bliebe einem doch nichts anderes übrig als sie eben in prinzipieller Weise anzugreifen; der prinzipielle Angriff selbst wäre aber, gerade indem er in die Fundamentalschicht einbräche, eo ipso von philosophischer Relevanz. Zu jedem faktischen Wissen gehört eben eine es begründende prinzipielle Schicht, die auch die fundierende Dignität in sich enthält, aber diese im strukturellen Sinne zu verstehende Fundierungsposition darf nie in dem Sinne mißbraucht werden, daß man das in der Fundierungsintention liegende Primat als eine apriorische Sicherung für die in ihnen jeweils vorliegenden inhaltlichen Feststellungen verwendet, als eine Hemmung im Wissensfortschritt, als ein Ausspielen apriorischer Gewißheiten gegen Einsichten, die aus faktischen Erfahrungen auftauchen. Denn das Irrtümliche oder Partikulare in den Fundierungsgrundlagen kann und muß stets aufgelockert und revidiert werden von den Umwälzungen her, die im unmittelbaren Erkenntnisprozeß gewonnen werden. Das von der neuen Tatsachenerkenntnis her in die Prinzipienschicht fallende Licht darf nicht durch Denkhemmungen verstellt werden. Zu diesen ganz wesentlichen Erweiterungsmöglichkeiten unseres Blickfeldes, die dadurch entstehen, daß aus der Schicht der sich neu erschließenden Empiriefelder immer wieder neues Licht in den Fundierungsunterbau zurückschlägt, gehört jener Schritt, der gerade mit Hilfe des wissenssoziologischen Partikularisierens die ältere Erkenntnistheorie als Korrelat einer partikularen Wissensart enthüllt und uns damit implizite auffordert, die zu den weiteren Wissensarten gehörige Fundierungsschicht zu finden; noch mehr, jene Fundierungsschicht zu finden, die womöglich alle uns bisher überhaupt zugänglichen historisch gegebenen Wissensarten umfaßt.

Damit ist der Weg freigegeben, zu zeigen, inwieweit die bisherige Erkenntnistheorie und Noologie nur partikulare Substruktion zu einem Wissenstypus war:

3. AUFWEIS DER PARTIKULARITÄT DES DOMINIERENDEN ERKENNTNISTHEORETISCHEN ANSATZES

a) Die Orientiertheit am exakt-naturwissenschaftlichen Denkparadigma. Eine solche aufweisbare partikulare Betroffenheit unserer herrschenden Erkenntnistheorie ist heute unbedingt durchsichtig zu machen, in der Richtung, daß diese zum Paradigma des idealen Erkennens das Erkennen in den exakten Naturwissenschaften gewählt hat. Nur weil dieses Erkennen ganz besonders in seinen mathematisierbaren Teilen weitgehend die Struktur der Abhebbarkeit von der historisch-sozialen Aspektstruktur des erkennenden Subjektes hat, konnte man das Richtigkeitsbild wahrer Erkenntnis so konstruieren, daß alle auf das Erfassen des Qualitativen ausgerichteten Typen des Erkennens (die als solche notwendigerweise Elemente in sich enthalten, die mehr oder minder mit der Weltanschauungsstruktur des Subjektes zusammenhängen), entweder übergangen oder als minderwertige Erkenntnismodi behandelt werden. Im Augenblick, in dem (durch historisch-soziale Kräfte getrieben) die übrigen Wissenstypen in das Zentrum der Betrachtung rücken, muß sich jenes Prämissengefüge auflockern, das, wenn nicht ausschließlich, so doch hauptsächlich zum Verständnis und zur Rechtfertigung eben der exakten Naturwissenschaften geschaffen wurde. Genau so wie einst Kant die moderne Erkenntnistheorie dadurch begründet hat, daß er zum vorfindbaren Bestand der exakten Naturwissenschaften das Problem hinzufügte: „wie sind sie möglich?", so muß zum vorfindbaren Bestand des auf das Erfassen des Qualitativen ausgerichteten Erkennens, welches stets der Tendenz nach zumindest das ganze sozialhistorische Subjekt affiziert, das Problem des „wie ist es möglich?" gestellt werden und noch mehr, „wie und in welchem Sinne ist bei dieser Erkenntnisstruktur Wahrheit möglich?"

b) Zusammenhang zwischen Wahrheitsbegriff und sozial-historischer „Seinslage". Denn hier an dieser Stelle tritt uns eine noch tieferliegende Gebundenheit der konkret historischen Erkenntnistheorie an die „Seinslage" entgegen. Nicht nur das vorfindbare Paradigma, wie faktisches, konkretes Erkennen aussieht, findet die Erkenntnistheorie im konkreten Wissensbestand einer Zeit (und damit eines sozialen Lebensraumes) allein vor, sondern auch das utopische Richtigkeitsbild der Wahrheit überhaupt (so etwa in Gestalt der utopischen Konstruktion einer „Wahrheit-an-sich"-Sphäre).

Genau so wie die in einer Zeit möglichen Utopien und Wunschbilder als Vorstellungen des Noch-Nicht-Wirklichen orientiert sind an dem, was in dieser Zeit verwirklicht ist (und nicht von einer absolut freischwebenden Phantasie her geschaffen oder aus einer Eingebung her gesetzt sind), so steigt auch das utopische Richtigkeitsbild, die Idee der Wahrheit auf aus den konkreten Modi des Erkennenkönnens in einer Zeit. So ist also auch der Wahrheitsbegriff nicht eindeutig für alle Zeiten festgelegt, sondern auch er ist in den historischen Wandel einbezogen. Es ist also keineswegs zufällig, wie der Wahrheitsbegriff einer Zeit aussieht, sondern es gibt einen Leitfaden zur jeweiligen Konstruktion des Wahrheitsbegriffes: an Hand der paradigmatischen Wissensform einer Zeit und deren Struktur macht man sich jeweils ein Bild davon, wie Wahrheit überhaupt vorzustellen sei.

An dieser Stelle erweist sich also nicht nur die Abhängigkeit der jeweiligen Vorstellung vom Wissen überhaupt vom konkret vorliegenden als paradigmatisch geltenden Wissen und von den in ihm verwirklichten Wissensarten, sondern auch die Gebundenheit des „Wahrheitsbegriffes" an die vorhandenen Wissensarten. Auf Grund dieser vermittelnden Zwischenglieder besteht somit eine unterirdische Verbindung zwischen Erkenntnistheorie, dominierender Wissensform und sozial-geistiger Zeitsituation. So dringt also die wissenssoziologische Analyse an einer bestimmten Stelle mit ihrer partikularisierenden Methode auch in das Gebiet der Erkenntnistheorie ein, wo sie dann die Möglichkeit des Widerstreits zwischen verschiedenen Erkenntnistheorien unter Umständen so löst, daß sie diese jeweils als Substruktionen zu verschiedenen Wissensarten auffaßt. Die endgültige Lösung des Problems stellt sich dann so dar, daß erst nach einer Konfrontierung der verschiedenen Wissensmodi und der aus ihren Ansätzen hervorgehenden Erkenntnistheorien, die diese alle fundierende, umfassende Erkenntnistheorie wird konstruiert werden können.

4. DIE POSITIVE ROLLE DER WISSENSSOZIOLOGIE

Ist einmal das Verhältnis zwischen erkenntnistheoretischer Fundierungswissenschaft und den fortschreitenden empirischen Einzelwissenschaften in dem Sinne richtig gestellt, daß die erstere zwar stets in fundierender Position und Funktion zu den letzteren steht, daß aber die erstere stets insofern durch die letzteren fundiert ist, als diese das Substrat, die Unterlage für die Findung der Prinzipien abgeben müssen, hat man ferner eingesehen, daß die Partikularität unserer bisherigen Erkenntnistheorien gerade im zu ausschließlichem Sich-Orientieren am Denkparadigma der mathematischen Naturwissenschaften entstanden ist: dann entsteht die unabweisbare Forderung, klarzustellen, wie die prinzipielle Problematik sich gestalten wird, sobald man sich am Paradigma jener Wissensarten orientiert, deren wesensmäßige Seinsverbundenheit aufzuzeigen unsere Aufgabe war. Von hier aus ergeben sich folgende neue *Ansätze* für eine erweiterte Noologie und Erkenntnistheorie.

Revision der These, daß die Genesis unter allen Umständen geltungsirrelevant sei. Die schroffe, ohne Übergänge aufgestellte Dualität zwischen „Geltung" und „Sein", „Sinn" und „Sein", „Wesen" und „Faktum" gehört, wie öfter angedeutet, zu den axiomatischen Satzungen der heute dominierenden „idealistischen" Erkenntnistheorie und Noologie, sie gilt als unerschütterlich und ist zunächst das Hindernis für die unvoreingenommene Auswertung der Einsichten, die die Wissenssoziologie zutage fördert, zu Gunsten einer neu angelegten Erkenntnistheorie.

In der Tat: nimmt man den Wissenstypus nach dem Paradigma $2 \times 2 = 4$ zur Unterlage, so hat diese These auch phänomenologisch aufweisbar ihre Richtigkeit. Für diesen Wissenstypus trifft es zu, daß seine Genesis nicht in das Denkergebnis eingeht und von hier aus ist es nur ein weiterer Schritt, eine Wahrheit-an-sich-Sphäre so zu konstruieren, daß sie vom historischen Subjekt völlig abgelöst ist. Auch hat diese Lehre von der Ablösbarkeit des Sinngehaltes von der Genesis ihre großen Verdienste im Kampfe gegen den Psychologismus, denn nur mit ihrer Hilfe gelang es das Noëma vom noëtischen Akt zu trennen. Im Gebiete der erklärenden

Psychologie stimmt nämlich auch phänomenologisch die Beobachtung, daß Genesis und Sinn zu trennen sind, und nur weil dort dieser Zusammenhang phänomenologisch aufweisbar ist, ging er u. E. legitim in den Wahrheitsschatz der Noologie und Erkenntnistheorie ein. Für das Verhältnis zwischen der psychischen Genesis (etwa zwischen den Gesetzen des Assoziationsmechanismus und dem durch diesen Assoziationsmechanismus zutage geförderten Urteilsgehalt) besteht in der Tat jene Kluft, von der die Lehre von der Irrelevanz der Genesis für den Urteilssinn redet. Der Fehler besteht nur darin, daß man das an diesem besonders gearteten Paradigma abgelesene Verhältnis zwischen Genesis und Geltung ohne weiteres auf jede Art von Genesis-Geltung-Beziehung übertrug. Der hierbei begangene Irrtum liegt aber darin, daß es sich hier, bei dem das Urteilen ermöglichenden Assoziationsmechanismus als psychischer Seinsbedingung, um ein völlig sinnfreies „Sein" handelt, weshalb man auch nur von einer sinnfremden Genesis reden könnte. An und für sich gibt es aber eine ganz große Anzahl von Typen und Arten der Genesis, die bisher in ihrer Eigenart nur nicht beobachtet und auseinandergehalten wurden. So ist z. B. das Verhältnis zwischen Seinsstandort und dazugehöriger Sicht als ein genetisches zu bezeichnen, allerdings in einem ganz anderen Sinne als vorher. Um Genesis geht es auch hier, denn in der Tat handelt es sich auch in diesem Falle um Entstehungs- und Seinsbedingungen einer Aussage. Nennt man den Standort einer Sicht, so meint man einen Komplex von Entstehungs- und Seinsbedingungen, die das Zustandekommen einer Aussage in ihrem Sosein bestimmen, nur wäre dieses „Sein" falsch charakterisiert, wollte man es als ein „sinnfremdes" auffassen. Ein Standort, eine Lagerung bedeutet ja, wie wir sahen, eine Chance, in einer bestimmten Sinnausrichtung zu denken (es ist sinnausgerichtetes Sein). Die Charakteristik eines Standortes ist mit sinnfremden Bestimmungen (etwa mit einer bloßen Jahreszahl) gar nicht zu bestimmen, das Sein eines historisch-sozialen Standortes wird sinnhaft bestimmt (Beispiele: „Liberaler Standort", „Proletarisches Sein" usw.). Das „soziale Sein" stellt also eine „Seinsregion" dar, eine Region, mit der die übliche Ontologie, die nur die absolute Dualität zwischen sinnfremden Sein und Sinn setzt, nicht zu rechnen pflegt. (Vgl. hierzu aus der Bibliographie des Verfassers »Ideologische und Soziologische Interpretation geistiger Gebilde«.) Eine Genesis dieser Art wäre nur richtig charakterisiert, wenn man sie im Gegensatz zur *Faktizitäts-Genesis* als eine *Sinngenesis* bezeichnen würde. Hätte man bei der prinzipiellen Festlegung des Verhältnisses von Sein und Sinn dieses Paradigma vor Augen gehabt, so hätte man die die Erkenntnistheorie und die Noologie fundierende Dualität von

Sein und Geltung nicht als absolut gesetzt, sondern auch hier Abstufungen (bei denen „sinnbehaftetes Sein", „sinnausgerichtetes Sein" vorgekommen wäre) in die Grundkonzeption eingebaut.

Die nächste Aufgabe der Erkenntnistheorie muß u. E. gerade darin bestehen, ihre Partikularorientierung zunächst dadurch zu überwinden, daß sie diese wissenssoziologische Erhellung der Vielgestaltigkeit der Sein-Geltung-Beziehungen in ihre Grundkonzeption einbaut und mit Wissenstypen rechnet, deren Seinsregion sinnhaft ist und bis zu einem bestimmten Grade in den Geltungsgehalt der Aussage hineinzuragen imstande ist. Damit wird die Erkenntnistheorie durch die Wissenssoziologie nicht verdrängt, sondern eine Erkenntnistheorie erforderlich gemacht, die ex post mit jenen Einsichten rechnet, die die Wissenssoziologie zutage fördert, und sich danach modifiziert.

Weitere Konsequenzen des wissenssoziologischen Problemsatzes für die Erkenntnistheorie. Hat man einmal eingesehen, daß die meisten axiomatischen Ansätze der heute dominierenden Noologie und Erkenntnistheorie am besonderen Paradigma der mathematisierbaren exakten Naturwissenschaften abgelesen werden und sozusagen Verlängerungen jener Tendenzen sind, die aus den prinzipiellen Untergründen gerade dieser Wissensart aufbrechen, so hat man auch den Leitfaden dafür gefunden, wie man am Gegenparadigma der mehr oder minder seinsverbundenen Spielarten des Erkennens das noologische Problem zu revidieren hätte. Wir wollen jene neuen Problemansätze, die durch das Durchschauen der Partikularität des älteren noologischen Ansatzes akut werden, diesmal nur kurz aufzählen.

Entdeckung des aktiven Elementes, das im Erkennen steckt. Daß man in der „idealistischen" Wissenskonzeption das Erkennen zumeist als einen rein „theoretischen" Akt im Sinne der „reinen Schau" aufgefaßt hatte, hat seine Ursachen noch außer der erwähnten Tatsache des Sich-Orientierens an jenen Beispielen der Mathematik auch darin, daß im Hintergrunde dieser Erkenntnistheorie ein weltanschauliches Ideal der „vita contemplativa" stand. Es kann hier nicht unsere Aufgabe sein, die Geschichte des Entstehens dieses Ideals zu schreiben und den Ursprungspunkt aufzusuchen, wo diese rein kontemplative Auffassung des Erkennens in die Erkenntnislehre hineinragt (wir müßten dann in die Vorgeschichte der wissenschaftlichen Logik zurückgreifen und den Ursprung des Philosophen vom „Seher" her aufzeigen, von dem er das Ideal der „mystischen Schau" übernommen hatte). Uns genügt es, fühlbar zu machen, daß dieses Höherschätzen des kontemplativ Erschauten nicht aus der puren Beobachtung des Denkaktes und des Wissens, sondern von weltanschaulich fundierten

Wertschätzungen herrührt. Die idealistische Philosophie, die diese Tradition vertritt, wurde in ihrer apodiktischen Behauptung, das Erkennen sei nur „rein", wenn es pure Theorie sei, auch dadurch nicht erschüttert, daß es immer mehr sichtbar wurde, daß dieser zunächst als reine Theorie hinzunehmende Erkenntnistypus nur einen ganz geringen Ausschnitt im menschlichen Erkennen ausmacht, und daß der Mensch sehr wohl auch dort erkennt, wo er im Denken selbst aktivistisch ausgerichtet ist, noch mehr, daß in bestimmten Gebieten Erkennen nur dann und insofern zustandekommt, als es selbst Aktion ist, wenn eine „intentio animi" es in dem Sinne durchdringt, daß die Begriffe und die gesamte Denkapparatur davon beherrscht und zum Niederschlag dieser aktivistischen Ausgerichtetheit werden. Nicht Erkennen *und* Wollen sondern Wollen *im* Erkennen selbst erschließt in bestimmten Gebieten allein die qualitative Fülle der Welt. Auch die phänomenologisch ausweisbare Einsicht, daß in diesen Gebieten diese aktivistische Genesis in die Sichtstruktur hineinragt und nicht ohne weiteres abhebbar ist, konnte diese Noologie und Erkenntnistheorie nicht davon abbringen, entweder diese Wissensparadigmata zu übersehen, oder in diesen wesensmäßig aktionsgebundenen Erkenntnissen noch „unreine" (man achte auch die auf magische Ursprünge zurückweisende Bedeutungsnuance dieses Ausdrucks!) Wissensarten zu sehen. Das Problem wird aber von nun an darin bestehen müssen, daß wir diesen Wissenstypus nicht von vorneherein ablehnen, sondern darüber nachdenken, wie der Begriff des Erkennens in dem Sinne umzudenken wäre, daß Wißbarkeiten im Elemente willensmäßiger Ausgerichtetheit entstehen können. Diese Art des Umdenkens der noologischen Problematik wird aber nicht dazu dienen, der Propaganda und den Werturteilen in der Wissenschaft Tür und Tor zu öffnen. Ganz im Gegenteil: wenn wir von jener im tiefsten Grunde eines jeden Wissens sitzenden intentio animi reden, die in die Aspektstruktur eingeht, so meinen wir jenen unaufhebbaren Rest von Willensmäßigem im Wissen, der auch dann noch vorhanden ist, wenn man alle bewußten und expliziten Wertungen und Stellungnahmen abgebaut hat. Daß die Wissenschaft (im Sinne der Lehre von der Wertfreiheit der Wissenschaft) nicht dazu da ist, Propaganda zu machen und Wertungen mitzuteilen, sondern Tatsachen festzustellen, versteht sich von selbst; was die Wissenssoziologie entdeckt, ist nur, daß nachdem das Wissen von diesen Elementen der Propaganda und Wertung befreit ist, in ihm noch immer ein meistens nicht explizit gewordenes aktivistisches Element steckt, das man nicht entfernen, höchstens in die Sphäre der Kontrollierbarkeit heben kann und soll.

Das Konstitutiv-Perspektivische in bestimmten Erkenntnissen. Der zweite Punkt wird sein, zur Kenntnis zu nehmen, daß es in bestimmten Gebieten des historisch-gesellschaftlichen Erkennens kein Makel für einen Wissensgehalt ist, seinen Standort konstitutiv in sich zu enthalten, sondern daß in diesen Gebieten die möglichen Sichten konstitutiv-perspektivische sind und das Problem nicht darin besteht, diese Perspektivität zu vertuschen und zu entschuldigen, sondern sich zu fragen, wie *im* Elemente dieser Perspektivität Erkenntnis und Objektivität möglich ist. Bei dem visuellen Bilde eines Raumgegenstandes ist es ja ebensowenig eine Fehlerquelle, daß der Raumgegenstand wesensmäßig *nur* perspektivisch gegeben sein kann, und das Problem besteht nicht darin, wie man ein unperspektivisches Bild zustande bringen könnte, sondern wie man vielmehr durch das Gegeneinanderhalten der verschiedenen Sichten das Perspektivische als solches zu sehen bekommt und damit eine neuartige Objektivität erreichen könnte. So muß auch hier das falsche Ideal der absolut abgehobenen entmenschlichten Sicht durch das Ideal der konstitutiv-menschlichen, aber stets sich erweiternden menschlichen Sicht ersetzt werden.

Das Problematische an der Konstruktion einer Sphäre des „Geltens an sich". In diesem Zusammenhange des Zurückfragens nach den weltanschaulichen Hintergründen der „idealistischen" Erkenntnistheorie und Noologie wird es schließlich auch allmählich klar, daß das Ideal der Geltung-an-sich-Sphäre (die sozusagen präexistent in sich beruhend *vor* dem historisch-psychologischen Denkakt irgendwie vorhanden ist, und an der jedes konkrete Erkennen nur partizipiert) der letzte Ausläufer jener Zweiwelten-Theorie ist, die zu unserer Welt des immanenten Geschehens durch die Methode der Seinsverdoppelung zusätzlich eine zweite Welt schuf. Dieselbe Funktion, die für jene Zweiweltenmetaphysik im Gebiete der Ontologie das Jenseits, die Transzendenz zu leisten hatten, sollte die Setzung jener „an sich geltenden Wahrheitssphäre" (einer Ausläuferin der Ideenlehre) für das Erkennen leisten: eine mit dem Makel des Entstehens nicht behaftete Vollkommenheitssphäre zu postulieren, an der gemessen alles Geschehen, jedes Werden zum endlichen und unvollständigen entwertet werden konnte. Ferner genau so, wie für diese extremspiritualistische Metaphysik das „Menschsein" nur als „*bloßes* Menschsein" konzipierbar ist, für das alles Vitale, Sinnliche, Historische, Soziale als etwas Abzustreifendes betrachtet wurde, so versuchte man die Konzeption eines Wissens zu dekretieren, in dem diese Elemente des Menschseins untergehen sollten. Dabei wäre immer wieder zu fragen, ob denn der Begriff des Erkennens ohne die Voraussetzung der Gesamtkonstitution des Menschen überhaupt noch konkret vorstellbar ist und irgendwie für uns sinnvoll auch nur gedacht, geschweige denn vollzogen werden kann.

Im Gebiete der Ontologie der Moderne wurde ferner in der empirischen Forschung jene Sinnverdoppelung (die ursprünglich deshalb entstand, um das Ungenügen an »dieser« Welt zu dokumentieren) allmählich abgebaut; im Gebiete der Noologie und der Erkenntnistheorie wirkt sie aber noch nach — weil aber bisher die weltanschaulichen Hintergründe im Gebiete der Wissenslehre nicht so leicht durchschaubar waren, meinte man in diesem Ideal einer übermenschlich-überzeitlichen Geltungssphäre nicht eine mögliche weltanschauliche Konstruktion, sondern eine konstitutive Gegebenheit für die Auslegung des Phänomens „Denken" zu besitzen. Der Sinn unserer Überlegung aber war der, zu zeigen, daß von der Denkphänomenologie her kein Zwang besteht die Erkenntnis so zu konstruieren, als ob sie ein Einbruch aus der Sphäre des Geschehens (des Aktvollzuges) in eine An-sich-Sphäre wäre (dieses Konstruktionsschema hat seine heuristische Fruchtbarkeit höchstens für Denkmodelle nach dem Typus $2 \times 2 = 4$), sondern umgekehrt, daß eine ungeheure Entlastung der Wissensproblematik auftritt, wenn man sich allein an die Gegebenheiten des uns allein bekannten, faktischen diesseitigen Denkens (unabhängig von der Idealsphäre) hält und das Wissensphänomen als einen actus eines „Vitalwesens" nimmt. M. a. W., die Wissenssoziologie betrachtet den Erkenntnisakt im Zusammenhang mit jenen Paradigmata, die ihr vorschweben, sowohl in seiner Seins-, als in seiner Sinnqualität nicht als eine einem rein theoretisch-kontemplativen Bedürfnis entspringende Schau der „ewigen Wahrheiten" oder als eine irgendwie geartete Partizipation an ihnen (woran noch Scheler glaubte), sondern als ein Organon der Lebensdurchdringung eines bestimmt gearteten Vitalwesens in einem bestimmt gearteten Lebensraume. Alle diese drei Faktoren, die Art der Struktur der Lebensdurchdringung, die eigene Konstitution des Vitalwesens (sowohl seine vitale als seine historisch-soziale Konstitution) und die Eigenart des Lebensraumes, insbesondere aber der Ort und die Lagerung des denkenden Subjektes in diesem Lebensraume bedingen das Denkergebnis, aber auch das von diesem Denkergebnis her konstruierbare „Wahrheitsideal" dieses Wesens.

Die Vorstellung des Wissens als eines geistigen Aktes, der erst dann vollkommen ist, wenn er nicht mehr die Spuren menschlicher Herkunft zeigt, hat — wie erwähnt — höchstens in jenen Gebieten eine heuristische Fruchtbarkeit, in denen, wie am vorliegenden Denkparadigma, diese Merkmale (mit größerer oder geringerer Berechtigung) phänomenologisch de facto aufweisbar sind: bei Denkweisen nach dem Paradigma $2 \times 2 = 4$, sie ist aber völlig irreführend und dient nur zur Verdeckung der Grundphänomene bei jenem breiteren Gebiete des Wißbaren, bei dem das Wegdenken des Anthropologisch-Historischen das Denkergebnis völlig denaturieren würde.

Allein die phänomenologische Unterlage auf Grund der vorhandenen Denkparadigmata kann als Argument für oder gegen bestimmte Erkenntnisbegriffe angeführt werden, nicht aber verkappte, weltanschauliche Motive: wir haben keine Ursache, die Scheu vor Körperlichkeit, Sinnlichkeit, Zeitlichkeit, Dynamik und Gesellschaftlichkeit jenes Menschentypus, der hinter der „idealistischen" Philosophie steht, in unserer Noologie zu bewahren. In diesem Augenblick stehen also zwei Erkenntnistypen von paradigmatischem Wert und zwei aus ihnen aufsteigenden Möglichkeiten der noologischen und erkenntnistheoretischen Explikation des Erkennens einander gegenüber. Im Augenblick gilt es, zunächst an der Dualität dieser Ansätze festzuhalten und das darin sichtbar Werdende zu fixieren, nicht aber wegzuretuschieren. Im weiteren Auseinandersetzungsprozeß wird es sich erst erweisen, welche Auslegungsbasis die tragfähigere ist, ob wir weiter kommen, wenn wir vom seinsabgelösten Seinstypus her (wie man es bisher getan hatte), den seinsverbundenen mediatisieren und bagatellisieren, oder umgekehrt den seinsenthobenen als einen Grenz- und Spezialfall des seinsverbundenen zu explizieren in der Lage sein werden.

Fragt man sich nun, welche Wege die Erkenntnistheorie selbst gehen kann, wenn sie sich des zuletzt erwähnten Denkparadigmas bedient und das Problem der konstitutiven „Seinsverbundenheit" bestimmter Wissenstypen zur Kenntnis nimmt und ihren Überlegungen zugrunde legt, so eröffnen sich auch hier zwei Wege. Auch in diesem Falle gilt es für den Wissenschaftler, zunächst die Möglichkeiten der weiteren Problementfaltung und alle sichtbar werdenden Aporien zur Darstellung zu bringen und nur soviel auszusagen, wie auf der gegenwärtigen Stufe der Durchdachtheit dieser Probleme ehrlicherweise bereits feststellbar ist. Die Mission des Denkers ist nicht, um jeden Preis schon bei dem ersten Aufleuchten eines neuen Problemkreises Entscheidungen zu treffen, sondern im Bewußtsein des Unterwegsseins der Forschung nur das bereits sichtbar Gewordene zu fixieren. Die beiden Wege aber, die auf der jetzigen Stufe gangbar erscheinen, sind folgende:

Die beiden Wege der Erkenntnistheorie. Entweder legt man nun das Gewicht auf die Prälavenz der Seinsverbundenheit und beharrt auf dem Standpunkt, daß die Seinsverbundenheit im Fortschreiten des gesellschaftlichen Erkenntnisprozesses unaufhebbar bleibt, daß also auch der eigene Standort vermutlicherweise seinsgebunden und partikular ist. Dann muß die dazugehörige Erkenntnistheorie in dem Sinne einer Revision unterzogen werden, daß man die These von der *wesensmäßig relationalen*

Struktur des menschlichen Erkennens aufstellt (wie man etwa die wesensmäßige Perspektivität der visuellen Gegenstände ohne weiteres zugeben wird).

Auch bei dieser Lösung geht es nicht darum, daß man das Postulat der Objektivität und Entscheidbarkeit sachhaltiger Diskussionen preisgibt oder einem Illusionismus huldigt, wonach alles Schein und nichts entscheidbar ist, sondern nur darum, daß diese Objektivität und Entscheidbarkeit nur auf Umwegen herstellbar ist. Es handelt sich hierbei nicht um die Behauptung, daß es keine Gegenständlichkeiten gibt, und daß der Rekurs auf die gebende Anschauung keine Erfüllung und Antwort bringt, sondern daß diese Antworten in bestimmten Fällen wesensmäßig nur aspektgebunden möglich sind. Es resultiert also auch hier nicht ein Relativismus im Sinne der Beliebigkeit jeder Behauptung; der Relationismus in unserem Sinne besagt vielmehr, daß jede Aussage wesensmäßig nur relational formulierbar sei, und er schlägt nur dann in Relativismus um, wenn man ihn mit dem älteren statischen Ideal ewiger, desubjektivierter unperspektivischer Wahrheiten verbindet und an diesem ihm disparaten Ideal (von absoluter Wahrheit) mißt.

Im Falle des seinsverbundenen Denkens wird Objektivität nur etwas Anderes und Neues bedeuten: a) einmal die Tatsache, daß sofern man im selben System, in derselben Aspektstruktur steht, man gerade auf Grund der Einheitlichkeit der vorgegebenen Begriffs- und Kategorialapparatur mit Hilfe einer hier möglichen eindeutigen Diskutierbarkeit zu eindeutigen Ergebnissen kommen kann und alles davon Abweichende als Irrtum auszumerzen in der Lage ist, b) daß wenn man aber in verschiedenen Aspektstrukturen steht, die „Objektivität" nur auf Umwegen herstellbar ist, indem man nämlich hier das in beiden Aspektstrukturen richtig, aber verschieden Gesehene aus der Strukturdifferenz der beiden Sichtmodi zu verstehen bestrebt ist und sich um eine Formel der Umrechenbarkeit und Übersetzbarkeit dieser verschiedenen perspektivischen Sichten ineinander bemüht. Hat man aber eine solche Formel sozusagen für die Umrechnungskontrolle herausgearbeitet, so gelingt es ohne weiteres solche notwendigen Abweichungen in den beiden Sichten von den willkürlichen, schlechthin falschgesehenen Elementen — die auch hier als Irrtümer zu gelten haben — abzusondern.

Genau so wie der Streit bei dem visuellen Gegenstande, der ja auch — wie wir sahen — wesensmäßig nur perspektivisch gesehen werden kann, nicht dadurch geschlichtet wird, daß man eine unperspektivische Sicht konstruiert (was nicht möglich ist), sondern so, daß man aus dem einen standortgebundenen Bilde heraus versteht, warum sich dem anderen dort von jenem Standorte die Sache so und nicht anders gibt, so werden wir auch hier durch das Übersetzen und Umrechnen die Objektivität herstellen. Daß hierbei sofort das Problem entstehen wird, welche von den vorhandenen Sichten die optimale ist, ist selbstverständlich — aber auch dafür gibt es ein Kriterium, — ganz wie bei der visuellen Perspektivität, wo auch bestimmte Aspekte den Vorzug haben können, die entscheidenden Zusammenhänge am Gegenstande sichtbar zu machen — eben: die größte Fassungskraft, die größte Fruchtbarkeit dem empirischen Material gegenüber.

Es gibt noch einen zweiten Weg, den man einschlagen kann, indem man folgende Tatsachen in den Vordergrund rückt: Der wissenssoziologische Forschungsimpuls kann so geleitet werden, daß er nicht zur Verabsolutierung der Seinsverbundenheit führt, sondern daß gerade in der Entdeckung der Seins*verbundenheit* der vorhandenen Einsichten ein erster Schritt zur Lösung von der Seins*gebundenheit* gesehen wird. Indem ich den Sichtindex zu einer sich als absolut nehmenden Sicht hinzufüge, neutralisiere ich in einem bestimmten Sinne schon die Sichtpartikularität. Die meisten unserer Darlegungen bewegten sich ganz spontan in der Richtung einer Neutralisierung der Seinsgebundenheit im Sinne des sich darüber Erhebens. Die Lehre von der die partikularen Sichten in sich aufnehmenden, sie fundierenden breiteren Sichtbasis, die Lehre von der schicksalsmäßigen Selbsterweiterung und Standortserweiterung (die auf Erfahrungen beruhen), die Lehre von der zu suchenden, alles unterbauenden Ontologie bewegen sich in dieser Richtung. Es gibt zunächst als Faktum eine solche Bewegung in der Geistes- und Sozialgeschichte, die, streng verbunden mit Gruppenberührungs- und Gruppendurchdringungsprozessen, auftritt: sie läßt im ersten Stadium verschiedene seinsgebundene Sichtarten sich gegenseitig neutralisieren (nimmt ihnen ihren Absolutheitscharakter), im zweiten Stadium schafft sie aus dieser Neutralisierung eine umfassendere, tragfähigere Sichtbasis. Hierbei ist es aber interessant zu beobachten, daß die Schaffung dieser weiteren Sichtbasis mit einer höheren Stufe der Abstraktheit verbunden ist und stets die einschlägigen Phänomene in steigendem Maße formalisiert. Diese Formalisierung besteht darin, daß sich die Betrachtung von den sachhaltig qualitativen Aussagen, die mit Richtungsbestimmtheit geladen waren, immer mehr zurückzieht und reine Funktionsbetrachtungen, das Paradigma des puren Mechanismus, an Stelle der qualitativen und gestalthaften Deskription der Phänomene setzt. Wir wollen diese Lehre von der immer mehr sich steigernden Abstraktion, die im Zusammenhange mit der sozialen Lebensdistanzierung auftritt, die Lehre von der sozialen Genesis der Abstraktion nennen.

Für diese soziologische Ableitung der Abstraktion (die in erster Reihe klar in dem Heraustreten der soziologischen Sicht selbst verfolgbar und erfaßbar ist) ist also die höhere Abstraktionsstufe als Korrelat einer sozialen Verschmelzung der Gruppen aufzufassen. Sie findet ihre Bestätigung in der Tatsache, daß die Abstraktionsfähigkeit der Menschen und Menschengruppen im selben Maße wächst, als sie in »Rahmengruppen« und Organisationen vorkommen, in umfassenderen gesellschaftlichen Einheiten, die die Fähigkeit haben, die lokalen oder sonstwie partikularen Gruppen in sich zu verschmelzen. Aber auch diese Tendenz zur Abstraktion auf höherer Stufe sprengt noch nicht die Lehre von der Seinsgebundenheit des Denkens, denn das adäquat zuzurechnende Subjekt ist keineswegs ein absolut freischwebendes „Bewußtsein überhaupt", sondern ein immer umfassender werdendes (die früher partikularen und konkreten Sichten neutralisierendes, konkretes) Subjekt.

Alle diese Kategorien, die die formale Soziologie (mit Recht) formuliert, sind Produkte eines solchen Neutralisierens und Formalisierens, wobei am Ende nur der formale Mechanismus der Gebilde herausspringt. So wäre, um das Beispiel aus der formalen Soziologie zu bringen, die Herrschaft eine Kategorie, die nur deshalb abhebbar ist von den konkreten Standorten der betroffenen Partner (sc. der Herrschenden und Beherrschten), weil sie sich darauf beschränkt, den Strukturzusammenhang (den Mechanismus sozusagen) der in Wechselwirkung stehenden Akte in den Vordergrund zu rücken (indem sie mit Begriffen, wie Unter- und Überordnung, Gewalt, Gehorsam, Erzwingbarkeit usw. operiert). Der qualitative Gehalt der konkreten Herrschaft (der übrigens die „Herrschaft" sofort historisieren würde) ist eben hier gar nicht erfaßbar und könnte nur adäquat beschrieben werden, wenn sowohl die Beherrschten als die Herrschenden in der seinsverbundenen Art ihre Erlebnisse und Erfahrungen schildern würden. Denn auch die formalen Bestimmungen, die gefunden werden, hängen nicht in der Luft, sondern steigen auf aus der konkreten, seinsgebundenen Problematik einer Situation. (An dieser Stelle taucht die allerdings noch im einzelnen zu verifizierende Vermutung auf, daß die Perspektivismusproblematik in erster Reihe das „Quale" der Phänomene betrifft; weil aber der Gehalt der gesellschaftlich-geistigen Phänomene primär „sinnhaft" ist und weil man das Sinnhafte im Verstehens- und Interpretationsakt erfaßt, kann man den Tatbestand auch so formulieren, daß die Perspektivismusproblematik der Wissenssoziologie sich in erster Reihe auf das Verstehbare im sozialen Phänomen bezieht. Damit ist aber keineswegs ein enger Bezirk gemeint, denn die allerelementarsten „Tatsachen“ im Gebiete des Sozialen sind nur mit Hilfe von bedeutungsausgerichteten, interpretierbaren Begriffen benennbar.)

Aber auch dort, wo die Formalisierung maximal fortgeschritten ist, wo es sich sozusagen nur mehr um bloße Relationen handelt, ist stets ein Minimum von Richtungsbestimmtheit festzustellen, das nicht mehr auszumerzen war. (Beispiel: wenn Max Weber u. a. bei der Einleitung der Handlungsarten „zweckrationales“ und „traditionales“ Handeln unterscheidet, so spricht sich noch darin die Situation einer Generation aus, in der eine Gruppe die Rationalisierungstendenzen des Kapitalismus entdeckt und wertbetont in den Vordergrund stellte, die andere Gruppe aber [nachweisbar von politischen Impulsen getrieben] die Bedeutung der Tradition entdeckt und dagegen ausgespielt hatte.) Aus dieser Situation steigt dann das Interesse für das Problem der Handlungsarten überhaupt auf, und wenn man gerade *diese* Handlungsarten fixiert und gerade in dieser Richtung formalisiert, so liegt der Ursprung gerade dieser Abstraktionsausgerichtetheit in der konkreten Situation der Epoche, die das Phänomen Handeln eben in dieser Richtung thematisch machte. Würde eine andere Epoche die Handlungsarten formal systematisieren wollen, so käme sie zu ganz anderen Typen. Aus einer anderen historischen Situation hätte man also andere Abstraktionen gefunden und aus dem Gesamtgeschehen herausartikuliert. Die Wissenssoziologie ist unseres Erachtens von ihrer Basis aus nicht genötigt, das Vorhandensein, die Möglichkeit formalisierten und abstrakten Denkens zu leugnen, sie hat nur zu zeigen, daß auch hier das Denken das „Sein“ keineswegs überwindet, denn nicht ein übersoziales und überanthropologisches Subjekt spricht sich in ihnen in „an-sich“-Kategorien aus, sondern in ganz bestimmten Seinslagen entstehende Neutralisierungen der qualitativen Fülle bewirken es, daß man zu Orientierungsschemata kommt, die nur bestimmte formale und strukturelle Bestandteile an den Phänomenen in den Vordergrund des Erlebens und Denkens treten lassen. Rudimentär ist ja dieser Prozeß schon beobachtbar bei den Höflichkeits- und Verkehrsregeln, die bei der Berührung verschiedener Gruppen spontan entstehen. Auch dort verzichtet man immer mehr (je flüchtiger die Kontakte werden) auf qualitativ verstehendes Erkennen des Gegenübers, dieses wird so weit formalisiert, bis von ihm nur noch die „formalsoziologische Kategorie“ übrig bleibt, die sozusagen nur die Funktion des Gegenübers im Gesellschaftsgefüge andeutet. (Man nimmt die Gegenüberstehenden als „Minister“, „Fremde“, „Schaffner“ usw.). Man reagiert im Verkehr nur auf diese Merkmale, m. a. W., das Formalisieren ist selbst Ausdruck bestimmter Seinssituationen und die Ausgerichtetheit des Formalisierens (ob man es sich in der Richtung des politischen Repräsentationswertes, wie im Beispiel des „Ministers", oder in der Richtung des ethnischen Charakters entfalten läßt, wie im Beispiel des „Fremden"), hängt von der Seinssituation ab, die in diesem Sinne auch hier in die Kategorien — wenn auch verblaßt — eingeht. In diese Richtung gehört auch die Beobachtung, daß in der Jurisprudenz an Stelle der konkret begegnenden, qualitativ aus der Situation, aus dem Rechtsgefühl heraus urteilenden „Kadijustiz" das formalisierte Recht dann tritt, wenn eine Verkehrswirtschaft existentiell auf die Berechenbarkeit des Rechts pocht: von diesem Augenblick an will man nicht so sehr qualitativ der absoluten Einmaligkeit angemessen gerecht sein, als immer mehr den Fall richtig zurechnen, in vorgegebene, formalisierte Kategorien subsumieren.

Wie gesagt, es kann auch heute noch die Frage nicht entschieden werden, welche von den beiden angedeuteten Wegen der wissenschaftlichen Erkenntnistheorie von der Materie her vorgeschrieben sind. In beiden Fällen wird man aber mit der Seinsverbundenheit als Konstituens zu rechnen haben und sich mit der Theorie des Relationismus und mit der Lehre von der gleitenden Denkbasis auseinandersetzen müssen. Mit dieser Tendenz wäre gegeben, daß man die Vorstellung, es gäbe eine „Wahrheit-an-sich-Sphäre", als eine störende und durch nichts zu rechtfertigende Hypothese ausschalten müßte. Sehr lehrreich ist hierbei, daß die exakten Naturwissenschaften sich in einer weitgehend analogen Situation zu befinden scheinen, ganz besonders, wenn man eine bestimmte Auslegung ihrer gegenwärtigen Lage — wie sie etwa in einer geschickten Darstellung von W. Westphal uns entgegentritt — dem Vergleich zugrunde legt. Im Sinne dieser Darstellung kam man, nachdem man entdeckt hatte, daß unsere üblichen Maßstäbe für die Messung, wie Uhren usw. und die mit ihnen verbundene Sprache des Alltags nur für diese mögliche und brauchbare Orientierungsschemata abgeben, dazu, daß im Bereiche der Quantentheorie etwa, wo es sich um Messungen von Elektronen handelt, man mit Recht gar nicht von einem vom Messungsinstrument unabhängig formulierbaren Messungsergebnis sprechen kann, denn das Messungsinstrument kommt hier als ein Objekt in Betracht, das Ort und Geschwindigkeit der zu messenden Elektronen selbst bereits relevant beeinflußt. Auf diesem Wege kam man dann zur These, daß Orts- und Geschwindigkeitsmessungen nur in „Unbestimmtheitsrelationen" (Heisenberg) ausdrückbar sind, die den Grad der Unbestimmtheit angeben. Aber noch weiter, in einem nächsten Denkschritt lehnte man die dem älteren Denkgebrauch naheliegende Behauptung, daß die Elektronen *an sich* in Wirklichkeit wohldefinierte Bahnen haben müssen, mit der Begründung ab, daß eine solche Behauptung vom „An-sich“ zu „jenem Typus von inhaltlich völlig leeren Aussagen gehöre, die zwar eine Art von anschaulicher Vorstellung vermitteln, die aber jedes Inhaltes entbehren, weil aus ihnen keine Konsequenzen gezogen werden können“. Dasselbe gelte für die Vermutung, die bewegten Körper müßten doch eine absolute Geschwindigkeit haben. Da diese nach der Einsteinschen Relativitätstheorie prinzipiell nicht bestimmbar ist, gehört jene Behauptung im Sinne dieser modernen Theorie genau so zu den leeren Aussagen, wie etwa die These, es existiere neben unserer Welt eine andere, die unserer Erfahrung prinzipiell unzugänglich wäre.

Bewegt man sich in dieser Linie des Gedankenganges, der in seinen unformulierten Relationismus überraschende Ähnlichkeiten mit dem unsrigen hat, so scheint die Aufstellung des logischen Postulats: es existiere oder es gelte eine „Wahrheit-an-sich“-Sphäre, ein genau so wenig zu rechtfertigender Denkschritt zu sein, wie alle diese soeben erwähnten leeren Seinsverdoppelungen; denn solange wir im empirischen Erkennen überall nur relationale Bestimmbarkeiten sehen, hat diese Setzung der „an-sich-Sphäre“ gar keine konkreten Konsequenzen für den Erkenntnisprozeß.

5. ARBEITSTECHNISCHE PROBLEME DES HISTORISCH-SOZIOLOGISCHEN FORSCHENS IM GEBIETE DER WISSENSSOZIOLOGIE

Die wichtigste Aufgabe der Wissenssoziologie im gegenwärtigen Stadium ist die, sich im Gebiete der historisch-soziologischen Tatsachenforschung zu bewähren und in diesem Gebiete die Exaktheitskriterien für ihre empirischen Feststellungen herauszuarbeiten und ihre Kontrollierbarkeit zu sichern. Sie muß aus dem Stadium gelegentlich auftauchender Intuitionen und blockhafter Feststellungen (hier bürgerliches Denken, dort proletarisches usw.), wenn auch mit Aufopferung der schlagwortmäßigen Zugespitztheit der Ergebnisse in das abwägende Stadium übergeführt werden.

Hierbei kann und muß sie sich belehren lassen durch die Methoden und Ergebnisse der philologisch-historisch-exakt vorgehenden Disziplinen, ganz besonders durch die Methoden der Kunstgeschichte als Stilgeschichte.

In der letzteren haben insbesondere die Aufgaben der „Datierung“ und „Zurechnung“ der verschiedenen Kunstwerke eine Methode herausgearbeitet, von der man (mutatis mutandis) sehr viel lernen kann. Die Grundaufgabe der wissenssoziologischen Forschung besteht in diesem Zusammenhang im Fixieren jener Standorte, die in der Denkgeschichte allmählich entstehen und stets in Abwandlung begriffen sind.

Diese Herausarbeitung der Standorte geschieht mit der Methode der *Zurechnung*. Diese aber besteht darin, daß man jede Denkleistung in ihrer Aspektstruktur fixiert und die so fixierte Aspektstruktur mit Gedankenströmungen (als deren Teil) in Zusammenhang bringt, diese aber (was die Kunstgeschichte in ihrem Problemgebiet noch nicht tut) auf die treibenden Sozialkräfte als Ursprungsort der verschiedenen Sichtorte zurechnet.

Es gibt zwei Ebenen in der Zurechnungsarbeit: die *sinngemäße* und die *Faktizitätszurechnung*. Die *sinngemäße Zurechnung* bewegt sich im Gebiete der Interpretationsproblematik. Sie rekonstruiert Denkstileinheiten und Aspektstrukturen, indem sie einzelne verwandt erscheinende Äußerungen und Gedankendokumente auf das in ihnen wirkende Weltanschauungszentrum und Lebensgefühl zurückführt, die in den Bruchstücken eines Gedankensystems implizit enthaltene Systemtotalität explizit macht oder bei Denkstilen, die kein geschlossenes System intendieren, die „Einstellungseinheit" bzw. die Aspektstruktur herausholt. Ist diese Aufgabe einmal geleistet, so ist der Beweis noch keineswegs endgültig. Gelingt es z. B., aufzuweisen, daß in der ersten Hälfte des 19. Jahrhunderts die meisten Denkleistungen in die Polarität „Liberales und Konservatives Denken" sinngemäß einzuspannen und zuzurechnen sind, so entsteht noch die Frage, ob diese rein auf der geistigen Ebene vollzogene, sinngemäße Zentrierung auch dem tatsächlichen Verlauf entspricht. Es könnte sein, daß es dem Forscher gelingt, gegeneinanderstellbare, in sich schlüssige Systeme des konservativen und des liberalen Denkens aus Äußerungselementen zu konstruieren, während die Liberalen und Konservativen der Zeit de facto doch nicht in diesem Sinne gedacht hätten.

Die *Faktizitätszurechnung* besteht eben darin, daß man die in sinngemäßer Zurechnung gebildeten Idealtypen als (unentbehrliche) Forschungshypothese nimmt, um sie dann daraufhin zu befragen, inwieweit etwa Konservative und Liberale in diesem Sinne in der Tat gedacht haben bzw. wieviel sie von Fall zu Fall *de facto* von diesen Idealtypen in ihrem Denken verwirklicht haben. Es muß hierbei jeder einzelne uns zugängliche Autor daraufhin befragt werden und je nach den in seinen Äußerungen vorfindlichen Mischungen und Durchkreuzungen der Aspekte zugerechnet werden.

Das konsequente Vollziehen dieser Zurechnungsarbeit ergibt dann das konkrete Bild der Entwicklungsrichtung des Ablaufes, der wirklich stattgefunden hat, die wirkliche Geschichte der beiden Denkstile. Diese Methode gewährt die maximale Sicherheit zur Rekonstruktion der Denkentwicklung, denn sie zerlegt die zunächst summarische Vermutung vom Verlauf der Denkgeschichte in lauter im einzelnen diskutierbare Kriterien, auf Grund deren wir die Rekonstruktion vornehmen. Dadurch gelingt es, die anonymen (nicht zur Reflexion gelangten) Kräfte, die in der Denkgeschichte wirken, nachträglich herauszuholen, aber nicht in der bloßen Gestalt der Vermutung und nicht auf der Stufe des epischen Referates (auf der unsere politische Geschichte, aber auch die Geistesgeschichte noch verharrt), sondern in Gestalt der kontrollierbaren Feststellung. Freilich gerade bei der Einzelarbeit wird manches erst problematisch, was im ersten Entwurf noch gesichert schien. So z. B. die Tatsache, daß man bei der sehr häufigen Ambivalenz gerade der Mischtypen darüber streiten kann, wie die Zurechnung auszufallen hat: aber auch die Fruchtbarkeit der Stilgeschichte ist dadurch nicht widerlegt, vielmehr nur bekräftigt, wenn man bei einzelnen Künstlern in den Werken darüber streiten kann und muß, ob sie der Renaissance oder dem Barock zuzurechnen seien.

Hat man die Grundstruktur und die Entwicklungsrichtung zweier Denkstile herausgearbeitet, so entsteht die Aufgabe ihrer *soziologischen Zurechnung*. Wir werden die Gestalt und den Wandel des konservativen Denkstils z. B. als Soziologen nicht aus der konservativen Weltanschauung selbst zu erklären versuchen, sondern darüber hinaus

a) aus der Zusammensetzung jener Gruppen und Schichten, die in ihm zu Worte kommen;

b) die Dynamik, die Bewegungsrichtung dieses konservativen Denkens aber aus der Strukturlage und aus den Schicksalen derselben in einem historischen Raum (in Deutschland etwa), aus dessen sich stets wandelnder Strukturproblematik.

Diese Methode bezweckt, durch ständige Einschaltung konkret erfaßbarer Zwischenglieder die zunächst in intuitiver Vermutung auftauchenden Beobachtungen über den Zusammenhang zwischen sozialem Sein und Denken kontrollierbar zu machen. Ist das Gesamtleben einer historisch-sozialen Gruppe ein in ihren Erscheinungen interdependentes Gefüge und das Denken nur eine Lebensäußerung in ihr, so findet man dieses Wechselleben, das eben das Wesentliche an diesem Gefüge ist, dadurch, daß man im einzelnen jener Verklammerung und Strukturverknüpftheit der Lebensäußerungen nachgeht.

Die Wissenssoziologie und die soziologische Geistesgeschichte wird heute in erster Reihe von denjenigen gefördert, die in konkreter Forschungsarbeit in methodisch gesicherten Denkschritten am Material arbeiten. Der Streit um konkrete Zurechnungsprobleme in der Wissenssoziologie zeigt den Übergang von den hypothetisch-emphatischen Vermutungen in das Stadium der konkreten Forschung an.

6. KURZER ÜBERBLICK ÜBER DIE GESCHICHTE DER WISSENSSOZIOLOGIE

Die wesentlichsten strukturellen Ursachen, die das Hervortreten der Wissenssoziologie notwendig gemacht haben, sind bereits dargestellt worden. Weil die Wissenssoziologie eine aus der Gesamtentwicklung notwendig gewordene Disziplin ist, ist es verständlich, daß die zu ihr führenden Denkschritte und Einstellungsmodi zu den verschiedensten Zeitpunkten und in den verschiedensten Situationen allmählich sich gebildet haben. Wir können uns hier nur auf die allerwichtigsten Namen und Etappen beschränken. Zum Durchbruch gelangt die Wissenssoziologie bei *Marx* in dessen genialen Andeutungen, die dieses Thema betreffen. Bei ihm sind aber noch wissenssoziologische Elemente mit Ideologieenthüllung eng verwachsen, zum Ideologieträger werden soziale Schichten und Klassen gemacht. Und obzwar die Ideologienlehre im Rahmen einer sie fundierenden Geschichtsdeutung erscheint, ist sie bei ihrem ersten Auftreten noch nicht in allen ihren Konsequenzen systematisch durchdacht. Der andere Quellpunkt für die moderne Ideologienlehre und Wissenssoziologie ist in den blitzartigen Einsichten eines *Nietzsche* zu suchen, der mit einer Lehre von den Triebstrukturen und einer an den Pragmatismus erinnernden Erkenntnistheorie seine konkreten Beobachtungen auf diesem Gebiete verbindet. Aber auch die soziologische Zurechnung fehlt bei ihm nicht, nur sind es meistens die Kategorien „aristokratische und demokratische Kulturen", denen er bestimmte Denkweisen zurechnet.

Von Nietzsche führen Linien zur *Freud*- und *Pareto*schen Trieblehre und zu den dort ausgebildeten Methoden, das Denken der Menschen als Verhüllung und als Produkte von Triebmechanismen zu sehen. Eine verwandte Strömung in der Richtung der Ausbildung der Ideologienlehre ist in der positivistischen Strömung, die über *Ratzenhofer, Gumplowicz, Oppenheimer* führt, zu verzeichnen. Zum Positivismus ist auch *Jerusalem* zu rechnen, zu dessen Verdiensten es gehört, die moderne Diskussion angeregt zu haben, ohne aber noch die Schwierigkeiten der Problematik zu sehen, die aus der *Dilthey*'schen Richtung der Geisteswissenschaften und aus dem *Historismus* stammen. (Die Werke dieser Richtung [mit Ausnahme der von Jerusalem], wie auch die Untersuchungen der Franzosen über das „Denken der Primitiven" haben wir in der Bibliographie aus Raumgründen nicht angeführt.)

Verfeinert wurde die wissenssoziologische Methode aber erst in zwei anderen Strömungen, einmal bei *Lukács,* der auf Marx zurückgreift und in ihm die fruchtbaren Hegelschen Ansätze herausartikuliert und auf diese Weise zu einer sehr tragkräftigen, aber mit dem Risiko einer bestimmten geschichtsphilosophischen Konzeption belasteten einseitigen, *konstruktiven* und dogmatisierten Lösung der Problematik gelangt. Lukács bleibt insofern noch völlig im Marxschen Entwurf stehen, als die Ideologieenthüllungsproblematik sich bei ihm von der Wissenssoziologie nicht loslöst. *Schelers* Verdienst ist es, außer sehr wichtigen einzelnen wissenssoziologischen Beobachtungen den Versuch gemacht zu haben, die Wissenssoziologie in das Gesamtgebäude eines philosophischen Weltbildes einzugliedern. Das Schwergewicht der Schelerschen Leistung ist jedoch eher in der Linie einer Förderung der Metaphysik zu suchen. Deshalb lag es ihm auch nicht, sich den dieser neuen Denkeinstellung inhärierenden Spannungen und der aus ihnen entstehenden Dynamik und ureignen neuen Problematik anzuvertrauen. Er wollte vielmehr dieser neuen Sichtweise gerecht werden, aber so, daß sie die von ihm vertretene Form der Ontologie, Erkenntnistheorie und Metaphysik nicht sprengt. Das Ergebnis war ein großzügiger, systematischer Entwurf mit tiefen Intuitionen, nicht aber eine eindeutig handhabbare Forschungsmethode für eine soziologisch orientierte Geisteswissenschaft.

Wenn wir die Wissenssoziologie nicht in ihren verschiedenen Spielarten, sondern in jener Gestalt dargestellt haben, wie der Verfasser sie vertritt, so lag es daran, daß wir die Eigendynamik der wissenssoziologischen Problematik, um sie diskutierbar zu machen, in einem womöglich einheitlichen Entwurf zur Geltung kommen lassen wollten.

Schriften von Karl Mannheim*

1. *Lélek és Kultura* (Seele und Kultur). Programmvortrag. Budapest. 1918. Erstmals deutsch in „Soziologische Texte", Band 28. Neuwied. 1964.
2. *Besprechung* von Georg Lukács, Die Theorie des Romans. (Berlin 1920) in: Logos, IX, 2. Berlin. 1920—21.
3. *Beiträge zur Theorie der Weltanschauungs-Interpretation.* Jahrbuch für Kunstgeschichte, 1 (XV). 1921—22.
4. *Zum Problem einer Klassifikation der Wissenschaften.* Archiv f. Sozialwissenschaft und Sozialpolitik. 50, 1922.
5. *Die Strukturanalyse der Erkenntnistheorie.* Kant-Studien. Ergänzungsheft Nr. 57. Berlin. 1922.
6. *Historismus.* Arch. f. Sozw. u. P. 52, 1924.
7. *Das Problem einer Soziologie des Wissens.* Arch. f. Sozw. u. P. 53, 1925.
8. *Ideologische und soziologische Interpretation der geistigen Gebilde.* Jahrb. f. Soziologie. 2, 1926.
9. *Das konservative Denken.* Soziologische Beiträge zum Werden des politisch-historischen Denkens in Deutschland. Arch. f. Sozw. u. P. 57, 1927.
10. *Das Problem der Generationen.* Kölner Vierteljahreshefte f. Soziologie. 7, 1928.
11. *Die Bedeutung der Konkurrenz im Gebiete des Geistigen.* Tübingen 1929.
12. *Zur Problematik der Soziologie in Deutschland.* Neue Schweizer Rundschau. 22, 1929.
13. *Über das Wesen und die Bedeutung des wirtschaftlichen Erfolgsstrebens. Ein Beitrag zur Wirtschaftssoziologie.* Arch. f. Sozw. u. P. 63. 1930.
14. *Ideologie und Utopie.* Bonn. 1929. XV u. 250 S.; 2. Aufl. ebd. 1930; 3. vermehrte Auflage. Frankfurt. 1952. XXVII u. 294 S. Engl. u. amerik. Ausg.: *Ideology and Utopia. An Introduction to the Sociology of Knowledge.* London u. New York. 1936. XXXI u. 318 S.
15. *Wissenssoziologie.* Handwörterbuch der Soziologie. Stuttgart. 1931. (wieder abgedruckt in „Ideologie u. Utopie", Frankfurt. 1952 u. 1965).
16. *Die Gegenwartsaufgaben der Soziologie. Ihre Lehrgestalt.* Tübingen. 1932.
17. *Besprechung* von Stuart A. Rice, ed., Methods in Social Science. (Chicago. 1931) in: American Journal of Sociology, 37, 1932.
18. *Rational and Irrational Elements in Contemporary Society.* London. 1934.
19. *German Sociology* (1818—1933). Politica, 1, Febr. 1934.
20. *The Crisis of Culture in the Era of Mass-Democracies and Autarchies.* Sociological Review, 26, 1934.
21. *Mensch und Gesellschaft im Zeitalter des Umbaus.* Leiden. 1935. XVIII u. 208 S.
    Englische u. amerikanische Ausgabe: *Man and Society in an Age of Reconstruction. Studies in Modern Social Structure.* London und New York. 1940. XXII u. 469 S. (Übersetzung dieser verbesserten und erweiterten Ausgabe Darmstadt 1958).

* Die Aufsätze Ziffer 1-13 sind wieder abgedruckt in „Soziologische Texte", Band 28. Berlin/Neuwied. 1964.

22. *Troeltsch, Ernst.* Encyclopaedia of the Social Sciences. 1935. Vol. XV.
23. *Utopia.* 1935. ebd. Vol. XV.
24. *The Psychological Aspects of the Problem of Peaceful Change.* In C. W. Manning, ed., Peaceful Change: an International Problem. London. 1937. S. 101—132.
25. *The Sociology of Human Valuations: The Psychological and Sociological Approach.* In J. E. Dugdale, ed., Further Papers on the Social Sciences, Their Relations in Theory and Teaching. London. 1937.
26. *Adult Education and the Social Sciences.* Tutors' Bulletin of Adult Education, (Second Series, no. 20, S. 27—34). 1938.
27. *Present Trends in the Building of Society.* In R. B. Catell, I. Cohen and R. M. W. Travers, eds., Human Affairs. London. 1937. S. 278—300.
28. *Mass Education and Group Analysis.* In J. I. Cohen and R. M. W. Travers, eds., Educating for Democracy. London. 1939. S. 329—364.
29. *Diagnosis of Our Time: Wartime Essays of a Sociologist.* London. 1943. New York. 1944.
    Deutsch: *Diagnose unserer Zeit.* Zürich. 1951.
30. *Democratic Planning and the New Science of Society.* In J. R. M. Brumnall, ed., This Changing World. London. 1944. S. 71—82.
31. *The Meaning of Popularization in a Mass Society.* Christian News Letter. Febr. 1945. Suppl. to No. 227, S. 7—12.
32. *The Function of the Refugee.* The New English Weekly, Vol. 27, 1. 1945.

Postum:

33. *Freedom, Power, and Democratic Planning.* Edited by Hans Gerth and Ernest K. Bramstedt. London und New York. 1950. XXIV u. 384 S.
34. *Essays on the Sociology of Knowledge,* Edited by Paul Kecskemety. London. 1952. VIII u. 237 S.
35. *Essays on Sociology and Social Psychology.* Edited by Paul Kecskemety. London und New York. 1953. VIII u. 319 S.
36. *Essays on the Sociology of Culture.* Edited by Ernest Manheim in cooperation with Paul Kecskemety. London und New York. 1956. IX u. 253 S.
37. *Systematic Sociology: An Introduction to the Study of Society.* Edited by J. S. Erös and W. A. C. Stewart. London. 1957. XXX u. 169 S.
38. *An Introduction to the Sociology of Education.* By Karl Mannheim and W. A. C. Stewart. London und New York. 1962. 187 S.

BIBLIOGRAPHIE

I. ERKENNTNISTHEORETISCHE ASPEKTE DER SOZIALWISSENSCHAFTEN

1. Voraussetzungen

Abel, Theodore: Systematic Sociology in Germany. A critical analysis of some attempts to establish sociology as an independent science. Columbia University Studies in History, Economics, and Public Law, Nr. 310. New York und London, 1929.

Ginsberg, Morris: Recent Tendencies in Sociology, in: Economica, Bd. 39, S. 22—39, 1933.

Ginsberg, Morris: Studies in Sociology. London, 1932.

Kaufmann, Felix: Methodenlehre der Sozialwissenschaften. Wien, 1936.

Kaufmann, Felix: The Significance of Methodology for the Social Sciences, in: Social Research, November 1938, S. 442—463.

Knight, Frank H.: The Limitations of Scientific Method in Economics, in: The Trend of Economics, hrsg. R. G. Tugwell, New York o. J., S. 229—267.

Landheer, Barth.: The Problem of Presupposition in Sociology in: Americ. Journal of Sociology, Bd. 37, 1932.

Löwe, Adolf: Economics and Sociology. A plea for co-operation in the social sciences. London, 1936.

MacIver, R. M.: Social Causation. Boston, 1942.

Pfannenstill, Bertil: Sociologiens Grundförutsättningar, en vetenskapskritisk undersökning. Lund und Leipzig, 1943.

Wiese, Leopold von: System der Allgemeinen Soziologie. München und Leipzig, 1933.

Wolff, K. H.: The Unique and the General. Towards a Philosophy of Sociology, in: Philosophy of Science, Bd. 15, Juli 1948.

Spranger, Eduard: Sinn der Voraussetzungslosigkeit in den Geisteswissenschaften. Abhandlungen der preuß. Akademie der Wissenschaften, Phil.-hist. Klasse. Berlin, 1931.

2. Aspekte

Burke, Kenneth: Permanence and Change. New York, 1935.

Calverton, C. F.: Modern Anthropology and the Theory of Cultural Compulsives, in: The Making of Man, New York, 1931, S. 1—37.
Auch unter dem Titel „The Compulsive Basis of Social Thought" erschienen in: Americ. Journal of Sociology, Nd. 36, 1931, S. 689—720.

Dewey, John: The Influence of Darwin on Philosophy. New York, 1910.

Hobson, John A.: Free Thought in the Social Sciences. New York und London, 1926.

Leisegang, Hans: Denkformen. Berlin und Leipzig, 1928.

Litt, Theodor: Erkenntnis und Leben. Untersuchungen über Gliederung, Methoden und Beruf der Wissenschaft. Leipzig, 1923.

Litt, Theodor: Individuum und Gemeinschaft. Grundlegung der Kulturphilosophie. Leipzig, 1924.

Ogburn, W. F.: Bias, Psychoanalysis and the Subjective in Relation to Culture, in: Publications of the American Sociological Society, Bd. 17, 1923, S. 62-74.

Vaihinger, Hans: Die Philosophie des Als ob. Leipzig, 1911. 1927[10].

Wolfe, A. B.: Radicalism, Conservatism, and Scientific Method. New York, 1923.

3. Objektivität

Cohen, Morris: Reason and Nature. New York, 1931, S. 333—385. (Gleichfalls in The Social Sciences and their Interrelations, hrsg. von W. F. Ogburn und A. A. Goldenweiser. Boston und New York, 1927, S. 437—466.)

Cooley, Ch. H.: The Roots of Social Knowledge, in: Sociological Theory and Social Research. New York, 1930, S. 287—312.

Culver, D. C.: Methodology of Social Science Research. A Bibliography. Berkeley, 1936.

Dewey, John: The Quest for Certainty. London, 1929.

Dewey, John: Experience and Nature. Chicago und London, 1925.

Durkheim, Émile: Les Règles de la méthode sociologique. Paris, 1927.

Grolmann, A. von: Das Wissen um das Verhältnismäßige in der Paradoxie des Seins, in: Zeitschrift für deutsche Philosophie. Bd. 2, Heft 1, S. 57 ff.

Hobson, E. W.: The Domain of Natural Science. Cambridge, 1926.

Hook, Sidney: A Pragmatic Critique of the Historico-Genetic Method, in: Essays in Honor of John Dewey. New York, 1929, S. 156—174.

Horkheimer, Max: The Eclipse of Reason. New York, 1946.

Horkheimer, Max: Zum Problem der Wahrheit, in: Zeitschrift für Sozialforschung, Bd. 4, 1935. S. 321—364.

Horkheimer, Max: Der neueste Angriff auf die Metaphysik, in: Zeitschrift für Sozialforschung, Bd. 6, 1937, S. 4—53.

Horkheimer, Max: Traditionelle und kritische Theorie, in: Zeitschrift für Sozialforschung, Bd. 6, 1937, S. 245—294.

Husserl, Edmund: Ideen zu einer reinen Phänomenologie und phänomenologischen Philosophie. Erstes Buch: Allgemeine Einführung. Halle, 1928.

James, William: Pragmatism. New York, 1907.

MacIver, R. M.: Is Sociology a Natural Science? in: Publications of the Americ. Sociological Society, Bd. 25, Mai 1931.

Mannheim, Karl: Strukturanalyse der Erkenntnistheorie. Kantstudien-Ergänzungsheft 57, Berlin, 1922.

Marcuse, Herbert: Zur Wahrheitsproblematik der soziologischen Methode, in: Die Gesellschaft Bd. 2, 1929, S. 356—369.

Mead, G. H.: Scientific Method and the Individual Thinker, in: Creative Intelligence, New York, 1917, S. 176—227.

Merton, Robert K.: Social Theory and Social Structure, 1949.

Parsons, Talcott: Essays in Sociological Theory. New York, 1950.

Peirce, C. S. S.: Pragmatism and Pragmaticism. Bd. 5 der Collected Papers of C. S. Peirce, herausgegeben von C. Hartshorne und P. Weiss.

Rice, Stuart (Hrsg.): Methods in Social Science. Chicago, 1931. (Vgl. die Besprechung durch K. Mannheim in Americ. Journal of Sociology, Bd. 37, September 1932.)

Schelting, Alexander von: Max Webers Wissenschaftslehre, Tübingen, 1933.

Seidler, Ernst: Die sozialwissenschaftliche Erkenntnis. Ein Beitrag zur Methodik der Gesellschaftslehre. Jena, 1930.

Simmel, Georg: Probleme der Geschichtsphilosophie. 2. Auflage, Leipzig, 1905.

Small, Albion: The Origins of Sociology. Chicago, 1924.

Spiegelberg, H.: Antirelativismus. Kritik des Relativismus und Skeptizismus der Werte und des Sollens. Zürich und Leipzig, 1935.

Unger, R.: Zur Entwicklung des Problemes der historischen Objektivität. Eine prinzipiengeschichtliche Studie, in: Deutsche Vierteljahrsschrift für Literatur- und Geistesgeschichte, Jg. I, Heft 1.

Weber, Max: Die Objektivität sozialwissenschaftlicher und sozialpolitischer Erkenntnis, in: Ges. Aufsätze zur Wissenschaftslehre. Tübingen, 1950.

Weber, Max: Der Sinn der „Wertfreiheit" der soziologischen und ökonomischen Wissenschaften, in: Ges. Aufsätze zur Wissenschaftslehre. Tübingen, 1950.

4. Symbole, Kommunikation, Sprache

Ahlmann, E.: Das normative Moment im Bedeutungsbegriff. Ann. Acad. Scient., Feun. Ser. B., Bd. 18, Nr. 2. Helsinki, 1926.

Baldwin, J. M.: The Individual and Society, or Psychology and Sociology. Boston, 1911.

Baldwin, J. M.: Social and Ethical Interpretation in Mental Development. New York und London, 1913.

Benjamin, Walter: Probleme der Sprachsoziologie, in: Zeitschrift für Sozialforschung, Bd. 4, 1935, S. 248—268.

Bentham, J.: The Theory of Fictions (herausgegeben durch C. K. Ogden), London und New York, 1932.

Brill, A. A.: The Universality of Symbols, in: The Psychoanalytic Review. Bd. 30, 1943, S. 1—18.

Burrow, N. Tr.: Social Images versus Reality, in: Journal of Abnormal Psychology and Social Psychology, Bd. 19.

Burrow, N. Tr.: The Social Basis of Consciousness. London u. New York, 1927.

Binswanger, L.: Verstehen und Erklären in der Psychologie, in: Zeitschrift für die Gesamte Neurologie und Psychologie, Bd. 107, 1927.

Carnap, Rudolf: Introduction to Semantics. Cambridge, 1942.

Cassirer, Ernst: Die Begriffsformen im mythischen Denken. Studien der Bibliothek Warburg. Leipzig, 1922.

Cassirer, Ernst: Erkenntnistheorie nebst den Grenzfragen der Logik und Denkpsychologie, in: Jahrbuch der Philosophie. Bd. 3, 1927.

Cassirer, Ernst: Language and Myth. New York, 1946.

Cassirer, Ernst: Philosophie der symbolischen Formen. Bd. 1—3, Berlin, 1923—1931.

Cooley, Ch. H.: Human Nature and the Social Order. New York, 1902.

Cooley, Ch. H.: Social Process. New York, 1918.

Cooley, Ch. H.: Social Organization. New York, 1909.

De Laguna, Grace: Speech, its Function and Development. New Haven und London, 1927.

Delanglade, J., Schmalenbach, H., Godet, P. und *Leuba, J.-L.:* Signe et Symbole Neuchâtel, 1948.

Dewey, John: Human Nature and Conduct. New York, 1922.

Dewey, John: Peirce's Theory of Linguistic Signs, Thought and Meaning, in: Journal of Philosophy, Bd. 43. 1946, S. 85—95.

Durkheim, Emile: Représentations individuelles et représentations collectives, in: Sociologie et Philosophie. Paris, 1925.

Ginsburg, I.: National Symbolism, in: P. Kosok, Modern Germany, a Study of Conflicting Loyalties. Chicago, 1933.

Gomperz, H.: Über Sinn und Sinngebilde: Verstehen und Erklären. Tübingen, 1929.

Gottl-Ottlilienfeld, F. von: Wirtschaft als Leben. Jena, 1925.

Green, G. H.: The Daydream. A Study of Development, London 1923.

Gurvitch, Georges: La Vocation actuelle de la sociologie. Paris.

Halbwachs, Maurice: Mémoire et Société, in: l'Année Sociologique, III. Serie, 1940—1948, Bd. I, 1949, S. 11—177.
Head, H.: Disorders of Symbolic Thinking and Expression, in: Brit. Journal of Psychology. 1920.
Hoernlé, R. F. A.: Image, Idea, and Meaning, in: Mind. Neue Folge. Bd. 16, 1907.
Hoffmann, E.: Die Sprache und die archaische Logik. Heidelberger Jbh. zur Philosophie und ihrer Geschichte. Nr. 3, Tübingen, 1935.
Hoffmann, Paul: Das Verstehen von Sinn und seine Allgemeingültigkeit, in: Jahrbuch für Charakterologie, Bd. 6.
Jordan, L.: Sprache und Gesellschaft, in: Hauptprobleme der Soziologie, Erinnerungsgabe für Max Weber, Bd. I, München und Leipzig, 1923.
Jung, C. G.: Wandlungen und Symbole der Libido. Zürich, 1912, 1938³, 1952⁴.
Kluckhon, Clyde: Mythes and Rituals: A general Theory, in: Harvard Theological Review. Bd. 35, 1942, S. 45—79.
Layendecker, H.: Zur Phänomenologie der Täuschungen. Halle, 1913.
Löwenthal, Leo: Deutsche Sprachgeschichte als Spiegel der gesellschaftlichen Entwicklung, in: Der Sprachwart, Bd. 22, 1930, S. 27—34.
Maier, Heinrich: Psychologie des emotionalen Denkens, Tübingen, 1908.
Maier, Heinrich: Philosophie der Wirklichkeit, Bd. 3: Die psychisch-geistige Wirklichkeit, Tübingen, 1935.
Malgaud, W.: De l'Action à la pensée. Paris, 1935.
Malinowski, B.: The Language of Magic and Gardening, Bd. II von Coral Gardens and their Magic. London, 1935.
Malinowski, B.: Magic, Science, and Religion, in: Science, Religion, and Reality. Hrsg. von J. Needham, 1925.
Malinowski, B.: Myth in Primitive Psychology. 1926.
Malinowski, B.: The Problem of Meaning in Primitive Languages, in: The Meaning of Meaning, hrsg. von C. K. Ogburn und J. Richards. New York und London, 1923.
Markey, John F.: The Symbolic Process. New York und London, 1928.
Marouzeau, J.: Langage affectif et langage intellectuel, in: Journal de Psychologie, Bd. 20, 1923.
Mayer-Groß, W. und *Lipps, H.:* Das Problem der primitiven Denkformen, in: Philosophischer Anzeiger, Bd. 4, 1930.
Mead, G. H.: Social Consciousness and the Consciousness of Meaning, in: Psychological Bulletin, Bd. 7, 1910, S. 397—405.
Mead, G. H.: The Mechanism of Social Consciousness, in: Journal of Philosophy, Bd. 9, 1912, S. 401—406.
Mead, G. H.: A Behavioristic Account of the Significant Symbol, in: Journal of Philosophy, Bd., 19, 1922, S. 157—163.
Mead, G. H.: The Genesis of the Self and Social Control, in: International Journal of Ethics. Bd. 35, 1925, S. 251—277.
Mead, G. H.: Mind, Self, and Society. Chicago, 1934.
Naumann, Hans: Über das sprachliche Verhältnis von Ober- zur Unterschicht, in: Jahrb. für Philologie, Bd. I, 1925.
Ogden, C. K.: The Magic of Words, in: Psyche, an annual of general and linguistic psychology, Bd. 14, 1934.
Ogden, C. K. und *I. A. Richards:* The Meaning of Meaning. A study of the influence of language upon thought and of the science of symbolism. New York und London, 1923.
Reinach, S.: Cultes, mythes et religions. 3 Bde. Paris, 1905—1908.

Roffenstein, G.: Das Problem des psychologischen Verstehens. Stuttgart, 1926.
Sapir, Edward: Communication, in: Encyclopaedia of the Social Sciences, Bd. 4.
Schilder, Paul: Wahn und Erkenntnis. Berlin, 1918.
Schütz, Alfred: Der sinnhafte Aufbau der sozialen Welt. Wien, 1932.
Smith, W. S.: Communication, the Function of Symbols in Society, in: Society under Analysis, hrsg. von E. Pendoll. Lancaster, 1942, S. 290—323.
Sombart, Werner: Das Verstehen, in: Verhandlungen des sechsten deutschen Soziologentages, Tübingen, 1929, S. 208—226. Dieser Band enthält ferner die Diskussionsbeiträge von Stoltenberg, Wach, Rothacker, Mannheim und Singer.
Sondel, Bess: A New Approach to Communication, Chicago, 1944.
Spier, L.; Hallowell, A. I.; Newmann, S. S.: Language, Culture and Personality. Sapir Memorial Publication Fond, 1941.
Spranger, Eduard: Zur Theorie des Verstehens. Zur geisteswissenschaftlichen Psychologie, in: Festschrift für Johannes Volkelt. München, 1918.
Stern, Günther: Meaning and Change of Meaning, in: Göteborgs Högskolas Årsskrift, Bd. 38, 1932.
Stok, Wilhelm: Geheimnis, Lüge und Mißverständnis. Beiträge zur Beziehungslehre. Bd. 2, München und Leipzig, 1929.
Storch, Alfred: Das archaisch-primitive Erleben und Denken der Schizophrenen. Berlin, 1922.
Voßler, Karl: Die Grenzen der Sprachsoziologie, in: Hauptprobleme der Soziologie. Erinnerungsgabe für Max Weber. München, 1923.
Wach, Joachim: Das Verstehen. Grundzüge einer Geschichte der hermeneutischen Theorie im 19. Jahrhundert. Bd. 1.: Die Großen Systeme, Bd. 2: Dic theologische Hermeneutik von Schleiermacher bis Hoffmann, Bd. 3: Das Verstehen in der Historik von Ranke bis zum Positivismus. Tübingen, 1926—1933.
Weisgerber, E.: Muttersprache und Geistesbildung. Göttingen, 1929.
Weisgerber, E.: Sprachwissenschaft und Philosophie zum Bedeutungsproblem, in: Blätter für dt. Philosophie. Bd. 4, 1930.
Weisgerber, E.: Sprache, in: Handwörterbuch der Soziologie, hrsg. A. Vierkandt, Stuttgart, 1931.
Werner, H.: Ursprünge der Metapher. Arbeiten zur Entwicklungspsychologie. III. Leipzig, 1919.
Whitehead, A. N.: Symbolism, its Meaning and Effects. 1927.
Young, K.: Language, Thought, and Social Reality, in: Social Attitudes, hrsg. Kimball Young. New York, 1931.

5. Wertende und wertfreie Sozialwissenschaft

Becker, Howard: Through Values to Social Interpretation. New York.
Diehl, Karl: The Life of Max Weber, in: Quarterly Journal of Economics, Bd. 38, 1924, S. 87—107.
Landshut, S.: Kritik der Soziologie. Freiheit und Gleichheit als Ursprungsproblem der Soziologie, Kap. 2 und 3. München und Leipzig, 1929.
Löwith, Karl: Max Weber und Karl Marx, in: Archiv für Sozialwissenschaft und Sozialpolitik, Bd. 67.
Parsons, Talcott: The Place of Ultimate Values in Sociological Theory, in: International Journal of Ethics, Bd. 15, 1936.
Spann, Othmar: Gesellschaftslehre. 3. Aufl., Leipzig, 1930.
Spann, Othmar: Tote und lebendige Wissenschaft. Jena, 1921.
Weber, Max: Wissenschaft als Beruf, in: Ges. Aufsätze zur Wissenschaftslehre. Tübingen, 1950.

Weber, Max: Der Sinn der „Wertfreiheit" der soziologischen und ökonomischen Wissenschaften, in: Ges. Aufs. zur Wissenschaftslehre. Tübingen, 1950.
Weber, Max: Die Objektivität sozialwissenschaftlicher und sozialpolitischer Erkenntnis, in: Ges. Aufs. zur Wissenschaftslehre. Tübingen, 1950.

6. Historismus

Antoni, Carlo: Vom Historismus zur Soziologie. Stuttgart, o. J.
Aron, Raymond: Essai sur la théorie de l'histoire dans l'Allemagne contemporaine. Paris, 1938.
Beard, Ch. A.: The Discussion of Human Affairs. New York, 1936.
Beard, Ch. A.: History and Social Science, in Saturday Review of Literature. Bd. XII, 1935.
Beard, Ch. A. und *B. Vagts:* Currents of Thought in Historiography, in: American Historical Review, Bd. 42, 1937.
Below, Georg von: Über historische Periodisierung, Berlin, 1925.
Croce, Benedetto: Theorie und Geschichte der Historiographie. Tübingen, 1920.
Dilthey, Wilhelm: Einleitung in die Geisteswissenschaften. Ges. Schriften Bd. 1, Leipzig und Berlin, 1922.
Dilthey, Wilhelm: Der Aufbau der geschichtlichen Welt in den Geisteswissenschaften. Ges. Schriften Bd. 7, Leipzig und Berlin, 1927.
Droysen, J. G.: Grundriß der Historik. 1858. Neue Ausgabe durch E. Rothacker, Halle, 1935.
Erxleben, W.: Erlebnis, Verstehen und geschichtliche Wirklichkeit. Berlin, 1937.
Freyer, Hans: Soziologie als Wirklichkeitswissenschaft. Logische Grundlegung des Systems der Soziologie. Leipzig und Berlin, 1930.
Freyer, Hans: Das geschichtliche Selbstbewußtsein des 20. Jahrhunderts. 1937.
Heussi, Karl: Die Krisis des Historismus. 1932.
Mandelbaum, Maurice: The Problem of Historical Knowledge. An Answer to Relativism. New York, 1938.
Mannheim: Karl: Historismus, in: Archiv für Sozialwissenschaft und Sozialpolitik, Bd. 52, 1924.
Ranke, Leopold von: Das politische Gespräch (1836), hrsg. E. Rothacker, Halle, 1925.
Requadt, P.: Johannes von Müller und der Frühhistorismus. München, 1929.
Leo, Heinrich: Zur Naturlehre des Staates, eingeleitet von Kurt Mautz. Frankfurt am Main, 1948.
Rothenbücher, Karl: Über das Wesen des Geschichtlichen und die gesellschaftlichen Gebilde. Tübingen, 1926.
Schaaf, Julius Jakob: Geschichte und Begriff. Tübingen, 1946.
Schoeck, Helmut: Die Zeitlichkeit bei Karl Mannheim, in: Archiv für Rechts- und Sozialphilosophie, Bd. 38, 1950.
Simmel, Georg: Das Problem der historischen Zeit, in: Philosophische Vorträge der Kant-Gesellschaft. Berlin, 1916.
Teggart, Frederick J.: Theory of History. New Haven, 1925.
Troeltsch, Ernst: Der Historismus und seine Probleme. Ges. Schriften Bd. 3, Tübingen, 1923.
Wipper, R.: The Crisis in Historical Science. Kazan, 1921.

7. Generalisierungen.

Bridgman, P. W.: The Logic of Modern Physics. New York, 1927.
Dewey, John: Philosophy, in: Research in the Social Sciences, hrsg. Wilson *Gee.* New York, 1929, S. 241—268.

Dobretsberger, Joseph: Historische und soziale Gesetze, in: Handwörterbuch der Soziologie, hrsg. A. Vierkandt, Stuttgart, 1931.
Eulenberg, F.: Sind historische Gesetze möglich? in: Hauptprobleme der Soziologie. Erinnerungsgabe für Max Weber, Bd. I, Leipzig und München, 1923.
Eulenberg, F.: Über Gesetzmäßigkeit in der Geschichte (historische Gesetze), in: Archiv für Sozialwissenschaft und Sozialpolitik, Bd. 35, 1912.
Eulenberg, F.: Naturgesetze und soziale Gesetze, in: Archiv für Sozialwissenschaft und Sozialpolitik, Bd. 31/32, 1910.
Har, Kyung Durk: Social Laws. A study of the validity of sociological generalizations. Chapel Hill, N. C., 1930.
Klüver, H.: The Problem of Type in Cultural Science Psychology, in: Journal of Philosophy, Bd. 22, 1923, S. 225—234.
Klüver, H.: Weber's Ideal Type in Psychology, in: Journal of Philosophy, Bd. 23, 1926.
Mises, Ludwig: Grundprobleme der Nationalökonomie. Untersuchungen über Verfahren, Aufgaben, Inhalt der Wirtschafts- und Gesellschaftslehre. Jena, 1933. Insbes. Kap. 2: Soziologie und Geschichte (vgl. Archiv für Sozialwissenschaft und Sozialpolitik Bd. 61, 1929).
Oppenheimer, H.: Die Logik der soziologischen Begriffsbildung mit besonderer Berücksichtigung Max Webers. Tübingen, 1925.
Park, R. E. und Burgess, E. W.: Introduction to the Science of Sociology. Kap. I, Chicago, 1921.
Parsons, Talcott: La théorie sociologique systématique et ses perspectives, in: La Sociologie au XXe Siècle, hrsg. G. Gurvitch und W. E. Moore. Bd. I, Paris, 1947, S. 43—70.
Parsons, Talcott: The Structure of Social Action. New York, 1937.
Pfister, Bernhard: Die Entwicklung zum Idealtypus. Tübingen, 1928.
Rickert, Heinrich: Die Grenzen der naturwissenschaftlichen Begriffsbildung, eine logische Einleitung in die historischen Wissenschaften. 5. Aufl., Tübingen, 1929.
Rickert, Heinrich: Kulturwissenschaft und Naturwissenschaft. 3. Aufl., Tübingen, 1915.
Rogin, Leo: Werner Sombart and the „Natural Science" Method in Economics, in: Journal of Political Economics. Bd. 41, 1933, S. 222—236.
Rothacker, Erich. Einleitung in die Geisteswissenschaften. Tübingen, 1930.
Rueff, Jacques: From the Physical to the Social Sciences. Baltimore und London, 1929.
Salomon, Albert: Max Weber's methodology, in: Social Research, Bd. I, 1934.
Schelting, Alexander von: Die logische Theorie der Kulturwissenschaft von Max Weber, insbes. sein Begriff des Idealtypus, in: Archiv für Sozialwissenschaft und Sozialpolitik, Bd. 49.
Simmel, Georg: Soziologie. Kap. 1, München und Leipzig, 1908.
Sombart, Werner: Die drei Nationalökonomien. München und Leipzig, 1930.
Spranger, Eduard: Lebensformen, Halle 1925.
Weber, Max: Wirtschaft und Gesellschaft. Grundriß der Sozialökonomik. Abt. III. Tübingen, 1925.
Weber, Max: Über einige Kategorien der verstehenden Soziologie, in: Ges. Aufs. z. Wissenschaftslehre. Tübingen, 1950.
Weippert, Georg: Die idealtypische Sinn- und Wesenserfassung und die Denkgebilde der formalen Theorie. Zur Logik des „Idealtypus" und der „rationalen Schemata", in: Zeitschrift für die ges. Staatswissenschaft, Bd. 10, 1940.
Windelband, Wilhelm: Geschichte und Naturwissenschaft. Straßburg, 1894. (Wieder abgedruckt in: Präludien, Bd. 2, Tübingen, 1915.)

II. SOZIALE BEWEGUNGEN UND GEISTESLEBEN

1. Ideen und Ideologien

Adler, Georg: Die Bedeutung der Illusionen für Politik und soziales Leben. Jena, 1904.

Adams, E. D.: The Power of Ideals in American History. New Haven, 1913.

Adorno, Theodor W.: Kulturkritik und Gesellschaft, in: Soziologische Forschung in unserer Zeit. (von Wiese-Festschrift), hrsg. K. G. Specht, Köln u. Opladen, 1951.

Baldensperger, Ferdinand: Le mouvement des idées dans l'émigration française 1781—1815. Paris, 1927.

Behrendt, Richard: Politischer Aktivismus. Leipzig, 1932.

Bernstein, Eduard: Idee und Interesse in der Geschichte, in: Ethos, Bd. I, 1928.

Cournot, R. A.: Traité de l'enchaînement des idées fondamentales dans les sciences et dans l'histoire. Paris, 1861.

Cournot, R. A.: Considérations sur la marche des idées. Paris, 1872.

Czobel, E. und *Hajdu, P.:* Die Literatur über Marx, Engels und über Marxismus seit Beginn des Weltkriegs (mit Ausnahme der russischen). Mit Beilage: Die Lassalle-Literatur derselben Epoche, in: Marx-Engels-Archiv Bd. I, 1926, S. 467—537.

Dietrich, A.: Kritik der politischen Ideologien, in: Archiv für Geschichte und Politik. 1923.

Dixon, R. F.: Ideas in Motion. New York und London, 1935.

Duprat, G. L.: Le Mensonge. Paris, 1913.

Ellinger, G.: Das Verhältnis der öffentlichen Meinung zu Wahrheit und Lüge im 10., 11. und 12. Jahrhundert. Berlin, 1884.

Ginzburg, B.: Hypocrisy as a Pathological Symptom, in: International Journal of Ethics, Bd. 22.

Groethuysen, Bernhard: Die Entstehung der bürgerlichen Welt- und Lebensanschauung in Frankreich. Halle, 1927 u. 1930.

Groethuysen, Bernhard: Les origines sociales de l'incrédubilité en France, in: Studies in Philosophy and Social Science. 1940.

Guérard, A.: Reflections on the Napoleonic Legend. London, 1924.

Hesslein, H.: Ideale und Interessen, Berlin, 1911.

Honigsheim, Paul: Zur Soziologie der mittelalterlichen Scholastik. Die soziologische Bedeutung des Nominalismus, in: Hauptprobleme der Soziologie, Erinnerungsgabe für Max Weber, Bd. II, München und Leipzig, 1923.

Horkheimer, Max: Egoismus und Freiheitsbewegung, in: Zeitschrift für Sozialforschung, Bd. 5, 1936. S. 161—234.

Huth, H.: Sociale und individualistische Auffassung im 18. Jahrhundert, vornehmlich bei Ad. Smith und Ad. Ferguson. Leipzig, 1907.

Jankelevitch: Du rôle des idées dans l'évolution des sociétés, in: Revue philosophique, Bd. 66, 1908.

Jungmann, Eva: Spontaneität und Ideologie als Faktoren in der Gewerkschaftsbewegung. Heidelberger Dissertation, 1920.

Knight, Frank H.: Social Science and the Political Trend, in: University of Toronto Quarterly, Juli 1934, S. 407—427.

Kolnai, Aurel: Versuch einer Klassifizierung einer allgemeinsozialen Machtidee, in: Archiv für system. Philosophie und Soziologie, Bd. 31, 1928.

Kracauer, S.: Die Gruppe als Ideenträger, in: Archiv für Sozialwissenschaft und Sozialpolitik, Bd. 49.

Larson, I. A.: Lying and its Detection. A Study of Deception and Reception Tests. In Zusammenarbeit mit G. W. Haney und L. Keeler, Chicago.
Lasswell, Harald D.: The Relation of Ideological Intelligence to Public Policy, in: Ethics, Bd. 53, 1942.
Lipmann, Otto und *Plaut, Paul* (Hrsg.): Die Lüge. Leipzig, 1927.
Loebell, F. W.: Das reale und das ideale Element in der geschichtlichen Überlieferung, in: Histor. Zeitschrift. 1859.
Man, Hendrik de: Zur Psychologie des Sozialismus. Jena, 1926.
Martin, Alfred von: Der Humanismus als soziologisches Phänomen, in: Archiv für Sozialwissenschaft und Sozialpolitik, Bd. 65, 1931.
Masson-Oursel, P.: Comparative Philosophy. New York und London, 1926.
Millioud, M.: La formation de l'idéal, in: Revue philosophique, Bd. 66, 1908.
Oesterreich, T. K.: Vom Machtideal zum Kulturideal. Charlottenburg, 1919.
Pareto, Vilfredo: Traité de sociologie générale. Lausanne und Paris, 1917—1919.
Pareto, Vilfredo: Les systèmes socialistes. Paris, 1902—1903.
Riezler, Kurt: Erforderlichkeit des Unmöglichen. Prolegomena zu einer Theorie der Politik und zu anderen Theorien. München, 1913.
Riezler, Kurt: Idee und Interesse in der politischen Geschichte, in: Die Dioskuren. 1927.
Roberty, E. de: La Nature sociale de l'idée, in: Revue internationale de sociologie. 1907.
Roberty, E. de: Sociologie de l'action. La Genèse sociale de la raison et les origines rationelles de l'action. Paris, 1908.
Romier, L.: L'explication de notre temps. Paris, 1925.
Salomon, Gottfried: Geschichte als Ideologie, in: Wirtschaft und Gesellschaft, Festschrift für Franz Oppenheimer. Frankfurt/Main, 1924.
Salomon, Gottfried: Das Mittelalter als Ideal der Romantik. München, 1922.
Sombart, Werner: Der proletarische Sozialismus. Jena, 1924.
Speier, Hans: The social Determination of Ideas, in Social Order and the Risks of War. New York, 1952.
Stammer, Otto: Die Entstehung und Dynamik der Ideologien, in: Kölner Zeitschrift für Soziologie, Jg. 1950/1951.
Szenda, Paul: Eine soziologische Theorie der Abstraktion, in: Archiv für Sozialwissenschaft und Sozialpolitik, Bd. 50.
Szende, Paul: Verhüllung und Enthüllung, in: Archiv für die Geschichte des Sozialismus und der Arbeiterbewegung. 1922.
Taylor, H. O.: The Medieval Mind. London, 1911.
Tomasic, D.: Bolshevic Ideology and the Structure of Soviet Society, in: American Sociological Review, 1951.
Troeltsch, Ernst: Die Soziallehren der christl. Kirchen und Gruppen. Ges. Schriften Bd. I, Tübingen, 1919.
Zilsel, Eduard: Die Entstehung des Geniebegriffs. Tübingen, 1926.

2. Utopisches Bewußtsein

Baldensperger, W.: Das Selbstbewußtsein Jesu im Lichte der messianischen Hoffnungen seiner Zeit. 1. Hälfte: Die messianisch-apokalyptischen Hoffnungen des Judentums. Straßburg, 1903.
Berneri, Marie Louise: Journey through Utopia. London, 1950.
Bernstein, Eduard: Cromwell and Communism. London, 1930.
Bloch, Ernst: Thomas Münzer als Theologe der Revolution. München, 1921.
Bloch, Ernst: Freiheit und Ordnung. Abriß der Sozial-Utopien. Berlin, 1947.

Buber, Martin: Pfade in Utopia. Heidelberg, 1950.
Döllinger, J. J. I. von: Der Weissagungsglaube und das Prophetentum in der christlichen Zeit, in: Kleinere Schriften. Stuttgart, 1890.
Doren, Alfred: Wunschträume und Wunschzeiten, in: Vorträge der Bibliothek Warburg, Leipzig und Berlin, 1927.
Engels, Friedrich: Der deutsche Bauernkrieg. Berlin, 1951.
Girsberger, H.: Der utopische Sozialismus des 18. Jahrhunderts in Frankreich und seine philosophischen und materiellen Grundlagen. Züricher Volkswirtschaftl. Forschungen, Heft 1.
Hertzler, J. O.: History of Utopian Thought. London, 1923.
Hoffmann, F.: Erscheinungen der Parteiideologie, in: Kölner Vierteljahrshefte für Soziologie, Jg. V, 1925.
Holl, Karl: Luther und die Schwärmer, in: Ges. Aufsätze zur Kirchengeschichte. Tübingen, 1927.
Kampers, F.: Kaiserprophetien und Kaisersagen im Mittelalter, in: Historische Abhandlungen, hrsg. Heigel und Grauert. München, 1895.
Kautsky, Karl: Der Kommunismus in der deutschen Reformation. Berlin, 1947.
Kautsky, Karl: Der Ursprung des Christentums. Berlin, 1923.
Landauer, Gustav: Die Revolution. Bd. 13 der Reihe „Die Gesellschaft", hrsg. Martin Buber. Frankfurt am Main, 1923.
Lorenz, Emil: Der politische Mythus. Beiträge zur Mythologie der Kultur. Leipzig, Wien und Zürich, 1923.
Mannheim, Karl: Utopia, in: Encyclopaedia of the Social Sciences, Bd. 15.
Mumford, Lewis: The Story of Utopias. New York, 1922.
Niebuhr, Reinhold: Reflections on the End of an Era. New York, 1934.
Peuckert, Will-Erich: Die Große Wende. Das apokalyptische Saeculum und Luther. Hamburg, 1948.
Reinke, L.: Die messianischen Weissagungen bei den großen und kleinen Propheten des Alten Testaments. Gießen 1859—1862.
Reitzenstein, R.: Das iranische Erlösungsmysterium. Bonn, 1921.
Renan, E.: Histoire des origines du christianisme, Paris 1863—1883.
Renan, E.: Histoire du peuple d'Israël. 5 Bde. Paris, 1887—1894.
Rohr, J.: Die Prophetie im letzten Jahrhundert vor der Reformation als Geschichtsquelle und Geschichtsfaktor, in: Histor. Jahrbuch, Bd. 19.
Rosenkranz, A.: Prophetische Kaisererwartungen im ausgehenden Mittelalter, in: Preuß. Jahrb. Bd. 119, 1905, S. 508—524.
Smirin, M. M.: Die Volksreformation des Thomas Münzer und der Große Deutsche Bauernkrieg. Moskau und Leningrad, 1947 (Berlin 1952).
Wadstein, E.: Die eschatologische Ideengruppe Antichrist, Weltsabbat, Weltende und Weltgericht in den Hauptmomenten ihrer christlich-mittelalterlichen Gesamtentwicklung, in: Zeitschrift für wissenschaftl. Theologie, Bd. 38 und 39, 1895 und 1896.
Walsby, Harold: The Domain of Ideologies. Glasgow, 1947.
Walter, L. G.: Thomas Münzer et les luttes sociales à l'époque de la réforme. Paris, 1927.
Warburg, A.: Heidnisch-antike Weissagung in Wort und Bild zu Luthers Zeiten. Ges. Schriften Bd. II, 1932.
Weber, Max: Gesammelte Aufsätze zur Religionssoziologie, Bd. I, Tübingen, 1920.
Weber, Max: Religionssoziologie, in: Wirtschaft und Gesellschaft, Grundriß der Sozialökonomik Abt. III, Tübingen, 1925.

3. Soziale Schichtung und Weltanschauung. — Literatursoziologie.

Adler, Max: Wissenschaft und soziale Struktur, in: Verhandlungen des Vierten deutschen Soziologentages. Tübingen, 1923, S. 180—212.

Baldensperger, F.: La littérature, Création, Succès, Durée. Paris, 1913.

Bartlett, F. C.: Temperament and Social Class, in: Eugenics Review, Bd. 20, London.

Bauer, Otto: Das Weltbild des Kapitalismus, in: Der lebendige Marxismus, hrsg. O. Jenssen. Jena, 1924.

Behn, Siegfried: Romantische und klassische Logik. München 1925.

Benjamin, Walter: Zum gegenwärtigen gesellschaftlichen Standort des französischen Schriftstellers, in: Zeitschrift für Sozialforschung Bd. 3, 1934, S. 54—73.

Bernheim, E.: Mittelalterliche Zeitanschauungen in ihrem Einfluß auf Politik und Geschichtsschreibung. Tübingen, 1918.

Borkenau, Franz: Der Übergang vom feudalen zum bürgerlichen Weltbild. Schriften des Instituts für Sozialforschung, Bd. 4, Paris, 1934.

Brüggemann, F.: Der Kampf um die bürgerliche Welt- und Lebensanschauung in der deutschen Literatur des 18. Jahrhunderts, in: Deutsche Vierteljahrsschrift für Literaturwissenschaft und Geistesgeschichte, Bd. 3, 1925.

Buddeberg, Th.: Zur Soziologie des europäischen Denkens, in: Jahrbuch für Soziologie, hrsg. G. Salomon, Bd. 3, 1927.

Dilthey, Wilhelm: Philosophie der Philosophie. Abhandlungen zur Weltanschauungslehre, in: Ges. Schriften, Bd. 8, Leipzig und Berlin, 1931.

Dominik, J.: Stefan George und seine Elite. 1949.

Duprat, G. L.: La sociologie des hierarchies sociales, in: Annales de l'Institut International de Sociologie, Bd. 15, 1928, S. 173—316.

Flickenschild, H.: Lebensform und Weltbild des altpreußischen Bauerntums zur Zeit des Vormärz, in: Archiv für angewandte Soziologie, Bd. 5.

Giese, Fritz: Bildungsideale im Maschinenzeitalter. Halle, 1931.

Goblot, Edmond: Le barrière et le niveau. Paris, 1930.

Gomperz, H.: Weltanschauungslehre. Jena, 1908.

Großmann, Henryk: Die gesellschaftlichen Grundlagen der mechanistischen Philosophie, in: Zeitschrift für Sozialforschung, Bd. 4, 1935, S. 161—231.

Guérard, Albert: Literature and Society. Boston, 1935.

Gumperz, Julian: Zur Soziologie des amerikanischen Parteienwesens, in: Zeitschrift für Sozialforschung, Bd. I, 1932.

Hellpach, Willy: Nervenleben und Weltanschauung. Ihre Wechselbeziehungen im deutschen Leben von Heute. Wiesbaden, 1906.

Herman, T.: Pragmatism. A Study in Middle Class Ideology, in: Social Forces, Bd. 22, 1944.

Jaspers, Karl: Psychologie der Weltanschauungen. Berlin, 1919, 1925[3].

Kautsky, Karl: Die materialistische Geschichtsauffassung. Berlin, 1927.

Kohn-Bramstedt, E.: Probleme der Literatursoziologie, in: Neue Jahrb. für Wissenschaft und Jugendbildung, Bd. 7, 1931, Heft 8.

Korsch, Karl: Marxismus und Philosophie. Leipzig, 1926.

Lederer, Emil: Aufgaben einer Kultursoziologie, in: Erinnerungsgabe für Max Weber, Bd. 2, München und Leipzig, 1923.

Löwenthal, Leo: Zur gesellschaftlichen Lage der Literatur, in: Zeitschrift für Sozialforschung, Bd. I, 1932.

Löwenthal, Leo: Conrad Ferd. Meyers heroische Geschichtsauffassung, in: Zeitschrift für Sozialforschung, Bd. II, 1933, S. 34ff.

Löwenthal, Leo: Das Individuum in der individualistischen Gesellschaft. Bemerkungen über Ibsen, in: Zeitschr. für Sozialforschung, Bd. 5, 1936, S. 321—363.
Löwenthal, Leo: Die Auffassung Dostojewskis im Vorkriegsdeutschland, in: Zeitschrift für Sozialforschung, Bd. 3, 1934, S. 343—382.
Löwenthal, Leo: Knut Hamsun. Zur Vorgeschichte der autoritären Ideologie, in: Zeitschrift für Sozialforschung, Bd. 6, 1937, S. 295—345.
Löwenthal, Leo: Biographies in Popular Magazines, in: Radio Research 1942—1943, hrsg. P. F. Lazarsfeld u. F. N. Stanton, New York, 1944, S. 507—548.
Löwenthal, Leo: Sociology of Literature, in: Communications in Modern Society, hrsg. W. Schramm, Urbana (Ill.) 1949.
Mannheim, Karl: Beiträge zur Theorie der Weltanschauungsinterpretation, in: Kunstgeschichtliche Einzeldarstellungen, Bd. II, Wien, 1923. (Auch im Jahrbuch für Kunstgeschichte, Bd. I, 1921/22.)
Mannheim, Karl: Die Bedeutung der Konkurrenz im Gebiete des Geistigen, in: Verhandlungen des sechsten deutschen Soziologentages in Zürich, Tübingen, 1929, S. 35—83.
Mannheim, Karl: Das konservative Denken. Soziologische Beiträge zum Werden des politisch-historischen Denkens in Deutschland, in: Archiv für Sozialwissenschaft und Sozialpolitik, Bd. 57.
Mannheim, Karl: Das Problem der Generationen, in: Kölner Vierteljahrshefte für Soziologie, Bd. 7, 1927.
Martin, Alfred von: Weltanschauliche Motive im altkonservativen Denken, in: Deutscher Staat und deutsche Parteien, Festschrift Fr. Meinecke zum 60. Geburtstag. München und Berlin, 1922.
Mayo, Elton: The Human Aspects of an Industrial Civilization. New York, 1933.
Niekisch, Ernst: Ideologie, in: Europäische Bilanz. Potsdam, 1951.
Oppenheimer, Franz: Tendencies in Recent German Sociology, in Sociological Review, Bd. 24, 1932.
Ranulf, Sven: Moral Indignation and Middle Class Psychology. Kopenhagen, 1938.
Roffenstein, G.: Das Problem der Ideologie in der materialist. Geschichtsauffassung und das moderne Parteiwesen, in: Partei und Klasse im Lebensprozeß der Gesellschaft, hrsg. R. Thurnwald, Leipzig, 1926.
Schücking, Levin: Die Soziologie der literarischen Geschmacksbildung Bd. 2, Berlin und Leipzig, 1931.
Speier, Hans: Social Order and the Risks of War. New York, 1952.
Szende, Paul: Das System der Wissenschaften und die Gesellschaftsordnung, in: Kölner Vierteljahrshefte für Soziologie, Bd. 2, 1922.
Taine, H.: Introduction à l'Histoire de la Littérature Anglaise. Paris, 1863.
Vaerting, Mathilde: Der Korpsgeist bei Herrschenden und Beherrschten, in: Archiv für systemat. Philosophie und Soziologie, Bd. 31, 1928.
Weber, Alfred: Prinzipien der Geschichts- und Kultursoziologie. München, 1951.
Weber, Max: Gesammelte Aufsätze zur Religionssoziologie I/III. Tübingen, 1920—1921.
Wechsler, E.: Denkform und Weltanschauung in der Geschichte der deutschen Bildung, in: Zeitschrift für Geschichte der Erziehung und des Unterrichts, Bd. 20, 1930.
Wittich, W.: Der soziale Gehalt von Goethes Roman „Wilhelm Meisters Lehrjahre", in: Erinnerungsgabe für Max Weber, Bd. 2, München u. Leipzig, 1923.

4. Die Intelligenz und ihre Rolle

Barbusse, Henri: Le couteau entre les dents: aux intellectuels. Paris, 1921.

Benda, Julien: La trahison des clercs. Paris.

Berth, Ed.: Les Méfaits des Intellectuels. Einleitung durch G. Sorel. Paris, 1914.

Bourne, R. S.: The War and the Intellectuels. New York, 1917.

Bowman, C.: The College Professor. Philadelphia, 1938.

Brandes, G.: Hauptströmungen der Literatur des 19. Jahrhunderts. 1.—3. Berlin, 1924.

Dempf, Aloys: Die fehlende Intelligenz, in: Frankfurter Hefte, Bd. 5, 1950.

Dobretsberger, Josef: Krise der Intelligenz, in: Zeitschrift für die gesamte Staatswissenschaft. Bd. 107.

Döblin, Alfred: Wissen und Verändern. Berlin, 1931.

Flexner, Abraham: Universities: American, English, German. New York, 1930.

Fogarasi, A.: Die Soziologie der Intelligenz und die Intelligenz der Soziologie, in: Unter dem Banner des Marxismus, Bd. 4, 1930.

Geiger, Theodor: Aufgabe und Stellung der Intelligenz in der Gesellschaft. Stuttgart, 1949.

Heinrich, H.: Die Intelligenz und ihre Stellung zur bürgerlichen Ideologie und zur Gedankenwelt des Sozialismus, in: Archiv für die Geschichte der Philosophie, Bd. 39, 1929.

Hellpach, Willy: Die Arbeitsteilung im geistigen Leben, in: Archiv für Sozialwissenschaft und Sozialpolitik, Bd. 35/36.

Koestler, Arthur: The Intelligentsia, in: Horizon, Jg. 9, 1944.

Landsberg, Paul: Wesen und Bedeutung der platonischen Akademie. Bonn, 1923.

Man, Hendrik de: Die Intellektuellen und der Sozialismus. Jena, 1926.

Martin, Alfred von: Der Humanismus als soziologisches Phänomen. Ein Beitrag zum Problem des Verhältnisses zwischen Besitzschicht und Bildungsschicht, in: Archiv für Sozialwissenschaft und Sozialpolitik, Bd. 65, 1931.

Masaryk, Th. G.: Zur russischen Geschichts- und Religionsphilosophie, Soziologische Skizzen. Jena, 1913.

Menne, Leo: Korruption, in: Kölner Zeitschrift für Soziologie Jg. I, 1948/49.

Merton, Robert K.: The Rôle of the Intellectual in Public Bureaucracy, in: Social Forces. 1932.

Merton, Robert K. (Hrsg.): Reader in Bureaucracy. New York, 1951.

Mirsky, D. S.: The Intelligentsia of Great Britain, London, 1935.

Michels, Robert: Intellectuals, in: Encyclopaedia of the Social Sciences, Bd. 8.

Michels, Robert: Zur Soziologie der Boheme und ihre Zusammenhänge mit dem geistigen Proletariat, in: Jahrb. f. Nationalökonomie und Statistik, 3. Folge, Bd. 81, 1932.

Michels, Robert: Zur Soziologie des modernen Parteiwesens. Stuttgart, 1925.

Michels, Robert: Umschichtung in den herrschenden Klassen nach dem Kriege (insbes. Kap. 3: Zur intellektuellen Oberschicht). Stuttgart, 1934.

Mills, C. Wright: The Social Rôle of the Intellectual, in: Politics, April 1944.

Mills, C. Wright: The professional ideology of social pathologists, in: American Journal of Sociology, Bd. 49.

Mills, C. Wright: White Collar, 1951.

Naumann, Friedrich: Die Stellung der Gebildeten im politischen Leben. Berlin, 1907.

Niekisch, Ernst: Bildung der Eliten, Organisationsformen der Eliten, bürgerlich-kapitalistische Elite, in: Europäische Bilanz. Potsdam, 1951.
Niekisch, Ernst: Zum Problem der Elite, in: Sinn und Form, Jg. I, 1949.
Nomad, Max: Rebels and Renegades. New York, 1932.
Rauecker, Bruno: Die Proletarisierung der geistigen Arbeiter. München, 1920.
Robinson, J. H.: The Mind in the Making. The Relation of Intelligence to Social Reform. 1921.
Russell, B.: The Rôle of the Intellectual in the Modern World, in: Americ. Journal of Sociology, Bd. 44, 1939.
Shu-Ching Lee: Intelligentsia of China, in: American Journal of Sociology, Bd. 52, 1946.
Speier, Hans: Die Intellektuellen und ihr sozialer Beruf, in: Neue Blätter für den Sozialismus, Bd. 12/13, 1930.
Speier, Hans: Zur Soziologie der bürgerlichen Intelligenz in Deutschland, in: Die Gesellschaft, 1929.
Speier, Hans: The Social Conditions of the Intellectual Exile, in: Social Order and the Risks of War. 1952.
Schoeck, Helmut: Mission der Intellektuellen? in: Europa-Archiv, 1950.
Thibaudet, Albert: La république des professeurs. Paris, 1927.
Veblen, Thorstein: The Higher Learning in America. A memorandum on the conduct of universities by business men. New York, 1918.
Warnotte, David: Bureaucratie et Fonctionarisme, in: Revue de l'Institut de Sociologie. 1937.
Weber, Alfred: Die Not der geistigen Arbeiter, in: Schriften des Vereins für Sozialpolitik. Leipzig und München, 1920.
Weber, Max: Gesammelte Aufsätze zur Religionssoziologie. Tübingen, 1920—21.
Weil, Hans: Die Entstehung des deutschen Bildungsprinzips. Bonn, 1930.
Wilson, Logan: The Academic Man. New York, 1942.
Zehrer, Hans: Die Revolution der Intelligenz, in: Die Tat, Bd. 21, 1929.
Zilsel, H.: Die Entstehung des Geniebegriffs. Tübingen, 1926.

III. DIE GESELLSCHAFTLICHE ROLLE DES WISSENS

1. Rationalität und Dogma

Bernal, J .D.: The Social Function of Science. New York, 1939.
Bury, J. B.: A History of Freedom of Thought. New York, 1913.
Clark, J. N.: Science and Social Welfare in the Age of Newton. Oxford, 1937.
Dewey, John: How We Think. Boston, 1933.
Growther, J. G.: The Social Relations of Science. New York, 1941.
Hofstra, Sj.: De sociaale aspecten van kennis en wetenschap. Amsterdam, 1937.
James, William: The Will to Believe. New York, 1897.
Jordan: The Development of Religious Toleration in England. 1932.
Lundberg, G.: Can Science Save Us? 1947.
Lynd, Robert S.: Knowledge for What? 1944.
Mannheim, Karl: Rational and Irrational Elements in Contemporary Society. Oxford, 1934.
Mannheim, Karl: Mensch und Gesellschaft im Zeitalter des Umbaus. Leiden, 1935.

Mannheim, Karl: Man and Society in an Age of Reconstruction. London, 1940.
Mannheim: Diagnose unserer Zeit. Zürich, Wien, Konstanz, 1951.
Pareto, Vilfredo: Traité de Sociologie Générale. Lausanne u. Paris, 1917—1918.
Merton, Robert K.: Science, Technology, and Society in 17th Century England. Brussel, 1938.
Merton, Robert K.: Science and the Social Order, in: Philosophy of Science, 1938.
Parsons, Talcott: Capitalism in Recent German Literature: Sombart and Weber, in: Journal of Political Economy Bd. 37, (1928) S. 641—661 und Bd. 38 (1929) S. 31—51.
Parsons, Talcott: Ultimate Values in Sociological Theory, in: International Journal of Ethics, April 1935.
Parsons, Talcott: The Rôle of Ideas in Social Action, in: Essays in Sociological Thought.
Reik, Theodor: Dogma und Zwangsidee, in: Imago, Bd. 13, 1927.
Robertson, J. M.: Short History of Free Thought. 1936.
Ruggiero, G. von: Geschichte des Liberalismus in Europa. München, 1930.
Santayana, G.: Reason in Society: The Life of Reason. New York, 1905.
Simmel, Georg: Philosophie des Geldes. Leipzig, 1900.
Sumner, W. G.: Folkways. Boston, 1906.
Wallas, Graham: The Art of Thought. New York, 1926.
Wallas, Graham: Social Judgment. New York, 1935.
Weber, Max: Wirtschaft und Gesellschaft. Tübingen, 1923.
Weber, Max: Gesammelte Aufsätze zur Religionssoziologie. Tübingen, 1920—1921.
Weber, Max: Gesammelte Aufsätze zur Wissenschaftslehre. Tübingen, 1922.
Znaniecki, Florian: The Social Rôle of the Man of Knowledge. New York, 1940.

2. Erziehung und Schulung

Appens, W.: Die pädagogischen Bewegungen des Jahres 1848. Elberfeld, 1914.
Beard, Ch. A.: A Charter for the Social Sciences in the Schools, Report of the Commission on Social Studies. New York, 1931.
Beard, Ch. A.: The Nature of the Social Sciences in Relation to Objectives of Instruction. Report of the Commission on Social Studies. New York, 1934.
Cantor, N.: The Teaching and Learning of Sociology, in: The American Journal of Sociology Bd. 55, 1949.
Cole, G. D.: Das Studium der Sozialwissenschaften an den britischen Universitäten, in: Zeitschrift für die ges. Staatswissenschaft Bd. 105, 1948.
Conclusions and Recommendations of the Commission. Report of the Commission on Social Studies. New York, 1934.
Counts, G. S.: Dare the School Build a New Social Order? John Day Pamphlets Nr. 11, New York, 1932.
Counts, G. S.: The Social Composition of Boards of Education. A study in the social control of education. Chicago, 1927.
Counts, G. S.: Social Foundations of Education, Report of the Commission on Social Studies. New York, 1934.
Counts, G. S.: School and Society in Chicago. New York, 1928.
Dobbs, A. E.: Education and Social Movements 1700—1850. London, 1919.

Giese, G.: Staat und Erziehung. Grundzüge einer politischen Pädagogik. Hamburg, 1935.

Harper, S. N.: Civic Training in Soviet Russia. Chicago, 1929.

Hook, Sidney: The Importance of a Point of View, in: Social Frontier Jg. I, 1934.

Karsen, F.: Neue Literatur über Gesellschaft und Erziehung in: Zeitschrift für Sozialforschung Bd. 3, 1934.

Karsen, F.: Neue amerik. Literatur über Geschlecht und Erziehung, in: Zeitschrift für Sozialforschung Bd. 8. 1939.

Kirkpatrick, W. (Hrsg.): The Educational Frontier. New York, 1931.

Linpinsel, Elsbeth: Soziologie im Unterricht der Schulen, in: Kölner Zeitschrift für Soziologie, Bd. I, 1948/49.

Loewenstein, K.: Über den Stand der politischen Wissenschaften in den Vereinigten Staaten, in: Zeitschrift für die ges. Staatswissenschaft, Bd. 106, 1950.

Lüddeke, Th.: Die Tageszeitung als Mittel der Staatsführung. Hamburg, 1933.

Mannheim, Karl: Die Gegenwartsaufgaben der Soziologie, Ihre Lehrgestalt. Tübingen, 1933.

Mannheim, Karl: The Place of Sociology. Conference on the Social Sciences. Their Relations in Theory and Teaching. London, 1936.

Merriam, C. E.: The Making of Citizens. A comparative study of methods of civic training. Chicago, 1931.

Merriam, C. E.: Civic Training in the United Staates, Report of the Commission on Social Studies. New York, 1933.

Neuloh, Otto: Berufsmöglichkeiten für Studierende der Sozialwissenschaften, in: Soziale Welt, Bd. I, 1950.

Nohl, Herman und *Pallat:* Handbuch der Pädagogik, Bd. 2: Die soziologischen Grundlagen der Erziehung. 1929.

Pierce, B. L.: Citizen's Organizations and the Civic Training of Youth, Report of the Commission on Social Studies. New York, 1933.

Pierce, B. L.: Civic Attitudes in American School Text-Books. Chicago, 1930.

Russell, B.: Education and the Social Order. London, 1932.

Schneider, H. W. und *Clough, S. B.:* Making Fascists. Chicago 1929.

Schoeck, Helmut: Sozialkunde als Schulfach, in: Rhein. Merkur 1950.

Sinclair, Upton: Der Parademarsch. Eine Studie über amerikanische Erziehung. Leipzig, 1922.

Solms, Graf Max: Sozialwissenschaften als Lehrgegenstand an deutschen Schulen, in: Kölner Zeitschrift für Soziologie Bd. 2, 1949/50.

Sozialkunde in der deutschen Schule. Verhandlungsbericht und Vorschläge für die Gestaltung des sozialkundl. Unterrichts. Internationale Arbeitsgemeinschaft für Sozialkunde in Heidelberg. Hicog, Frankfurt/Main, 1951.

Waller, W.: Sociology of Teaching, 1933.

Wiese, Leopold von: Der Plan einer sozialwissenschaftlichen Fakultät, in: Kölner Zeitschrift für Soziologie, Jg. I, 1948/49.

3. Propaganda

Bettelheim, Bruno und *Morris Janowitz:* Dynamics of Prejudice. New York, 1950.

Childs, Harwood L. und *J. B. Whitton:* Propaganda by Short Wave. Princeton (N. J.) 1942.

Lasswell, Harold D.: Propaganda, in: Encyclopaedia of the Social Sciences, Bd. 12.
Lasswell, H. D.: Politics. New York, 1936.
Lasswell, H. D.: Psychopathology and Politics. Chicago, 1930.
Lasswell, H. D.: World Revolutionary Propaganda. New York, 1939.
Lasswell, H. D.: Propaganda Technique in the World War. New York, 1927.
Lasswell, H. D.: Personal Insecurity and World Politics. New York, 1935.
Lasswell, H. D.: Strategy of Revolutionary and War Propaganda, in: Public Opinion and World Politics, hrsg. Quincy *Wright*, Chicago, 1933.
Lasswell, H. D.: Casey, D. und *Smith, Br. L.:* Propaganda and Promotional Activity. An annotated Bibliography. Minneapolis und London, 1935.
Lasswell, H. D., Leites, N. u. a.: Language of Politics. New York, 1940.
Löwenthal, Leo und *Guterman, Norbert:* Prophets of Deceit. New York, 1950.
Lumley, F. E.: The Propaganda Menace. New York und London, 1933.
Lazarsfeld, Paul F. und *Stanton, F. N.:* Radio Research 1942—1943, New York, 1943.
Merton, Robert P., Marjorie Fiske und Alb. Curtis: Mass Persuasion: The Social Psychology of a War Bond Drive. New York, 1946.
Rassak, J.: Psychologie de l'opinion et de la propaganda politique. Paris, 1927.
Schulze-Pfaelzer, G.: Propaganda, Agitation, Reklame. Berlin, 1923.
Smith, Br L., H. D. Lasswell und *R. D. Casey:* Propaganda, Communication, and Public Opinion. A Comprehensive Reference Guide. Princeton (N. J.) 1946.
Young, Kimball und *R. B. Lawrence:* Bibliography on Censorship and Propaganda. University of Oregon Publication: Journalism Series Nr. 1. März 1928.

4. Verbreitung und Popularisierung des Wissens

Dewey, John: The School in the New Social Order. New York.
Dewey, John: Democracy and Education. New York, 1916.
Hansome, Marius: World Worker's Education Movements. Columbia University Studies in History, Economics, and Public Law, Bd. 338. New York und London, 1931.
Higham, C. F.: Looking Forward: Mass Education through Publicity. London, 1920.
Kallen, H.: Education, the Machine and the Worker. An essay on the psychology of education in industrial society. New York, 1925.
Lippmann, Walter: Liberty and the News. New York, 1927.
Münzer, Gerhard: Öffentliche Meinung und Presse. Karlsruhe, 1928.
Paul, Eden und *Cedar:* Proletcult. New York, 1921.
Robinson, J. H.: The Humanizing of Knowledge. New York, 1923.
Salmon, Lucy: The Newspaper and Authority. New York, 1924.
Waples, Douglas (Hrsg.): Print, Radio, and Film in a Democracy. Chicago, 1942.
Waples, D., B. Berelson und *F. R. Bradshaw:* What Reading Does to People, Chicago, 1940.
Wiese, Leopold von (Hrsg.): Soziologie des Volksbildungswesens. München und Leipzig, 1921.
Wolfenstein, M. und *N. Leites:* Movies. A Psychological Study, Glencoe, III. 1950.

5. Öffentliche Meinung

Allport, G. W. und *L. Postman:* The Psychology of Rumor. New York, 1917.

Angell, Norman: The Public Mind. London, 1926.

Baschwitz, K.: Die Schreckensherrschaften und ihre Presse, in: International Review for Social Research Bd. I, 1936.

Bauer, Wilhelm: Public Opinion, in: Encyclopaedia of the Social Sciences Bd. 12

Bauer, Wilhelm: Die öffentliche Meinung und ihre geschichtlichen Grundlagen. Tübingen, 1914.

Bauer, Wilhelm: Die öffentliche Meinung in der Weltgeschichte. Potsdam, 1930.

Berelson, Bernard und Morris Janowitz: Reader in Public Opinion and Communication. Glencoe, III. 1950.

Brinkmann, Carl: Presse und öffentliche Meinung, in: Verhandlungen des siebenten deutschen Soziologentages. Tübingen, 1931.

Cantril, Hadley: Public Opinion, 1935—1946, Princeton (N. J.) 1940.

Childs, H. L.: A Reference Guide to the Study of Public Opinion. Princeton (N. J.) 1934.

Dale, Edgar: The Content of Motion Pictures. New York, 1935.

Doob, L. W.: Public Opinion and Propaganda. 1948.

Dewey, John: The Public and its Problems. New York, 1927.

Durkheim, E.: Les Formes élémentaires de la vie religieuse. Paris.

Flad, Ruth: Studien zur politischen Begriffsbildung in Deutschland während der preuß. Reform. Der Begriff der öffentlichen Meinung bei Stein, Arnold und Humboldt. Berlin, 1929.

Gallup, G. H.: A Guide to Public Opinion. Princeton (N. J.) 1948.

Geiger, Th.: Die Masse und ihre Aktion. Stuttgart, 1926.

Horkheimer, Max und *Th. W. Adorno:* Kulturindustrie, in: Dialektik der Aufklärung. Amsterdam, 1947.

Inkeles, Alexander: Public Opinion in the Soviet Union. Boston, 1950.

Lasswell, H. D.: Analyzing the Content of Mass Communications. Washington D. C. 1942.

Lasswell, H. D.: The Analysis of Political Behavior. New York, 1948.

Lazarsfeld, P. F.: Communications Research 1948—1949. New York, 1949.

Le Bon, G.: Psychologie der Massen. Stuttgart, 1950.

Lippmann, Walter: The Phantom Public. New York, 1925.

Lippmann, Walter: Public Opinion. New York, 1922.

Manheim, Ernst: Die Träger der öffentlichen Meinung. Brünn, 1933.

Murphy, G. und *R. Likert:* Public Opinion and the Individual.

Odegard, P. H.: The American Public Mind. New York, 1930.

Park, R. E.: Human Nature and Collective Behavior, in: American Journal of Sociology, Bd. 32,.1926/27.

Park, R. E.: Masse und Publikum. Bern, 1904.

Roffenstein, G.: Zur Psychologie der politischen Meinung, in: Zeitschrift für Völkerpsychologie und Soziologie, Bd. 3, 1927.

Sauvy, A.: Le Pouvoir et l'Opinion. Paris, 1949.

Schramm, Wilbur (Hrsg.): Mass Communications. Urbana (Ill.) 1949.

Stouffer, S. A. u. a.: The American Soldier. Princeton N. J. 1949 ff.

Tarden, Gabriel: L'Opinion et la Foule. Paris, 1901.

Tönnies, Ferdinand: Kritik der öffentlichen Meinung. Berlin, 1922.

IV. DIE WISSENSSOZIOLOGIE

1. Vorläufer

Allier, R.: The Mind of the Savage. London, 1929.

Becker, Howard und *H. O. Dahlke:* Max Scheler's Sociology of Knowledge, in: Philosophy and Phenomenological Research, März 1942.

Bogdanow, A.: Entwicklungsformen der Gesellschaft und die Wissenschaft. Berlin, 1924.

Durkheim, E. und *M. Mauss:* De quelques formes primitives de la classification, in: Anné sociologique, Bd. 6.

Engels, Friedrich: Ludwig Feuerbach und der Ausgang der klass. dt. Philosophie. Leipzig, 1946.

Gumplowicz, L.: Grundriß der Soziologie, Ges. Werke, hrsg. Gottfr. Salomon, Bd. 2, Innsbruck, 1926.

Hintze, Otto: Über Max Schelers Wissensformen und die Gesellschaft in: Zeitschrift für d. ges. Staatswissenschaft, Bd. 81.

Hook, Sidney: Towards the Understanding of Karl Marx. New York, 1933.

Jerusalem, W.: Soziologie des Erkennens, in: Die Zukunft, 1909

Jerusalem, W.: Soziologie des Erkennens, in: Kölner Vierteljahrshefte für Soziologie, Bd. I, 1921.

Lévy-Bruhl, Lucien: Das Denken der Naturvölker, Wien, 1926.

Lévy-Bruhl, Lucien: Die Seele der Primitiven. Wien, 1930.

Lévy-Bruhl, Lucien: Die geistige Welt der Primitiven. München, 1947.

Lukács, G.: Geschichte und Klassenbewußtsein, Studien über marxistische Dialektik. Berlin, 1923.

Lukács, G.: Marx und das Problem des ideologischen Verfalls, in: K. Marx und F. Engels als Literaturhistoriker. Berlin, 1948.

Marx, Karl: Die deutsche Ideologie. Marx-Engels-Gesamtausgabe, Abt. I Bd. 5, Berlin, 1931.

Marx, Karl: Die heilige Familie. Marx-Engels-Gesamtausgabe, Abt. I, Bd. 3, Berlin, 1932.

Marx, Karl: Das Elend der Philosophie. Berlin, 1947. (Misère de la philosophie. Marx-Engels-Gesamtausgabe, Abt. I, Bd. 6, Berlin, 1932).

Marx, Karl und *Engels, Friedrich:* Manifest der Kommunistischen Partei, Marx-Engels-Gesamtausgabe, Abt. I. Bd. 6, Berlin, 1932.

Nietzsche, Friedrich: Der Wille zur Macht. Gesamtausgabe, Bd. 18/19. München, 1926.

Nietzsche, Friedrich: Zur Genealogie der Moral. Gesamtausgabe, Bd. 15, München, 1925.

Oppenheimer Franz: System der Soziologie. Abt. I, Teil I, Jena, 1922.

Pareto, Vilfredo: Traité de Sociologie générale. Lausanne und Paris, 1917—19.

Pareto, Vilfredo: Les systèmes socialistes. Paris, 1902—1903.

Scheler, Max: Die positivistische Geschichtsphilosophie des Wissens und die Aufgaben einer Soziologie der Erkenntnis, in: Kölner Vierteljahrshefte für Sozialwissenschaften Jg. I, 1921.

Scheler, Max: Zu W. Jerusalems Bemerkungen, in: Kölner Vierteljahrshefte für Sozialwissenschaften, Jg. 2, 1922.

Scheler, Max: Weltanschauungslehre, Soziologie und Weltanschauungssetzung, in: Kölner Vierteljahrshefte für Soziologie, Jg. 2, 1922.

Scheler, Max: Schriften zur Soziologie und Weltanschauungslehre. Leipzig, 1923/24.

Scheler, Max (Hrsg.): Versuche einer Soziologie des Wissens. München und Leipzig, 1924.
Scheler, Max: Die Formen des Wissens und die Bildung. Frankfurt a. Main, 1947.
Scheler, Max: Die Wissensformen und die Gesellschaft. Leipzig, 1926.
Scheler, Max: und *Adler, Max:* Wissenschaft und soziale Struktur, in: Verhandlungen des Vierten deutschen Soziologentages, Tübingen, 1925.
Schilpp, P. A.: The Formal Problems of Scheler's Sociology of Knowledge, in: The Philosophical Review, März 1927.
Sorel, Georges: La Ruine du monde antique. Paris, 1925.
Sorel, G.: Le Matérialisme historique, in: Bulletin de la Société française de philosophique. Bd. 2, 1902.
Sorel, G.: La Décomposition du marxisme. Paris, 1908.
Sorel, G.: Les Illusions du progrès. Paris, 1911.
Sorel, G.: De l'Utilité du pragmatisme. Paris, 1921.
Sorel, G.: Matériaux d'une théorie du prolétariat. Paris, 1921.
Sorel, G.: Über die Gewalt. Innsbruck, 1928.
Sorel, G.: Die Auflösung des Marxismus. Jena, 1930.
Taine, H.: Histoire de la Littérature Anglaise. Paris, 1863—1864.
Taine, H.: Philosophie de l'art. Paris, 1880.
Weber, Max: Wirtschaft und Gesellschaft. Grundriß der Sozialökonomik, Abt. III, Tübingen, 1925.
Weber, Max: Gesammelte Aufsätze zur Religionssoziologie. Tübingen, 1920/21.

2. *Diskussion und gegenwärtiger Stand der Wissenssoziologie*

Adler, Max: Das Soziologische in Kants Erkenntniskritik. Wien, 1924.
Adorno, Th. W.: Karl Mannheims Wissenssoziologie. (Manuskript).
Andrei, P.: Die soziologische Auffassung der Erkenntnis. Leipzig, 1923.
Arendt, Hanna: Philosophie und Soziologie. Anläßlich K. Mannheims „Ideologie und Utopie", in: Die Gesellschaft, Bd. 7, 1930.
Aron, Raymond: Sociologie du savoir, in: La Sociologie allemande contemporaine. Paris, 1950.
Brinkmann, Carl: Der Überbau und die Wissenschaften von Staat und Gesellschaft, in: Schmollers Jahrb. Bd. 54, 1930. (Wieder abgedruckt in: Wirtschaftsformen und Lebensformen, 1950).
Curtius, E. R.: Die Soziologie und ihre Grenzen, in: Neue Schweizer Rundschau, Jg. 10, 1929.
Curtius, E. R.: Deutscher Geist in Gefahr. Stuttgart, 1932.
Dahlke, H. O.: The Sociology of Knowledge, in: Contemporary Social Theory, hrsg. H. E. Barnes und H. und F. B. Becker, New York, 1940.
De Gré, G. L.: Society and Ideology. An Inquiry into the Science of Knowledge. New York, 1943.
Dempf, Alois: Wissenssoziologische Untersuchungen des Übergangs vom Mittelalter zur Neuzeit, in: Archiv für angewandte Soziologie, Bd. 3, 1931.
Dobretsberger, Josef: Zur Soziologie des ökonomischen Denkens, in: Archiv für angewandte Soziologie, Bd. 4, 1932.
Dunkmann, Karl: Ideologie und Utopie, in Archiv für angewandte Soziologie, Bd. 2, 1930.
Dunkmann, Karl: Die soziologische Begründung der Wissenschaft, in: Archiv für systemat. Philosophie und Soziologie. Bd. 30, 1927.

Ehrenberg, H.: Ideologische und soziologische Methode. Ein Wort zur Sozialisierung der Denkart, in: Archiv für systematische Philosophie und Soziologie, Bd. 30, 1927.
Eleutheropoulos, A.: Sozialpsychologie und Wissenssoziologie, in: Zeitschrift für Völkerpsychologie u. Soziologie, Bd. 3, 1927.
Eppstein, Paul: Die Fragestellung nach der Wirklichkeit im historischen Materialismus, in: Archiv für Sozialwissenschaft und Sozialpolitik, Bd. 60, 1928.
Freund, Michael: Karl Mannheims Ideologie und Utopie, in: Deutsche Literaturzeitung, Bd. 45, 1930.
Freyer, Hans: Anmerkungen über das Problem der Ideologie und über Wissenssoziologie, in: Soziologie als Wirklichkeitswissenschaft, Leipzig u. Berlin 1930.
Geiger, Theodor: Kritische Bemerkungen zum Begriff der Ideologie, in: Gegenwartsprobleme der Soziologie (Vierkandt-Festschrift), Potsdam, 1949.
Gittler, J. B.: Possibilites of a Sociology of Science, in: Social Forces, Bd. 18, 1940.
Grünwald, Ernst: Das Problem einer Soziologie des Wissens. Wien und Leipzig, 1934.
Gurian, Waldemar: Grenzen und Bedeutung der Soziologie. Ideologie und Utopie, in: Germania, 15. und 22. Juni 1929.
Halbwachs, Maurice: Les Cadres sociaux de la mémoire. Paris, 1925.
Halbwachs, Maurice: Mémoire et Société, in: l'Anné sociologique. 3. Serie, Bd. i, Paris 1949, S. 11—177.
Halbwachs, Maurice: La mémoire collective. Paris, 1948.
Heinrich, H.: Über den bürgerlichen und sozialistischen Begriff der Freiheit, in: Der Kampf, Bd. 21, 1928.
Horkheimer, Max: Ein neuer Ideologiebegriff, in: Archiv für die Geschichte des Sozialismus und der Arbeiterbewegung, Bd. 15, 1930.
Horkheimer, Max: Ideologie und Wertgebung, in: Soziologische Forschung in unserer Zeit (Wiese-Festschrift), hrsg. K. G. Specht, Köln und Opladen, 1951.
Kanellopoulos, P.: Das Individuum als Grenze des Sozialen und der Erkenntnis. Soziologie contra Soziologismus, in: Archiv für angewandte Soziologie, Bd. 3.
Kraft, Julius: Soziologie oder Soziologismus, in: Zeitschrift für Völkerpsychologie und Soziologie, Bd. 4, 1929.
Landsberg, Paul L.: Zur Soziologie der Erkenntnistheorie, in: Schmollers Jahrb. Bd. 55, 1931.
Landshut, S.: Drei konstitutive Forschungscharaktere und ein Exkurs über Wissenssoziologie, in: Kritik der Soziologie. München und Leipzig, 1929.
Lewalter, Ernst: Wissenssoziologie und Marxismus. Eine Auseinandersetzung mit K. Mannheims Ideologie und Utopie von marxistischer Position aus, in: Archiv für Sozialwissenschaft und Sozialpolitik, Bd. 64, 1930.
Lieber, Hans Joachim: Sein und Erkennen. Zur philosoph. Problematik der Wissenssoziologie bei K. Mannheim, in Zeitschrift für philosoph. Forschung, Bd. 3, 1949.
Macquet, J. J.: Sociologie de la Connaissance. Brüssel, 1949.
Mannheim, Karl: Das Problem einer Soziologie des Wissens, in: Archiv für Sozialwissenschaft und Sozialpolitik, Bd. 54, 1925.
Mannheim, Karl: Ideologische und soziologische Interpretation der geistigen Gebilde, in: Jahrbuch für Soziologie, hrsg. G. Salomon, Karlsruhe, 1926.
Mannheim, Karl: Mensch und Gesellschaft im Zeitalter des Umbaus. Leiden, 1935.
Mannheim, Karl: The Place of Sociology, in: Conference on the Social Sciences, their Relations in Theory and Teaching. London, 1936.

Mannheim, Karl: German Sociology, in: Politica, Bd. I, 1934.
Mannheim, Karl: Zur Problematik der Soziologie in Deutschland, in: Neue Schweizer Rundschau, Bd. 2, 1929.
Mannheim, Karl: Diagnose unserer Zeit. Zürich, Wien, Konstanz, 1951.
Mannheim, Karl: Freedom, Power and Democratic Planning. London, 1951.
Marck, Siegfried: Marxistische Grundprobleme in der Soziologie der Gegenwart, in: Die Gesellschaft Bd. 4, 1927.
Marck, Siegfried: Zum Problem der Seinsverbundenheit des Wissens, in: Archiv für Philosophie und Soziologie, Festgabe für Ludwig Stein, Tl. 2, Berlin, 1929.
Marcuse, Herbert: Zur Wahrheitsproblematik der soziologischen Methode von K. Mannheims Ideologie und Utopie, in: Die Gesellschaft Bd. 6, 1929.
Martin, A. von: Soziologie als Resignation und Mission, in: Neue Schweizer Rundschau, 1930.
Martin, A. von: Geist und Gesellschaft. 1948.
Maus, H.: Eine neue Sozialphilosophie? in: Kölner Zeitschrift für Soziologie, Jg. I, 1948/49.
Menzel, H.: Ideologie und Utopie, in: Zeitschr. für Nationalökonomie, 1931.
Merton, R. K.: Karl Mannheim and the Sociology of Knowledge, in: Journal of Liberal Religion, Bd. 2, 1941.
Merton, R. K.: Sociology of Knowledge, in: 20th Century Sociology, hrsg. G. Gurvitch und W. M. Moore, New York, 1945.
Plessner, H.: Abwandlungen des Ideologiegedankens, in: Kölner Vierteljahrshefte für Soziologie, Bd. 10, 1931.
Renner, Karl: Ist der Marxismus Ideologie oder Wissenschaft? in: Der Kampf, Bd. 21, 1928.
Rothacker, E.: Zur Lehre vom Menschen. Sammelreferat über Neuerscheinungen zur Kultursoziologie, in: Deutsche Vierteljahrsschrift für Literaturwissenschaft und Geistesgeschichte, Bd. 11.
Salis, Jean R. de: Remarques sur le mouvement sociologique en Allemagne, in: Revue de la synthèse historique, Bd. 1. Nr. 148—150. 1930.
Salomon, Gottfried: Über Politik als Wissenschaft, in: Festschrift für Otto Köbner, 1930.
Salomon, Gottfried: Historischer Materialismus und Ideologienlehre, in: Jahrbuch für Soziologie, Bd. 2, Karlsruhe, 1926.
Speier, Hans: Soziologie oder Ideologie, in: Die Gesellschaft, Bd. 7, 1930.
Speier, Hans: K. Mannheims „Ideology and Utopia", in: Social Order and the Risks of War. New York, 1952.
Schoeck, Helmut: Die Wissenssoziologie Karl Mannheims. Tübinger Diss. 1948.
Schoeck, Helmut: Die Wissenssoziologie und ihre Entwicklung, in: Schoeck, H.: Soziologie, Geschichte ihrer Probleme, München, 1952.
Schoeck, Helmut: Der sozialökonomische Aspekt in der Wissenssoziologie K. Mannheims, in: Zeitschrift für die ges. Staatswissenschaft, Bd. 106, 1950.
Spranger, Eduard: Ideologie und Wissenschaft, in: Forschungen und Fortschritte, Berlin, 1. 4. 1930.
Stern, Günther: Über die sogenannte „Seinsverbundenheit" des Bewußtseins. Anläßlich K. Mannheims Ideologie und Utopie, in: Archiv für Sozialwissenschaft und Sozialpolitik, Bd. 64, 1930.
Sorokin, P. A.: Social and Cultural Dynamics, Bd. 2: Fluctuation of Systems of Truth, Ethics and Law, 1937.
Tillich, Paul: Ideologie und Utopie, in: Die Gesellschaft, Bd. 6, 1929.

Tuchfeldt, E.: Zur heutigen Problemstellung der Wissenssoziologie, in: Zeitschrift f. d. ges. Staatswiss., Bd. 107, 1951.
Wittfogel, K. A.: Wissen und Gesellschaft. Neuere deutsche Literatur zur Wissenssoziologie, in: Unter dem Banner des Marxismus, Bd. 5, 1931.
Warynski, St.: Die Wissenschaft von der Gesellschaft, 1944.
Wolff, Kurt: La Sociologia del Sapere, Ricerca di una Definizione Tesi di Laurea in Filosofia. Bibliothek der philosoph. Fakultät der Königl. Universita degli Studi, Florenz, 1935.
Wolff, Kurt: The Sociology of Knowledge. An Emphasis on an Empirical Attitude, in: Philosophy of Science, Bd. 10, 1943.
Ziegler, H. O.: Ideologienlehre. Archiv für Sozialwissenschaft und Sozialpolitik. Bd. 57, 1927, S. 657ff.
Znaniecki, Fl.: The Present and the Future of Sociology of Knowledge, in: Soziologische Forschung in unserer Zeit, hrsg. K. G. Specht, Köln und Opladen, 1951.

3. *Angewandte Wissenssoziologie*

Baker, R. J.: The Sociological Function of Intellectuals in Modern Society: A Study of some Social Movements in Post-War Germany. Dissertation. London School of Economics, 1936 (ungedruckt).
Carlé, W.: Weltanschauung und Presse (Frankfurter Dissertation). Leipzig, 1931.
Elias, Norbert: Über den Prozeß der Zivilisation. Bern, 1937.
Eliasberg, W.: Die widersprechenden Sachverständigen-Gutachten, in: Abhandlungen aus den Grenzgebieten der Psychologie und Medizin. Festschrift für A. Mohl. Berlin, 1932.
Freund, G.: La Photographie en France au 19me siècle, Essai de sociologie et d'esthétique. Paris, 1936.
Gerth, Hans: Die sozialgeschichtliche Lage der bürgerlichen Intelligenz um die Wende des 18. Jahrhunderts. Ein Beitrag zur Soziologie des deutschen Frühliberalismus. Frankfurter Dissertation. Berlin, 1935.
Herrmann, O.: Die Anfänge Gustav Freytags. Ein soziologischer Beitrag zur Geschichte der deutschen bürgerlichen Intelligenz im 19. Jahrhundert (Dissertation). Hamburg, 1934.
Kohn-Bramstedt, E.: Aristocracy and the Middle Classes in Germany. Social Types in German Literature. London, 1937.
Manheim, Ernst: Die Träger der öffentlichen Meinung. Studien zur Soziologie der Öffentlichkeit, Brünn, Prag, Leipzig und Wien, 1933.
Martin, A. von: Soziologie der Renaissance. Physiognomik und Rhythmik der bürgerlichen Kultur. Stuttgart, 1932.
Martin, A. von: Kultursoziologie der Renaissance, in Handwörterbuch der Soziologie, hrsg. A. Vierkandt, Stuttgart, 1931.
Martin, A. von: Kultursoziologie des Mittelalters in: Handwörterbuch der Soziologie, hrsg. A. Vierkandt, Stuttgart, 1931.
Truhel, K.: Sozialbeamte. Ein Beitrag zur Sozialanalyse der Bürokratie (Frankfurter Dissertation), Sagan, 1934.
Weil, Hans: Die Entstehung des deutschen Bildungsprinzips. Bonn, 1930.

Bibliographie zur Wissenssoziologie und Ideologiekritik 1952 - 1965

Adorno, Theodor W.: Über Mannheims Wissenssoziologie. In: Aufklärung. 1953. Jg. II. Heft 4—6.

Adorno, Theodor W.: Fernsehen als Ideologie. In: Rundfunk und Fernsehen. 1953. Heft 4.

Adorno, Theodor W.: Beitrag zur Ideologienlehre, In: Kölner Ztschr. f. Soziol. u. Sozialpsychologie. Jg. 6. 1953/54.

Adorno, Theodor W.: Das Bewußtsein der Wissenssoziologie. In: Prismen. Kulturkritik und Gesellschaft. Berlin u. Frankfurt/M. 1955.

Adorno, Theodor W.: Soziologie und empirische Forschung. In: Wesen und Wirklichkeit des Menschen. Göttingen. 1957.

Adorno, Theodor W.: Theorie der Halbbildung. In: der Monat. 11. Jg. Sept. 1959.

Adorno, Theodor W.: Kultur und Verwaltung. In: Merkur. Jg. 14. 1960.

Adorno, Theodor W.: Meinung Wahn Gesellschaft. In: Der Monat. 14. Jg. Sept. 1961.

Adorno, Theodor W.: Jargon der Eigentlichkeit. Zur deutschen Ideologie. Frankfurt/M. 1964.

Ahrendt, Hannah: Elemente und Ursprünge totalitärer Herrschaft. Frankfurt/M. 1958. (Zum Ideologieproblem: S. 686ff.)

Anders, Günther: Die Antiquitiertheit des Menschen. Über die Seele im Zeitalter der zweiten industriellen Revolution. München. 1956. (Sonderausgabe 1965).

Aron, Raymond: Fin de l'Age Idéologique? In: Sociologica. Frankfurter Beiträge zur Soziologie. Bd. I. Frankfurt/M. 1955.

Aron, Raymond: Die Eliten und die industrielle Zivilisation. In: Universitas. 15. Jg. Heft 10.

Bailey, Robert B.: Sociology Faces Pessimism. Den Haag. 1958.

Banning, W.: De Problemstelling van kerkelijk sociologische Arbeid. In: Sociological Bulletin. 9, 1955.

Barber, Bernard: Science and the Social Order. Glencoe / JII. 1952.

Barber, Bernard: Sociology of Science. In: Current Sociology. Nr. 2. Paris. 1957.

Barth, Hans: Masse und Mythos. Die ideologische Krise an der Wende zum 20. Jahrhundert und die Theorie der Gewalt. Georges Sorel. (Rowohlt's dtsch. Enc. Bd. 88.) Hamburg. 1959.

Benjamin, Walter: Geschichtsphilosophische Thesen. In: Schriften Bd. 11. (ed. Th. W. u. Gretel Adorno). Frankfurt/M. 1955.

Birnbaum, Norman: The Sociological Study of Ideology (1940—1960). A Trend Report and Bibliography. Current Sociology, IX, 2. Oxford. 1962.

Blum, Fred H.: Evolution of Consciousness and the Sociology of Knowledge. Referat auf dem 5. Weltkongress f. Soziologie. Washington. D. C. 1962.

Bogardus, E. S.: Mental Process and Democracy. In: Sociology and Social Research, 41, 1956.

Boulding, Kenneth: The Image. Knowledge in Life and Society. Michigan. 1956.

Burns, Edward McNall: Ideas in Conflict: The Political Theories of the Contemporary World. New York. 1960.

Butler, John A. Valentin: Science and human Life. London and New York. 1957.

Cassese, Sabino: A proposito dei rapporti tra storiografia e sociologia nel pensiero di Karl Mannheim. In: Sociologia, bolletino dell' Instituto Luigi Sturzo, 11, 1957.

Child, V. G.: Society and Knowledge. London. 1956.

Dahrendorf, Ralf: Soziologie und industrielle Gesellschaft. In: Gesellschaft und Freiheit. München. 1961.

Dreitzel, Hans P.: Elitebegriff und Sozialstruktur. Eine soziologische Begriffsanalyse. Stuttgart. 1962.

Eisermann, Gottfried: Vilfredo Pareto als Wissenssoziologe. In: Kyklos, 19, Heft 2. Basel. 1962.

Emge, Karl August: Das Wesen der Ideologie. Wiesbaden. 1961.

Fetscher, Iring: Von Marx zur Sowjetideologie. Frankfurt/M. 1961.

Fetscher, Iring: Der Marxismus in Dokumenten. Band I: Philosophie und Ideologie. Band II: Oekonomie-Soziologie. München. 1963/64.

Garfinkel, Harold: Aspects of the Problem of Common-Sense Knowledge of Social Structures. Transactions of the 4. World Congress of Sociology. Vol. IV, The Sociology of Knowledge. Int. Soc. Ass. 1959.

Gehlen, Arnold: Das Engagement der Intellektuellen gegenüber dem Staat. In: Merkur, XVIII, 5. 1964.

Geiger, Theodor: Ideologie und Wahrheit. Eine soziologische Kritik des Denkens. Stuttgart und Wien. 1953.

Geiger, Theodor: Ideologie. In: Hdwb. d. Soz. Wiss. Band 5. Stuttgart, Tübingen, Göttingen. 1956.

Geiger, Theodor: Bemerkungen zur Soziologie des Denkens. (Aus dem Nachlaß unvollendet). In: Archiv f. Rechts- u. Sozialphilosophie. Band 45. 1959.

Geiger, Theodor: Arbeiten zur Soziologie. Soziol. Texte Band 7. Neuwied. 1962.

Geiger, Theodor: Vorstudien zu einer Soziologie des Rechts. Soziol. Texte Band 20. Neuwied 1964.

Gluck, Samuel E.: The Epistemology of Mannheims Sociology of Knowledge. In: Methodos. Band 6. 1954.

Groupe de sociologie de la connaissance et de la vie morale, „Bibliographie de la sociologie de la connaissance“. In: Cahiers internationaux de sociologie, 32. 1962.

Gurvitch, Georges: Le problème de la sociologie de la connaissance. In: Revue philos. de la France et de l'Etranger. Jg. 1958/59.

Gurvitch, Georges: Wissenssoziologie. In: Die Lehre von der Gesellschaft. G. Eisermann (ed.). Stuttgart. 1958.

Gurvitch, Georges: Dialektik und Soziologie. Soziol. Texte Band 23. Neuwied. (In Vorbereitung).

Habermas, Jürgen: Theorie und Praxis. Sozialphilos. Studien. Soziol. Texte Band 11. Neuwied. 1963.

Hersch, Jeanne: Die Ideologien und die Wirklichkeit. Versuch einer politischen Orientierung. München. 1957.

Hofstätter, Peter R.: Eliten und Minoritäten. In: Kölner Ztschr. f. Soz. u. Sozialpsychologie. 14. Jg. Heft 1. 1962.

Horkheimer, Max: Soziologie und Philosophie. In: Soziologie und moderne Gesellschaft. Verhandl. d. 14. dtsch. Soziologentages. Stuttgart. 1959.

Horkheimer, Max: Ideologie und Handeln. In: Soziol. Forschung in unserer Zeit. Leopold v. Wiese zum 75. Geburtstag, Gustav Specht (ed.). Köln und Opladen. 1951.

Horkheimer, Max: Zum Begriff der Vernunft. Frankfurt/M. 1952.

Horkheimer, Max: Untergang der Vernunft. Neuwied. (In Vorbereitung).

Horowitz, Irving L.: Philosophy, Science and the Sociology of Knowledge. Springfield. 1960.

Horowitz, Irving L.: Science, Criticism, and the Sociology of Knowledge. In: Philosophy and Phenomenological Research, 21. 1960.

Hosoya, Takashi: Historismus und Karl Mannheims Wissenssoziologie. In: Japanese Sociological Review. 9. Jg. Heft 4. 1959.

Hoyle, Eric: Karl Mannheim and the Education of an Elite. London. 1962.

Institut für Sozialforschung (ed.): Soziologische Exkurse. Frankfurter Beiträge zur Soziologie. Band 4. Frankfurt/M. 1956.

Jordans, Z. A.: Philosophy and Ideology. The development of philosophy and marxism-leninism in Poland since the second world-war. Dordrecht/Stuttgart. 1964.

Kelsen, Hans: Aufsätze zur Ideologiekritik. Soziol. Texte. Band 16. Neuwied. 1964.

Knuth, Werner: Ideen, Ideale, Ideologien. Vom Verhängnis ideologischen Denkens. Hamburg. 1955.

Kogon, Eugen: Die Rolle der Intelligenz. In: Frankfurter Hefte, 14. Jg. 1959.

Kogon, Eugen: Der Intellektuelle in der modernen Gesellschaft. In: Die Kultur. 9. Jg. 164. 1961.

Kolakowski, Leszek: Der Mensch ohne Alternative. München. 1960.

Lasswell, H. D.; Lerner, D. et al.: The Comparative Study of Elites. An Introduction and Bibliography. Stanford. 1952.

Lenk, Kurt: Von der Ohnmacht des Geistes. Kritische Darstellung der Spätphilosophie Max Schelers. Tübingen. 1959.

Lenk, Kurt: Karl Mannheim. In: Handwörterbuch d. Sozw. Band 7. Stuttgart, Tübingen, Göttingen. 1960.

Lenk, Kurt: Soziologie und Ideologienlehre. Bemerkungen zur Marxismusdiskussion in der deutschen Soziologie von Simmel bis Mannheim. In: Kölner Ztschr. f. Soz. u. Sozpsych. 13. Jg. Heft 2. 1961.

Lenk, Kurt: Die Rolle der Intelligenzsoziologie in der Theorie Mannheims. ebd. 15. Jg. Heft 2. 1963.

Lenk, Kurt: Das tragische Bewußtsein in der deutschen Soziologie. ebd. 16. Jg. Heft 2. 1964.

Lenk, Kurt: Ideologie. Ideologiekritik und Wissenssoziologie. Soziol. Texte Band 4. 2. erw. Aufl. Neuwied. 1964.

Lepsius, Rainer: Kritik als Beruf. Zur Soziologie der Intellektuellen. In: Kölner Ztschr. f. Soz. u. Sozpsych. 16. Jg. Heft 1. 1964.

Lieber, Hans J.: Wissen und Gesellschaft. Die Probleme der Wissenssoziologie. Tübingen. 1952.

Lieber, Hans J.: Wissenssoziologie. In: Wörterbuch der Soziologie. W. Bernsdorf u. F. Bülow (ed.). Stuttgart. 1955.

Lieber, Hans J.: Ideologie. In: Staat und Politik. (Fischer Lexikon Band 2). Frankfurt/Main. 1957.

Lieber, Hans J.: Kritik und Konformismus. Das soziologische Selbstverständnis der Intelligenz. In: Erziehung zur Menschlichkeit. Festschrift f. Eduard Spranger. Tübingen. 1957.
Lieber, Hans J.: Ideologische Elemente in der Sozialkritik der Gegenwart. In: Festgabe für F. Bülow zum 70. Geburtstag. Berlin. 1960.
Lieber, Hans J.: Philosophie — Soziologie — Gesellschaft. Gesammelte Studien zum Ideologieproblem. VIII u. 247 Seiten. Berlin. 1965.
Ludz, Peter: Dialektik und Ideologie in der Philosophie Hegels. Ein Beitrag zur Phänomenologie des Ideologischen. In: Archiv f. Rechts- u. Sozialphilosophie. Band 47. 1961.
Lukács, Georg: Schriften zur Literatursoziologie. Soziol. Texte, Band 9. 2. Aufl. Neuwied. 1963.
Lukács, Georg: Die Zerstörung der Vernunft. Neuwied. 1962.
Mannheim, Karl: Wissenssoziologie. Auswahl aus dem Werk. Eingeleitet und hrsg. von Kurt H. Wolff. Soziol. Texte Band 28. Neuwied. 1964.
Mannheim, Karl: Soziologie der Utopie. (Gesammelte Aufsätze). Soziol. Texte. Neuwied. 1965. (In Vorbereitung).
Merton, Robert K.: Social Theorie and Social Structure. Glencoe / Jll. 1959.
Mills, C. Wright: The Power Elite. New York. 1956.
Mills, C. Wright: The Sociological Imagination. New York. 1959. deutsch: Kritik der soziologischen Denkweise. Soziol. Texte, Band 8. Neuwied. 1964.
Ossowski, *Stanislaw:* Die Klassenstruktur im sozialen Bewußtsein. Soziol. Texte, Band 11. Neuwied. 1962.
Parsons, Talcott: An Approach to the Sociology of Knowledge. In: Transactions of the 4. World Congress of Sociology. Vol. IV. 1959.
Parsons, Talcott: Beiträge zur soziologischen Theorie. Soziol. Texte, Band 15. Neuwied. 1964.
Plessner, Helmuth: Zwischen Philosophie und Gesellschaft. Bern. 1953.
Plessner, Helmuth: Über Elite und Elitenbildung. In: Gew. Monatshefte, 6. Jg. Heft 10. 1955.
Plessner, Helmuth: Max Scheler. In: Handwörterbuch der Soz. Wiss. Band 9. Stuttgart/Tübingen/Göttingen. 1956.
Plessner, Helmuth: Die verspätete Nation. Über die politische Verfügbarkeit des bürgerlichen Geistes. Stuttgart. 1959.
Proesler, Hans: Zur Genesis der wissenssoziologischen Problemstellung. In: Kölner Ztschr. f. Soz. u. Sozpsych. 12. Jg. Heft 1. 1960.
Remmling, Gunther W.: Menschenformung im Zeitalter der zweiten industriellen Revolution. Karl Mannheims Beitrag zur modernen Strukturpädagogik. In: Kölner Ztschr. f. Soz. u. Sozpsych. 9. Jg. Heft 3. 1957.
Remmling, Gunther W.: Zur Soziologie der Macht. Der Beitrag Karl Mannheims zur politischen Soziologie. ebd. 12. Jg. Heft 1. 1960.
Remmling, Gunther W.: Das Unbehagen an der Gesellschaft. Karl Mannheims Beitrag zur Theorie der Gesellschaftsplanung. In: Soziale Welt. 14. Jg. Heft 3/4. 1963.
Riemer, Svend: The Allocation of ideological Structures. In: Ztschr. f. Nationalökonomie. 17. Jg. Heft 2/3. Wien. 1957.
Robinson, O. S.: Karl Mannheims Sociological Philosophy. In: The Personalist. 29. 1948.
Rüschemeyer, Dietrich: Probleme der Wissenssoziologie. Diss. Köln. 1958.
Salomon, Albert: Karl Mannheim, 1893—1947. In: Social Research, 14. 1947.
Santucci, Antonio: Karl Mannheim e la Sociologica Americana. Il Mulino IV. Bologna. 1955.

Santucci, Antonio: Il Pensiero di Karl Mannheim. (Einleitung zur ital. Übersetzung von „Ideologie und Utopie"). Bologna. 1957.

Saran, A. K.: Sociology of Knowledge and Traditional Thought. Referat a. d. 5. Weltkongress f. Soziologie. Washington D. C. 1962.

Schaaf, Julius: Grundprinzipien der Wissenssoziologie. Hamburg. 1956.

Schluchter, Wolfgang: Der Elitebegriff als soziologische Kategorie. In: Kölner Ztschr. f. Soz. u. Sozpsych. 15. Jg. Heft 2. 1963.

Sociologische Gids: 10. Jg. Nr. 3. 1963. (Mit Beiträgen von J. M. M. de Valk, „Mannheims Wetenschapsleer"; Jean Floud, „Karl Mannheim and the Sociology of Education"; P. Thoenes, „Actualiteit van Mannheims Elitetheorie; H. Laan, „De denktrant van Karl Mannheim naar analyse van zijn Werk: Man and Society").

Stark, Werner: The Sociology of Knowledge. London. 1958. Deutsch: Die Wissenssoziologie. Stuttgart. 1960.

Stark, Werner: Montesquieu, Pioneer of the Sociology of Science. London. 1960.

Stark, Werner: The conservative Tradition in the Sociology of Science. In: Kyklos. 13. Jg. Heft 1. Basel. 1960.

Stark, Werner: Die idealistische Geschichtsauffassung und die Wissenssoziologie. In: Archiv f. Rechts- u. Sozialphilosophie. Band 46. 1960.

Studies on the Left: „Editors' Note" zu „Karl Mannheim and the Sociology of Knowledge". III, 3. 1963.

Suzuki, Hiroshi: Conception of Ideology and Utopia. In: Japanese Sociological Review. 7. Jg. Heft 1. 1957.

Szczesny, Gerhard: Die Zukunft des Unglaubens. München. 1958.

Szczesny, Gerhard: Elite und Demokratie. In: Die neue Gesellschaft. 9. Jg. Heft 1. 1962.

Tholund, Jakob: Das Ideologie-Problem. In: Geschichte in Wiss. u. Unt. Jg. 14, Heft 5. Stuttgart. 1963.

Tilders, Theo: Zur gesellschaftspolitischen Funktion der Elitetheorie. In: Gewerkschaftliche Monatshefte. 6. Jg. Heft 12. 1955.

Tokunaga, Makoto: Karl Mannheim und die Probleme des Historismus: ein gedankengeschichtliches Memorial. In: Japanese Sociological Review, 9, 1. 1958.

Tokunaga, Makoto: Utopie, Ideologie, Eschatologie: die Aufgabe und Richtung der Ideologienlehre. ebd. 12, 2. 1962.

Topitsch, Ernst: Sozialphilosophie zwischen Ideologie und Wissenschaft. Soziol. Texte Band 10. Neuwied. 1961.

Treves, Renato: La Sociologia politica di Karl Mannheim. In: Libertà politica e verità. Mailand. 1962.

Wagner, Helmuth R.: Mannheim's Historicism. In: Social Research. 19. Jg. Heft 3. New York. 1952.

Wagner, Helmuth R.: The Scope of Mannheim's Thinking. ebd., 20. Jg. New York. 1953.

Wilensky, Harold L.: Orderly Careers and Social Participation: The Impact of Work History on Social Integration in the Middle Class. In: American Sociological Review, 26. 1961.

Wolff, Kurt H.: A Preliminary Inquiry into the Sociology of Knowledge from the Standpoint of the Study of Man. In: Scritti di Sociologia e Politica in Onore di Luigi Sturzo. Vol. III. Bologna. 1953.

NAMEN-REGISTER

ARNOLD GEHLEN

Zeit – Bilder

Zur Soziologie und Ästhetik der modernen Malerei

3., ergänzte Auflage 1986. Etwa 240 Seiten, 16 Vierfarbtafeln

ARNOLD GEHLEN GESAMTAUSGABE

Band 1 Philosophische Schriften I

(1925 - 1933). Herausgegeben von Lothar Samson

1978. VI, 464 Seiten

Band 2 Philosophische Schriften II

(1933 - 1938). Herausgegeben von Lothar Samson

1980. VI, 474 Seiten

Band 4 Philosophische Anthropologie und Handlungslehre

Herausgegeben von Karl-Siegbert Rehberg

1983. VI, 538 Seiten

Band 7 Einblicke

Herausgegeben von Karl-Siegbert Rehberg

1978. VIII, 590 Seiten

VITTORIO KLOSTERMANN · FRANKFURT AM MAIN